新时代小学教育专业建设与小学教师教育研究丛书

丛书主编：刘慧

互通 互鉴 互融

面向未来优质发展的小学教师教育

刘慧 张志坤 主编

天津出版传媒集团

天津人民出版社

图书在版编目（ＣＩＰ）数据

互通、互鉴、互融：面向未来优质发展的小学教师
教育 / 刘慧, 张志坤主编. -- 天津：天津人民出版社,
2024.5
（新时代小学教育专业建设与小学教师教育研究丛书 /
刘慧主编）
ISBN 978-7-201-20481-9

Ⅰ.①互… Ⅱ.①刘… ②张… Ⅲ.①小学教师—师
资培养—研究 Ⅳ.①G625.1

中国国家版本馆 CIP 数据核字(2024)第 094870 号

互通、互鉴、互融：面向未来优质发展的小学教师教育
HUTONG、HUJIAN、HURONG : MIANXIANG WEILAI YOUZHI FAZHAN DE XIAOXUE JIAOSHI JIAOYU

出　　版	天津人民出版社
出 版 人	刘锦泉
地　　址	天津市和平区西康路35号康岳大厦
邮政编码	300051
邮购电话	（022）23332469
电子信箱	reader@tjrmcbs.com
责任编辑	武建臣
特约编辑	佐　拉
装帧设计	汤　磊
印　　刷	天津新华印务有限公司
经　　销	新华书店
开　　本	710毫米×1000毫米 1/16
印　　张	33.75
插　　页	2
字　　数	460千字
版次印次	2024年5月第1版　2024年5月第1次印刷
定　　价	99.00元

新时代小学教育专业建设与小学教师教育研究丛书

序

新时代中国小学教育专业如何建设？面向未来的小学教师如何培养？这是当代小学教师教育者必须要回应的时代之问。本套丛书是我们——首都师范大学初等教育学院迎接新挑战、抓住新机遇、乘势而上的实践探索与理论研究答卷。

我国小学教师中师培养的历史已有百年，而本科层次培养的历史却很短。首都师范大学初等教育学院，作为我国小学教师本科培养的首批单位之一，其建设发展的历程，也是当代中国小学教育专业建设与小学教师本科层次培养历程的"缩影"。在"十四五"开局之年，面向未来的教师教育改革与创新，我们认为，有必要将我们在小学教师教育理论研究与实践探索过程中的一些重要事件、主要成果整理出版，通过回顾历史来把握当下、创造未来，也为推动具有中国特色的小学教师教育体系、世界先进水平的小学专业建设贡献我们的微薄之力。

首都师范大学初等教育学院，1999 年由两所中师——具有百年历史的通州师范学校和颇具影响力的北京第三师范学校合并升格成立，至今走过了22 年的发展历程。在此期间，经历了学院文化的大学化、小学教育专业性质的定位、小学教育专业人才培养模式的形成与发展、初等教育学学科建设的确立与起步等至关重要的发展阶段与事件；并在国家一系列教师教育政策的指引下得以迅速发展,取得了显著成绩,被誉为全国小学教育专业的"领头雁""带头羊"。在此过程中的关键事件,可以分为三类。

一、关于小学教育专业建设的政策、项目与成效

在 20 年时间里,对小学教育专业建设产生重要而深远影响的国家政策与项目主要有以下几个:

2007 年,教育部评选国家级特色专业,我校和上海师范大学小学教育专业首批入选。这是建立不足 10 年的高师小学教育专业得到国家认可与重视的"信号",是对全国小学教育界(简称"小教界")的莫大鼓舞。一些省市也相继开展特色专业评选活动,小教界有多家单位入选,由此开启了我国小学教育专业特色建设的探索之旅。小教界围绕着小学教育专业特色"特"在何处、小学教育专业的核心品质到底是什么等问题进行了深入探索。这是推动我国小学教育专业关注自身性质、特色建设,注重内涵发展的重要力量。

2011 年,根据《教育部 财政部关于"十二五"期间实施"高等学校本科教学质量与教学改革工程"的意见》和《关于启动实施"本科教学工程""专业综合改革试点"项目工作的通知》,我校于 2012 年组织申报"高等学校专业综合改革试点"项目,我院小学教育专业的申报得到了学校的支持并获得立项。经过 3 年的建设,完成了"以人才培养质量为核心,进一步改革人才培养模式,凝练人才培养特色,为小学输送优秀教育工作者,在全国小学教师教育院系中起到引领和示范作用"的建设目标,实现了人才培养模式、教学团队建设、新课程体系建设等具体目标,开启了我院小学教育专业综合改革之路。

2017 年,我校接受北京市教委对高校本科专业审核评估。我们通过撰写"本科教学工作审核评估汇报报告",从学院发展概况、办学特色、人才培养目标的实现、质量保障体系建设、存在的问题与努力方向、建设规划等六个方面认真梳理了建院以来的教学工作,为日后申报一流专业建设点和撰写

师范专业认证自评报告打下了坚实基础。

同年,北京市属高校一流专业建设工作启动,我院小学教育专业入选首批一流专业建设单位。2018 年 5 月,我们组织骨干教师团队,研究并依据一流专业建设的具体要求,对我院小学教育专业建设现状、专业建设存在的问题、专业建设目标、专业建设的主要举措等方面做了进一步的梳理与研究。在此过程中,参与撰写的教师思想观念、思维方式不断发生转变,对一流专业建设的理解不断加深。

2018 年 9 月 4 日,我院接到通知,被指定为全国小学教育专业认证"打样"单位。依据教育部颁布的《普通高等学校师范类专业认证实施办法(暂行)》,经过两个月的高效工作,我院小学教育、美术学(小学教育)、音乐学(小学教育)接受了教育部师范类专业"联合认证",开启了中国小学教育专业认证的历史,也正如教育部教师工作司任友群司长在认证反馈会上所指出的:"为我国的师范教育发展史留下了浓墨重彩的一笔。"这一过程,不仅仅是完成了专业认证这项工作本身,更是梳理与反思了我院小学教育专业的建设历程,研究与憧憬了小学教育专业的未来发展。

2019 年,教育部颁布了《关于实施一流本科专业建设"双万计划"的通知》,我院小学教育专业经过层层选拔,入选了首批"国家级一流本科专业"建设点。这一成绩的取得,得益于前期大量的基础性工作,它不仅是扎实的实践探索,更是针对小学教育专业与小学教师教育的学术研究。可以说,我院小学教育专业能入选首批"国家级一流本科专业"建设点,一路走来,每一步都很坚实,每一步都展现了学院追求卓越、敢为人先的探索与创新精神。2020 年,根据学校要求,对照《一流本科专业建设点推荐工作指导标准》科学编制一流本科专业 3 年建设规划方案,提出了深化专业综合改革的六大主要举措,3 年后的成效将使我院小学教育专业建设再上新台阶。

二、关于小学教师教育的政策、项目与成效

2010 年,教育部启动教师专业标准研制工作,我院有幸在顾明远先生的指导下开展"小学教师专业标准"研制工作。在一年多的研制过程中,我们认真梳理了各国教师专业标准及其相关标准的有关内容,反思了我院小学教育专业建设经验,整理了我们对小学教育和小学教师教育的研究成果,尤其是对小学教师与中学教师的异同的探析,逐步厘清了小学教师专业标准的理念、维度、领域、基本要求等框架与内容,并完成了《小学教师专业标准解读》的撰写。由此不但进一步推动了小学教师教育研究,而且整体提升了我院教师团队的小学教师教育专业水平,尤其是带动了大学学科教师向小学教育专业教师的转型,为我院的发展提供了强有力的专业教师团队。

2014 年,教育部出台《关于实施卓越教师培养计划意见》(称为 1.0 版),全国小教界共有 20 家入选,我院小学教育专业是其中一员。如何理解"卓越""卓越教师"的内涵,成为影响卓越教师培养计划实施的关键。对此,我们突破"学科教学"本位的思想与思维"禁锢",提出卓越小学教师的核心是以"儿童教育"为本,并积极探索培养模式,"一体两翼一基"培养机制,解答了"卓越小学教师应如何培养"的问题。

2019 年,正值我院成立 20 周年,我们积极筹备承办了以"走近·对话·共享——多元取向小学教师教育伦理与实践"为主题的首届"小学教师教育国际会议",来自中国、芬兰、法国、匈牙利、冰岛、日本、韩国、瑞士、澳大利亚、美国等 10 个国家 102 个不同单位(其中包括 78 所大学)300 余位专家学者参加,分享了各国小学教师教育的理念、模式及质量保障机制等,为推进国际多元取向小学教师教育模式的彼此交流,共享过去、现在与未来,做出时代贡献,开启了国际小学教师教育模式跨文化、跨领域、跨时空对话的新篇章。

三、关于课程建设的政策、项目与成效

小学教育专业课程建设，既是小学教育专业建设的重心，也是小学教师培养的主渠道，因此如何构建小学教育专业课程体系成为小学教育专业建设与小学教师教育的关键问题。

2012年，教育部教师工作司开展"教师教育国家级精品资源共享课"建设项目，我们申报的《小学生品德发展与道德教育》课程入选，经过3年的建设，在"爱课网"上线，并于2015年出版同名教材，之后又在"中国大学慕课"上线。此课程及教材自上线与出版以来，持续受到小教界同人的关注与使用，尤其是师范类专业认证以来，落实立德树人的根本任务，小学德育课成为小学教育专业的必修课，2020年，《小学生品德发展与道德教育》课程荣获线上线下混合教学"国家级一流本科课程"。

2013年，在教育部"专业综合改革试点"项目下，开展小学教育专业课程地图研制工作。依据所提出的小学教师核心素养及其指标体系，创制了小学教育专业课程地图。这是基于小学教师理念、理论对小学教育专业课程体系的设置，突破了之前课程设置的经验性与随意性过重的现象，首创"333"式课程结构，使专业课程内在逻辑清晰、层次清楚，体现科学性、规范性、系统性；确立了"儿童&教育"专业核心课程体系，解决了长期以来该专业核心课程不明的理论难题，实现了课程设置"精致化"，在小教界兼具开创性和示范性。

2016年，教育部颁布《关于组织实施中小学幼儿园教师培训课程标准研制工作通知》，我院承担了"教师培训标准——小学品德与生活（社会）学科教学"研制项目，借此全面深入地研究了小学德育理论与实践及小学德育课程与教学，这一标准研制工作的完成，不仅有利于我院2019年在小学教育专业中增设小学德育方向，也为组织开展小学德育学科骨干教师培训打下坚实基础。

总之,高校小学教育专业建设,在我国还是"新事物",本科层次小学教师培养历史仅有 22 年。在这段历程中,上述所列政策、事件起到了关键作用。本书选取了小学教师教育国际会议、小学教育专业认证、小学教师培养模式、道德与法治课程建设等内容整理出版。未来,我们还将陆续选择影响我国小学教育专业建设与小学教师教育发展的关键事件,进行整理出版。这既是我国小学教育专业建设与小学教师教育研究的现实历程,也是未来的史料;既是鲜活的个案,也是典型的代表;既是实践的呈现,也是理论的贡献。我们愿为此努力付出。

2021 年 9 月 25 日于西钓鱼台嘉园

小学教师肩负着新时代育人的历史使命

序言

　　教育大计,教师为本。实现教育现代化,关键在教师队伍的建设。国家繁荣、民族振兴、教育发展,需要有一支师德高尚、业务精湛、结构合理、充满活力的高素质专业化教师队伍。党和国家十分重视教师队伍的建设,党的十八大以来,习近平多次到学校视察,高度评价教师在培养人才中的作用。2014年在北师大座谈会上说:"教师重要,就在于教师的工作是塑造灵魂、塑造生命、塑造人的工作,一个人遇到好老师是人生的幸福,一个学校拥有好老师是学校的光荣,一个民族源源不断涌现出一批又一批好老师则是民族的希望。"①习近平对教师提出了殷切的希望,要做"四有"好老师,有理想信念、道德情操、扎实知识、仁爱之心。

　　我国教育发展进入了一个新的历史时期,国家"十四五"发展规划和2035年远景目标纲要提出,要建设高质量的教育体系,为实现中华民族伟大复兴提供人才支撑。今天在校学习的学生,正是实现第二个百年奋斗目标的新生力量。教育需要坚持新发展观,深化改革,提高教育质量,促进教育公平,培养有创新思维、创新能力的时代新人,由此对教师提出了更高的要求。

　　教师要不断学习,提高教书育人的水平。要学习教育理论,掌握教育规律,树立正确的教育观、学生观、质量观,把握立德树人是教育的根本任务。

---

① 习近平:《做党和人民满意的好老师——同北京师范大学师生代表座谈时的讲话》,新华网,2014年9月9日。

在教育实践中，深入钻研课程标准和教材内容，掌握课程和教材的核心素养，改进教育方法，提高教育质量。当前全国中小学都在落实"双减"政策，"双减"的目的就是要落实党的教育方针，推进素质教育，使学生身心健康地发展。要把"双减"落到实处，又会出现新的矛盾，学校就要深入改革，守正创新，提高办学质量。最重要的是提高课堂教育的质量。上好每一节课，教好每一个学生，让每一个学生在课堂上学懂学会，课外的学业负担也就会减轻了。"减负"是减轻学生的课业负担，以便增加学生喜爱的活动、创新的活动，让学生在活动中成长。教师也是在课堂教学中成长，在教学过程中不断反思、不断锤炼、不断改进，逐渐成长为优秀教师。

现在教师的工作非常辛苦，但我还是建议教师抽一点时间来读点书，以提高自己的文化修养。读书可以有两种，一种是为了提高自己的专业水平，阅读专业书籍；另一种是读点自己感兴趣的作品。理科教师可以读点文学艺术作品，提高文化修养；文科教师可以读点科普文献，了解当前科技的发展，扩大眼界。文化修养提高了就会增进教育智慧，提高教书育人的能力。

北京师范大学 资深教授

前　言

　　小学教师教育中国式现代化建设,要服务于中华民族伟大复兴,又要服务于人类命运共同体建设。小学教师是小学教育的关键,小学教育为人的一生发展奠基,小学教师的国际视野、国际理解、跨文化交流等国际素养与能力,对小学儿童生命健康成长非常重要。

　　中国小学教师教育的国际对话与交流,是新时代小学教师教育的必然之举,是小学教师教育中国式现代化建设的必由之路。首都师范大学初等教育学院,以"培养具有未来教育家潜质的卓越小学教师"为己任,努力在此方面发挥先锋作用。继 2019 年成功举办主题为"走进·对话·共享——多元取向小学教师教育理论与实践"首届小学教师教育国际会议之后,于 2021 年10 月 21 日至 22 日接续举办以"互通、互鉴、互融——面向未来·优质发展"为主题的第二届小学教师教育国际会议。这是在新冠肺炎疫情非常严峻期间召开的,虽十分不易,但非常成功。为此,我们既深感欣喜,又倍加珍惜。

　　面对新的教育理念不断出现、依托信息技术与人工智能等新技术的教育实践不断创新,高校小学教育专业将走向何方,小学教师教育应如何发展,则成为我们关注的主要问题。2020 年秋季学期,首都师范大学初等教育学院行政班子多次讨论确定了第二届国际会议主题及四个议题,围绕着"互通、互鉴、互融——面向未来·优质发展"主题,分设面向未来的小学教师教育高质量发展、小学教师培养机制创新、小学教师与新技术的关系及小学课程与教学高质量发展四个议题。

　　本届小学教师教育国际会议由首都师范大学初等教育学院承办，首都师范大学和中国教育国际交流协会教师教育国际交流分会联合主办，教育部小学教师培养教学指导委员会提供学术支持。会议采取线上线下相结合的方式，来自亚洲、欧洲、美洲和大洋洲的包括中国、日本、韩国、芬兰、瑞士、法国、德国、意大利、匈牙利、美国、澳大利亚共 11 个国家的专家、学者、师生一千余人次参加。在国内，线上线下参会代表来自 28 个省、自治区、直辖市，以及中国澳门、中国台湾地区等 167 个单位（其中，高校 135 所、小学 22 所、出版社 2 家、媒体 8 家）。出席本届会议的我校党委书记、副校长共 4 位，我院在会上作报告的有 11 位教师、主持有 7 位教师。

　　开幕式上，北京师范大学资深教授顾明远先生特意发来致辞视频，表达了真诚的关切和美好的祝福。首都师范大学副校长李小娟教授致开幕词，热烈欢迎各国学者参加本次国际会议，真诚期待与来自世界各国的学者、全国各地的小学教师教育同人深入交流、共同探讨，在"分享、对话、交流"的过程中"互通、互鉴、互融"，集聚智慧、融合借鉴、形成共识，开创小学教师教育的新征程。开幕式由首都师范大学副校长马力耕教授主持。

　　大会主题报告共设三场，共有 21 位国内外学者报告。首场主题报告有 6 位学者，分别是首都师范大学初等教育学院院长刘慧教授报告了"儿童取向卓越小学教师培养的基本理论问题探析"，美国得克萨斯 A&M 大学终身教授谢丽尔·克雷格报告了"为什么基础教育需要最爱自我？"、哈尔滨学院副校长陈威教授报告了"儿童本位：卓越教师培养与课程重建的理念及其实现"、湖南第一师范学院副校长蒋蓉教授报告了"面向未来的优秀小学教师培养的探索与实践"、江西师范大学杨南昌教授报告了"面向未来而教：基于学习科学的教学革新"、美国威斯康星大学终身教授托马斯·波普科维茨报告了"通过国际学生评估项目（PISA）审视国家、儿童和教师，我们能否如愿以偿？"。本场报告由上海师范大学王荣生教授和人民教育出版社刘立德编审主持。

　　第二场主题报告有 9 位学者报告。首先由首都师范大学党委书记孟繁华教授报告了"反哺、超越、激活——实践取向教师教育模式的探索",之后高等教育出版社副总编辑韩筠报告了"培养高素质创新型国际化小学教师"、东北师范大学初等教育学院副院长解书副教授报告了"小学教育专业人才培养的现实困境与破解路径"、德国多特蒙德大学的西尔维亚·伊里斯·比特尔教授报告了"小学—生活与学习的全纳体系"、青岛大学基础教育研究院院长马勇军教授报告了"小学教师跨学科教育素养:内涵、结构与培养"、天津师范大学教育学部司成勇教授报告了"小学教育专业课程建构的逻辑"、吉林师范大学教育科学学院院长刘树仁教授报告了"德高学厚 技实长显:地方高师院校卓越小学教师培养研究"、郑州师范学院初等教育学院院长侯宏业教授报告了"教师资格免试认证背景下小学教育专业师范生职业能力评价策略",最后由中国澳门城市大学协理副校长李树英教授报告了"'双减'背景下中小学教师专业发展的路径研究"。本场主持由首都师范大学教师发展中心主任王海燕教授和首都师范大学初等教育学院副院长张志坤副教授担任。

最后一场主题报告有 6 位国内外学者报告。首先由匈牙利塞格德大学教育评价和规划部卡萨巴·西科斯教授报告了"小学数学和阅读教育中发展适应性知识的困境",之后是海南师范大学初等教育学院院长张玉成教授报告了"重构小学教育实用主义哲学范式:基于工业 4.0 时代的小学教师教育机制哲思"、临沂大学规划处处长李中国教授报告了"卓越乡村小学教师培养的目标取向与机制创新"、杭州师范大学教育学院院长严从根教授报告了"信息技术时代教学空间的隐私风险与应对举措"、芬兰赫尔辛基大学文德教授报告了"重振芬兰基础教师教育的多样性:与中国的跨文化性故事为伴?",最后南京晓庄学院副校长王本余教授报告了"师范生教育情怀培养的实践与思考"。本场主持由首都师范大学初等教育学院李敏教授、首都师范大学国合处处长韩梅教授担任。

在本届会议上,共有 15 位外国学者报告,除了主论坛上,来自美国、德国、匈牙利、芬兰等国家的 5 位学者外,还有法国、瑞士、澳大利亚、日本、韩国等国家的 10 位学者作了专题报告,如美国密歇根州立大学教育学院副院长彭恩霖教授报告了"面向未来教学的教师教育:通过对话重新审视"、法国波尔多大学雷吉斯·马莱教授报告了"合作与团队建设如何对教育产生影响——有关教师专业发展政策和计划的国际经验教训"、瑞士图高教育大学埃斯特·布鲁纳教授报告了"职前数学教师诊断能力的培养"、日本创价大学副校长铃木将史教授报告了"面向未来的日本小学数学课程与教学改革"、日本创价大学教育学部董芳胜副教授报告了"中日小学音乐教师培养的课程比较"、意大利彼得里托利国际音乐学院艺术总监全素恩报告了"如何改善师生关系,营造高质量的学习环境"等。

在四个专题论坛上,共有21位中国学者做了学术报告,其中,我院教师有10位,分别就"面向未来的小学教师高质量发展""面向未来的小学教师培养机制创新""面向未来的小学教师与新技术的关系""面向未来的小学课程与教学高质量发展"展开论述。学者们关注的小学教师教育问题既宽广又入微,内容丰富而精彩,形成了面向未来、优质发展的小学教师教育新理念、新思路和新策略。

闭幕式上,首都师范大学副校长杨志成研究员高度赞扬了各国专家学者们更加融通、更加紧密的交流与合作。面对世界百年未有之大变局,在全面建设社会主义现代化国家新征程上,尽管挑战巨大、责任重大,但有这样的对话平台与教育同行,我们对小学教师教育的高质量发展充满期待与信心。本届会议的成功召开,促进了中外小学教师教育同行的交流,为小学教师教育的发展搭建了国际合作的平台,也召唤越来越多的研究者和实践者共创小学教师教育的美好未来。闭幕式由首都师范大学初等教育学院党委书记刘海涛副教授主持。

本届会议得到了首都师范大学时任党委书记孟繁华教授、首都师范大学时任副校长杨志成研究员、首都师范大学副校长李小娟教授、副校长马力耕教授的直接领导与支持。为开好本届会议,我院做了精心部署,由学院院长刘慧教授、党委书记刘海涛副教授总负责,学院副院长张志坤副教授、俞劼副教授、孙建龙副教授、刘婧媛副书记协同负责,对外交流办公室主任杨天老师担任执行负责人。在本届会议筹备期间,许多意想不到的具体、细节问题,在杨天老师的坚持与不懈努力下一一解决了,确保了本届会议的如期举行。

为办好此次会议,我院成立了学术、会务、宣传、财务和联络等七个工作组,其中,学术组由李敏教授、和继军教授、唐斌副教授、魏戈副教授、刘祎莹博士组成,翻译组主要由英语教研室的老师组成,由孟海蓉主任牵头,周琳教授、张允副教授、熊艳艳博士、李杨博士、丁怡萌副教授、李文岩副教授等完成了全部论文及报告幻灯片的翻译工作;技术组由信息办主任宋侨老师负责,会务组由院办主任马爽老师和科研与研究生主任王辰辰老师负责;宣传组由招就办陈源主任和曹元老师负责;财务组由培训办杨小英主任、实验中心张端主任、研究生办公室韩录主任负责;联络组由成人教育办公室周旋子老师、院团委书记刘雨龙、学生工作办公室鲁华夏主任负责,还有许多老师和硕博士研究生参加本届会议的筹办与会议期间的服务与会后的工作。正是全院师生的共同努力,才确保了本届会议的圆满举办,体现了我院追求卓越的学院文化,也展示了我院师生的精神风貌。

本书收录了部分会议报告论文,共计 40 篇,其中,中方学者论文 31 篇,外方学者论文 9 篇。本书共分为三编,第一编"面向未来的小学教师高质量发展"共收录了 12 篇论文,其中,7 篇国内学者论文,5 篇国外学者论文;第二编"面向未来的小学教师培养机制创新"共收录 12 篇论文;第三编"面向未来的小学课程与教学高质量发展"共收录了 16 篇论文,其中有 1 篇国外学者论文。相信这些论文对了解国内外小学教师教育的前沿问题、重点问题等都有一定的启示。

本书的整理出版过程也是很不容易的。由我确定全书框架及文章分类,撰写前言等;张志坤副院长和杨天老师负责资料的收集整理,带领任芳德博士后、刘子姝博士生与国内外所有参会报告人联系确定是否同意发表,历时一年多时间汇编整理。在此,特别感谢各位老师和同学为本书出版所付出的努力,特别感谢天津人民出版社武建臣编辑的辛勤付出,为本书出版用心用力。

小学教师教育国际会议已于 2019 年、2021 年成功举办两届,为在教师教育的国际舞台上讲好中国小学教师教育的故事,提供了平台,为小学教师教育的国际交流,提供了契机;未来,我们期待第三届小学教师教育国际会议的举办,为小学教师教育的中国式现代化建设贡献新的力量。

（首都师范大学初等教育学院院长 2018.5.24—2023.6.29）

2023 年 5 月 28 日于西山艺境

目 录

Contents

001　第一编　面向未来的小学教师高质量发展

003　儿童取向卓越小学教师培养的基本理论问题探析

014　Why the best-loved self in elementary education?

030　小学教育专业人才培养的现实困境与破解路径

045　Elementary school-an inclusive living and learning system

065　How cooperation and team-building can make a difference in education? International lessons from teacher professional development policies and schemes

083　Developing and applying diagnostic competencies in teacher education of mathematics education—Insight into the concept of a course for pre-service teachers of primary education in teaching of mathematics

096　现象式教学:芬兰近一轮基础课程改革的新动议

116 Future-oriented reforms in Japanese elementary school math curriculum and education

138 小学师生关系影响力与亲密度调查研究

147 自我决定视角下乡村小学教师心理资本的有效建构

161 从实践性知识反思教师教育课程改革
　　　——基于师范生教学视频的实证研究

181 论小学教师线上教学机智的困境与反思

193　第二编　面向未来的小学教师培养机制创新

195 反哺、超越与激活
　　　——实践取向教师教育模式的探索

201 培养高素质创新型国际化小学教师

208 小学教师跨学科教育素养：内涵、结构与培养

221 小学教育专业本科课程结构建构的逻辑

234 教师资格免试认证背景下小学教育专业师范生职业能力评价策略

240 德高学厚、技实长显：地方高师院校卓越小学教师培养研究

250 卓越乡村小学教师培养的目标取向与机制创新

258 试论道德学科的目标和评价方法

262 乡村小规模学校全科教师本土化培养机制探索

273 韩国小学教师实践教学素养评价模式的探究：以表现性评价为中心

285 公费定向小学全科教师培养模式的改革与实践

295 基于核心素养理念下综合实践课程内容开发

305　第三编　面向未来的小学课程与教学高质量发展

307　面向未来而教：基于学习科学的"双主体双课堂"联动革新

318　Dilemmas on developing adaptive expertise in elementary mathematics and reading education

335　信息技术时代教学空间的隐私风险

355　如何确保疫情下学生的成长和教育学习的机会：建立安全有保障的特别活动

365　中日小学音乐教师培养的课程比较

388　我眼中的体育教师：当代体育教师形象的质性研究
　　　——基于角色理论的分析

407　公费师范生乡土情怀培养的路径研究

419　后疫情时代远程教育的实践与挑战
　　　——澳大利亚小学教学支持框架分析

433　小学英语师范生培养的个案研究

442　21 世纪语文素养——概念重构与专业准备

452　"小学教育场域"的敞视：一种社会学视角下的实践探析

460　"双减"背景下基于教育优质均衡的双师课堂模式研究

469　深度学习下的小学数学教学策略探究

480　职前小学科学教师 STEM 素养评价指标体系构建研究

497　小学一年级入学适应教育路径及对策的个案研究

508　自我的发现
　　　——初中生自我认识课程的实践探究

第一编
面向未来的小学教师高质量发展

儿童取向卓越小学教师培养的基本理论问题探析

刘慧

首都师范大学 初等教育学院

各位在场的、线上的嘉宾朋友们,大家好!

在工作繁忙之中,各位仍然坚守初心,克服重重困难来参加此会,作为承办方,我代表学院对大家的到来表示最热烈的欢迎和衷心地感谢!

今天,我报告的题目是"儿童取向卓越小学教师培养的若干理论问题探析"。这个题目比较大,在此,我将集中对卓越小学教师是"谁"、小学生是"谁"、小学教育专业特性是什么这三个基本问题作报告。我们知道,中国小学教师培养,经历百年中师后,在 20 世纪 80 年代开始转向专科层次,在 17 年后就开启了本科层次的培养之路。小学教师本科层次发展速度非常快,至今有 190 多所高等专科学校,215 所本科院校设有小学教育专业培养小学教师。2014 年以来,随着国家卓越教师培养计划的实施,全国有 20 所高校小学教育专业入选卓越教师培养计划单位, 由此开启了卓越小学教师培养模式探索之旅。各个卓越小学培养单位都在进行着实践探索,我校小学教育专业也在积极探索,尤其是 2018 年在迎接教育部师范类小学教育专业"打样"认证工作以来,形成了"一体两翼一基"培养机制、职前职后衔接、大学小学联动、人机协同创新、国际化开放平台等全域格局的"儿童取向"卓越小学教师培养模式。在今年上半年的"国家一流小学教育专业建设研讨会"上,我向大家报告了这个培养模式的内涵, 今天我来分享我们为什么会形成这样的培养模式。

首先，澄清"取向"这个词的含义。目前，有多种取向的教师教育，如知识取向、技术取向、实践取向、研究取向、经验取向、科学取向、哲学取向等，我们又提出了儿童取向。那么何为取向呢？所谓"取向"，按字面理解就是选取方向、确定目标，一般引申用于选择确定事物的某个部分或方面、方向。在理论研究中，取向一般是指某种价值观和理论立场。取向具有导向作用，取向与价值密切相关，选择某种取向就意味着认同该取向的价值，行为选择上会遵循这种导向，并在价值判断的基础上形成稳定的取向。不仅如此，取向还具有激励功能，一旦选择了某种取向就会产生向此方向行动的动力，同时也意味着对其他取向的否定。可见，取向意味着价值问题，取向的转换实际上是视角、视野和内容、方法的转换。我们提出"儿童取向"意味着我们的小学教师培养是以儿童为价值选取努力方向，意味着我们培养卓越小学教师的视角、视野、内容、方法是基于儿童。儿童取向的提出，是源于我们对小学教育、小学儿童、小学教师的研究，涵盖了三个学科，是以小学教师为研究对象的小学教师教育学、以儿童为研究对象的儿童学、以小学教育为研究对象的初等教育学的研究成果。是回到小学教师培养的原点，基于对卓越小学教师是"谁"、小学生是"谁"、小学教育专业特性是什么的三个基本问题的回应。

一、卓越小学教师是"谁"？

目前，我国不仅有国家级的，还有省市级的卓越小学教师培养单位，各培养单位都依据国家政策在各自视角或维度上回答卓越小学教师是"谁"的问题。如从学科教学的角度，一些学校提出了卓越小学教师能教多科或全科；从学历的角度，一些学校将卓越小学教师培养定位于硕士研究生层次；从能力的角度，有些学校认为卓越是优秀中的优秀。那么，我们从什么角度理解这个问题呢？我曾在 2017 年发表了一篇关于卓越小学教师培养的文章,①将卓越小学教师定位为"儿童为本"的儿童教育工作。今天,我进一步阐释卓越小学教师是"谁"? 其价值内核是什么? 以何为标准?

(一)卓越小学教师是"专业"的小学儿童生命健康成长"引路人"

从教师专业的角度来看,做儿童生命健康成长的"引路人"是卓越小学教师的价值内核。习近平提出,教师要做学生的"四个引路人",即做学生锤炼品格的引路人、做学生学习知识的引路人、做学生创新思维的引路人、做学生奉献祖国的引路人。这既是对教师的殷切希望,也是对教师的要求。其实,教师要做"引路人",也是《小学教师专业标准》(2012)(简称《专标》)的基本理念。在其"师德为先"的基本理念中,"做小学生健康成长的指导者和引路人"是师德的核心、落脚点。因此,"引路人"是卓越小学教师专业性的内在必然,而且卓越小学教师是专业的儿童成长的引路人。

进一步追问,这意味着什么呢? 我觉得这是强调卓越小学教师的核心要义并非在教学科目的多少,而是在育人;不仅是一般的育人,而更是在"引路人"。那么什么样的教师才能成为学生生命健康成长的引路人呢?习近平提出的"大先生",才能成为"引路人",他在 2016 年 12 月 7 日全国高校思想政治工作会议中指出,"教师不能只做传授书本知识的教书匠,而要成为塑造学生品德、品行、品味的大先生"。而习近平提出的"四有"好老师,即是有理想信念、道德情操、扎实学识、仁爱之心的老师,是成为"大先生"的基础。那么作为"引路人"的专业性又体现在哪里?《专标》对小学教师提出的 60 条基本要求是成为专业"引路人"的基础。《专标》体现了国家对小学教师的合格要求,也是《师范类小学教育专业认证标准》的依据与基础,小学教育专业认证工作是落实小学教师专业标准的重要措施,其提出的"一践行三学会",即践行师德、学会教学、学会育人、学会发展的毕业要求,也是进一步明确与实现小学教师专业性的培养要求。

---

① 刘慧:《以"儿童教育"为本位的卓越小学教师培养》,《课程·教材·教法》,2017 年第 2 期。

(二)认识小学儿童是卓越小学教师素养之基

从小学教师素养看,认识小学儿童是卓越小学教师核心素养之基。2013年,在小学教育专业"课程地图"研制项目时,我提出了小学教师核心素养的三维结构,即认识小学儿童、理解小学教育、追求自身发展。并以此为基础,修订我院人才培养方案的课程设置,完成小学教育专业课程体系建设。在小学教师素养三维结构中,认识小学儿童是基础。今天的小学教师不乏学科知识,不乏教学技能,一旦问到他们是否了解儿童、是否知道儿童需要什么、如何跟儿童打交道、怎么帮助儿童时,他们回答不出来了。为什么会这样?这也不能责怪我们的小学教师,他们从受教育的开始就在"外求"知识:自然科学、社会科学等,而对人自身知识的学习是极为有限的,如果现在问在座的各位"我是谁"这个问题,我想能给出答案的人也不多。不仅如此,小学教师入职后的教育教学实践或职后培训,几乎都集中于学科知识、学科教学。但今天,我们越来越意识到、越来越看到小学教师如果不懂儿童,其知识、技能如何有的放矢地发挥就成了一个问题。所以,我们强调,认识小学儿童是卓越小学教师核心素养之基。

那么,认识小学儿童,这句话意味着什么?对小学教师而言,意在认识小学儿童"大于""重于"其所具有的学科知识、掌握的学科教学技能,但这并不是不要学科知识与教学技能,而是强调认识儿童的重要性。进一步追问,认识小学儿童的什么?在此提两点:一是认识儿童生命成长规律与特性、认识与理解儿童生命与生活;二是要具有促进儿童生命健康成长的知识与能力,即小学教师仅具有学科知识是不够的,还必须要具有育人的知识和能力。那么怎么才能促进儿童健康成长?我认为,重要的一点就是读懂儿童的需要与表达。

(三)成为"生命教师"是卓越小学教师的关键

从个体生命的角度来说,卓越教师是谁?作为一个教师,既是职业人,同时也是普通人，他是他自己。今天的师范教育，不能仅仅将师范生作为职业人来培养，而必须关照其作为个体人的发展需要。这也是我们反思中师培养的一个问题所在，中师生是十五六岁的孩子，他们的未来有多种可能性，但在他还不知道未来能做什么时，就被限定在一种确定性之中。这不是完全不好，但有遗憾，即他可能还有更好、更适合的职业，但因一种确定性的培养而似乎没有了可能。今天的师范院校要培养合格的、卓越的教师，就不能只有角色的专业性，更为深层的是要有作为一个完整人的追求和生命状态，即成为生命教师。当然，从历史的角度，有经师与人师之说，教师不能只作经师，而应该成为人师。那么，今天的"人师"是什么样？对这个问题的回答，不仅是立足现在，还是关照未来。

从未来的角度看，改变是唯一不变的。《今日简史》中有这样一句话，"要想跟上2050年的世界，人类不只需要发明新的想法和产品，最重要的是一次又一次的重塑自己"。这是一个根本性的、刚性的挑战，面对未来变化的世界，我们需要不断地重塑自己。自问一下，我们能够随着世界的变化而重塑自己吗？我们所教的孩子能不能呢？如果不能，那么教育的意义与价值何在？所以，针对这一点我提出了卓越小学教师的"自画像"是"生命教师"。何谓生命教师？用一句话来表达，生命教师就是"成人成己"的教师。以往，我们很强调教师的"成人"性，如教师是"蜡烛"，燃烧自己照亮别人，教师是"园丁""人梯"等，不大注重教师的"成己"性，即教师要发展自己、成就自己。但今天的教师要适应时代变化并引领儿童未来发展，必然离不开"成己"，而且"成己"是"成人"的基础，"成人"与"成己"一体共在，才能做好教师。

生命教师的品质有三个方面，一是"以生命为本"，这是以人为本的体现，也是生命至上、人民中心的体现，在教育职场中具体体现为，以儿童生命为本，强调儿童中心；关注自己的生命发展，在职场中充实自己的生命、发展自己的生命。二是"以生命为师"，在此强调，今天的学习不仅有学科知识的学习、技能的训练，还需要向生命学习。从生命教育的视域看，生命是重要的教育资源，生命是榜样。教育就是生命之间相互陶养的过程，在此过程中，生命能量不断流动、交流，形成教育的生命场。由此也能更好地解释师生关系为什么不是主客关系而是主-主关系，在生命视角下，师生的生命是平等，是相互学习、互为师生的关系。再有，向生命学习，生命榜样是重要载体。今天，教育强调家庭、学校、社会三方协同，国家评选的社会模范人物，如国家勋章获得者等都是生命的榜样，都是重要的教育资源，当孩子成长过程中遇到这样那样的挫折时，他知道这些榜样是怎么过来的，并从中获得力量。三是为生命之师，即为了生命健康成长的教师。对儿童来说，主要体现在助力儿童美好的生活、开发儿童的潜能，激发儿童的生命之美、注重儿童的生命意义、为儿童适应未来的"一次又一次重塑自己"奠基，这就是教师的"成人"性体现。同时，教师要"成己"，要追求成为优质的自己，也就是生命优势潜能的实现。卓越的小学教师，必须能实现自己的生命价值，才可能更好地激发、引领孩子们追求生命价值的实现。所以教师自身也要不断地开发生命潜能，适应变化，立足教育职场，绽放生命精彩。我认为培养卓越小学教师的关键就是在思想观念、思维方式与行为路径上突破"学科本位"，回归以人为本，凸显儿童教育为本，这也是小学教师教育学科建设的一个核心问题。由于时间的关系，还有两个议题，我就简单报告一下。

二、小学生是谁？

儿童取向卓越小学教师培养模式提出的第二个基本问题是对小学生的认识。小学儿童是初等教育学的逻辑起点，初等教育学的建立是基于小学儿童生命发展对小学教育的需要，不仅如此，认识小学儿童也是小学教师核心素养之一。

（一）小学生是以"整全生命"生活于小学中的儿童

小学生是一个社会角色，而儿童是其本体。在学校生活中，小学儿童不仅是以小学生的身份存在，而且以"整全生命"存在，是儿童生命的活动，而非某一角色的活动。所谓整全生命,强调人之生命的身心灵一体性、过去—现在—未来的共在性、个体性、关系性与整体性的统一,而不是分割、分离、分裂。人之生命生理—心理—社会的一体,"任何万里长城都无法分割";人之生命"个体—类别—社会"的共在,每个个体生命都是人类生命的全部持有与部分展现者。每个个体生命都具有生命天性、自身生命特性、需要与表达性;个体生命的关系性包括与自己、他人、社会、自然、人类的关系,是多重关系的共在。认识小学儿童必须回到儿童生命之中,认识儿童的生命之道。

儿童生命之道是生命的特性、人的生命特性及儿童自身的遗传与环境互作所形成的规律所在。儿童期是一个独特的时期,是与成人有着不同特点的时期;每一个儿童都是独一无二的,都有自己的生命之道,有自己的"发展的地形图"。对儿童生命之道的探索,必须要回到儿童的生命世界,通过描述、揭示、解释儿童的生命特性来实现。目前,这方面的研究还很有限,我院经过十年的教学探索,编著了《儿童生命概论》,将于 2023 年由北京师范大学出版社出版。该书主要探索的是儿童的天性、需要、游戏、秘密、美术、音乐与权益等,主要观点是:儿童天性是儿童生命之根、儿童需要是儿童生命的动力、儿童游戏是儿童的生命存在方式、儿童秘密是儿童生命成长的标志、儿童美术是儿童生命的表达、儿童音乐是儿童生命的律动、儿童权益是儿童生命成长的保障。

在此,强调对小学生的认识与理解,必须回归儿童生命,从儿童生命特性的角度来认识儿童,而非仅仅从某一角色或方面。再有,对儿童生命的认识,还需要关注儿童的未来性,儿童是未来,儿童生活于未来,儿童创造未来。

(二)小学生是有自己需要与表达方式的儿童

小学儿童对社会、对世界,有其自己的表达方式。儿童有他自己的生命需要,有他自己的一种对于世界的感受。在此将通过两个儿童的故事,来感知儿童的需要与表达。

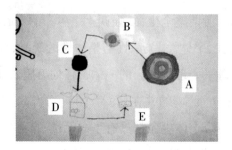

图1　小学生简易图

画这幅画的女孩是我院一位老师的女儿,刚上小学一年级,一天无意旁听了她妈妈和姥姥在电话里谈论邻居过世的话题后画的画。如果我不解释这幅图,我们成人可能并不知道这幅画是什么?这个孩子在想什么?她是怎么认识这个世界的。

她很认真地给妈妈讲了这幅画,她说:(A)这是一个人在小时候的目标,小时候的人会有许多许多的目标呢。(B)这个人长大了,他/她的目标变少了。(C)他/她老的时候,就没有什么想法了,他/她会一个人待着。(D)他/她太老了,所以就死去了。可是,过一会儿,他/她可以去天堂,天堂就在云朵里。(E)我们会把他/她装在一个小盒子里。想他/她的时候也可以看到他/她。他/她不能孤零零的在这里,所以我要给它加个盖子。我可以把它拎着,带到我想去的地方。

这幅画告诉我们,孩子在生活中感受着、思考着生死问题、意义问题、关系问题等,且对世界有自己的理解与表达。儿童对生死问题,不仅是关注,而且是自有答案。在这个答案中,既包含着哲理、科学,又充满了情感。可以说,这是一个儿童对人一生发展的一般过程的理解,及其与亲人死后关系的最好回答。如果我们想要认识儿童、走近儿童,就要关注儿童表达背后的需要。

儿童表达是儿童生命的表征,是儿童的存在方式、儿童的学习方式、儿童思维外化的方式、儿童社会性发展的方式、儿童需要的外显。儿童具有爱、新体验、责任、认可、赞扬等需要。回到儿童生命之中,才能读懂儿童表达所蕴含的儿童需要。对成人而言,读懂儿童需要,也就读懂了儿童,也就具有了满足儿童需要的前提,也就知道了自己该做什么。回到儿童生命,按照儿童本来的样子看待儿童;回到儿童生活,从儿童的经历经验的角度看待儿童;回到儿童情感,将儿童的感受放在心上。

再有一个故事:题目是"每一片叶子都有一个灵魂",故事的内容是:小时候,我非常胆小害羞,上课从不主动举手发言,老师也从不叫我回答问题。一次,我写了一篇题为"每一片叶子都有一个灵魂"的作文,上课时,柯老师轻轻地走到我的面前,问我是否愿意和大家分享我的作文。她的问话是那么的柔和,那么的亲切,让我无法拒绝。我用颤抖的声音读完了作文,她感谢了我。下课了,当我走到教室门口时,她建议我养成写日记的习惯,将来也可以从事这方面的工作。这些我都做到了。

如果问什么样的教师才能成为"引路人"? 我的答案就是"柯老师这样的"。这就是我说的,卓越教师不是一般的育人,而是落实在"引路人"上。引路人在哪实现?答案就在教育场中,随时随地都可能发生。怎么能够发生?这就要求教师必须要了解儿童的个性,通过儿童的表达,能敏感地捕捉到他的"优势潜能"所在,并能针对其优势潜能给出未来成长的方向和具体方法。目前我们小学教师能发现儿童优势潜能的能力普遍不够,即使发现了,如何引导? 能给出有价值的建议之能力也很欠缺。而这正是未来卓越小学教师培养的侧重点。

我们要培养有愿望、有能力发现儿童优势潜能并积极促进其实现的卓越教师,就需要加大、加强儿童研究。现在的儿童研究十分缺乏,我们必须要加大儿童研究力度,不仅仅是梳理既有的研究成果,而必须要回到现场,需要研究教育现场中的小学儿童,即研究鲜活的、生活中的、个性的小学儿童,包括疫情对儿童的影响,同时研究也必须要面向未来。

三、小学教育专业特性是什么?

认识与理解小学教育专业特性,具有重要的意义。明确小学教育专业特性,有利于明确小学教育在基础教育中的特殊地位、指引小学教育课程改革方向、引导小学教师教育的理论与实践创新,影响小学教育专业——国家一流专业建设、卓越小学教师专业发展方向,是办好小学教育专业,培养合格、卓越小学教师的关键。

(一)明确小学教育特性是正确认识小学教育专业特性的前提、基础

就我们而言,需要明确小学教育专业特性的强烈意识,是在筹备师范类小学教育专业二级认证之时。可以说,专业特性的体现是专业认证的基本要求,如果不能依据专业特性来认证专业,则是无的放矢。若要认清小学教育专业特性, 首先必须明确小学教育性质。小学教育是初等教育学的研究对象,是小学教育专业培养小学教师的基本依据。小学教育性质是小学教育所具有的与其他事物不同的根本属性,即小学教育所具有的独特性所在。从现代科学的观点看,任何事物都可以被视为一个"性质束",是由若干特性组合而成的集合体。对小学教育性质的认识,需要站在不同的视角,对其若干特性进行内涵的厘定与澄明,从而使我们能够"全景式"地知晓并理解小学教育到底是什么。

自 2012 年我院招收初等教育学硕士以来,尤其是招收小学教师教育方向博士生以来,我在硕博研究生培养方案中开设"初等教育学"课程,组织研究生对既有小学教育性质的认识与表达进行梳理与分析, 经过几轮的教学研讨,形成了我们对小学教育性质的系统性认识。目前学界对小学教育性质的认识与表述有很多,且不同的学者归纳提炼的不尽相同,总的来看,主要有全民性、全面性、基础性、养成性、平等性、优先性、义务性、未来性、普及性、综合性、自然性、兴趣性等。那么,这些性质是否都属于小学教育? 若是,这些性质之间是什么关系? 小学教育的根本性质何在? 我们认为小学教育的性质虽多,但并非杂乱无章,而是可以进行多层次的划分。从与事物自身的关系讲,这些特性可划分为三个层次,分别是一般特性、主要特性、根本特性。这三类特性以根本特性为根基,以主要特性为主干,以一般特性为枝叶。

　　小学教育作为制度化学校教育的有机组成部分,个体性、社会性、活动性是其一般特性,这是教育性质的体现;小学教育作为基础教育的第一阶段,基础性、义务性是其主要特性,这是基础教育性质的体现;小学教育作为以 6~12 岁儿童为教育对象的学校教育,奠基性、综合性、未来性、"小幼"衔接性是其自身根本特性,这是区别于基础教育其他阶段性质的体现。①这样的研究精细化了以往对小学教育特性的认识,明晰了小学教育的特性所在,这一研究成果写入了我们著的《小学教育学》教材中。②

(二)小学教育专业特性主要体现为儿童性、综合性与养成性

　　我们只有意识到小学教育特性所在,才能真正认识到小学教育专业人才培养应着重于什么。在此,我所说的并不是不要小学教育的一般性质、主要性质,而是强调我们必须要抓住属于小学教育自身特性,唯有如此,我们才能真正办出小学教育专业特色。目前的教育学界还有学者认为,小学教育不是一个独立专业,还混淆于中学教育,还是将中小学教育性质不做区分,笼统地研究与表达,这种认识已经过时了。实质上,中学教育是中学教育,小学教育是小学教育,由于学生发展阶段的不同,小学生与中学生之间的差异是很大的,其对教育的需求也必然是不同的,因而中小学教育是有很大差异的。

　　自小学教师本科层次培养以来,我们在不断探索属于小学儿童的小学教育特性,进而努力办出真正的小学教育专业,培养适合小学教育的教师。在2018 年迎接师范类小学教育专业二级"打样"认证工作时,我提出了小学教育专业特性,主要体现为儿童性、综合性与养成性。2020 年,我校成立了儿童与未来教育创新研究院,并与教育部学校教育发展规划建设中心联合,共同探索面向未来的一系列的关于儿童教育问题,还有适应信息技术时代的教育创新研究议题,我们期望通过这样的研究来构建未来小学教育范式。

---

① 刘慧、宋彩琴:《小学教育性质的厘定与澄明》,《教学与管理》,2023 年第 3 期。
② 刘慧等:《小学教育学》,北京师范大学出版社,2023 年,第 25~37 页。

Why the best-loved self in elementary education?

Cheryl Craig

Texas A&M University

Abstract: This work underscores the importance of the development of the best-loved self of elementary school teachers. It traces the teacher image as it appeared in my research studies, in my teaching, in my reading of the literature and while attending national and international conferences, including a pivotal meeting at Capital Normal University in 2009. The phenomenon remained unnamed until I happened upon the idea of the best-loved self when the collected works of Joseph J. Schwab (Westbury & Wilkof, 1954/1978) fell on the floor and opened to the page where the best-loved self appeared. This happenstance occurrence merged many of my analogous experiences under the umbrella of Schwab's succinct term. Afterwards, I traced Schwab's idea to its original source and found? like-ideas along the way—even in the contemporary literature. This paper lays the foundation for the 'best-loved self' fulfilling the fundamental purpose of education(i.e., having satisfying lives)and what teachers can powerfully model for the children in their elementary classrooms.

1. Introduction

This paper addresses the question of "why the best-loved self in elementary education." Before delving deeply into the image of the best-loved self, however,a few foundational ideas need to be put in place.These are the purpose of education and the role of teachers,along with the best-loved self,which will be unravelled via the storyline of this conference proceeding.These strands of research set the context for my coming to the "best-loved self" as an important image of teaching in the field of education.

2. Literature review

2.1 The purpose of education

All nations use education as a means to prepare students to be citizens of the countries in which they live. Beyond that,education helps people live "more satisfying lives," as Schwab(reference)worded it. Education enhances people's experiences and expands their knowing,doing and being.In short,education enriches lives.People derive purpose and satisfaction from being educated.As the poet,Mary Shelley (1826/2012),explained: "There is but one solution to the intricate riddle of life:to improve ourselves,and contribute to the happiness of others"(p.153).This is more likely to happen when curriculum is not conceived as a stale document,but as a course of life where the modus vivendi—Latin word for way of life—is derived from rich,educative experiences.

2.2 The role of teachers

While government agencies tend to associate excellent teachers with teaching subject matter or content,the fact of the matter is that teachers' roles are far broader than that.In his Pedagogical Creed,John Dewey(1897)captured the magnitude of teachers' roles and influence when he said that teachers have "larger experience and "riper wisdom." Hence,they "decide how life comes to children"(p.97).Those of us in the field of education know what Dewey said is especially true of elementary school teachers who can make vivid life experiences available to children or can hold them under their thumbs, demanding "docility,receptivity and obedience"(Dewey,1938,p.18)from them for compliance purposes.

This brings us to the two major images of teachers that dominate the literature and practice.Both are critically important;neither are mutually exclusive.Those images are teacher-as-curriculum-implementer and teachers-as-curriculum-maker(Clandinin & Connelly,1992).

2.3 Teacher-as-curriculum-implementer

The teacher-as-curriculum-implementer is the teacher who implements curriculum as dictated by government documents and outlined for specific grades of students.The teacher-as-curriculum-implementer image is what teachers are paid to do.At the extreme,teachers-as-curriculum-implementers may be those who Dewey (1910)saw engaged in the act of teaching using whatever others dictated for them to do.These teachers appeared to be teaching but they were not those he considered "students of teaching"(Dewey,1904,p. 215).They simple follow others' prescription.

2.4 Teacher-as-curriculum-maker

The teacher -as -curriculum -maker image, on the other hand, captures teachers using what is in themselves, their students, and their milieus as well as what is in subject matter—what is near-universally known as Schwab's(1973) commonplaces—to create a dynamic fusion of experiences for students in their face -to -face interactions with their teachers in classrooms (i.e., Craig, 2009; 2013).Because teachers enacting this image are always experimenting and trying to figure out how they can better meet the needs of the children before them, teachers -as -curriculum -makers tend to be the kinds of teachers that Dewey preferred To Dewey's way of thinking, these teachers would be students of teaching (Dewey, 1904, p.215).These teachers would visibly learn from re-flecting on experience.This is where Dewey's notion of education as "recon-struction without end" enters the picture.

2.5 Downsides to both images of teaching

Downsides to both images of teaching exist.For those in the teacher imple-menter mode, it is easy for testing to replace the subject matter teachers teach. This is because teachers -as -curriculum -implementers uncritically take cues from others outside the classroom(Dewey, 1904).But the curriculum-maker im-age also can be excessive.The teacher-as-curriculum-maker may become over-involved with himself or herself as a teacher to the point where the curriculum they teach overtakes the mandated curriculum, their students, and the contexts of teaching in important and solely becomes themselves.At the intersection where teaching and curriculum meet, we need to be awake to the outer extremes of both images of teaching.

2.6 Best-Loved Self

This is the important intersection where the teachers' best -loved self

(Schwab,1954/1978)surfaces.It is an extremely important concept and not an excess of the teacher-as-curriculum-maker image of teaching,when teachers enact it with students in situations where subject matter and content are also held closely in view.In this next part of this paper,my journey of coming to know the best-loved self is presented.

3. I dentifying the best-loved self

Miriam Ben-Peretz's (1995)research program next became part of my journey to naming the unknown phenomenon.In her book,Learning from experience:Memory and the teacher's account of teaching,Ben-Peretz told a story about a teacher with more than five years of experience.That teacher taught a 5th grade mathematics lesson according to what an expert textbook author advised.The teacher's teaching performance was then assessed by the same superintendent who had previously observed her teaching language arts and Bible classes.The teacher predictably passed the inspection.But on this occasion,the superintendent offered advice that the teacher took into her practice.He emphasized that she should not teach in ways that did not fit her.He emphasized,"Don't use a teaching method that doesn't suit your personality.Be yourself." His candid comment prompted the teacher to disclose that her teaching the latter times were "not me." The superintendent's naming of the mismatch reminded the teacher of the vital connections needed between the personal and the professional.His identification of the problem stressed that educators should not compromise the personal for the professional.The exchange between the teacher and the superintendent additionally illuminated how "identity is formed and reformed by the stories we tell and which we draw upon in our communications with others"(Beijaard et al.,2004,p.123).Also important to this story is the fact that the teacher relayed her narrative to Miriam Ben-Peretz eight years after the teacher retired from a 35-year career of teaching,and that Ben-Peretz herself chose to include the telling comment in her 2009 keynote address delivered at Capital Normal University in Beijing,China (Ben-Peretz, 2009a).These multiple references over time confirmed for me the significance of the teacher's recollection as well as the sustaining power it had on both the teacher and the researcher.

Marieke Pillen's Dutch research program further informed my thinking as I strove to identify the yet-to-be-named concept.I attended her presentation on professional identity dilemmas (Pillen et al.,2009)that she made on behalf of her author team at the 2009 International Study Association of Teachers and Teaching(ISATT)Conference in Rovaniemi,Finland.While conceptualizing personal,professional,and contextual elements of teacher identity,Pillen highlighted a passage where a preservice teacher candidate reflected on his expert mentor's advice and commented,"He tells me how to teach,but that is not how I want to teach:It does not suit me." Once again,the more powerful expert – this time,a mentor enacting a particular image of mentorship/teaching(i.e.,mentor-teacher-as-implementer) – decided in advance what constituted the most appropriate teaching practice.Meanwhile,the preservice teacher's knowing and sensibilities were diminished – but not without the entry-level teacher expressing his personal practical knowledge (Clandinin,1985;Connelly & Clandinin,1986)and sharing his regrets.Also,Pillen et al.as a research team recognized the import of the text and,like Ben-Peretz,chose to spotlight it in an international conference presentation.

Around then, I happened upon a passage from a life history interview that Ivor Goodson conducted, which likewise informed my understanding of the unnamed concept. An American teacher informed Goodson of the "McDonaldization of education" and the turning of teachers into "passive deliverers of pre−digested curriculum…" (Goodson, 2003, p.72). According to the teacher, the surreptitious goal was to "eliminate personality" from teaching. The teacher then focused on his humanity, describing himself as "a human being in front of a bunch of other human beings giving a part of [himself] that [he] care[s] about and giving them things that [he cares] about…" He concluded by stating that "education takes place in the corner of the eye…It is not what we aim for that kids really learn and really makes a difference, it's the peripherals…" (Goodson, 2003, p.72) Once again, the tension between what teachers are mandated to teach in the classroom (teacher−as−curriculum−implementer−image) and what teachers accomplish of their own making (teacher−as−curriculum−maker) was sparked. Also, this teacher offered a peek into the lived experience of teaching in elementary school contexts filled with diverse students, the kinds of verbal, social, and interpersonal interactions that take place, and the values implicit in teacher−learner exchanges.

The fifth and last provocation arose from my work as a professor at my past university that also heightened my understanding of the unnamed concept. Several years ago, on my past institution's course appraisal and on the annual curriculum vitae template for salary purposes, a relatively new section about faculty members' use of technology appeared without consultation. While I use technology in gathering, identifying, and storing research data, frequently deliver multi−image presentations with embedded videos, and have helped to create digital narrative inquiries (Craig, 2013)(probably the first to spearhead a narrative in−

quiry team experimenting with the latter),I am reluctant to use digital ap-proaches to teach advanced research methods courses.In my personally held view of teaching and learning,more is learned through showing than telling.I reason that my students would want to personally interact with me concerning how I conduct research rather than viewing "jazzed up" presentations reflecting the fruits of my labor.Thus,while I am comfortable with technology communi-cating understandings in self-contained lectures,I am not okay with technology constituting my entire face-to-face instruction.In short,I do not support evalua-tion technologies and/or research technologies becoming the curriculum of my classes,dehumanizing my students and me,and eclipsing in importance my de-veloping relationships with students,our curriculum making exchanges,and what they subsequently come to know about teaching,curriculum,research and narra-tive inquiry(Clandinin & Connelly,2000;Connelly & Clandinin,1990).

When I identified these five situations,all pertaining to my vicarious and direct experiences,I realized I had accumulated three stories (Israel,The Netherlands,US)shared by other researchers,which I used to qualitatively sup-port my 'proof of [the then-unknown] concept.' I also found two direct cases (Daryl Wilson and his colleagues' experiences at T.P.Yaeger Middle School,my own experience in my university context)championing the unnamed idea in my research program.Using serial interpretation(Schwab,1983),I discovered organ-ically what Conle(1996)called "narrative resonance" between and among expe-riences seamed together from a variety of diverse,amorphous experiences that I was able to elucidate in my research pool.Still,I had no name for the idea that was taking shape and rising within me.

About then,I read a poem penned by the Argentine poet,Jorge Luis Borge,who has been described as "a planet unto himself," an artist who "resist

[s] categorization," one who is "endlessly re-readable" (Parini,1999,p.1). Borge wrote:Beyond the name there lies what has no name;

Today I⋯ felt its shadow stir the aim⋯

(https://www.poetryfoundation.org/poets/jorge-luis-borges)

Like Borge,I felt the strong urge to name something that paradoxically defied being named.At the time,I recalled Vincent Van Gogh who said colors without names are the foundation of everything(Van Gogh,1885)and Pablo Picasso who declared that the best colors of the rainbow are the ones yet to be named (Juma,2019).For a sliver of time,I thought the nebulous conceptualization I happened upon might need to remain nameless due to its obscure qualities.

But when I accidentally dropped the Westbury & Wilkof book on the floor, everything changed in a blink of eye (Slide 26).The book opened to the page where the best-loved self appeared:

He (the teacher [Joseph Schwab])wants something more for his students than the capacity to give back to him a report of what he himself has said.He wants them to possess a knowledge or a skill in the same way that he possesses it,as a part of his best-loved self⋯He wants to communicate some of the fire he feels,some of the Eros he possesses,for a valued object.His controlled and conscious purpose is to liberate,not captivate the student.(Schwab,1954/1978, p.124-125,italics added).

What to that point had been mud morphed into magic.The missing piece tying my amorphous experiences together had been found.The interstices of the five stories provided palpable international evidence that teachers naturally gravitate toward teaching their 'best-loved selves.' Daryl Wilson and his T.P. Yaeger Middle School colleagues understood this,the teacher and superintendent in Ben-Peretz's Israeli study knew this, the teacher candidate discussed in Pillen et al.'s Dutch inquiry had made sense of this, and the experienced American teacher Goodson interviewed was aware of this as well.I also intimately knew it through listening closely to the stories my students have given back to me about my teaching practice.My students tell me that when I am "on my game"(their words), which I take to mean, enacting and exuding my "best-loved self" as part of my "story to live by," my modus vivendi——my mode of life, they are more likely to gain rich insights into curriculum, teaching, and research.This, in turn, enriches their "stories to live by," their modus vivendi, their ways of life.

I will now move backward into Schwab's work to elucidate foundational underpinnings of the best-loved self.After that, I will move sideways into others' scholarship to add heft to the concept before moving forward with how essential the best-loved self is to teachers and students in the elementary grades, the central theme of this paper.

4. Backward to Schwab's Pre-Best Loved Self Scholarship

Early in his research career, Schwab captured the distinctive properties of human.The "human person," he outlined, is a "self-moving living thing" that is able to "produce itself," to "develop itself," and to create a "personal history" not able to be duplicated (Schwab, 1964, p.8).Later, when Schwab (1969, 1971, 1973, 1983)created "the practical—a language for curriculum," he emphasized the necessity of diverse groups of people engaging in curriculum deliberations through conversing together and articulating "differing selves"

(Schwab,1983).He also unequivocally defended teachers' rights to have a say about what happens in their classrooms and professional lives(Schwab,1969,p. 30).

Schwab additionally approached education through the growth metaphor.He maintained that people are not only products of their educations,but are products of the choices that their selves have made(Schwab,1960/1978,p.218).This echoed Dewey who declared "the self reveals its nature in what it chooses [or what it does not choose]"(Dewey & Tufts,1932,p.318).

For Schwab (1971),flexible inquirers (i.e.,teacher-as-curriculum-makers?);that is,those who are able to interact in complex milieus,are the result of "intelligent rebellion and self-education after [they] are trained … " (Schwab,1971,p.23).This is because they no longer "depend […] on the expertise and experience of others" (Bullough & Gitlin,2001,p.xiii)as per the teacher as implementer image to determine their actions.Here again, 'the self' is foundational to Schwab's vision of education.Even amid prescriptions,shared practices,and procedures,Schwab found spaces where the self experiences the right to make choices.

Teachers,in Schwab's view,are decision makers and "agent[s] of education,not [simply] of its subject matter"(Schwab,1954/1978,p.128).This is because students "are better known by no one [else] but the teacher," because the teacher is the only one who actively "tries to teach them;" he/she is the only one "who lives with them for the better part of the day and the better part of the year"(Schwab,1983,p.245).Teachers who are curriculum makers want their student to learn not through parroting state-authorized content,skills and attitudes but through "coming to possess knowledge as part of their best-loved selves"(Schwab,1954/1978,p.125 in Craig,2020).This means the only plausible road to continuous improvement for teachers and students comes through teachers who reflectively turn on their practices alone and together:

…only as the teacher uses the classroom as the occasion and the means to reflect upon education as a whole (ends as well as means),as the laboratory in which to translate reflections into actions and thus to test reflections,actions, and outcomes,…,,,.,against any criteria is he [sic] a good … teacher. (Schwab,1959/1978,pp.182-183).

According to Schwab,they,as good teachers,"possess[ ] and impart[ ] the disciplines…in quite a [different] sense:as mentor[s],guide[s] and model[s]; as all[ies] of the student against ignorance,as participant[s] with student[s] in high adventures into the worlds of intellect and sensibility"(p.20).In short,their roles are not "fixed" to content;they always have much to "take in"(Dewey, 1934,p.53)

Let us hold onto this preamble about the best-loved self and look at what also was happening in the field of education to show how what Schwab was on to was important and not alone in his characterization of teachers' best-loved selves.

5. Looking Sideways to Dewey,Bruner,Csikszentmihalyi and Sacks

5.1 John Dewey

Schwab's idea of the best-loved self aligns with the Deweyan concept of a consummatory experience in that it "dissolves separations and heals splits…,[it is one where] distinctions of mind and body drop away and [are] replaced by new feelings…convey[ing] both the resistances overcome as well as new under-

standing[s] gained"(Grange,2004,p.12).For Dewey(1934),consummatory ex-
perience "run [s] its course to fulfillment"(p.35),which means its energies
(Eros?)become transcribed and fusions fruitfully blend.

Dewey outlined two paths that make ordinary experiences consummatory：
one is directly through content；the other is via the teacher.Dewey described the
subject matter route this way：

When a person is absorbed,the subject carries him on.Questions occur to
him [sic] spontaneously；a flood of suggestions pour in on him；further inquiries
and readings are … followed；instead of…us [ing] his energy to hold his mind
to the subject… the material holds and buoys his mind… and gives an onward
impetus to thinking(Dewey,1933,p.32).

As presaged,the teacher is another powerful way through.The teacher's
Eros(Rodgers,2020)can carry students across "dead spaces"(Dewey,1938)ex-
perienced in their minds and situations.Those "doing Dewey"(Rodgers,2015)
intimately understand the intricacies of the teacher-learner-subject triune as it
plays out in context and how essential the dynamic is to teachers/teacher edu-
cators being "students of teaching"(Dewey,1904,p.215)and their ability to
move learners in ways that inspire and deeply engage children with their worlds.

5.2 Jerome Bruner

To Bruner (1979),the best-loved self that Schwab proposed would be a
combinatorial activity "divorce[d]…from the ordinary"(Bruner,1979,p.23).El-
ements of surprise and feelings of affect would accompany the symbiotic experi-
ence.The combinatorial action would,in Bruner's words,"place things in a new
perspective"(Bruner,1979,p.20).The triumph would "…take one beyond the
common ways of experiencing the world… [and produce] creative products with
the power to reorder… experience and thought in their image"(Bruner,1979,p.

22).Concurrently,the passion(Eros?)felt along the way would expand with use. More importantly,people would be "more likely to act themselves into feeling than to feel themselves into action"(Bruner,1979,p.22).This Eros could continue to be called on to prompt and actualize new combinatorial activities.

5.3 Mihaly Csikzentmihalyi

For Mihaly Csikszentmihalyi (1997),Schwab's best-loved self would emerge in the flow of optimal experience.According to Csikszentmihalyi,

optimal experience [is] based on the concept of flow—the state in which people are so involved in an activity that nothing else seems to matter;the experience itself is so enjoyable (Eros?)people will do it even at great cost,for the sheer sake of doing it(Csikszentmihalyi,1990,p.4).

In such an experience, "emotions,intentions,and thought do not pass through consciousness separately;[rather] they are…interconnected and modify each other as they go along"(Csikszentmihalyi,1997,p.26)(Slide 56).Further to this,"optimal experience is something [people] can make happen"(Csikszentmihalyi,1990,p.3,italics in original)even in teacher-student relationships (Csikszentmihalyi,1997).

5.4 Oliver Sacks

In my 2020 book,I discussed how Sacks (2017)compared the difference between borrowing—curriculum implementing—and making—curriculum living —in the following passage:

All of us,to some extent,borrow from others,from the culture around us. Ideas are in the air,and we may appropriate,often without realizing,the phrases and language of the times.We borrow language itself;we did not invent it.We found it,we grew up into it,though we may use it,interpret it,in very individual ways.(Sacks,2017,p.142)

What is at issue in Sacks' estimation is not "borrowing" or "imitating," or being "derivative," or being "influenced," but what is at question is what one does with what is borrowed or imitated or derived; how deeply one assimilates it within one's self and one's actions.Sacks furthermore continued:"This has to do with how one⋯takes it into oneself,compounds it with one's own experiences and thoughts and feelings（Eros? ）,places it in relation to oneself,and expresses it in a new way,one's own"(p.142).In other words,this is how acts of curriculum making cultivate teachers' best-loved selves.When curriculum becomes expressed in "one's own" way,according to one's own sense of Eros, one's best-loved self becomes animated,enriched and satiated.

5.5 So Why the Best-Loved Self in Elementary Education?

Let's take a look at the Wordle produced around the best-loved self:

One's own way,flow,optimal experience,emotions,intentions,thought,interconnected,modify each other as they go along,Eros,absorbed,increasingly inspired,impart disciplines in a different way,intelligent rebellion,material holds and buoys the mind,etc.

In this work,we see how "Eros,the energy of wanting,creates an affective bond between the teacher and his/her students as they collectively search for truth"(Clandinin & Connelly,1992,p.38)in the curriculum materials they experience in context.The students can then carry themselves or be propelled along by the teachers' best-loved self until the child's personal best-loved self is launched.For education to be successful,this generative source of energy needs to be tapped into again-and-again.What is pivotally important is the teacher who gets this dynamic process underway.Only the agency of teachers in curriculum making can initiate dynamic co-learning with students with far-reaching consequences.

Primary and elementary teachers who are aware of their best-loved selves know what they need to nurture and expand their teaching and learning experiences.They mentor,model and guide children on how to connect with their Eros—their oductive energies—and access their own best-loved selves.Powerful student-teacher relationships trigger extraordinarily fruitful curriculum making As intellect and emotions fuse within teacher-student relationships,learners for life --modus vivendi--are borne. That is why it is exceedingly important that the best-loved self be introduced to teachers' and students' "stories to live by" —their identities in the making—in the elementary grades.The best-loved self is foundational to "find [ing] out what one is fitted to do,and to secure an opportunity to do it, [which] is the key to happiness"((Dewey,1916,p.?　270). This is how　"we who are...parts of the moving present,create ourselves as we create an unknown future"(Dewey,1930,p.188).

Author's Note

This chapter draws on my previous scholarship on the best-loved self (Craig,2013,2017),most especially the best-loved self chapter contained in my book,Curriculum making,reciprocal learning and the best-loved self(Craig, 2020).Also,another chapter,Tracing the roots of the best-loved self(Craig,in press),which will appear in an edited volume on the best-loved self(Craig, McDonald & Curtis,in press),has additionally been a source of ideas and insight.

小学教育专业人才培养的现实困境与破解路径

解书 羊峰

东北师范大学教育学部

摘要：教师作为教育改革的关键力量之一，其职前人才培养也日益受到人们的关注，我国 2018 年初拉开了深化新时代卓越教师培养改革的序幕。但通过小学教育专业培养方案分析和实地调研，发现目前小学教育专业人才培养仍存在一些亟待突围的困境，如培养定位不够精准、"全科教师"的本质理解存在深度迷思、人才培养的课程设置缺乏学理依据与论证过程、课程设置与实施满意度不高、未形成协同育人的有效合力机制、未构建系统的人才培养质量评价体系。根据上述问题，通过国内外优质小学教育专业人才培养方案分析和调查，在人才培养定位、教师知能、课程结构、教学实施、协同育人、质量监控等方面提出针对性的破解路径。

关键词：职前小学教师；小学教育专业；人才培养

2018 年《中共中央、国务院关于全面深化新时代教师队伍建设改革的意见》（以下简称《意见》）的颁布对新时代教师队伍建设做出顶层设计，"卓越教师培养计划 2.0"的推进体现出新时代卓越教师培养的必要性与迫切性，同时《小学教育专业师范生教师职业能力标准（试行）》的颁布对人才培养提出明确的能力要求。小学教育专业在我国被纳入本科专业已有 23 年，这一举措是把小学师资培养纳入大学体系的社会诉求与创新实践，也是与国际高质量师资培养接轨的具体体现。职前小学教师培养是"出品"优质小学师资的基础阶段，如何培养高质量的小学教育卓越人才是现阶段教师教育者及相关培养单位致力探索和破解的关键问题。本文通过分析小学教育专业学科属性及使命，进一步明确本专业对人才培养的价值意蕴；通过调研小学教育专业的负责人、专任教师、职前教师等群体，并通过分析小学教育专业的人才培养方案，充分了解目前小学教育专业的人才培养现状，厘清人才培养中的现实困境，以期为本专业人才培养模式优化、问题破解提供学理依据和实施建议。

一、小学教育专业人才培养的价值意蕴

(一)小学教育专业的学科属性：定性在教育、定位于小学

高等学校中的"专业"是依据确定的培养目标设置于高等学校(及其相应的教育机构)的教育基本单位或教育基本组织形式，其意义和功能在于满足学科发展和社会职业的需求。作为专业教育的教师教育，最重要的特征是它建立在一定的学科基础之上，而专业又是处在学科体系与社会职业需求的交叉点上。小学教育专业不同于高校中定位于中等教育师资培养的中文、数学、英语等学科教育专业，这些学科教育类的专业属性为特定学科专业，如汉语言文学、数学与应用数学、英语语言文学等。小学教育的学科属性是教育学，从其建制的单位"教育学院"或"初等教育学院"能明确体现其学科归属，因此小学教育专业定性在教育、定位于小学。明确小学教育的学科属性，不仅有利于学科建设与发展，也影响人才培养的方向定位与价值追求。

小学阶段习得的知识、技能并不以选拔、升学、择业等为目的，而是尽可能地为人的身心全面发展提供最有利的条件。小学教育的内容并不局限于某一门学科，而是"多学科""综合化"的教育，为人的发展奠基，综合性是小学教育阶段最突出的特点，学科综合育人是小学教育的实现路径，因此小学教育专业应该把握小学教育的综合性特性，强调职前教师对知识的整体把

握和综合运用,形成复合型人才,以适应小学教育的需要。

(二)高质量小学师资人才分层培养的着力诉求

小学教育专业已完成由"旧三级"(中师、大专、本科)向"新三级"(大专、本科、研究生)的过渡,目前全国有258所单位承担本科层次职前小学教师的培养,主要采取综合型(不分科方向)、分科型(依小学开设学科设置相应学科方向)、中间型(分文、理方向)三种典型培养模式。由于培养单位所处的层级和区域,各级各类小学教育专业人才培养单位通过全面评估自身优势特色和区域人才供需诉求,开展顶层规划与实践探索,在达成学历稳步提升、培养合格师资任务的同时开始迈向小学教师高质量分层培养的转型与内涵式发展。"到2035年,师范生的综合素质、专业化水平和创新能力显著提升""培养造就数以百万计的骨干教师、数以十万计的卓越教师、数以万计的教育家型教师"是小学教育专业未来培养高质量教师的目标追求。因此现阶段小学教育专业人才培养应着力突破固化的培养模式、寻求突破点,以区域分层赋能推进整体教师专业化发展进程,形成不同层级教师人才培养的纵深发展,为职后涌现更多的骨干教师、卓越教师、教育家型教师奠定可持续发展的专业素养与潜质,以此实现高质量小学教师人才分层发展的现实诉求。

二、小学教育专业人才培养的现实困境

(一)培养定位不够精准,追求"卓越"而忽略"服务面向"

人才培养定位是专业建设的灵魂与核心,是专业人才培养的方向与规格依据,对课程设置、教学实施等具体的人才培养工作起到引领作用。目前小学教育专业人才培养定位能够以《教师教育课程标准》《小学教师专业标准》以及"卓越教师培养计划"1.0和2.0的相关政策文件为基本遵循,结合学校类别、地方特色、服务面向、学科和区域文化优势等方面规划培养定位。但

通过分析小学教育专业人才培养方案发现，一些人才培养定位的阐述缺乏准确性与逻辑层次，即未描述清楚培养什么规格的小学教育专业人才。如"……理想信念坚定，师德优秀、儿童为本、素养综合、全面育人、终身发展……""……德智体美劳全面发展、适应信息化时代与初等教育改革发展需要，具有高尚积极人格的师德修养、坚定的专业情意、宽厚的学科知识、坚实的专业技能、突出的专业特长、科学的教育理念、可持续的专业发展潜能……""……德智体全面发展，适应 21 世纪要求的高素质的小学教育师资"等人才培养定位表述较为笼统、罗列内涵、未突出人才素养结构的逻辑层次；甚至一些人才培养定位为体现"卓越"而忽视所处培养单位的层级和区域服务面向，如"教育家型小学教师""卓越小学教师和未来教育家潜质的小学教育人才"，这些超高规格的教师并非职前阶段能胜任达成，且在后续人才培养效果评价、课程规划与教学实施中存在支撑与实践难度。

(二)关于"全科教师"的本质理解存在深度迷思

经过二十多年的改革与发展，一些采取综合培养模式的高校小学教育专业将培养规格指向了全科教师，特别是"卓越教师培养计划"实施以来，一些培养单位为响应重点探索小学全科教师培养模式，将人才培养规格也指向了全科教师。而目前关于"全科教师"的内涵理解存在分歧，一些培养单位将其理解为能胜任多学科教学的教师，如 J 师范大学将"全科"阐释为"一专多能"，即胜任一门主科且能兼任其他主科或副科；D 师范大学将全科教师诠释为"2+X+1+1"型教师，主教语文、数学（"2"）并根据专长或兴趣兼教一个或多个副科（"X"），同时掌握班主任工作（"1"）和日常活动设计（"1"）的技能。部分培养单位将全科教师理解为包班制下的全学科教学，甚至一些培养院校将培养全科教师作为小学教育专业"实验班"的优选生目标。那么"全科"是否意味着所有科目都要会教？"全科"培养是否是部分群体拔尖培优的目标，是否与分科型、中间型培养模式在人才规格上存在矛盾？厘清这些问题有助于国家政策落实和培养单位制定人才方案、设置课程及评价成效等。

（三）人才培养课程设置缺乏足够的学理依据与论证过程

课程是专业建设和人才培养的核心环节，是实现人才培养目标的关键载体。各培养单位的通识类课程主要由学校统筹，因此人才培养特色主要体现在培养方案中各类专业课程，既体现对人才培养定位的支撑又是开展教学的依据。调研中发现各培养方案在课程类型划分和命名上存在较大差别，为便于分析，将 16 个国家级特色小学教育专业的人才培养方案中的课程按课程群重新划分为：通识类课程、教育类课程（包括教育理论课程、素养类课程、小学教育相关理论课程）、教师基本能力课程（一般技能、小学教育教学技能）、学科专业类课程（学科知识类课程、学科教法类课程）、教育实践类课程、其他，通过学分比例和实际开课情况，总体课程结构分析如图 1：

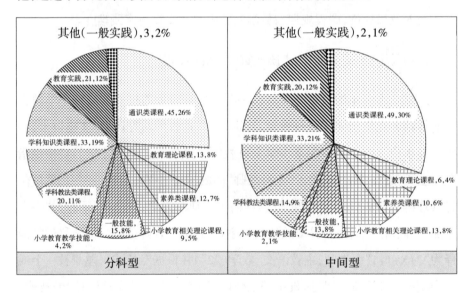

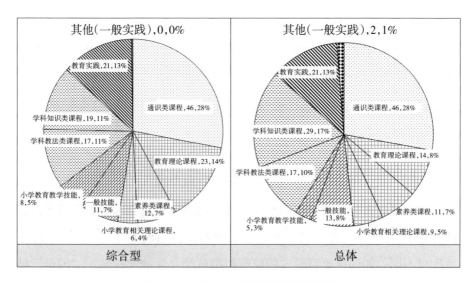

图1　小学教育专业课程结构比例图①

上述专业人才培养过程中均实行学分制,平均167学分,总体超出《本科类专业教学质量国家标准》(2018)规定的小学教育类专业总学分140~160的要求。根据《小学教育专业认证标准》中课程设置要求,各培养模式的通识教育课程中人文社会与科学素养课程占比总体上能达到≥10%的要求;各培养模式在学科知识类课程比例方面最高的21%,最少的11%,总体看比较难达到专业认证中≥35%的要求。对于教育实践类课程不仅包括见习、实习,还包括实践类型的课程、其他形式的社会实践、实践学时等,如小学教师书画技能、小学教师语言技能等偏实践类型的课程,理论类课程中实践模块,综合实践活动、社会考察等,从学分学时比例总体看来均能达到《本科类专业教学质量国家标准》规定的占比总学分≥25%的要求。

在对专业负责人的调查和培养方案的分析中发现,现行课程最为突出的问题是缺乏课程开设的学理依据与科学的过程性论证,由此带来了系列问题表征为:①一些课程模块比例未达到相应标准;②课程结构与内容设置对人才培养定位与目标的支撑或响应不够,如定位于培养全科教师的方案中课程

---

① 说明:图中课程类别后的数字分别表示学分数和所占比例。

并未充分实现学科广度或全科素养的覆盖;③课程逻辑架构不明晰,导致课程模块分类不够恰当、模块间关系不清,学时分配不合理,特别是多学科培养诉求与有限学分之间存在一定矛盾,导致课程在广度和深度上不合理或超学分现象的出现;④具体课程内容设置不当,出现课程交叉、重复等乱象,甚至存在因人设课的情况。

(四)课程设置与实施满意度不高,出现"无用"论的质疑

已有研究表明,我国职前小学教师对理论课程满意度相对学科教法类课程偏低,不同培养模式的小学职前教师对学科知识类课程的"实用性"认可度也不同,如综合类型模式的职前教师认为高深的学科知识"困难""枯燥""不实用"。这些课程内容"无用"论的调查结果,警醒教师教育者应反思课程实施过程中是否存在如下问题:①培养单位是否从宏观上为职前教师解读人才培养方案中的课程规划,帮助他们从整体上把握课程对人才培养的支撑作用;②课程开设者是否让职前教师明确课程定位及其实践价值;③课程内容设计是否与时俱进、反映教育改革前沿动态、是否与小学教育教学之间建立起有意义的联结;④教学实施过程能否充分融通理论与实践模块,并形成有效的解释或应用策略,教学手段与方式是否多元化,能否帮助职前教师最终形成具有反思批判精神的终身学习者。

(五)未形成协同育人的有效合力机制

教育部《关于实施卓越教师培养计划的意见》明确提出:"建立高校与地方政府、中小学协同培养新机制",即形成"U—G—S"(University-Government-School)协同培养机制。在调研中发现实际工作中尚未形成有效的三位一体协同育人的合力机制,主要问题表现为:①人才培养过程中三方权责虚化、角色不清晰、任务不具体,从而未形成有效的工作方案,造成地方教育行政部门与小学实践基地在人才培养过程中的"缺位"现象;②三方合作深度不够、持续稳定不够,人才培养的方案制定中缺少教育行政部门与小学的深

度参与,导致人才培养的供需矛盾;③人才培养缺乏有效的职前职后一体化动态调整与反馈机制,小学教师培养与培训的专业化发展出现断层,未能很好地搭建一体化发展的平台。

(六)未构建系统的人才培养质量评价体系

人才培养质量评价体系能够帮助培养单位准确把握人才培养质量与成效,并以此审视人才培养定位与目标、课程与教学等环节的实施情况,并依据此进行持续性改进行动。调查中发现,目前各单位的人才培养质量评价主要依托课程评价结果,辅之以毕业生和用人单位的问卷调查、座谈等形式反馈结果。主要存在核心问题在于调研内容主观性强、缺乏持续动态调查和连续性数据的搜集,并不能综合全面地反映人才培养成效;培养单位未建立起有效的职前职后一体化信息追踪数据平台来及时掌握人才培养的动态数据;教育行政部门以及相关利益群体未意识到自身对小学教育专业发展和人才培养定位与目标修订的重要价值,未有效参与职前职后一体化监测过程,人才培养单位也未深度加强联系。因此需要开展循证支持并有效使用监测数据,以此达成小学教育人才质量可持续性提升的目标。

三、小学教育专业人才高质量培养的突围路径

(一)专业人才培养定位应突出地域特色和适切的服务面向

专业人才培养定位应凸显服务面向、服务领域、人才定位和职业特征,如本专业旨在"培养能适应××地区小学教育改革发展需要,具有正确的价值观、扎实的人文与科学素养、较强的教育教学与反思研究能力,能在各类城乡小学或教育机构从事教育教学、教育管理工作的高素质全科型小学教育人才"。该培养定位突出服务的区域面向,即"××地区";突出小学为主的基础教育服务领域;人才定位为"能在各类城乡小学或教育机构从事教育教学、教育管理工作的高素质全科型小学教育人才";职业特征为"能适应××

地……教育改革发展需要,具有正确的价值观、扎实的人文与科学素养、较强的教育教学与反思研究能力"。我国本科小学教育专业的多元培养模式决定了不能用统一标准来规划所有培养单位的人才规格,也不能一味追求高远定位而忽视培养单位的自身情况和优势。实际上"卓越"是人才培养的恒久追求,而"卓越"教师是分层分类的卓越,如扎根基层的优秀乡村教师、各级各类骨干教师、教育家型教师等均是不同层面的卓越表现,不同院校的培养定位应考虑所处的地域特色、人才诉求、培养优势、服务面向等制定适切的人才培养定位,实现多层级的卓越人才培养。

(二)培养具有多学科知识及其整合能力的小学教师

小学阶段主要以综合课程为主,小学教师不仅需要多学科知识基础,理解掌握多学科教学,习得必备的教育学、心理学等知识与方法,还应该熟悉小学教育的其他相关活动,如班主任工作,班级管理、各项活动的设计与组织等。知识整合能力是职前教师培养的关键能力,是以广博文化知识为基础的多学科知识统整的能力。全科素养突出未来小学教师或职后教师专业发展的必备品格,是基于知识整合基础上的高阶素养。通过对国际知名小学教育专业培养方案分析发现,美国、英国、澳大利亚等发达国家非常重视教师宽广的知识基础和知识整合与应用能力,虽然这些国家实行包班制教学,但在职前培养阶段强调的是全科的知识基础,而非全学科知识,主要采用至少精深1~2门学科教学的同时,根据兴趣和专长发展多学科教学能力。如美国密歇根州立大学小学教育专业旨在培养掌握多门学科知识的综合型卓越小学教师,所学的学科领域包括数学(32学分)、语言艺术(36~38学分)、整合科学(55~58学分)、社会学习(49学分),要求修满四个领域规定学分,旨在帮助职前教师深入理解学科知识。并在课程设置与实施上注重学科内及学科间的整合教学,如STEM课程、整合科学课程等,只有具备宽广学科知识基础,才能有效开展学科知识整合教学助力学生学习与发展能力。通过分析国内外小学教育专业课程设置发现,主辅修分层模块设计是解决学生多学科知识及其整合、全科素养积累诉求的有效途径，即采用"1+1"或"1+X"分层模块课程，如图2。

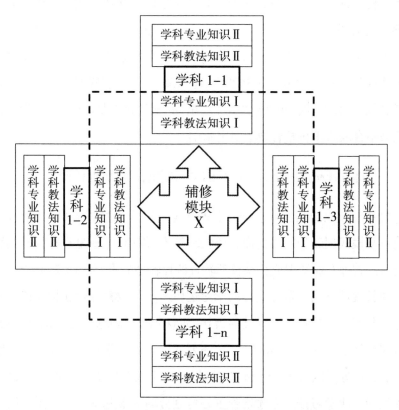

图2　小学教育专业"1+X"分层模块辅修模块课程结构

"1"代表一个主修模块系列中任意一门学科的全部课程（即学科专业知识Ⅰ和Ⅱ，学科教法知识Ⅰ和Ⅱ），"X"可代表至少两个学科的辅修模块（即学科专业知识Ⅰ和学科教法知识Ⅰ）或者一个主修模块，即形成"1 主修+2 辅修"模块或"2 主修"模块进行学习的选择。其中系列Ⅰ课程是学习从教必备的基础类学科知识和学科教学知识与能力；系列Ⅱ课程是该学科内更深广的高阶学科知识的理解和思维训练以及更为系统深入的学科教学法理论与实践。"1+X"分层模块课程具有基础性与进阶性，尊重职前教师的兴趣与个体职业发展需要，能够为从事多学科教学及学科整合教学提供相应的知识基础与能力,提升小学教师综合育人能力。

对于定位于培养全科型小学教师的培养单位可考虑采用"2+3+X"课程体系来构建师范生全科教育素养,即"2"精通语文和数学教学工作,"3"胜任道德与法治、科学、综合实践活动的教学,"X"为了解英语、劳动、艺术、信息科技等基本的教学方式。那么,"2"需要完成主修模块课程,"3"需要完成辅修模块课程,"X"通过专业选修课程、通识课程、跨院选修课程实现。在着力于"精"教学科的同时,也兼顾"多"或"全"的学科教学基础与潜力,为学科内跨领域整合或跨学科整合教学奠定基础。

(三)课程建构应遵循人才成长的学习逻辑,凸显学理依据

教师专业成长是实现教师专业的快速、持续、稳健发展,是教师教育制度建设与模式创新的终极使命,其需要、节奏、规律、逻辑是教师教育实践的元定律。教师专业知识成长是教师教育课程转型的重要结构逻辑,充分重视专业成长视域下人才培养过程的学习逻辑。小学教育专业在构建课程体系时应充分落实系统化专业标准的指导,如《小学教师专业标准(试行)》《教师教育课程标准(试行)》等相关文件,还要考虑职前小学教师专业学习的阶段特征。通过分析国家级特色和"卓越计划"小学教育专业人才培养方案发现,职前教师专业学习按照人才培养重心可划分为3个基本阶段(图3所示):第一阶段(1—3学期)侧重素养类知识和教育学基础知识的感知与理解;第二阶段(4—6学期)侧重于未来从教的教育教学理论与技能的学习与融合;第三阶段(7—8学期)侧重基于体验式实践的内化、应用与反思研究;后两个阶段重在围绕从教小学必备的专业知识与核心能力展开学习与实践,而专业基本能力训练、专业理念与师德的建立贯穿全学程。因此,小学教育专业可围绕专业理念、专业知识、专业能力制定分阶段的具体目标,并依此规划具体课程(图3)。

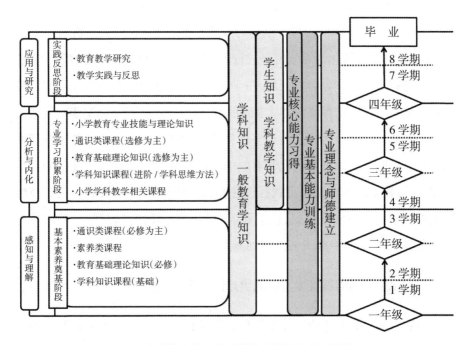

图3　小学教育专业人才培养阶段课程体系结构

(四)注重理论与实践的有机融通,加强课程内容与教学的"实用性"

"实用性"是在对职前小学教师课程满意度调研中较为强烈的诉求,也是由其专业特性所决定,在凸显课程"实用性"方面:①教师教育者在专业学习伊始阶段应从宏观上为小学职前教师解读人才培养方案及课程结构,帮助其更好地理解职前专业发展各阶段的课程内在逻辑,明确未来成长的规格定位;②教师教育者需明确所教课程在人才培养中的定位,依此规划课程目标与内容,并在教学过程中让职前教师明晰该课程对于自身专业发展的意义与价值,以及有效的学习策略;③教师教育课程规划者应根据国内外教育教学改革发展需要即时地调整课程设置,以适应小学教育需要,如《中共中央国务院关于全面加强新时代大中小学劳动教育的意见》的颁布指向劳动教育课程的规范发展,因此在现有课程计划中应即时增加相应的课程或课程内容以适应未来学校教育实践的需要;再如面对课程整合、项目式学习的诉求、国际上 STEM 教育的兴盛,以及小学 STEM 教师专职化需要,有关该类课程也有必要在职前阶段开展学习与研思;④教师教育者需有机融通理论与实践,并将其转化为有效解释或行动策略能力。教师的教育教学专业领域知识具有情境性,可从他人经验中学习并传递,不同情境中的领域知识是可以转化的。教师教育课程可从实践的逻辑设计教学内容,以基于问题的实践感知和理论的融合运用来展开多样化的教学过程,引导职前教师理解课程内容一般概念与原理并内化为有效的实践行动,从而加强专业认同。因此,课程与教学内容理论与实践有机融通,为职前教师专业知识发展与技能优化提供了学理与实践依据,促进职前教师培养阶段向"知行合一"的阶段深度发展,奠定教师专业发展的基础能力。

(五)建立协同培养共生发展的全方位育人机制

小学教育专业人才的培养需要有效发挥 U–G–S 全方位育人机制,实现职前职后一体化共生发展。U–G–S 模式引导地方政府和中小学校客观上扮演了师范生培养的主体角色,赋予了责任感与使命感,由"责任无涉"的旁观者、"百般挑剔"的消费者转变为"责任共担"的培养者、"协同发展"的促进者。地方教育行政部门明确统筹监管的育人角色,大学坚持培育专业人才的主体任务,小学与实践基地落实为职前教师快速专业成长的教学实践平台的重要角色,加快实现理论型职前教师向实践型教师快速转型的进程。而持续稳定深入的三方协同是优化全方位育人的现实路径:①三方联动持续参与人才培养全过程。小学的现实诉求均需要通过政府的宏观调研与策略分析,以渗透在现行人才培养定位、课程设置中,而小学对人才质量反馈能帮助培养单位更好地总结人才培养的经验。②稳定且优质的实践资源保障职前教师的学习品质。职前学习多以理论和间接经验为主,而基于稳定实践基地的教育实习、见习、研习与工作坊持续进阶学习,能够从职前教师培养出发开展有目的地规划与学习指导,进而能帮助职前教师获得系统而有效的直接经验。优质的实践基地建设拥有先进的教育理论和文化引领、远见卓识的校长领导,拥有各级各类名师组成的高水平教师队伍,以及持续的教师专业发展平台，这能够为职前教师的专业成长提供开放性优质资源和高质量的导师指导,帮助职前教师有效联结理论课堂与实践课堂,在涵养师德的同时习得实践性知识并转化为教育教学能力。③职前职后一体化的教师专业发展依赖于地方政府与培养院校合作,互惠合作发挥各自优长共同发展,教师教育者通过在职培训能够帮助小学教师进一步明晰基础教育改革的前沿热点,理解先进的教育教学理念与实践指导,小学教师通过对话交流能够帮助教师教育者及时把握教育实践中亟待破解的难题并协助寻求解决路径,地方政府能在助力双方协同发展中提供必要的资源与政策支持的条件下,从形成稳定的共生发展全方位育人机制及相关平台保障。(见图4)

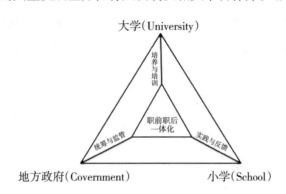

图4　U-G-S全方位协同育人路径图

(六)构建立体化人才培养质量监测过程性体系

"过程本位"的教师教育质量监测需进行连续的追踪分析,形成不断完善的动态评价的过程。构建立体化的人才质量监测过程性体系,需要以过程本位为指导,职前内部培养的数据连贯性、职后培养追踪长期性与持续合作多元化为核心要素。第一,培养单位应充分理解并认同人才培养质量监测是检核人才培养达标的底线保障,也是推动专业内涵式发展的关键,通过监测达成专业的可持续改进与优化发展。第二,建立完善的立体化人才培养质量体系框架,从培养目标、课程体系、教学实施等各个环节制定清晰明确的质量要求,以此作为监测评价指标依据。第三,借助 AI 技术建立科学的职前职后一体化的人才培养质量监测信息追踪平台,对职前教师在学习中各环节质量实施全程监控与常态化评价,能够及时准确地把握职前教师的发展进程及进度,及时针对性地调试人才培养策略,避免单一评价和结果性评价带来质量监测的局限性,以此保障职前教师达到毕业要求。依托 AI 技术的信息追踪平台联通职后教师专业成长中动态数据,及时把握人才发展轨迹与诉求,做好在职可持续发展的相关保障,推动教师队伍的可持续提升;同时通过教师的在职发展状况反观职前人才培养工作及优化策略,形成追求卓越的闭环式质量发展文化。第四,建立人才质量监测年度报告制度,充分利用人才培养质量监测信息追踪平台数据,结合各利益主体(如小学校长、教育行政部门主管、大学教师教育者、职前职后小学教师等)的调研反馈,形成小学教育毕业生的质量监测年度报告,全面分析人才培养质量与发展状况、改进诉求及策略。

Elementary school-an inclusive living and learning system

Silvia-Iris Beutel / Danny Digna

Technische Universität Dortmund

Following the ratification of the UN Disability Rights Convention in 2009, Germany has committed itself to implementing an inclusive school system.Primary schools that see themselves as reform-oriented educational institutions are considered particularly promising.They should create adaptive learning environments, offer diverse opportunities for children to participate and follow an understanding of learning that focuses on self-activity and self- responsibility: Child-orientedness today means creating learning environments for the child who constructs more or less autonomously in the environmental context, who is seen as the subject of their own learning process and whose competences are the focus(Heinzel, 2019).Own projects then gain importance, represent corridors of experience and experimentation within the framework of the Sustainable Development Goals.All children are encouraged to reflect on their learning on a regular basis and are accompanied by a dialogue-based feedback culture as the core of learning support and performance assessment that educated autonomy and strength of action and involves peers.Such an approach not only prioritises individual learning progress and its promotion,but also serves the development and consolidation of inclusive teaching quality,which is no longer the responsibility of individual teachers alone,but of collegial learning communities–often joined together in networks:

In all successful transformations,professional development is a top priority of education leaders.Teachers must become 21st century learners themselves, learning from inquiry,design,and collaborative approaches that build a strong community of professional educators.Teachers,whether they are fresh out of an education school or have been in the classroom for twenty years,must learn to develop their design,coaching,and facilitating skills to guide and support their students' learning projects.Teachers must continually sharpen their skills at using the power of learning technologies to help deepen understanding and further develop 21st century skills.(Trilling & Fadel,2009,pp.124‐125)

The article shows how innovative primary schools in Germany work and which elements of diversity–strengthening pedagogy have proven themselves in learning communities and can be passed on to other schools,which at best are organised in networks,have implementation strategies and evaluation possibilities(Berkemeyer et al.,2015):Implementation means anchoring the offers generated for improved school and teaching practice in the practice of application in the long term.Finally,the understanding of transfer as a development process illustrates the openness and freedom for creativity and diversity of ideas that are favourable for finding suitable instruments of transfer for the communicative negotiations between all relevant persons(Manitius,2021).In the following,we focus on challenges and models of inclusive teacher education in order to show how theory–based,empirical learning can already be built up in the first university phase,linked with each other and lead into case‐based work and reflexive action.In conclusion,we emphasise that innovative primary school practice must be based on team learning,co-constructive school development thinking,inclusive understanding,and a competence to act based on this.

1. Conditions of success for good primary school practice

Primary schools often provide models for new learning areas instead of subjects,for differentiation and recognition of children with different living and learning conditions.They offer analogue and digital learning environments, overcome exclusive performance practices and issue certificates of competence complemented by learning maps and logbooks.The aim is to overcome traditional selection mechanisms and structures in learning groups characterised by diversity and to enable individual competence experience,social recognition, and the experience of belonging and co-determination.In this sense,reference is made to instruments and procedures that are based on an expanded pedagogical concept of achievement that is potential-oriented and learner-centred(Agostini et al.,2018),based on children's strength,and an appreciative relational structure and subject to constant reassurance and reflection (Booth & Ainscow, 2016;Fischer,2012).In this context,traditional school performance and grading practices are identified as contradictory and dysfunctional(Merl,2019;Pant, 2020).Today,more than ever,participatory learning support and performance assessment are evidence of a differentiation-sensitive development concept of a high-performing primary school,whereby the strengthening of participation goes hand in hand with clear professionalisation expectations.In order to stimulate an understanding of one's own learning process in the short primary school period via procedures of a jointly and communicatively validated performance assessment（Beutel & Pant,2020)as well as to inspire confidence for learning careers,teachers need specific professionalisation contexts,which they can find in module-related long-term further training,digital observation trips,innovation labs or trainings.The quality and quantity of learning opportunities are crucial to the success of further education(Lipowsky & Rzejak,2015).

If primary schools are meant to meet all these requirements,they must focus on permanent school development and subject-oriented didactics.For this purpose,teachers are needed in all-day schools in order to be able to ensure a variety of offers.This includes learning systems that invest in personality and community,link knowledge and understanding.So does an attitude towards dealing with heterogeneity and global problems that have an impact on learning and influence lives,as we are currently experiencing in this global pandemic.This,as research repeatedly shows,is not a matter of course.Training professional competence in such a way that teachers can focus on the education of the whole person for a sustainable and peaceful world requires innovative training and co-constructive formats on further education as an in-service structure and culture.

2. Exemplary Primary School within the framework of the German School Award

In the search for primary schools that follow a future agenda,are inclusive, democratic and high-performing as an institution itself as well as in the competence profiles of the pupils,the competition The German School Award,which has been held annually since 2006,comes into view.Schools apply with a portfolio of their programmes,concepts and evaluated implementations.Supported by the Robert Bosch Stiftung and the Heidehof Stiftung as civil society sponsors, the focus is on six quality areas:performance,dealing with diversity,teaching quality,responsibility,school climate,school life and extracurricular partners, and school as learning institution.In view of the global pandemic,there have been and still are special calls for entries that ask schools in the general education system what a digitally moderated learning and teaching culture looks like and which concepts have proven themselves in times of uncertainty with regard to the accessibility of the student body,learning opportunities,digital provision, feedback,individual and collaborative performance records.In the context of the application for the School Award Special,colleges have often reported successful digitally supported school development processes in interviews and publications:They have placed virtual learning in their school under the claim that even in the COVID-19 pandemic with its restrictions all pupils can learn successfully and that not the learning technology but the quality of learning itself is in focus.The free learning times were moved to the digital learning offices and likewise teams of pupils with the corresponding team structures were transferred to the virtual school room (Priebe,2021).For primary schools as well as secondary schools in constructive school development processes,some basic characteristics of professional approaches are central:On the one hand,we recognise in the analyses of the application portfolios,in concepts,interviews and on-site observations carried out by a selection jury (Beutel et al.,2016),a multi-perspective engagement with a complex concept of diversity,which encompasses as far as possible all known dimensions of heterogeneity studied in research,such as performance-related,age-related or gender-specific differences,which are often described in models.What these have in common is that on the one hand, they grasp heterogeneity as a social phenomenon,i.e.they describe the difference or inequality of pupils in a social context.On the other hand,models also de-

Parent education and participation	Norms, values, rules	Democratic culture	Media education/ Digital competence
Prevention programs	Relational learning and participation	Space and time	Fixed and temporary learning groups
Flexibilisation and promotion of potential	Analogue and digital teaching culture	Promotion and research courses	Multi–professional diagnosis, counselling, coaching

scribe heterogeneity as a normative phenomenon, i.e.as an individual deviation from given standards" (Scharenberg, 2013).Concept –led development projects therefore require a differentiated system of learning opportunities, support and cooperation within the groups, which do not necessarily learn together according to age.It is also always a matter of implementing cooperative learning cultures as a binding work culture in the colleges, in the middle management of the schools and in the leadership.Another characteristic of successful schools is that they see themselves as part of the public, as a link in a socio–spatial network and thus offer primary school children other places of learning and, in projects, en-counters with different areas of expertise in crafts, services, science and technol-ogy.It is also characteristic of good primary schools that there is a variety of pro-fessions that take care of the children's well –being, including psychologists, doctors and ecotrophologists.It is also evident that close cooperative and sup-portive relationships are maintained with the school administration and the school board.Some key features are shown in the following figure:

As an example, and to round off this section, it should be pointed out which school–practical possibilities of supporting children are in focus.These include, for example, the following:

```
┌─────────────────────┐
│                     │
│  Learning in impact │
│     assessment      │
│                     │
└─────────────────────┘
```

- holistic, competence−based learning and development support
- documentation of learning developments appropriate to the target group
- individualised feedback and target agreements
- competency compass
- transparency of performance expectations and fair assessment
- encouragement of mistakes in a sanction−free environment
- mistakes as a grade−free learning experience
- portfolios as "children's books"
- symbol cards, social−emotional experience, and association
- learning progress diagnostics and criterial appraisal of area and cross−sectional tests

The concepts visited in developmentally strong primary schools are supported by a variety of professionalisation offers within the framework of the German School Award, such as the development programme for excellent schools with seminar offers, process support lasting over two years and peer review procedures. The German School Portal, as an online platform, also takes up these innovative concepts and relates them to current discourses in school practice, educational policy, and science. In addition, there are regional support and networking offers that promote the learning individual school as well as the learning network in the region and nationwide(Beutel, 2021). The insights into strong primary schools committed to inclusion and children's rights presented here raise the question of how prospective teachers in Germany are prepared for these challenges, which phases of the training units are designed and which knowledge and competences are central, which are of course not only related to early childhood in primary schools and do not allow the mistakes that may have caused fatigue and paralysis instead of agile school development in other systems to be repeated:

A broad and humanistic education is needed now by all students wherever they are and wherever they come from. Educational change has stagnated for decades as policy in too many jurisdictions has followed the siren call of standardization, testing, and accountability. This has led schools down a soulless path of prescribed instruction, narrowed curriculum, and relentless and pervasive examinations. The consequence has been students who are bored, teachers who are demoralized, and a public that is dissatisfied. We need alternatives now that will allow us to recover the true grandeur of education. We need schools that will challenge and engage our students to take on the epochal issues of our time (Shirley, 2016, p.11).

3. Training of primary school teachers in the context of inclusion

Teacher education in Germany takes place predominantly within an institutionalised framework and is characterised by a unique phase model. Is is divided into a theoretical – formal section at universities and teacher training colleges and a practical section for more concrete professional preparation, which mainly takes place at schools and accompanying, school-based teacher training centres (Herzmann & K? nig, 2016). The background ideas here are, on the one hand, that practical action in the teaching profession requires a sound knowledge base and, on the other hand, that high-quality training can only be provided by the respective specialists (Bl? meke,2019).In order to take up a teacher training course,a general higher education entrance qualification is generally required through the completion of upper secondary school,i.e.,secondary school in the form of a Gymnasium or comprehensive school.In some cases,admission restrictions apply due to the numerus clausus and additional,also subject-specific admission criteria (Hollenstein et al.,2020).As a result of the changes within the framework of the Bologna Process,the teacher training programme in Germany comprises nine to ten subject semesters,depending on the federal state,and is structured modularly in the Bachelor-Master model.Even though the focus here is on conveying and promoting theoretical,pedagogical,and subject didactic knowledge,there are opportunities for practical activities.For example,internships are offered in cooperation with schools,and in the Master's study section, a longer practical phase takes place in some federal states:While students in North Rhine-Westphalia complete a five-month practical semester,fellow students in Mecklenburg-Western Pomerania go into school practice for six weeks, in Baden- Württemberg for(at least)three weeks or in Rhineland-Palatinate for fifteen days (Radhoff et al.,2020).If the study programme is successfully completed,the practice-related preparatory service follows,also called Referendariat in North Rhine-Westphalia.In the majority of the federal states,this comprises a further 18 months of teacher training.Nationwide,the preparatory service is characterised by two components which,although closely interlinked,are the responsibility of different training institutions:The pedagogical and subject didactic training takes place at study seminars,the practical training at schools.The structure is this similar to the practical phase integrated into the degree programme. Within the framework of the preparatory service,the main aim is to further develop the competences of the prospective teachers,with a particular focus on planning,implementing and reflecting on lessons(Anderson-Park & Abs,2020).

The overarching priorities of teacher education in Germany are set nation-wide by specifications of the Standing Conference of the Ministers of Education and Cultural Affairs of the federal states in the Federal Republic of Germany (KMK).The KMK acts as a forum of permanent cooperation in order to be able to coordinate central issues of education,research and culture across the individual federal states (Herzmann & König,2016).The training content for teachers across both phases in concretised,for example,by the Standards for Teacher Education (KMK,2019):An important content focus,for example,is differentiation,integration and promotion as well as the associated understanding of diversity and heterogeneity as fundamental conditions of school and teaching.In addition,graduates must know the goals,methods,framework conditions and processes of school and teaching development and reflect on the challenges,also from the perspective of inclusive school development (KMK,2019).The extent to which these requirements are implemented in the teacher training programme of the different federal states,given the federal structure of responsibility,differs greatly in some cases and was further discussed by the "Monitor Lehrerbildung" (Rischke et al.,2015)(see Figure 1).

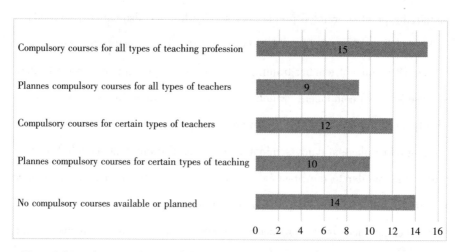

Figure 1.Compulsory courses or modules on the topic of inclusion(Rischke et al.,2015,p.6)

It can be seen that the federal states have very different levels of regulation with regard to the anchoring of teaching and learning courses that address inclusion, and that these are implemented at less than half of the 60 higher education institutions surveyed. The learning levels of the students and the competences of the lecturers are accordingly very heterogenous and a variety of development needs are apparent: The term inclusion is not used uniformly and the role of teachers in inclusive settings has yet to be clarified. Rejectionist attitudes have a negative influence on the readiness for inclusion and relevant actors in the different phases of teacher education have not yet come together. Moreover, inclusion in teacher education is often an isolated topic that requires reflective discourses, practice-related references and, at best, teacher education-specific approaches. Rischke et al. (2015) sum up: As a subject of teacher education, the topic of inclusion must be comprehensively integrated into all areas.

All student teachers must be familiarised with the measures and initiatives of inclusive teacher education. The development of inclusive competences and the necessary practical experience can only succeed in the long term through the cooperation of all actors involved in teacher education. Offers and contents should build in each other, be designed for the long term, be actively co-designed and be characterised by an alternation between input, testing and reflection phases.

4. National and international perspectives for an inclusion-oriented teacher training programme

Accordingly, universities in Germany are obliged to design teacher training programmes with inclusion in mind, not only because of the ratification of the UN Convention on the Rights of Persons with Disabilities, but also because of federal and state-specific requirements. Prospective teachers must be adequately supported on their way to a daily school life in which all pupils live and learn together. To this end, four central starting points for higher education development processes must be taken into account(Greiten et al., 2017):

- A theoretical engagement with the scientific discourse on integration and inclusion is necessary.
- At the institutional level, responsibilities need to be clarified and cooperation between subject areas such as educational sciences, subject didactics, subject-specific sciences and special education needs to be facilitated.
- At the curricular level, additional or extended modules, postgraduate courses or certificates must be established.
- At the level of higher education didactics, the concrete design of teaching-learning courses must also be considered and practical school studies must be flanked with elements that accompany practical work.

In addition, innovative university didactic formats are necessary to enable student teachers to deal with the topic of inclusion on an individual basis. However, implementation is only possible if university didactics open up on an organisational, methodological, content-related and ultimately social level. In particular, this involves opening up teaching-learning formats in the direction of democracy, participation and self-administration(Alavi et al., 2017).

In order to be able to meet these diverse requirements, changes are necessary at all levels of teacher education, for example, structural and content-related changes must be made for the teaching degree programmes in the sense of a broad understanding of inclusion. This also implies that not only questions about a(re)positioning of special education expertise need to be answered, but also all other disciplines need to be reconsidered in terms of their content, training goals and networking with each other （Greiten et al., 2017）.At the same time, it becomes clear that inclusion must not remain a topic exclusively for special education teachers but that it must be integrated into the teacher training programmes of all school types and subjects.Cooperation between regular school teachers and special needs teachers will be imperative in many areas of activity, whereby they will have to contribute partly similar but also different competences.Based on existing competency models for teachers and further recommendations for the professionalisation of teachers in the course of inclusion, Gebhardt et al.（2018）outline an inclusion-oriented competency model in order to derive essential building blocks for inclusion-oriented teacher education.

Inclusion-oriented professional knowledge			
Subject knowledge about the subject of learning	**Subject didactic knowledge**	**Pedagogical-psychological knowledge**	**Special education knowledge**
● Understanding of the subject matter for inclusive teaching ● Structuring of the subject matter ● Knowledge about curricular learning content ● Knowledge about pre-concepts, precursor skills of the subject content	● Expertise on learning and development difficulties ● Knowledge about task formats, ideas, error types ● Learning in impact assessment ● Structuring and differentiation of the subject matter ● Didactic-methodical models of inclusive teaching (e.g., cooperative learning, adaptive teaching) ● Individual support ● Lesson planning considering disability-specific needs (UDL) Use of teaching and learning materials and technology	● General learning and development processes ● Psychological aspects of teaching and learning ● Performance feedback ● Classroom management & climate ● Social participation	● Difficult learning and development processes ● Psychological aspects of learning in heterogenous learning groups Interventions in individual, small and group situations ● Evidence-based special needs education ● Support planning ● Promotion of social behaviour Promotion of social participation Media, assistive technologies

Figure 2. Model of inclusive teacher education(Gebhardt et al.,2018)

Depending on the respective teaching profession and participation in teaching in heterogenous learning groups, the individual competence facets gain a different weighting, e.g.regular school teachers acquire expertise in pedagogical-psychological knowledge, whereas special needs teachers deepen special needs knowledge (Gebhardt et al.,2018).Through this model of inclusive teacher education, it becomes clear that not only professional knowledge and competences, but also a positive attitude, an adequate motivational orientation and self- regulatory skills are elementary (see Figure 2).The overarching relevance of this complex of topics is also highlighted by the fact that more and more attempts are being made to find the most effective ways of supporting prospective teachers with regard to contemporary,inclusive teachers and learning by means of empirical surveys(Walker & Laing,2019).That competent and effective teachers have a positive impact in student learning outcomes is undisputed.Specht and Metsala(2018)also emphasise that trainee teachers benefit from concrete points of contact and longer-term contact with people with special needs or disabilities,for example in the context of internships,and thus feel better able to provide support.Furthermore,a student- centred attitude is helpful in order to successfully teach inclusively.This is not limited to primary schools,but also extends to lower and upper secondary schools.Specht and Metsala (2018)summarise that one focus of teacher education programs should be on promoting positive experiences in inclusive educational settings for teacher candidates. Similarly,student- centred beliefs contributed to teacher efficacy for inclusive instructional practices across program levels.Student -centred approaches and beliefs will be important to promote with all teacher candidates.

However,the current state of inclusive teacher education still shows a need for development both at national and international level:In their mixed methods study with primary school teacher education students,Stites et al.(2018)show the extent to which they feel prepared for implementing inclusion in school and teaching and which aspects they feel are most important for their preparation. They emphasise that preparation for an inclusive school life should generally be more explicitly integrated into the teacher training programme:Structurally,the students would also like to have more experiences and internships in inclusive environments,and in terms of content,they would like to gain deeper insights into different possibilities of differentiation for children with and without special needs.Building appropriate competencies can also positively influence the attitudes and self-efficacy of prospective teachers,which are also listed in the model of inclusive teacher education(see Figure 2).More learning opportunities and the coherence of training content also emerged in the survey by Gottfried and Kirksey (2020)as central factors for successfully practicing as a primary school teacher in an inclusive setting.Specific instruments and practices for the implementation of inclusive teaching should already be learned and authentically tested during the teacher training programme.This would enable future teachers to apply them naturally and as a matter of course in their professional lives. The primary school in particular,which is attended by children with the most diverse heterogenous living and learning conditions,is thus attributed a particularly important role.

In order to improve teacher training in this respect,the federal government has been providing financial resources since 2015 through the "Quality Offensive Teacher Training"(BMBF,2016).Up to 500 million euros are available for selected projects to raise the profile of the training phase at universities and,among other things,to improve the practical relevance of teacher training and to shed light on the topics of heterogeneity and inclusion.In the following,selected projects and measures will be presented that can point the way for a sustainable inclusion-oriented training of primary school teachers,in accordance with the focus of this article.

5. Cooperation formats in inclusion-oriented teacher training

Collaborative forms of work between trainee teachers are essential to enable them to teach inclusively in the future(Juma et al.,2017).Appropriately organised teaching-learning events that promote collaboration and teamwork are necessary.In the context of the professionalisation of teachers in inclusive educational processes, the cooperation in particular, which is characterised by joint task and problem solving, is described as purposeful. Individual knowledge is shared, exchanged and related to each other in the sense of a co-constructive interaction, whereby one's own work gains in quality and joint reflection processes are stimulated (Kleina et al., 2018).

Within the framework of the Dortmund Profile for Inclusion-Oriented Teacher Education (DoProfil), corresponding settings are being tested in higher education teaching (Kleina et al., 2018): For example, so-called diversity dialogues can be conducted, which are characterised by teachers and students exchanging ideas in an interdisciplinary manner in their respective reference groups. In this way, cooperation between different disciplines on as equal a footing as possible in sought and inclusion-orientation cooperation in higher education and schools is promoted. In this context, it is important to involve all teaching professions, as inclusion is to be understood as an overarching task for all types of schools. Diversity dialogues can, for example, be conducted in two-hour seminar sessions and methodically combined with station work so that teachers and learners can intensively exchange ideas on various questions regarding cooperative work. Primarily, this can reveal both differences and similarities in attitudes, expectations, and perceived challenges between the student groups, as well as recognise the respective teaching profession-specific expertise. Another possibility for intra- university cooperation between students of different teaching professions is "diagnostic tandems": Regular school teachers and teachers for special education try to jointly assess the learning requirements of individual pupils and evaluate learning processes. With regard to the deepening of diagnostic competences as a professional characteristic of future teachers in inclusive education, the students deal with two central focal points:

1)Locating and reflecting on diagnostic competences: Diagnostic competences in inclusive teaching; diagnostic attitude; diversity aspects in the context of diagnostic action; reflection of diagnostic expertise in the individual teacher training programmes.

2)Deepen and expand diagnostic competences: Subject-specific expertise on mathematical learning difficulties; task analysis; measurement-theoretical basics on a concrete test instrument; carrying out diagnoses; evaluation and interpretation of diagnostic data; reflection on the diagnostic procedure in the diagnostic tandem and the specific expertise. (Kleina et al., 2018)

At best, the diagnostic tandems should remain in place for an entire semester and can, for example, discuss mathematical learning difficulties of primary children in a collaborative manner. Of course, a corresponding collaboration is also possible in other subjects. The central goal here is above all to think inclusively within the framework of mutual and equal interactions and to develop diagnostic competences together. With such cooperative formats in university teaching, the cooperation between regular school teachers and special needs teachers, which Gebhardt et al. (2018)state is absolutely necessary, can be taken into account.

6. Conclusion

Primary schools prepare children for life in an increasingly plural society. They must ensure that children's rights and the UN Convention on the Rights of Persons with Disabilities are taken into account, implemented and actively affirmed. The focus of the education system is to overcome traditional selection mechanisms and to enable individual competence, social recognition, and the experience of belonging and co-determination. Inclusion should not only be learned but lived.Innovative primary schools in Germany show promising,sustainable concepts that can also be adapted internationally.Award-winning schools of the German School Award demonstrate excellence in the important quality areas of performance,dealing with diversity,teaching quality,responsibility,school climate,school life and extracurricular partners as well as school as a learning institution.Exemplary school-practical possibilities for supporting children are,for example,documentation of learning developments appropriate for the target group,transparency of performance expectations,mistakes as a grade-free learning experience or competence passports.In the German School Portal,even more forward-looking concepts can be accessed online(Beutel, 2021).

However,a prerequisite for an inclusive school and an inclusive teaching staff is that teachers are already prepared for this during their training.Findings to date show that the topic of inclusion has not yet been sufficiently implemented in university teaching and that there is a need for development：It must not be viewed in isolation and teaching-learning courses should be meaningfully interlinked.More learning opportunities,cooperative forms of work,subject areas and a uniform understanding of terms should be ensured here (Greiten et al., 2017；Rischke et al.,2015).Teachers in inclusion need to cover diverse areas of competence and focus on different aspects depending on the teaching profession and focus (Gebhardt et al.,2018).International research findings also highlight the need of prospective primary school teachers to conduct more internships in inclusive settings,to gain deeper insights into possibilities of differentiation,and to know how to ensure the coherence of training content (Gottfried & Kirksey, 2020；Stites et al.,2018).The Dortmund Profile for Inclusive Teacher Education is only one example of a project that deals with how inclusive teaching at universities can be improved and better adapt to current circumstances.Specific university didactic formats that are already actively and successfully used are diversity dialogues or diagnostic tandems(Kleina et al.,2018).

All in all,it can be seen that innovative,inclusion-oriented concepts exist for both primary schools and higher education institutions,but their implementation is not yet sufficient and comprehensive.It is the responsibility of academia to design and evaluate better teaching- learning formats,but it is also the responsibility of schools to then implement them.Only then can the path to adequate and better learning and living in inclusion be paved and successfully followed.

How cooperation and team–building can make a difference in education? International lessons from teacher professional development policies and schemes

Régis Malet

University of Bordeaux, France

Introduction

This article will take into consideration and explore comparatively one of the key–stones in teacher education and teachers continuous professional development, namely cooperation and team –building in schools, and how they can make a difference in education.

After having provided some mainsprings and effects of the deployment of CPD devices in their modalities, objects and formats internationally, the global policies and implementation process of continuing education for teachers will be approached from a comparative perspective out of the examples a few national contexts. We will thus consider the variety of implementing efficient and relevant CPD actions based on cooperation and team –building, by exploring virtues, strategies and curriculum deployed in diverse educational settings.This comparative perspective on several scales will thus question the challenges, promises and still obstacles of renewing the systems of continuing education for teachers, by articulating school-based and research-oriented education, in teachers' professional development programs and schemes.

The contribution will make it possible, from this specific angle, to document some major contemporary issues for the teaching profession: the attractiveness of the profession, well-being and retention in the activity, the renewal of practices, the design of a professional development teacher integrating cooperation, participative leadership and school ethos, as well as professional mobility as a means of revitalizing the profession.

I. A short review of the international situation and research on teachers' CPD and cooperation in teaching

International research has shown that continuing teacher education-internationally known as teachers' Continuing Professional Development (CPD)- is not only conducive to strengthening the skills of teachers in various areas of their activity, but also contributes to their sense of recognition, self-efficiency and their capacity for projection in a renewed professional future (Jacobsen, Hvitved & Andersen 2014; Fullan & Hargreaves 2013).

The research thus documented how curriculum, forms and methods of accompanying teachers in their professional development are very diverse internationally, related to the contexts and the condition of the teaching profession and correlated to their specific challenges locally (Hargreaves & Fullan 2012; Guerriero,2017;Malet 2021;Maulini 2021).

Research has consistently pointed out the costly,inefficient and inefficient character of the classic "vertical" design of teacher education,which eludes a real diagnosis of the authentic professional needs of teachers and has little effect in terms of changing teaching practices (Feiman-Nemser,2001;Schwille and Dembélé,2007).

Furthermore,still at an international level,contemporary research identifies the implementation of continuing education initiatives as a decisive element in the performance of the educational systems(Darling-Hammond et al.,2017;European Commission 2013;OECD,2019 & 2020).Notably,the focus on the collective dimension of professional development,expertise and well-being of teachers,at different stages of their career,has been pointed out as a crucial and yet sensitive dimension of the implementation of successful CPD programs and schemes.

This paradigm of collective professional development of teachers has been regularly and strongly supported in recent decades by researchers such as Darling-Hammond(2005),Day(1999),or Grossman(2010),and it now constitutes a decisive dimension of the professionalization of the activity (Ingersoll & Merrill,2011).

The collective professional development paradigm strongly mobilizes the school as a place of professional learning,and the group of peers as co-operators of this learning.In fact,it shifts the question of continuing education of teachers,from the individual to the collective in the schoolplace,and it shift from the logic of knowledge and skills towards capacities (capacity-building) (Fullan,1990 & 2007;Fullan & Hargreaves,1996).

The collective professional development and learning has gradually established itself both in surveys and international reports as well as in research reporting on the continuing education of teachers:situated learning (Lave & Wenger 1991),professional communities of practices,pedagogical innovation, organizational change,school improvement,school development,etc.(Connoly & James 1998;Foster et al 2008;Wenger 1998).

One of the effects of this promotion of the cooperating dimension of teaching is to go beyond a classic,top-down conception of teachers' continuous education,based on transmissive methods (conferences,one-day seminars),and,on contrary,to promote participatory and peer-to-peer approaches of teaching.This promotion and reassessment of the conditions for such a collective conception of professional development of teachers,does not only concern developed and wealthy countries.The World Bank and UNESCO have thus identified CPD actions as the most decisive resources to achieve the objective assigned to all national education systems,which is:

"to increase by 2030 the number of qualified teachers,in particular through international cooperation for teacher training in developing countries,but also and especially in least developed countries"(UN,2015,p.17).

One can observe the same tendency in wealthy countries.Thus,for example,the Council of the European Union,in its recommendation 2018 / C-189/01 on key competences for lifelong education and training(section "support for educational personnel"),insists on the link to be promoted between increased collaboration of staff and professional development,in order to increase both individual and collective teachers' skills:

"Staff exchanges,peer learning and peer counseling,which allow greater flexibility and autonomy in the organization of learning,networks,collaboration and communities of practice could help members,.educational staff to develop competency-oriented methods in their specific contexts".

In practice,and for a long time,peer to peer education,tutoring,mentoring by experienced teachers have been experienced in many countries, such as Finland, Canada(Ontario), China(some of these provinces more than others), Korea or Japan, and played a major role in the professional development of teachers (OECD, 2010 & 2015). Measures to decentralize the governance of teaching-in both education, recruitment and career development dimension-have been put in place in many countries, in order to respond in more local-based and specific educational needs (United Kingdom, Netherlands, Belgium···). Teacher careers are now regulated in some countries, such as Singapore, on the basis of annual teacher assessments, not only with regard to their teaching quality, but also their effective contribution to collective engagement and work within their school and out of out, notably through cooperation teachers develop with the diversity of actors in the educational community, parents in the first place.

There is a growing need in teacher education, to be as close as possible to the diverse realities of education settings. Whether in countries which have developed a centralized school system, as is the case in France or China, or in those which have clearly chosen decentralization as a mode of governance, the " school" constitutes more and more a privileged space for professional development schemes (Malet 2017). Yet, such a participatory principle stands out with data indicating a weak involvement of some teachers depending on the country. For instance, French teachers' engagement in curriculum development and school improvement is very low, as is the collegial work, and the supervision of their practices through very punctual "inspections visits"(three times in a whole career in general)is considered as infantilizing by the teachers themselves, who feel ignored in many ways in the ordinary work (OECD, 2019). In contrast, Finland invests less in early training than in a long-term policy of school-based development projects(Niemi, 2015, p.283).

Because it is part of an ecosystem structured around local issues that make sense for all those involved, school gradually became a learning organization (Argyris, Sch? n, 1978; Senge 1990). This learning organization model refers to the mobilization of a workplace for a renewal of professional practices, more focused on the effective collaboration of all and mutual enrichment. This model, because it is based on a structured and coherent collective, is supposed to better adapt to the needs of the school environment. It is also supposed to develop creativity and promote flexibility in the execution of tasks. The learning organization thus appears as an incentive to collaborate more as professionals within the institution (Borges, Lessard, 2007).

Yet, this approach of collaborative conception of teaching and schooling is only possible if it is coordinated and supported by an adequate leadership, which opens up to more participatory governance of school development, to which each and everyone will be able to contribute. Such a participative conception of school governance calls to a more and more integrated leadership (Garant & Letor, 2014); it can prove efficient insofar as collegial work, articulating pedagogical collaboration and participation in the decisions of the establishment, is also a way regulating collectively professional practices in and out the classroom (Lessard & Barrère, 2005).

The literature on models of effective or successful leadership identifies development factors (Day et al 2007; Leclerc & Moreau, 2011; Malet et al 2021):

- defining a vision, common values and goals;
- improving the conditions for teaching and learning;
- continuously assessing and regulating the effects of the actions carried out;
- distributing roles and responsibilities;
- supporting initiative and innovation;
- combining internal and external professional development opportunities;
- encouraging exchanges and the enhancement of skills between teachers;

- expressing an interest in well-being and professional collaboration;
- forging stimulating links with the school environment.

Thus, because one can rely on the workplace where professional communities can more easily be created and collaborate around common activities, teachers careers then enters "a continuous process of professional development" (Rakocevic, 2019, p.61). In addition, by approaching the schoolplace as a frame of reference for teachers' education and professional development, organizational changes may emphasize the responsibility of each of all the actors of education—and therefore on their commitment to training and progress. Investing on school as the place of reference for teachers' development ultimately offers a new lever and resource in order to increase the overall performance of the organization, and more particularly to enhance student performance and well-being. This empowering process denotes a shift from "an obligation of results to on obligation of capacities" (Gather Thurler, 2019, 140).

The collegial, cooperative and ecological model of professional development goes so far as to consider the work group as the catalyst for its own learning: the situations experienced locally lead to a collective definition or professional issues and dilemmas; then the problems treated together will lead to analyses, discussions, research and awareness, projecting a whole group forward (Leclerc 2012; Leclerc & Labelle, 2013; Bissonnette, 2016). The current of Workplace Learning (Billett, 2001) has helped to export to schools the concepts of a work group, a community of practice (Blanton & Perez 2011; Stoll et al 2006; Wenger 1998; Wenger et al 2012), a professional learning community, an "enabling professional environment".

According to Bonsen and von de Gathen (2006), the main conditions to be created to move in this direction are shared standards, values and goals, collaborative work, a reflective dialogue and a deprivatization (Deprivatissierung) of the profession.Overall,this is betting on collective intelligence and professional trust.Cooperation,co-teaching,collegial analysis of practices,video training,student assessment,institutional monitoring,networking and partnership work,internship,collaborative research with academics or educational movements are some of the tools of such a collaborative conception of CPD in the school place (Jamet,2013;Feyfant,2013).

II. Virtues and Effects of Cooperative Professional Learning for Teachers

Cooperation in teaching work is booming,in many countries.But what are the virtues of such a shift to a more collegial and participative conception of teaching? Whatever words and techniques are used,the purpose of forming more or less stable and flexible groups is to prevent isolation,of course,but also to forge professional links between school members.It is about building up cohesive working communities,in an activity which is traditionally characterized by its isolative and cellular character,in the classroom.

Some authors argue that mentoring and cooperation are some of the most valued practices in the best performing education systems(Moldoveanu,Dufour & Dubé,2016,p.8).The school staff are required,in this objective,to take charge of the transformation of their practices themselves,with the support of the institution.However,if these practices produce a supposed gain in efficiency at the school level,it is questionable whether,at the same time,they really have a positive effect on the professional development of teachers.According to Feyfant (2013,p.7),"one can consider that the spaces for the co-construction of knowledge are professional development devices, as long as there is a minima the emergence of groups of teachers who really feel the need to launch into a collaborative project".But how is such a need to collaborate expressed by teachers, if it is? And what types of projects do teachers particularly want to promote and for what effects ?

Are there key-factors for a successful cooperation-oriented continuing professional development(CPD)?

The success of CPD actions is based not only on the methods of the actions, but also and above all on the content of these actions as well as on the support and accompaniment they receive in institutions.A high degree of support from a school leadership for CPD actions is a decisive factor in its effectiveness. Ingvarson, Meiers, & Beavis (2005)go so far as to suggest that content and objectives largely take precedence over the forms of delivery per se.

These positive effects are underlined in a survey published and directed by Marisa Tatto (2014)conducted in four countries:Finland and Singapore, which contrast very positively with the United States and Chile, in which strong policies of accountability are conducted.Other international studies underline, on the basis of situations observed in South Africa and Singapore in particular, how much the policies of continuous professional development, brought closer to the needs and the contexts of practice of the teachers and leading to the promotion of their individual and collective qualities, can positively contribute to a greater teachers' professional commitment and motivation(UNESCO, 2018).

Number of research studies have underlined the beneficial effects of CPD actions carried out within schools, both on the teaching practices of teachers, their professional development, and even on their students' well-being and performances (Meissel, Parr & Timperley, 2016; Yoon et al. , 2007). Taking into account the individual needs of teachers and the collective needs of educational communities, identified as professional learning communities (Darling-Hammond, Hyler and Gardner, 2017; OECD, 2017), would have positive impacts on the school climate, social and professional relationships within schools. Indeed, this promotes concerted and shared conceptions and visions by teachers of their pedagogical action(Jensen et al. , 2016) and strengthens the motivation and individual and collective effectiveness of teachers (Garet, 2001; Hattie, 2009; Nir and Bogler, 2008), as well as classroom teaching practices(Fisher et al. , 2018).

Yet, these effects of strengthening teachers´ professional links and skills are likely to flourish in work contexts in which this recognition is not threatened by systematic accountability mechanisms and sanctions (Desimone, 2009; Hattie, 2003). In this regard, the commitment of management staff to these systems, both in terms of their initiation but also of their own commitment to these actions, appears to be a factor contributing to their positive effects on teachers and on the whole education community(Zepeda, Parylo and Bengtson, 2013; OECD, 2016).

In a context of positive mobilization aimed at the commitment and intrinsic motivation of teachers(Hill & Crevola, 1997), training has stimulating effects on the professional community and on individuals. This favorable context can be created through longstanding partnerships between schools-which have become places of learning, cooperation but also places of action-research(inquiry-based education model; Malet 2021)- and other schools (peer-to-peer based partnerships)or even external institutions (such as university), as part of the mobilization of expertise with a view to providing advice and support(Mincu, 2015).

Explored at the occasion of research studies conducted in Canada (Hargreaves et al.,2009),Scotland,the Netherlands and Finland(BERA,2014;Mincu,2015;Tatto,2014),these effects are now promoted by organizations international (OECD,2012 & 2018).Experiments in French schools also show the potential of close ties between training spaces ‐ i.e.,working place & training institutions‐ to build up bridges and new learning spaces (Ria & Lussi Borer, 2013).Overall,the international literature on the subject promotes the researchbased dimension of professional learning as decisive.It seems that this idea according to which research is a major lever of professionalization,empowerment and teachers' professional development is well founded.A posture of research in the sense of production,reflective capitalization and dissemination of professional experiences and practices can have a positive effect of identification,socialization,recognition and professional affirmation,mobilizing energy and resources in institutions,on condition,however,of creating bridges between the teaching expertise and the research one,and to fight against the traditional partitioning of knowledge and spaces ‐ practices vs theory.From this perspective,the education of trainers,at the interface between school and university,is decisive(Foster, Wright & McRae,2008;Lussi Borer & Ria 2016;Stoll et al 2006).

Again,research literature shows that in certain countries such as Finland, South Korea or Japan,the organization of teachers´ working time takes into account this collaborative and research dimension (Mourshed et al.,2010;OECD, 2012).Such arrangements for the organization of school time are also being implemented in Canada(Plan Levin implemented in Ontario,2010).

The function of the leadership in schools has also been identified as decisive by research,in the implementation,support and accompaniment of "situated" professionalization devices,of collective cooperation postures as well as of research postures.The question of the organization of school time,but also of school space,is essential,as are the methods of collaboration with partners and school users (Darling-Hammond, 2000; Day 2004; Fullan, 2011; McLaughlin & Talbert, 2006; Seashore Louis, Dretzke & Wahlstrom, 2010). Research has showed in particular that because of their strategic position in the system, school leaders are able to intervene positively or negatively, in other words to promote or inhibit the development of training dynamics and initiatives, collaborative work and professionalization, more than any other actors of the school community (Fullan, 1991; Wong et al., 1998; McLaughlin & Talbert, 2006; Mincu, 2014).

These collaborative skills are not only an education objective, but also a resource and an element promoting engagement in various CPD actions (Loxley et al., 2007), such as observation and peer support. Still quite poorly developed in France or Spain (less than 20% of those engaged in such collegial arrangements in schools according to the 2018 Talis survey), these activities combining classroom observations, critical mentoring and collaborative constitution of resources exceed the 70% in some other countries, such as China (Shanghai), Brazil and South Africa (OECD, 2019). In the case of Brazil, for example, it has been shown that the combination of theoretical and technical tools and individual and collective support in situ, i.e. in schools, was fruitful because complementary, producing a real impact on the evolution of teaching practices and the empowerment of teachers (Bruns, Costa & Cunha, 2018; Cilliers et al., 2019).

Other research has shown the positive effects of promoting the professional development paradigm and recognizing the dynamics of training and collegial learning in schools (professional learning communities) on different aspects of school life and, consequently, on the success of schools and students:

- Well-being at school develops, both for staff and students, with a less exposure of teachers to the growing phenomena of professional burnout and stress (Harris & Jones, 2010, 2012; Little, 1997; Stoll et al. al., 2006);

- The motivation of education staff and students, within the framework of cooperative or collegial learning systems（peer to peer apprenticeship）can be increased（Lewis & Andrews, 2004）;
- Schools engaged in schemes of this type are more efficient in terms of their students´ results, school climate and staff retention in employment（Elmore, 2002; Smith & Ingersoll, 2004; Ingersoll, 2011）.

In the same vein, Ellis et al.（2013）conducted a survey of a cohort of American university trainers followed during an academic year, to understand from the inside how the training experience was experienced by those who provide it. The study makes it possible to grasp a specificity of the forms of intervention that characterize the field of teacher training, and undoubtedly of school education itself: the activity of trainers of future teachers depends heavily on the relationship and its quality. Relationship maintenance, involving recurring contact work between different actors inside and outside the school, with tutors, academics, school management, and of course students, is identified as a decisive dimension of school performances. Ellis et al conclude that it is this relational register qualifies even more than any subject or academic expertise the quality and efficiency of the teachers in becoming, in the construction of the teaching professionalism and identity, which is obviously not contradictory with the need for they benefit from high-level academic formation in this regard.

What are the limits and obstacles to effective cooperation in the continuing professional development of teachers?

The collective work of teachers, even carried out by the school in the form of an incentive, is not straightforward. Conditions are necessary for this work to take place and above all to continue until it becomes stabilized and sustainable, then taking the form of a professional culture claimed as such. "Collaboration between teachers implies a shared trust, a high sense of competence and a search for improvement in their teaching work" (Feyfant, 2015, p.26). For teachers to find their interest in these proposals, concrete benefits from the investment made at the school level are also expected at the class level, in the daily teaching practice (Dupriez, 2010).

- School-based education (vs training) has the advantage of being as close as possible to the contextualized concerns of educational actors, perhaps leading them to greater participation in training activities and to more innovations because they are anchored in professional situations which affect them directly and make sense to them. But at the same time, depending on the link with research-oriented actions, there is the difficulty linked to the possible development of a culture of self-sufficiency, far removed from more global considerations on teachers' work or even from national prescriptions.

- It is also not certain that these "good practices", identified as relevant, produce the desired spin-off beyond the structure where they were initiated. The question of their transferability arises sharply.

- For some researchers, the iconic promotion of professional establishment collectives affects the teaching profession, on a collective and individual level: its setting, its nature and the relationships that organize it.The extension of teachers´ tasks —combining administration, facilitation, consultation, design, transmission, justification—is also one of these consequences.This scaffolding of roles culminates in a "high level of stress and burnout stemming due to the workload" (Oplatka & al., 2002, p.32).The increasing empowerment of teachers, dedicated to serve the success and efficiency of their school(target-driven culture)and to be "accountable" for the success or failure of their students, figure, with the growing workload of the activity, among the most cited reasons for the phenomena of burnout and teacher dropout in many countries.

- The model of a learning organization, underpinned by the commitment of the actors themselves and the search for a "panoply of good practices"(Feyfant, 2015), is often associated with a liberal model of institutional autonomy in which the responsibility of all participants is required.From this point of view, Dupriez(2010)notes that the collective work and commitment of teachers, being structured within a learning community, become real management tools.This drift is also noted by Saussez(2015)who shows how this movement in favor of learning communities fits into the liberal North American model of School Improvement which emphasizes the search for "the effective teacher.". However, we know that the effective teacher, within the framework of the accountability policy implemented in Anglo‑Saxon countries for some thirty years (Maroy, 2013), is a teacher dependent on numerous direct and indirect evaluations.(depending on the results of his students)and that these are often decisive for the rest of his career—certainly promotion but also quite simply maintenance in employment(Meuret, 2007; Malet, 2017 & 2021).

- The professionalization of staff, especially teachers, yet opens to reflection on the components and meaning of the profession, on individual progress and the development of skills(Wittorski,2012),is then restricted to a single and all-encompassing dimension which is that of efficiency,where it is a question of encouraging increased flexibility of staff and always emphasizing adjustment to work situations.

- A less intrinsic motivation indicated by studies and comparative research on the participation of teachers in CPD actions lies in the links between their engagement and their professional career.Even if this dimension is neither exclusive nor precisely decisive,the various incentive character of CPD actions,in other words the fact that they contribute or not to career advancement,through promotions or salary or symbolic bonuses(recognition of ´an expert teacher status-advanced-skills teacher in Great Britain for example), constitutes an element that promotes or weakens motivation;this is not always only material because it is signaled first of all by recognition of expertise,for the involvement of teachers in CPD systems(Jacobsen,Hvitved & Andersen, 2014;OECD,2013).

The cooperative learning model of teachers CPD goes with the promotion of teachers on the basis of the recognition of their expertise,and the capitalization and peer-to-peer transmission of this expertise.This is part of a "waterfall model" which designates a continuing education modality consisting in the recognition,education and promotion of a small part of the teaching staff whose mission is then to train their peers at the establishment level (Schwille and Dembélé, 2007).Long experimented with in Germany (OECD,1998),this model was imposed concomitantly with the promotion of models of school improvement which were first initiated in the United States,Great Britain,Canada and now is spreading in more and more countries all over the world.

Conclusion–What are the driving forces behind the success of CPD actions based on a cooperative conception of teaching?

As soon as it steps back from an normative conception, the comparative approach of policies and systems, supported by various national experiences and fed by what research tells us about the promotion of CPD here and there, makes it possible to identify at least seven pillars, of an ecological, social and organizational nature, suitable for promoting the effective implementation of new approaches to CPD for teachers based on collegiality and cooperation in the workplace:

1.A clear, coherent and cohesive vision of the expectations and missions addressed to teachers, ensuring new teachers and practicing teachers of strong support and allowing them to engage in continuing education in a conscious, confident and motivated manner.

2.the development in many OECD countries of CPD actions initiated and built in and by educational teams and school collectives themselves, associated with the capitalization of these actions, their regularity and to the necessary support of school leadership –Normand 2021), constitutes a privileged way of socialization and resolution of professional difficulties and dilemmas.Ultimately, this type of action promotes the individual and collective development of teachers and contributes to a school climate conducive to learning and the well-being of both students and teachers individual and collective development of teachers, and contribute to a climate school is also conducive to the learning and well-being of students as well as teachers (Kraft, Blazar & Hogan 2018;

Opfer,2016;Opfer and Pedder,2011).

3.An integrative workplace –university curriculum developed on a strong articulation of the expertise mobilized here and there, in initial and in continuing education, designed as a continuum of professional development and allowing a supervised transition of new teachers, assured of support during the entry into the profession phase(tutoring, mentoring, counseling).

4.High–level training for school management staff and training staff, teacher trainers and practitioner –researchers who combine the qualities of adult trainers and professional teaching expertise.

5.Solid partnerships between training fields–schools and universities–based on commonly constructed and shared objectives, concerted actions that avoid dividing lines, involving numerous partners, including universities, schools, associations and local authorities.

6.Collective construction and the definition of priority areas of development for the education of expert teachers in and through research and renewed work to formalize the expertise and knowledge of teachers and professional groups; the recognition and dissemination of this capitalized and recognized expertise, as well as the encouragement of teachers to implement experiments and innovative devices.

7.Finally, a process –based and continuous conception of the professional development of teachers, based on the promotion, from initial professional training, of a reflective posture nourished by research, of a culture of debate and the exchange of practices; promotion fostered and continued as part of continuing education, in a stimulating professional environment and providing opportunities for further development or professional mobility.

Developing and applying diagnostic competencies in teacher education of mathematics education—Insight into the concept of a course for pre-service teachers of primary education in teaching of mathematics

Esther Brunner

Professor of Mathematics Education, Thurgau University of Teacher

Education, Kreuzlingen (Switzerland)

Learning to build up and to apply diagnostic competencies in teaching mathematics courses at a teacher education university presupposes a specific setting and requires mandatory access to practice in schools. In this article, a course is presented that consists of classroom lectures at the university, but also provides students with access to the field of practice in school, specifically records these experiences and processes them in the classroom lectures. The course concludes with a written documentation of a child's mathematical learning status with a fully elaborated plan to support this particular child individually regarding his/her learning of mathematics. This documentation is made avail-

able to the child's mathematics teacher.In this way,the practice of a school is not only used as a learning field for pre-service teachers,but it also receives a professional service back in a reciprocal relationship.

"In my class in my practical course at the school,I had a third grader who was still counting.""I had a sixth grader who didn't know what an even number was." "I had a fifth grader in my class who didn't understand what 'an even number' meant."—The list of difficulties pre-service teachers encountered in the mathematics classroom of the previously completed practicum could be extended indefinitely.How these experiences can be used purposefully and how mathematics education diagnostic competencies can be built up and promoted will be shown by an insight into a corresponding course.

1. Diagnostic competences:Interdisciplinary or domain-specific?

1.1.Different approaches and orientations of diagnostics

Diagnostics of mathematical performance and learning difficulties can be approached from different perspectives,which can lead to different results.For example,Graf and Moser Opitz(2007)distinguish between pedagogical diagnostics and domain-specific(e.g.,mathematics education)diagnostics.In the former, the aim is to "record the children's patterns of interpretation and ways of accessing different topics"(Graf and Moser Opitz 2007,p.7)and to develop a more overarching view.The second approach,on the other hand,refers to a child's professional learning and takes into account the "context of the child's concrete action or learning situation"(ibid.).As a third approach,special needs education diagnostics can be mentioned as a specified part of pedagogical diagnostics, which is often re-written with the term "support diagnostics"(e.g.,Buholzer

2003;Luder 2011;Luder and Kunz 2014)and focuses on special difficulties and appropriate methods to support the children with these particular learning difficulties.

These different approaches and the associated different results can be illustrated by the example of the concept of dyscalculia.The international classification ICD-10 describes such a disorder as follows:

"This disorder consists of a circumscribed impairment of arithmetic skills that cannot be explained solely by a general reduction in intelligence or inadequate schooling.The deficit mainly concerns the mastery of basic arithmetic skills,such as addition,subtraction,multiplication and division,rather than the higher mathematical skills required for algebra,trigonometry,geometry,or differential and integral calculus."(DIMDI 2015,F82.1)

Such a perspective usually leads to a general,not a domain-specific and psychologically – psychometrically oriented diagnosis of subject performance (Hasselhorn et al.2005).In mathematics education,on the other hand,dyscalculia is described as a precisely describable,multifactorial disorder in certain content areas and challenging situations (e.g.,Bauersfeld 2009;Moser Opitz 2007; Scherer and Moser Opitz 2010);this is based on the assumption that the more precisely the difficulties can be determined,the more appropriate support can be planned.This is also accompanied by other diagnostic procedures such as interviews developed from a domain-specific perspective(Peter-Koop et al.2013; Schmassmann and Moser Opitz 2011)or tests designed from a domain-specific perspective(e.g.,Grü? ing et al.2013;Moser Opitz et al.2010).Finally,remedial diagnostics starts from a specific behavioral finding and asks for possible meaningful methods that seem suitable to change the existing behavior and to help the student to understand a mathematical concept.

1.2.Domain –specific diagnostics as an extended and focused view with precise diagnostic instruments

In the context of the pedagogical and special needs pedagogical training of teachers,mostly a subject –unspecific diagnostics is taught,which is supple – mented by a domain–specific one in the in–depth seminar presented below.The domain–specific diagnostics is based on the pedagogical or special needs edu – cation diagnostics,takes up the concepts taught there and puts them into con – crete terms.This can be illustrated with the help of the support diagnostic cycle (Luder 2011).In this cycle,support planning is conceived as a goal –oriented process with four steps:First,a child's learning and behavioral prerequisites are described.This leads to the adaptation of the planning of instruction and learn – ing opportunities.The optimized planning is then implemented and finally evalu – ated in terms of impact and yield.Circularity and continuity of the process are explained in this model on a general,subject–unspecific level,which has to be concretized by the domain–specific perspective in the practical implementation. The learning and behavioral prerequisites of the child as well as the planning steps based on them,the implementation of the support and the evaluation are described as precisely as possible,as illustrated in Fig.1 using the example of step numbers.The more precisely the learning behavior can be described,the more precisely the professional support can refer to it.

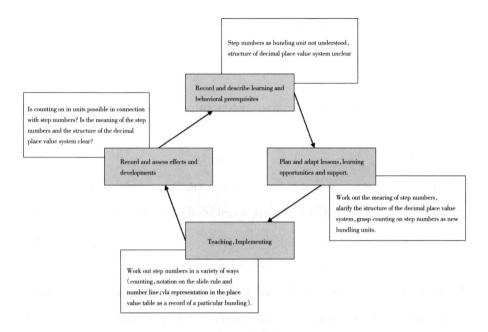

Fig.1 Process of support planning, illustrated by the example of the lack of understanding of step numbers(Brunner 2021, p.210)

Various instruments and procedures are available for the remedial diagnostic process, such as 1)standardized test instruments （e.g., Moser Opitz et al. 2010）or conventional learning target checks, as they are also offered in some cases in teaching aids and textbooks, 2)analyses of errors and mistakes （Jost et al.1992）,3)clinical interviews and interview-based procedures(e.g., Peter-Koop et al.2013),or 4)open tasks with diagnostic potential （e.g., Leiss et al.2006; Leuders 2006).These tools and procedures each have their specific advantages and disadvantages, which need to be weighed up situationally in the specific case.

Diagnostic tools such as learning objective checks and analysis of errors and mistakes or open tasks are familiar to students from the basic courses.In order to show them further possibilities in this area, the focus will be on the interview-based instruments in the context of the domain-specific deepening, which will be presented in the following section.

2. Insight into a course of teaching of mathematics

2.1 Situating the course in the study program

In the fifth study semester, the elective/compulsory module "Heterogeneity in Mathematics Education" takes place as an in-depth course. On the one hand, this module follows on from the standard qualification in mathematics acquired at the university by the end of the second year of study and thus from the fundamentals covered in mathematics education, pedagogy and special needs education, and on the other hand, it takes place immediately after a seven-week long-term internship in a primary school. During this period, students plan, design, and reflect on mathematics classes, among other things, and are accompanied by an experienced practical teacher who, following the principle of Cognitive Apprenticeship (Collins et al.1989), gradually gives more responsibility away to the pre-service teachers or the student teachers. The goal of this long-term internship is for two pre-services teachers to teach the entire class in seven different subjects, one of them is mathematics.

For the course described here, this location in the curriculum creates a favorable starting point: On the one hand, as already mentioned, pre-service teachers can draw on a wide range of prior knowledge from the areas of pedagogy, special needs education and teaching of mathematics, and on the other hand, with the thirteen weeks of internship already completed in various classes, a solid foundation of experience in the domain-specific learning and support of students is available. While the focus in the internships is on classroom management and the varied and differentiated design of lessons, the course at the university is an extension of the focus on learning processes that do not run opti-mally and require special support.

2.2 Scope, content and method of the course

The course "Heterogeneity in Mathematics Education" takes place during one semester as a face-to-face course with two semester hours per week as a seminar.The module is designed for approximately 60 working hours and in-cludes, in addition to the classroom sessions, the study of literature on various dimensions of heterogeneity in mathematics education, the development of a se-ries of tasks for mathematically gifted students, as well as the preparation, im-plementation and evaluation of an interview-based learning assessment.The di-mensions of heterogeneity, which are examined in depth from the perspective of mathematics teaching, are aligned with those that have previously been ad-dressed from a non-specific perspective in basic modules in the field of educa-tional science, such as different cognitive learning prerequisites or different cul-tural backgrounds.

In the first of a total of twelve sessions, an overview of the different hetero-geneity dimensions to be dealt with is given, thus illustrating the broad range of topics covered in the module.This is followed by four sessions on mathematical learning difficulties and diagnostics, two sessions each on mathematical gifted-ness and on language and culture in mathematics education, and one session each on gender and mathematics education and on mixed-age mathematics edu-cation.

2.3 Focus on diagnostic interview

In the first of the four sessions related to learning difficulties and diagnos-tics, theoretical basics on the error-proneness of certain mathematical contents, on mathematical learning difficulties and arithmetic disorders are taught.This is followed by an introduction to selected interview-based diagnostic procedures

（Peter-Koop et al.2013；Schmassmann and Moser Opitz 2011）as well as to their handling and scope of application.The methods are compared,critically examined and adapted with regard to the own learning assessment.

During the phase of adaptation,the pre-service teachers are supported in the sense of expert advice or subject-specific pedagogical coaching(e.g.,Kreis and Staub 2007；Staub et al.2012).In this way,it can be ensured that the students with whom the pre-service teachers conduct the interview-based learning assessment experience a fruitful and pleasant diagnostic situation.

Afterwards,the pre-service teachers usually conduct the carefully prepared interview on site with a student from the practice class of their last internship.If this is not possible due to a lack of suitable students in the practice class,or if pre-service teachers wish to focus on a different age group,a student from another class will be referred on a case-by-case basis.

While conducting the learning assessment,the pre-service teachers record the interview completely （cf.Fig.2）and usually record it using video or audio technology in order to be able to refer back to the situation itself in case of questions during the evaluation.

Task	Aspects to observe	Protocol
Counting backwards: "Count from 51 to 37 backwards!"		$51 \to 34$: 51,50,04,08,07, āL... up; kochmals: 51, 50, 49, 48,47, 96,44, āL 45, 44, 3mal 43, 30, āL kih, 42,41, 30, 39,89 āL.. 38, 37,... , 36, 35, 34
	Do the student count forwards instead of backwards? Does the child omit certain numbers? Which ones? Are there special difficulties in going over the tens, hundreds, etc. Does the child counts in septs of one instead of steps of two, five, tens, etc. Does the child change the step size when counting?	
Counting in steps forwards: "Count from 0 to 34 in steps of two!" "… from 0 to 25 in steps of five!" "… from 0 to 50 in steps of tens!"		$0 \to 34$, 2w : 0, 2, aL,5, 7, 9, 11, 13, 15, 17, 19, 21, 23,25, 27, 29, āL, 31, ... ,33, 35,37, 30, āL..., 40 $0 \to 25$,5er: 0,5, āL, 10, 15,20, 25 $0 \to 50$, 10u 0, 10, 20, 30, 40, 50

Fig.2 Excerpt from an interview transcript of a pre-service teachers

The protocols of the learning status recordings are taken up and evaluated in the third of the four sessions related to learning difficulties and diagnostics. This step also begins—as does the next one—with modeling and then follows proven coaching and counseling approaches.First the exact contents of the task are analyzed and the technical requirements are determined before strengths and weaknesses are elicited along the interview protocol.

These are entered in a table and provided with initial possible support ideas and comments(see Fig.3).

Task:Counting	Strength	Weekness	Comments, observations	Possible learning support and activities
Counting in steps of one	Counts basically correct,corrects her/himself	Partially correct formulating two–digit numbers(205, correction 295)	The child is very nervous at the beginning	Counting during walking:Combining counting with steps of one forwards or backwards
Counting in steps of tens numbers (102,112,⋯ 198,202)	He/she remembers the starting number and knows the target	He/she partially counts the ones as well(112,124, ⋯.) Problems with passing the hundred during counting backwards (406,400, 490,468)	The child counts franticly and falters when taking notes of the tens and the ones	Counting forwards, rs tarting with 10 in steps of ten Then starting with 11,12, etc. Working with a table of place values,with Dines material,etc.

Fig.3 Tabular representation of strengths and weaknesses(example of a pre–service teacher)

In the fourth session,the key principles of individual,goal–oriented and appropriate support are discussed.Subsequently,the pre–service teachers con–cretize their new knowledge using the example of their own learning assessment. The focus here is on two to three urgent support goals,which must then be worked out in detail within the framework of support planning.On the one hand, a goal-related concretization and, on the other hand, a condensation and hierarchization of the identified difficulties must be carried out.Such a prioritization of different subject-related support contents must be carried out in a professionally justified manner.Mathematical facts (e.g., regularities) as well as curricular and educational aspects have to be considered.For example, one pre-service teacher justified the focus on semi-written procedures for a sixth grader by saying that the numerous errors in written arithmetic procedures could be related to manipulation with numbers while at the same time ignoring the magnitude of the numbers.Therefore, it would make sense to work with the student on number relationships and arithmetic regularities in semi-written arithmetic, thereby providing her with a viable, comprehension-based foundation and further strategies. To this end, the pre-service teacher created a goal-based, individualized support plan and formulated criteria that can be used to monitor the achievement of goals in the long term after the support.

Following this four-session block, the learning assessment and support planning are fully developed and documented so that they can be made available to the class teacher of the student in question.This requirement creates a higher commitment for the pre-service teachers and increases the relevance of their own actions as well.

If pre-service teachers want to use an extended field of learning and practice on their own initiative, some of them still carry out and reflect on their support planning with the child in question.However, this step is no longer an integral part of the course itself because individual support in specific mathematical topics requires a long-term horizon than is the case in a module lasting one semester.

3. Requirements for the staff

Because the course described in the previous section draws on the foundations of research on mathematics education and educational science, it is necessary that the responsible lecturer has been socialized in both areas and has a corresponding subject background (e.g., research on mathematics education and educational science)or is otherwise at least well networked within the university and knows from whom the necessary information can be obtained.Furthermore, an anchoring in practice is of great importance, on the one hand to gain access to the practical field and on the other hand to support the pre-service teachers in diagnosing and working out their individual support planning in such a way that the latter turns out to be professionally substantial and at the same time suitable for practice.

Although these requirements can be justified by the fact that domain-specific education is a "transnational and yet independent discipline"(Reusser 1991, p.224), since it is connected to at least three different fields of reference—subject knowledge, educational science and teaching practice—the requirements for domain -specific education researchers and lecturers at the teacher education university remain very high, which becomes particularly clear in the example of the presented course.

4. Assessment of the learning outcome of the course by the students

The course was evaluated several times.Quantitative results, which must be interpreted with caution due to the small number of cases (usually about 20 pre-service teachers per year),show that the learning outcome in terms of factual and practical knowledge,which was assessed on a five-point scale from 1 = "very low" to 5 = "very high",is assessed as high or significantly higher (M = 4.00)from the pre-service teachers´ point of view compared to the mean value of all courses attended at the university during the same period (M = 3.50).The course is also considered to be very important for later professional practice(M = 4.50),which is also significantly higher than the mean value of all courses(M = 3.52).In addition,the event seems to contribute to the pre-service teachers´ view that they can now work on further topics from the relevant area independently(M = 4.20).

This value is again significantly higher than the mean for all courses (M = 3.78).Finally,the pre-service teachers also state that the course stimulated further study of the topic outside of the course (M = 3.92;mean value for all courses:M = 3.17).

In addition,there are qualitative statements that emphasize the practical relevance for later professional practice.For example,one student writes:

"Learning assessments definitely make sense from my point of view.What excites me about them is that they don´t fight the symptoms ...but that they take a closer look and investigate the cause.It also becomes clear that more of the same exercises do not help Anna,because the problem lies in the understanding and not in the lack of exercise possibilities. This close look surprised me in a very positive way.With really simple existing means,an exact diagnosis can be made.I was also positively surprised by the very good and varied support material that is available.Without much effort,it was possible to put together a targeted planning."

Overall,the course was rated very positively by the pre-service teachers.

However, it should be taken into account that this is a mandatory module and not a compulsory course for everyone. Therefore, on the one hand, it can be assumed that the pre-service teachers are basically interested in the topic; on the other hand, their expectations of a self-selected module might also be higher.

In summary, it can be assumed that the course succeeds to a large extent in combining general teaching with teaching of mathematics and thus in building up a broader view of mathematical learning difficulties and arithmetic disorders. In addition, the teacher education at the university is in this way closely linked to professional practice, which makes the relevance of the content more apparent. And last but not least, the event can be seen as profitable for all involved: 1) for the children, whose competencies are recorded in a differentiated and detailed manner, resulting in a detailed support plan, which the classroom teachers might not have had the time to work out; 2) for the pre-service teachers, who are given the opportunity to plan, carry out and evaluate theory-based learning assessments for practice with subject-specific and subject-didactic support; and finally 3) for the lecturer, who in close contact with the practice—mediated through the experiences of the pre-service teachers and through direct contact with teachers—can relate the needs and framework conditions of the practice to the educational context at the university and make optimizations with regard to the further implementation of the course.

现象式教学：芬兰近一轮基础课程改革的新动议

李敏

首都师范大学初等教育学院

摘要：芬兰在基础教育取得的成就备受世界瞩目，尤其是在 2016 年新一轮基础教育改革中提出的"现象式教学"，引发了各国的关注、好奇以及各种猜想。综合相关重要文献和研究者亲历的课堂观察，本文尝试呈现芬兰现象式教学改革的历史背景、理论根源、内容与方法等，并做阶段性的反思和分析。

关键词：芬兰；现象式教学；课程改革

在写作此论题时，研究者一直缠绕、徘徊在一种选择中：对于芬兰的现象式教学，是应当在文献中更多倾听、归纳研究者们的发现和思考，从中建立一种观点相对统一的"文献中的面貌"，而这种写作路径不可避免地会让处在改革初期的现象式教学具有更多理想的色彩。还是也结合自己在芬兰一所中小学的观察，带入一些研究者个体色彩的叙述？这会让研究者偶尔跳出文献信息，运用教育研究者的审辩思维去做判断和分析。

在经历尽可能广泛的阅读、比较和思考后，研究者选择了介于两者之间的写作路径：一方面，作者在反复阅读各种有关芬兰基础教育的政策文本、学术性文章、时评性文章的基础上，获得"他者"眼中对芬兰学校现象式教学不同视角、不同归因的关键信息，另一方面，作为有限接触芬兰教育的"外国人",作者试图在最后一部分将文献中的现象式教学案例与自己的课堂观察做一案例呼应,尝试揭示现象式教学背后的"前置性条件",如身体的参与、真实的互动等。这篇论文的研究路径和结构有些类似法国后结构主义者 Michel Foucault 指出的,不存在"作者",任何一件作品、任何一个作者,都"充盈"着他者的作品。同样,这里所呈现和讨论的芬兰现象式教学,也是卷入了诸多研究性的他者,大家共同去关注、探讨、反思芬兰基础教育界的这场课程变革。

一、芬兰现象式教学的改革背景

芬兰于 2014 年出台了新的《基础教育国家核心课程大纲》(以下简称《课程大纲》),并于 2016 年秋正式开始推行,《课程大纲》中明确提出对跨学科学习模式[Multidisciplinary learning module(MLs)]的要求:从 2016 年秋季起,面向 7~16 岁学生的全部学校必须在课程纲要中留出一段时间(每年至少有 1 次,可持续数周)用于跨学科教学,具体时间长短由学校自行决定。[①]《课程大纲》在对跨学科学习模式进行解读时,用现象式教学来对其进行描述和说明,"综合性教学的先决条件是一种有关教学内容和教学方法的教育学方法论,这种方法论是要求将现实世界的现象或主题作为一个整体来在每个学科中进行研究和教学,特别体现在跨学科/多学科研究中"[②]。2015 年,英国一家线上报纸《独立报》发表了一篇名为"芬兰的学校:随着国家教育体制改革,学科被取消,取而代之的是主题教学"(Finland Schools:Subjects Scrapped and Replaced with 'Topics' as Country Reforms its Education System),此后,芬兰的基础教育用跨学科的主题教学替代传统学科教学的观点迅速

[①]　Finnish National Board of Education.*National Core Curriculum For Basic Education*(2014),Publications,2016:33-34.

[②]　Finnish National Board of Education.*National Core Curriculum For Basic Education*(2014),Publications,2016:33.

传遍了全球。而实际上,2016 年的新国家课程架构并不会改变学校教育现有的组织形式,但在原本的体系之上增加了一些新的期望。[①]

写入课程大纲的现象式教学,虽然只是以"综合教学和多学科学习模块"的方式对现有课程进行了有限度的整合和版块新增,但它是在国家政策层面上推进的一种学习观和教学观上的革新,这种教育改革中的最强推力,让芬兰继因优异的 PISA 测试成绩享誉全球之后,又因此次现象式教学的改革动议引起了各国教育界的广泛关注。现象式教学成为近些年来芬兰教育值得关注和研究的重要提议。

现象式教学进一步实现了教学理念上的"翻转"——从偏学科思路的教转向偏现象思路的学;从单一知识的识记转向整体现象的感知;从重视学科信息的获取转向生活问题的解决。"深刻地说,基于现象的学习是超越一门学科的,它是由学习者来定义的,是以探索某种现象为中心的。"[②]在这一轮课程改革中,现象式教学究竟传递出怎样的教育发展理念,又将芬兰教育带向何方,它不仅为芬兰本国的教师教育工作者和基础教育实践者所关心,更为世界各国关心芬兰教育先进经验的研究者和实践者所倍加关注。

现象式教学十分关注学生的"身体在场"和主体经验,是一贯尊重学生主体地位的芬兰学校教育发展的承继和创新。现象式教学的提出和实践与芬兰国家教育政策的历史发展与助推密不可分。20 世纪 70 年代,芬兰经历了重要的综合教育改革时期,1972 年芬兰北部首先启动了新政策《国家综合学校课程纲领》(*National Curriculum for the Comprehensive School*),废除了按能力分班的学校制度,随后的 1979 年,芬兰南部的最后一所市立学校也转型为新型的一贯制学校。芬兰国家成功实现了教育观念到教育实践的落地,彻底地全面推行教育平等与教育公平的基础教育政策。裘尼·法利嘉维(Jouni

---

① [芬兰]帕斯·萨尔伯格:《芬兰道路》(第二版),鲍方越译,上海教育出版社,2020 年,第 202 页。

② Kirsti Lonka(2018),*Phenomenal Learning From Finland*,Otava Book Printing Ltd Keuruu,2018: 173.

Valijarvi)评述称,综合教育改革不只是组织的变革,还是一种新的教育哲学的诞生。①这一哲学认为:只要给予恰当的机会和支持,所有的学生均可以获得学习上的进步。这一时期,芬兰的基础教育教师不断采用新的教学指导方法,创造因材施教的学习环境,并且将教育视作崇高的职业。

继 20 世纪 70 年代的综合教育改革之后,芬兰的教育改革可以分为三个阶段:20 世纪 80 年代,重新思考教育理论与方法论基础;20 世纪 90 年代,通过网络建设与自我管理来实现教育提升;2000 年以后,通过组织架构与行政管理来提升效能。②图 1 展示了三个阶段的发展过程,每个阶段都承载了特定的政策逻辑与行动理论。20 世纪 80 年代早期,公立学校教育改革完成之后,教育改革的重心集中在公立教育体系教育哲学中蕴含的知识概念与学习理论上。第二阶段发展于芬兰教育治理的自由化时期,该时期的特点包括:各校自行组织了学校网络与个体间合作。第三阶段(持续到今日)始于提升公立体系生产力的需要,2001 年 12 月的 PISA 首次公布的成绩和 2008 年的经济下滑加速了其发展。这一阶段强调教育结构与管理的改革,并小心避免影响到提升效能和加强课业表现之间的脆弱平衡。③

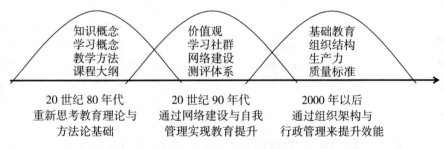

图1　20世纪80年代开始芬兰教育改革经历的三个发展阶段

① Hautamäki,J.,Harjunen,E.,Hautamäki,A.,Karjalainen,T.,Kupiainen,S.,Laaksonen,S.,…Jakku-Sihvonen,R.(2008),PISA of Finland:Analyses,reflections and explanations.Helsinki,Finland:*Ministry of Education.*

② Sahlberg,P.(2009).Ideat,innovaatiot ja investoinnit koulun kehittämisessä[Ideas,innovation and investment in school improvement].In M.Suortamo,H.,Laaksola & J.Välijärvi (Eds.),Opettajan vuosi 2009-2010[Teacher's year 2009-2010](2009:13-56).Jyväskylä,Finland:*PS-kustannus.*

③ [芬兰]帕斯·萨尔伯格:《芬兰道路》(第二版),鲍方越译,上海教育出版社,2020 年,第 43 页。

正是这三个发展阶段逐渐建立起芬兰基础教育立足"学生是如何学习的?"这一凸显学生为本的教育哲学和实践理路。①在接下来的几十年间,芬兰坚持在全国范围内推行合作学习的课堂实践,同时教师也被鼓励采用各种灵活的形式开展课堂教学,也逐渐形成了稳定的教育改革模型。表1呈现了芬兰教育改革的一些具体理念。②

表1　芬兰教育改革模型

	校际合作	个性化学习	专注全人教育	信任负责制	结果平等
芬兰教育改革模型	基本假设:教育是合作的过程,合作、连接、共享是学校间最终能提升教育质量的路径。学校彼此合作时,能够彼此帮助,是教师在课堂上创设合作的文化	设置清晰但具有弹性的国家标准,使之为校本课程做框架。鼓励为达到国家标准而进行校本创作或个性化解决,为创造每个人最好的学习机会而找到最佳路径。使用个性化的学习方案来帮助有特殊需要的学生	教育与教学关注有深度、有广度的学习,基于每个人的个性、道德、创造力、知识、伦理、技能多方面的平等关注。上学的目标是找到每个人的天赋	在教育体系内逐渐建立具有信任与责任感的文化,最终教师与校长在判断学生发展方面具有专业性。将资源用于支持学校与需要特别帮助(可能会落后)的学生。政策制定者将抽样的学生评估与有主题的研究报告作为判断依据	基本前提:所有学生在校内都应当拥有同样的教育前景。因为学校学习结果受家庭背景条件等影响,结果平等要求学校根据他们的真实需要来弥补这些不公平。学校选择通常会带来隔阂,加剧不公平的结果

在确立了关注学生、以学生的学习为中心的教育哲学与改进之路后,芬兰于20世纪80年代后持续进行适合本国教育意志和实际的改革,"平等""去标准化测验"成为这一改革过程的关键词,形成了具有鲜明"芬兰性格"的

---

① Miettinen,R.(1990).Koulum muuttamisen mabdollisuudesta〔About the possibilities of school change〕.Helsinki,Finland:*Gaudeamus*.

② 〔芬兰〕帕斯·萨尔伯格:《芬兰道路》(第二版),鲍方越译,上海教育出版社,2020年,第154页。

教育改革之路。芬兰教育的典型特质之一就是鼓励师生尝试新的概念和方法，在创新中学习并有创意地在生活中应用。①这些芬兰教育发展的历史过程和取向，也让人们理解了，缘何提出"跨学科的主题教学"这一现象式教学的新举措（2016 年正式实施）没几年，芬兰的师生就能在一线教育教学中将现象式教学实施得如此自然。现象式教学这一新理念的出现和应用并不是一蹴而就的事件，它来自芬兰教育改革持续不断的历史进程。当然，芬兰在 21 世纪初期成为一个教育上的典范国家还有经济方面的重要原因，芬兰在维持北欧高福利国家模式的情况下，同时创建出极具竞争力的"知识经济体"。经济上的成就直接和持续支撑了芬兰教育的改革创新之路。

二、影响芬兰现象式教学的教育理论

芬兰人勇于创新，开拓进取，不仅在教育领域，也在经济领域取得了十分骄人的成绩，然而芬兰教育发展背后的理论支持与方法指导更多是受到许多西方国家的影响，尤其受到美国教育家杜威的深刻影响。芬兰学者格罗弗（Grover）曾说："芬兰的教育系统是从每个国家汲取灵感。"②通过大量的文献梳理，建构主义理论、具身心智理论/身体现象学，是影响和支撑芬兰现象式教学的两个重要理论来源。

（一）建构主义理论是现象式教学的基础理论

查阅芬兰基础教育发展的政策文本，不难发现，自 20 世纪 80 年代以来，建构主义理论便成为影响芬兰基础教育改革的重要理论之一。1994 年制订的国家课程大纲中，直接作出"所有的学校务必依循建构主义的教学理

---

① ［芬兰］帕斯·萨尔伯格：《芬兰道路》（第二版），鲍方越译，上海教育出版社，2020 年，第185页。

② Grover N. (2016).Phenomenon Based Education in Finland.Retrieved from https://sites.psu.e-du/grovernciblog/2016/04/22/phenomenon-basededucation-in-finland/.

念,自行设计有助于教与学的课程"的要求。

皮亚杰的建构主义理论是早期对芬兰教育改革有着深远影响的重要理论,皮亚杰认为,学习是一种主动的认知过程。皮亚杰通过他作为生物学家的广泛工作,将认知视为智能工具的生成器,使得有机体能够在体验的过程中建立一个与世界相适应的体系。在此基础上,德国学者格拉斯菲尔德(Von Glasersfeld)进一步补充指出:"建构主义理论的基本原则是,认知有机体的行为是为了在面对由冲突或意外的新事物产生的扰动时创造和保持它们的平衡,这些冲突或新事物要么是在一个有限制的环境中追求目标,要么是概念结构与或多或少的既定经验组织不相容。因此,求知的冲动变成了适应的冲动。在感觉-运动层面以及在概念领域,学习和适应被看作是互补的现象。"①

一旦从国家层面接纳这种理论基础,教学变革的预设就不再无谓地争论外在的知识概念,而是把知识视作学习者内部的东西。格拉斯菲尔德称其为激进的建构主义,他打算将其作为一个模型来使用,而不是以任何方式描述外在的现实世界。②他补充说,那些在课堂上一直使用建构主义方法的教师并不声称有什么新奇或独创性,因为优秀的教师总是有更好的意识去理解学习是以这种方式发生。究竟是一系列的跟踪和错误,还是一种直觉让他们得出这个结论,要看具体情况。"建构主义提供了一种认知模式,直接导致了一种教学方法,使学生有能力成为一个积极的学习者。"③

下表是格拉斯菲尔德列出的,从建构主义立场出发对教育者的一些指令,这些指令与现象式教学的很多做法极为接近。

---

① Von Glasersfeld, E. (2013). *Radical constructivism: a way of knowing and learning*, Routledge press(first published 1995), 2013:25.

② Von Glasersfeld, E. (2013). *Radical constructivism: a way of knowing and learning*, Routledge press(first published 1995), 2013:25.

③ Von Glasersfeld, E. (2013). *Radical constructivism: a way of knowing and learning*, Routledge press(first published 1995), 2013:26.

表2 建构主义理论对教育者的指示

训练的目的是重复某一特定活动的能力,它必须与教学区分开来。我们所称的教学旨在使学生能够在理解为什么进行这些活动,以及在预期的结果基础上来推进活动
知识必须由每个个体学习者来建立,它不能被打包并从一个人转移到另一个人身上
语言不是传送带,也不是运输工具。单词、句子和文本的意义总是基于个人经验的主观建构。虽然语言不能向学生传达所需要的全部意念,但它有两个重要的功能:一是它使教师能够通过适当的约束来引导学生的概念结构;二是当学生与教师交谈或在小组中交谈时,他们被迫反思自己在想什么、在做什么
只有当学生认为问题是他或她自己的问题时,他的注意力和精力才能真正地寻求解决方案
奖励(即行为主义者的外部强化),无论是物质的还是社会的,都是鼓励重复,而不是理解
智力动机是通过克服障碍、消除矛盾或发展既抽象又适用的原则而产生的。只有当学生自己建立了一个概念模型,提供了一个有问题的情况或过程的解释,他们才能发展欲望,尝试自己着手去解决下一步的问题。而只有在这些尝试中取得成功,才能让他们意识到自己有力量以一种有意义的方式塑造世界

(二)具身心智理论/身体现象学是指导现象式教学具体展开的支架理论

文献研究和本文研究者对于芬兰课堂的观察均表明,现象式教学十分鲜明地表现在芬兰几乎全部的课堂教学过程之中,不仅是在跨学科的主题教学中,在传统学科课堂中也广泛存在着现象式教学的元素。教师在课堂上努力创设开放的学习环境,积极调动学生"身"与"脑"的参与,推动学生开展身心在场的真实学习。

在现代学校教育中,身体逐渐处在受压抑或被规训的位置。而人的存在是身体和心智的统一,生命与心智具有深刻连续性。[①]现代教学理论涌现出以现象学为基础的教学观,现象学的"回到事物本身"启示人们教育应返璞归真,回归其原初状态的"逻格斯",即那种鲜活的、在场的体验(experiences),

---

① Thompson（2007），E，*Mind in Life：Biology，Phenomenology，and the Sciences of Mind*，Harvard University Press，2007：157.

扬弃那种透过身体表层追寻背后心智本质的无身教育模式。①现象学理论在发展过程中逐渐呈现出两种现象学流派：意识现象学和身体现象学。奥地利现象学家胡塞尔是意识现象学的杰出代表。意识现象学的方法可以概括在"现象学还原"的名义下，由两个部分组成，其一是"超越论还原"，它意味着将意识研究者的目光从外部世界转回到纯粹意识本身；其二是"本质还原"，它意味着将意识研究者的目光从经验心理事实转向纯粹意识本质。这里的双重"还原"因而也意味着双重的"纯化"，一方面从世间的或自然观点中纯化出来，另一方面从心理的经验事实中纯化出来，最后还原到超越论的或哲学观点中的意识纯粹本质上。②之后，法国现象学家梅洛-庞蒂（Merleau-Ponty，M.）承袭和改造了经典现象学的思想方法，把胡塞尔（Husserl，E）的意识现象学发展为身体现象学，彰显了身体的认识论价值，促进了具身心智（embodied mind）教育观念的产生。在梅洛-庞蒂那里，人类所有的理性形式都建筑于通过身体知觉获得的体验。身体知觉体验是一切理性的基础，是最原初、最真实的体验。"回到事物本身"，就是要回到这种朦胧的、前反思的身体体验。③

　　从以上现象学理论的发展不难捕捉到，意识现象学的核心是"意识"，它更重视知识作为纯粹意识的客观性、独立性、先验性，而身体现象学的核心是"身体"，且是一种身心统一、有生命力的生物医学对象。如梅洛-庞蒂所言："人不是有一个身体和一个心智，而是一个有着身体的心智，即人是这样一种存在物，他之所以能获得事物的真实性，恰恰是因为其身体仿佛就根植于这些事物。"④相比较而言，身体现象学为芬兰现象式教学的实施过程提供了更多理论支持。《课程大纲》明确提出，"引导学生去欣赏和使用他们的身体来表

　　① 范琪、高玥：《从离身到具身：身心融合的学习方式与其教育意义蕴含》，《江苏师范大学学报》（哲学社会科学版），2018年第1期。
　　② 倪梁康：《何谓本质直观——意识现象学方法谈之一》，《学术研究》，2020年第7期。
　　③ 叶浩生：《身体的教育价值：现象学的视角》，《教育研究》，2019年第10期。
　　④ Merleau-Ponty，M.，*The World of Perception*，Routledge，2004：43.

达情感、观点、思想和主意"①。

身体现象学的出现让具身心智理论进入了教育领域，具身学习是把身体和通过身体动作获得的知觉经验置于学习的关键地位。它关注的是通过身体知觉呈现于我们的那个"现象世界"。在具身心智理论看来，这个世界的知识是朦胧的和前反思的，从根本上讲是一种身体体验。这种体验是人类一切理性形式的基础，具身学习把握的正是这种第一人称的身体体验——关注情境性、体验性、互动性和生成性。同时，具身学习发生于社会情境中，具身学习的社会属性使得学习成为一种参与性的意义构建（participatory sense-making）②，这一社会属性视角的意义建构与之前讨论的"建构主义理论"的主张高度一致。而这些新近的理论充分展示了芬兰现象式教学的哲学根源。

三、《课程大纲》中对现象式教学的任务描述

从 2016 年《课程大纲》正式实施以来，以跨学科的主题教学方式的现象式教学形式也随之在芬兰中小学课程计划中正式实施，并占有相应的课时要求。《课程大纲》中提出了七大"横贯能力"，这通常被视为是现象式教学的目标设计。而有关现象式教学的具体安排和要求是在"综合性教学和多学科学习模块"中提出的。

（一）七大横贯能力是现象式教学的课程目标

《课程大纲》中指出，横贯能力是指一个由知识、技能、价值观、态度和意志组成的实体。能力意味着在特定情况下应用知识和技能的能力。学生使用知识和技能的方式受到他们所采用的价值观和态度以及采取行动的意愿的

---

① Finnish National Board of Education.*National Core Curriculum For Basic Education*（2014），Publications，2016：23.

② 叶浩生：《身体的教育价值：现象学的视角》，《教育研究》，2019 年第 10 期。

影响。芬兰基础教育所倡导的七大横贯能力包括(关于七大横贯能力的具体说明仅呈现部分):[①]

1.思考与学会学习的能力(T1)

思考和学习技能是发展其他能力和终身学习的基础。学生把自己视作学习者以及学生与环境互动的方式会影响他们的思维和学习。学生学习观察、寻找、评估、编辑、产生、分享信息和想法的方式也很重要。重要的是,教师鼓励学生相信自己和自己的观点,同时对新的解决方案持开放态度;面对不明确和相互矛盾的信息,也需要鼓励;引导学生从不同的角度思考问题,寻找新的信息,并将其作为回顾他们思维方式的基础;为学生的问题提供空间,并鼓励他们寻找答案,倾听他人的观点,同时反思自己的内在知识;学生受到启发,形成新的信息和观点。

2.文化感知、互动沟通与自我表达的能力(T2)

引导基础教育阶段的学生欣赏他们所处环境的文化意义,并建立个人的文化身份以及与环境的积极关系。学生在学校学习中有大量的机会联系如何建设性地表达自己的观点和习得各种行为规范。引导学生换位思考,从不同的角度审视主题和各种情形;鼓励学生使用即使是有限的语言技能来交流和表达自己;学习使用数学符号、图像、视觉表达、戏剧、音乐、动作等来进行互动与表达也是同等重要的;引导学生去欣赏和使用他们的身体来表达情感、观点、思想和主意;鼓励学生展现想象力和创造力,以一种提升审美价值的方式去行动,并赏识自己的各种表现。

3.照顾自我和他人,以及管理日常生活的能力(T3)

这一领域涉及健康、安全、人际关系、人口流动、交通运输、应对新信息技术环境、烹饪、理财等多个方面,这些都是可持续性生活方式的重要元素。教师需要培养对上述方面的组织和管理能力,更要培养学生面对未来复杂生活

---

① Finnish National Board of Education.*National Core Curriculum For Basic Education*(2014),Publications,2016:21-26.

的积极心态。

4.多元识读的能力(T4)

多元识读的能力是指获取、整合、修饰、阐释、生产、呈现并且评估不同类型的文本,学习理解文化交流的不同类型,并形成自我认同。学生需要多元文化来解释他们周围的事物,并探知文化的多样性。多重读写能力有助于批判性思维和学习技能的发展。在学习情境中,学生单独或一起使用、解释和生成不同类型的文本。学生们研究对他们有意义的真实文本,以及从这些文本中产生的对世界的解释。

5.信息与通信技术能力(T5)

信息与通信技术能力(ICT)是一项重要的公民素养,也是多元文化的一部分。主要包括四个方面的内容:信息与通信技术使用的基本原则、运行的基本原则以及核心概念;信息与通信技术的安全性问题;信息与通信技术的应用,包括信息管理、信息挖掘和创造性工作;信息与通信技术的实际操作。在学习过程中,重要的是学生自身是积极主动的,并需要为学生提供发挥创造力和找到适合他们的工作方法和学习途径。信息与通信技术提供了工具,使一个人的思想和想法以许多不同的方式可见,因此它也发展了思考和学习的技能。

6.职业技能与创业的精神(T6)

由于技术进步和经济全球化等因素的推动,职场生活、职业和工作性质正在发生变化。基础教育必须传授提高学生对工作和职场生活的兴趣和一般能力。对学生来说,重要的是帮助他们获得理解工作和进取的重要性、企业家精神,以及他们作为社会成员的个人责任和丰富经验。为此,基础教育阶段的学生要参与到职场生活中,与校外人员一起工作和合作。

7.参与、影响和建设可持续性未来的能力(T7)

参与公民活动是有效民主的基本前提。只有通过实践才能学会参与和实践的技能以及对未来负责的态度。通过校内外的实践参与,学生学会建设性地表达他们的观点,学习如何一起工作,并有机会学习谈判技巧、仲裁和解决冲突以及对问题的批判性审视。学校应该为这些实践活动提供良好的环境,促进每个学生参与。

(二)《课程大纲》对现象式教学的直接规定

在 2016 年正式实施的《课程大纲》中,现象式教学以新增的"综合性教学与多学科学习模块"这一专门的内容出现在政策中。也正是在这部分,现象式教学以综合性教学为依托,提出了指向培养七大横贯能力的多学科学习模块的设想,并据此对跨学科开展现象式教学做出在学生学习、教师准备、环境等方面说明和要求。①

1.什么是综合性教学

综合性教学是促进全面基础教育的学校文化的一个重要组成部分。综合性教学的目的是使学生能够看到要学习的现象之间的关系和相互依赖性。它帮助学生将各个领域的知识和技能串联起来,并在其他领域的探索中,将它们构造成有意义的实体。综合性教学的一个先决条件是对教学内容和工作方法都要采取一种教学法,在每个科目中,特别是在多学科研究中,将现实世界的现象或主题作为整体进行研究。综合教学的方式和持续时间可能会有所不同,这根据学生的需要和教学目标而定。例如,综合教学可以通过以下方式进行:

- 平行研究,即在两个或多个科目中同时研究一个主题。
- 排序,即把与同一主题相关的话题组织成一个序列。
- 功能性活动,包括主题日、活动、运动、考察访问和学校营地计划。
- 较长的多学科学习模块,由多个学科合作规划和实施,其中可能包含上述一些综合教学技术。
- 从不同科目中选择内容,并将其打造成综合模块。

---

① Finnish National Board of Education.*National Core Curriculum For Basic Education*(2014),Publications,2016:33-35.

- 整体性的综合教学，所有教学都以类似于学前教育的综合形式提供。

2.多学科学习模块作为实施路径

为了保证每个学生都有可能对整体进行学习并从事其感兴趣的探索性任务，教育提供者应确保学生每学年至少学习一个多学科学习模块。多学科学习模块的目标、内容和实施方法应在当地课程（计划）中确定，并在学校的年度计划中明确。模块的持续时间必须足够长，以使学生有时间专注于模块的内容，并以目标为导向，以及以多种方式进行长期的学习。同时，地方课程和年度计划包含其他形式的综合教学也是可以的。

多学科学习模块促进了基础教育目标的实现，特别是横贯能力的发展。学生应参与到这些模块的规划中去。学习模块的目的是要从功能上处理属于学生经验世界的问题，并扩大其经验世界的范围，以达到以下目的：

- 提高学生的参与度，并提供机会让他们参与规划学习的目标、内容和方法

- 提出学生认为有意义的问题，并为讨论和解决这些问题创造机会。

- 为学生提供更多的机会，使其能够在不同的小组和不同年龄的学生中学习，并有机会与几个不同的成年人一起学习。

- 提供机会将学生在校外学到的知识与校内的知识相结合。

- 为学生的求知欲、经验和创造力提供空间，并让学生参与到多种类型的互动和语言使用情境中。

- 加强知识和技能在实践中的应用，并让学生以一种可持续的生活方式继续生活。

- 激励学生以对社区和社会有贡献的方式行事。

为了规划和实施多学科学习模块，需要不同学习方式的学科之间加强合作，并且需要利用学校的其他活动。所有学科依次参与到当前主题所要求的学习模块的实施中来。在此过程中，要力求以符合学校文化原则、学生感兴趣、适合学科与教师合作的主题作为学习模块的内容。同时，每个学科的典型研究路径、概念和学习方法都将被用于学习这些模块。在学习某一模块

期间,学生们会收到有关他们学习的反馈,并且学生在此过程中所表现出的能力会被教师在撰写口头评估报告或为该科目打分时考虑在内。

多学科学习模块(MLs)是基于学科间合作的综合教学的学习阶段。它们在实施中应展示学校的价值观和学习理念。这些学习模块具体表达了两个原则:一是指导基础教育运作文化发展的原则,二是支持横贯能力发展的原则。

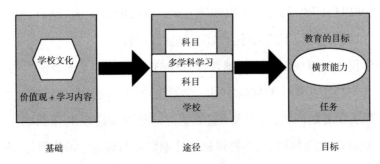

图2　多学科学习模块图示

芬兰国家的《课程大纲》明确提出了要在所有学科教学中培养学生的七种横贯能力,并专设多学科学习模块、以主题教学的形式做新课程形式的单独实现。这是一种以点带面的做法,它为芬兰基础教育开展新形态的现象式教学打开了一个合法性窗口,一方面为现象式教学做课程试点,另一方面也对所有传统学科转向"现象式教学观念"做了引导和铺垫。

四、现象式教学改革的案例、成效与影响

在芬兰开展的现象式教学有两种模式:①一种是由一位教师独立完成跨学科教学;另一种是由多位教师在同一时间和同一空间合作教学,完成多学科融合的教学任务。这里首先分享芬兰现象式教学的案例,其次对当前正在推进的芬兰现象式教学做阶段性讨论。

---

① 钱文丹:《这就是芬兰教育》,中国人民大学出版社,2020 年,第 135 页。

（一）现象式教学案例及分析

首先呈现的两个案例是旅居芬兰的中国学者钱文丹在其专著《这就是芬兰教育》中提到的做法。其次,研究者分享自己亲历的现象式教学的一次课堂观察。

1.现象式教学主题的课程流程

第一则案例是 2017 年底在韦斯屈莱大学附属小学开展的一堂以"芬兰独立一百年"为主题的"现象式教学",由一位全科教师负责实施。上课前的两天里,任课教师带着学生搜集和寻找与芬兰独立有关的一切内容。学生在与老师的课前讨论时,热烈地表达过自己的设想,比如拍视频介绍他们眼中的芬兰、组建乐队演奏芬兰国歌、用画画的形式庆祝芬兰独立一百年,等等,这些话题也成为任课教师备课的内容。这个主题的现象式教学的课程结构如下:

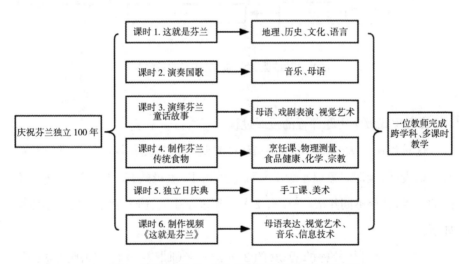

图3　以"芬兰独立一百年"为主题的"现象式教学"

第二个案例来自中学,是以"欧盟"为主题的"现象式教学"的课程设计,内容涉及地理、历史、语言、宗教、政治、经济等多个学科,需要由多位学科教师在同一时间和同一空间合作教学,协同实施。这个主题的现象式教学的课程结构如下：

这两个案例中展示的现象式教学课程流程具有"大概念"、跨学科、生活化的显著特征，而这些在许多国家的当代教育改革策略中并不算是崭新的尝试，然而这种从现象出发、融汇多个学科研究同一主题的教改策略，之所以能够引起世界各国的关注，应当说与芬兰教育近半个世纪以来取得的高质量发展的历史声望密不可分。

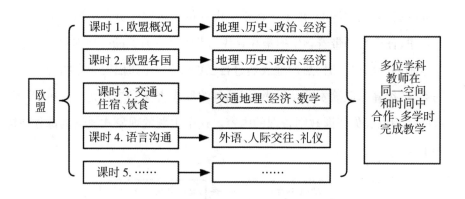

图4　以"欧盟"为主题的"现象式教学"

2.现象式教学主题课程的授课过程

这是坦佩雷大学基地校的一节以"教堂"为主题的"现象式教学"课程。芬兰语授课，授课对象以小学 2 年级学生为主，班级共有 17 名学生，来自不同的班级，甚至不同年级（其中有 2 名 3 年级学生）。研究者记录的教学流程如下：

①开场是身体放松的活动（约 3 分钟），老师带着学生在原地站立进行类似体操的身体活动。

②之后教师讲解有关教堂等相关符号的知识（约 10 分钟），师生使用纸质教辅资料，讨论教堂相关知识。教师在教室中穿梭、走动，引导学生积极发言。

③接下来教师利用移动多媒体展示和讨论学校周围的一些教堂以及相关资讯(约8分钟)。过程中有师生的讨论。

④课中,教师带领学生又做了一次5分钟的放松操。

⑤下半堂课,教师继续呈现了一些与教堂相关的照片,以及播放一些视频。涉及的生活场景更为丰富,以学生个体表达和小组讨论为主。之后让学生在课业簿上涂写有关教堂的单词和图画。教师在学生涂写画画时会走到每个圆桌,蹲下来进行观察和指导。课堂中,教师多次使用有节奏的拍手,带动大家拍手后安静下来。

上课期间,有位男孩是特殊儿童,自顾自地在作业纸上涂鸦、来回走动和偶尔喊叫,教师对他很自然地表达了安抚(走过来拍拍肩膀摸摸头),未打断上课进程。

研究者在这所学校共进行了历时一个半月的驻校教育观察,对这节课上师生所采取的现象式教学方式有着许多深刻的体认和理解。之所以选择"教堂"这节课做观察记录展示,一方面是因为在课前交流时,校长明确告知了这节课是跨年级跨班级、年度主题的现象式教学课程;另一方面,也希望通过这一份课堂观察记录,来呈现当前在芬兰中小学广泛实施的一种学生身体参与度极高、师生互动性极强的课堂结构——在课堂上,教师的"教"和学生的"学"是在课程主题的"现象式"展开过程中真实地发生联结,教师在努力描绘、解释与主题相关的事物、符号、资源……学生以各种身体表达(凝视、讨论、操作、思考、书写等)参与教学过程。这种课堂结构同时又并没有舍弃传统课堂教学形式,教师仍然会使用教学用书,学生在课堂上也要完成相应的"知识性"学习任务或填写作业单。

(二)现象式教学的改革成效与表现

从2016年芬兰正式实施《课程大纲》至今,不过五六年时间,短短的几年时间对于评价一种教育改革与实验的成与败尚为时过早,这里仅基于一些文献和研究者的访谈做一些陈述和总结。

1.芬兰的现象式教学改革需要强大的前期基础

应当说,现象式教学改革能快速地在芬兰中小学校迅速落地和铺开,是其所取得的成效之一。它一方面顺应了芬兰从 20 世纪 70 年代以来的教育变革趋向,坚定实践了立足"学生是如何学习的?"这一教育哲学,较好地实现了建构主义理论和具身心智理论,严格执行了"平等""合作""去标准化测验"的学校发展制度。另一方面充分彰显了芬兰教师教育的卓越,现象式教学改革对芬兰高校的教师教育提出了新的挑战,一些高等学校也开始了"基于现象的教师教育"研究与探索。如韦斯屈莱大学在教师教育中就及时采用了基于现象的课程实践。①基于现象的教师教育是研究型教师教育的一种变体,它强调教师职业处境的复杂性,鼓励学生通过自己的经验,在职前教师培养过程中借助各种科学的理论和概念,研究复杂的现实生活中的教育现象。此外,在赫尔辛基大学、坦佩雷大学、拉普兰大学等都开展了基于现象教学转向的教师教育改革或者项目实验。

2.现象式教学改革进一步提升了"合作教学"的质量

现象式教学需要强依托于"合作式教学"的课堂实践,这种合作既表现为课堂内的师—生、生—生合作,也表现为学科教师间的合作。研究者在对坦佩雷大学基地校的校长进行访谈时,校长多次提到现象式教学对教师的一个最大影响,就是教师间的合作变得愈加必须、真实和密切了。现象式教学需要在一个主题下进行多个课时的设计与实施,同时需要多学科、跨年级、跨班级实施,这些都需要创新合作式教学的方式和形式。也正如另一位研究者所得出的结论,"当我们的目的是教育时,教学与学习之间的反应关系是必不可少的。学生是学习过程的一部分,但他们不一定是学习过程的发起者;同样,教师也不能完全指导学习过程。因此,我们需要使教与学之间的

---

① Reforms in Teacher Education: A Phenomnon-based Curriculum for Teacher Education.

空间变得有意义"①。

3.现象式教学改革也遇到不同的"声音"

在落实"现象式教学"的过程中,也出现过不同的观点、困难和质疑的声音。有研究者指出,教师的声音和他们对课程改革的实践经验在公众的讨论中是缺乏的,教师在向现象式教学转移的过程中,面临着众多的挑战,多学科模块和共同设计给教师带来了困难,但也可能有借力的机会。②另在 2018 年11 月,芬兰《赫尔辛基报》发表了一篇名为"研究表明:新的教学方法会严重破坏学习"的文章。全文解析了芬兰赫尔辛基大学的一项科研成果:赫尔辛基大学科研团队检查了芬兰 15 岁学生在 2012 年和 2015 年的 PISA 结果,仔细研究了 5000 多名芬兰学生的成绩,结果发现,芬兰近几年实施的"现象式教学" 和数字化课堂在阻碍学习, 数字化课堂也是导致近些年芬兰学生在PISA 测试中成绩下降的原因之一。

任何一项教育改革在推进的过程中都会面临来自不同视角、不同立场、不同教育哲学观的审视,也会在教育实践过程中遇到各种困境和挑战。无论现象式教学未来会怎样影响芬兰教育发展,目前而言,它只是基础教育阶段一种有限的崭新尝试,一学年中只占少量的课时,我们很难对其做结果上的评价和面向未来的展望。在走近芬兰现象式教学时,人们更应该看到它背后的先进教育理论和教学过程中生动的互动与合作,而这些,无论在哪个国家哪个学校都是好教育的核心元素。

————————

①　Karzan Wakil,Rupak Rahman,Dana Hasan,Pakhshan Mahmood,Trifa Jalal (2019).Phe-nomenon-Based Teaching and Learning through the Pedagogical Lenses of Phenomenology:The Recent Cur-riculum Reform in Finland.Journal of Computer and Education Research.

②　Paula Karlsson(2016).Aalto UniversityTeachers' Perspectives on the National Core Curriculum of Basic Education.2016:29.

Future-oriented reforms in Japanese elementary school math curriculum and education

Masashi Suzuki

Soka University, Japan

1. Covid-19 and school education in Japan

Like other countries of the world, the Covid-19 outbreak that began in 2020 continues to have a significant impact on Japanese school education. In May 2020, all schools, from elementary schools to high schools, were forcibly closed and no school education was provided for several months. During that time, children were primarily forced to study at home, but some schools offered online lessons. In some cases, municipalities provided online lessons directly to children at home. On the other hand, most universities in Japan provided education through online communication. The academic calendar in Japan starts in April. At my university, under the slogan "Do not stop students' learning," we quickly switched to online classes and was able to start classes from April

13,2020.

After that, schools up to high schools returned to regular face –to –face lessons, but due to the spread of Delta stocks, many lessons are still being held online at universities. It is reported that many students enrolled in 2020 and 2021 have had difficulty making friends because they have spent less time on the university campus and do not feel the fulfillment of their university life.

Even before Covid–19, online education using ICT (Information and Communication Technology)was widely practiced in other countries, but in Japan it was still seen as a future possibility and not as an urgent problem. However, due to the external factor of Covid–19, the digital environment in Japanese education has advanced at a stretch, and classes using remote communication have become commonplace. Nowadays, even in the teacher training at universities, there is an increasing need for guidance to help students acquire the ability to utilize ICT.

In response to this situation, the Ministry of Education, Culture, Sports, Science and Technology(MEXT)of Japan implemented the "GIGA School Concept" described later ahead of schedule, and by March 2021, provided tablet terminals to all elementary and junior high school students in the country. Schools all over Japan now have an environment for high–speed Wi–Fi communication and ICT utilization education.

In this article, I will introduce what kind of reforms Japanese school education is promoting toward the future in such a rapidly changing educational environment, and think about problems for the future and hints to solve them.

2. Transition of elementary school mathematics education in Japan

As a premise for considering modern mathematics education, I would like to briefly summarize the transition of mathematics education in Japan so far.This is because in order to understand the current trends,it is necessary to know about the changes that have occurred so far.

Even in the Edo period,before the construction of modern Japan,small private schools called "Terakoya",generally run by one teacher,were widespread throughout the country as general educational institutions.However,modern school education began in Japan when the school system was promulgated in 1872 during the Meiji period.The first national mathematics textbook was published in 1905,and this situation continued until World War II.After the end of World War II in 1945,Japan implemented educational reforms such as the enactment of the Fundamental Law of Education in line with the American school system.In particular,with regard to educational content,the government of Japan introduced a system in which the government manages the educational content of public schools by establishing the curriculum guidelines.The textbook system also changed from the national standard to the official approval system,in which the textbooks edited by private companies were certified by the national government.The curriculum guideline is called as the Course of Study.It began in 1948 and was revised approximately every 10 years in 1958,1968,1977,1989,1998, 2008 and 2017,and the current one is the eighth Course of Study.

The Course of Study is an important rule that defines the educational curriculum of the whole country,but at the same time,it strongly reflects the background of the times and the trends of the world's education.Here,I would like to briefly review every stage of the transition of elementary school mathematics education in Japan so far.

（1）From 1872(Early and middle Meiji period)

At Terakoya in the Edo period,education was tailored to each learner,but when school education began in the Meiji period based on Western mathematics,it gradually became an "injection type" education by simultaneous classes or the style of education that urges students to solve many problems.

(2)From 1905(Period of Black cover textbook)

Japan's first national arithmetic textbook published in 1905 was called the "Black cover textbook." This textbook was compiled by Rikitaro Fujisawa of the University of Tokyo,but it focused on proficiency through training in daily calculations,reflecting Fujisawa's idea that "there is no mathematics in arithmetic." It seems that such education was necessary at the time of popularizing mathematics.

(3)From 1935(Period of Green cover textbook)

On the other hand,the next national textbook published in 1935 was called "Green cover textbook" and was compiled in response to the movement to modernize mathematics education that was popular in Europe and the United States at that time.The editor,Naomichi Shiono of the Ministry of Education,advocated "development of mathematical thought" and insisted that mathematics also exists in elementary school arithmetic,which is "developed" by the proactive activities of children.However,this textbook,which had a groundbreaking idea,ended its role in just six years as the war progressed.

(4)From 1948(Period of life unit learning)

After World War II,the first published "Course of Study (draft)" established in 1948 introduced "Life unit learning" based on Dewey's philosophy.It was the policy to teach mathematics through everyday problems such as excursions or classes.However,this was an easy-to-understand but extremely "child-centered" instruction that ignored the logical system of mathematics as an academic discipline,and resulted in leading to a decline in academic ability.

(5)From 1958(Period of systematic learning)

The new Course of Study of 1958 announced in response to criticism of life unit learning shifted to "systematic learning" with the aim of increasing the learning time, raising the level of learning content, and improving basic academic ability and science and technology ability.

(6)From 1968(Period of modernization)

In the wake of the "Sputnik Crisis" in 1957, the demand for mathematics increased in the United States in order to develop science and technology. In response to this, the new Course of Study was determined in 1968, in which mathematical contents that had not been previously dealt with, such as functions, sets, and probabilities, were incorporated into elementary school mathematics. In this way, the level of teaching content was greatly elevated. However, this movement was criticized as an education that produces a large number of children who cannot understand the learning content.

(7)From 1977 (Period of reduction of learning content and emphasis on basics)

In response to criticism of modernization, the new unit contents introduced last time disappeared from the new Course of Study of 1977, and the learning content was narrowed down with an emphasis on the basics. From this time, the period called "Yutori education"(pressure-free, cram-free education)began.

(8)Since 1989 (Period of new view of academic ability and individualization)

A "new view of academic ability" was set out in 1987 in the Education Course Council Report of MEXT. This view emphasized that understanding the meaning of learning and feeling the joy in learning are also important academic abilities in order to enable students to continue learning for a long time, rather than simply solving problems. The new Course of Study was established in 1989 following the idea of the new view of academic ability. The learning content of mathematics was more carefully selected, and the individuality of children and students came to be emphasized.

(9)From 1998(Period of careful content selection and power to live)

By advancing the ideas of "Yutori education" to the ultimate, the learning content was reduced by about 30% in the new Course of Study of 1998.The reason was that "children can exert their individuality and creativity by thinking and discussing in a relaxed manner without pressure." However, questions and criticisms were raised about too little learning content.In addition, the results of PISA, the OECD′s Programme for International Student Assessment, deteriorated significantly.And so "Yutori education" eventually was put to an end.

(10)From 2008(Period of anti-Yutori education)

The new Course of Study was established in 2008 with the aim of "anti-Yutori", and the number of lesson hours, which had been decreasing until then, recovered to the level of 1977.In addition to simply increasing the content of learning, "mathematical activities" were recognized to be more important than ever.It included a perspective of emphasizing expressiveness and utilization, rather than simply learning to memorize knowledge and solve problems.This kind of view lead to the next and current Course of Study that will be discussed in the next section.

As mentioned above, Japanese elementary school mathematics education has changed in various ways with each revision of the Course of Study.According to Tamura (2015), this transition can be explained from the viewpoints of " A)Subject-centered" and "B)Child-centered." Mathematics education started in the Edo period in the style of B), then moved to training type A), and after World War II, it returned to B)again by(4)Life unit learning.However, since the academic ability declined, (5)Systematic learning and (6)Modernization made the subject content extremely high-level and changed the education style to A). However, since a large number of children could not understand, the learning content was gradually reduced toward B), and(9)"Yutori education" reached its peak of the style B)with the concept of the power to live and careful selection of content.After that,the subject content was increased again by "anti-Yutori", and this trend continues to the present.

This kind of transition between "Subject-centered" and "Child-centered" is just like a reciprocating motion,as it is sometimes called a "pendulum." This is illustrated as follows in Tamura(2015).

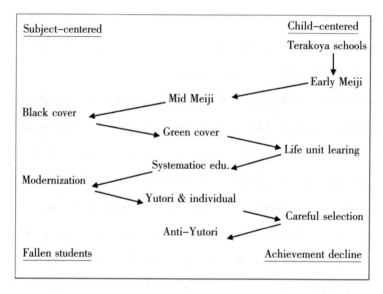

However,as long as this "pendulum movement" is repeated,the subject content and the learner's understanding continue to be in a trade-off relationship,and will be incompatible forever.This "pendulum movement" is based on the idea that the academic content to be taught(learned)is almost fixed and that it is important how much the learners master the content.If you try to teach a higher-level of academic content,learners' understanding will be neglected.And if you give priority to understanding of learners,the pace of study will slow down and less content can be taught.Let me show this in a simple diagram.

Educational activity trade-offs

Emphasis on academic level ←——————→ Emphasis on understanding

The current Course of Study was announced in 2017 and was implemented in 2020.It was established to overcome this dilemma and was aimed at breaking away from the "pendulum movement" by introducing a new viewpoint that can be called a change of coordinate axes.The goals and outline of this new Course of Study will be described in the following section.

3. Society 5.0 and 2017 New Course of Study

In the "Science and Technology Basic Plan," which is a five-year plan compiled by the Cabinet Office in January 2016,the future society is expressed by the term "Society 5.0",which means the fifth society following the hunting society(Society 1.0),agricultural society(Society 2.0),industrial society(Society 3.0),and information society (Society 4.0).This term refers to a "super smart society",where digital innovations such as ICT,big data,and AI will "systematize" all social activities and connect with individuals.The term "VUCA" is also used as an acronym for Volatility,Uncertainty,Complexity,and Ambiguity as a symbol of our future.

In the future society expressed in these words,fixed knowledge is no longer valid and flexible and strong intellectual abilities to actively tackle new problems that arise one after another,deeply understand the essence,and sometimes find solutions in cooperation with others are needed.The trade-off mentioned in the previous section is premised on fixed educational content.The intellectual a-bilities required in the future society obviously cannot be cultivated by such education.

A big shift was made in the new Course of Study announced in March 2017 in order to overcome this problem.The conventional Course of Study that defines the content of education was switched to the new-style Course of Study that defines the abilities of learners aimed at by education.In other words, it was a shift from "Content-based" guideline to "Competency-based" guideline.Education reform is already underway in other countries with the similar idea, but in order to propose further ideas of education, I will give an overview of the educational reforms of Japan under the policy of the current Course of Study.

Stage 1:Reform of the view of academic ability

The first stage of educational reform is "change of the view of academic ability".Until the previous Course of Study, "correctly understanding the content and acquiring the correct knowledge and skills." was the only measure of academic ability.However, with the term "three elements of academic ability", it was replaced with the following three measures.(Central Council for Education Report, December 2016)

A)Knowledge and skills = what you understand and what you can do

B)Thinking ability, judgment ability, and expression ability = How to use what you understand and do

C)Ability to continue learning, and humanity = How to relate to society and the world and lead a better life

The ability C)is also expressed as "proactiveness and collaborativeness".In

other words, it is "the ability to continue learning by oneself even after complet-
ing school education, to proactively tackle new problems, and to collaborate with
others to solve them."

These "three elements of academic ability" are not simultaneous and paral-
lel abilities. A) is the first as a basic ability, and then there is B) as an ability to
utilize it. And then C) is the power to develop it into society over a lifetime. Alter-
natively, it may be possible to position that C) is necessary to survive in the fu-
ture society powerfully, B) is the core ability to support it, and the underlying
background is A). In other countries such as the OECD, the goals of qualifica-
tions and competencies in educational reform can be broadly divided into "basic
literacy" such as language, knowledge and skills, "cognitive skills" such as
thinking ability and communication ability, and "social skills" such as au-
tonomous activities and solutions through collaboration. In Japan as well, the
most important change in the new Course of Study is to change the coordinate
axis of "academic ability" from "content-based" to "competency-based".

Stage 2: Reform of learning method

If we reconsider the academic ability in this way, we cannot help changing
our educational methods. The second stage of educational reform is the transfor-
mation of "learning methods", that is, transformation of "how to learn." The ba-
sis for this is active learning, and the corresponding phrase in the Course of
Study is "proactive, interactive, and deep learning."

- Proactive learning: Have an interest in and motivation for learning, look
back on yourself, and move toward further learning

- Interactive learning: Expand and deepen your thoughts through dialogue with others and teaching materials

- Deep learning:Interlock knowledge to gain a deeper understanding and try to find and solve new problems

It is clear that these learnings are deeply linked to the "three elements of academic ability" mentioned earlier.In order to acquire basic knowledge and skills,as well as to acquire thinking and judgment abilities,we must first take proactive initiative in learning.In addition,interactive learning is indispensable in order to acquire the expressiveness and collaborativeness to confront and solve new problems.And in order to continue learning for a lifetime,we must experience deep learning.By repeating these three learnings,the "three elements of academic ability" grow strongly.

Stage 3:Reform of school education

In order to realize this kind of learning,it is of course necessary to change the way of education at school.Although the conventional teacher−centered simultaneous classes are effective in injecting limited educational content,it is not possible to bring out the proactiveness and interactiveness of children.For this reason,Japanese schools are now shifting to lessons that solve problems through discussion learning,sometimes incorporating various methods of the active learning.Discussion learning itself has already been conducted in many elementary schools so far,but lessons under the new Course of Study place more emphasis on the proactiveness of children.These lessons are characterized by focusing on a series of activities such as explaining your own thoughts properly and logically,listening carefully to other persons' thoughts,comparing them with yours,and creating better solutions together.

Then, what is the role of teachers in such classrooms? Teachers give questions that are appropriate for everyone to think about, and encourage everyone to positively challenge the problem and to actively participate in the discussion. Then teachers should find some significant ideas in the class and try to share them with everyone.Sometimes children´s opinions contain errors, and it is the teacher´s role to correct them appropriately and guide them to deeper developmental problems.

It might seem that the role of teachers in child-centered learning becomes smaller, but in reality there will be a wider range of opinions in the classroom than ever before, so in order to fully understand the children´s ideas and give appropriate advice to them, teachers must have a deep understanding to the problem, a wide range of knowledge about more advanced academic content, and a problem-awareness to always pursue new problems.Proactive, interactive, and deep learning can only be achieved under the guidance of enthusiastic teachers who understand children well and seriously study teaching materials.

So far, I have described the academic abilities that the current Course of Study aims for and the direction of educational reforms for that purpose.In the education so far as mentioned in the previous section, the "pendulum movement" had been repeated by the trade-off between academic content and comprehension.On the other hand, in a new educational activities in which students take the initiative in studying and collaborate while learning with each other, it is expected to be possible to raise the degree of understanding while maintaining the academic level, and finally break away from the "pendulum movement". In this way, it can be said that the educational reform based on the new Course of Study is not just a change in the content to be taught, but a historical reform that changes the structure of education itself.

By the way, at the beginning of this article, I mentioned that as a result of the spread of coronavirus infection, the digitalization of education is progressing rapidly in Japan as well. Next, I would like to consider how these movements will affect future education in Japan.

4. Key phrase of the next Course of Study

In December 2019, the year before the new Course of Study was implemented, MEXT announced a ministerial message entitled "Toward the realization of an educational ICT environment that is individually optimized for all the children and fosters their creativity" and clarified the role that ICT plays as the standard of education in the future age. At the same time, the "GIGA School Promotion Headquarters" was launched, and a plan called the "GIGA School Concept" started. "GIGA" is an abbreviation of "Global and Innovation Gateway for All" and aims to promote educational reform in the digital age by realizing the following three plans.

(1)Hardware provision

To provide each elementary and junior high school student with an information terminal, and to establish a high-speed Wi-Fi communication network at the school to digitalize the entire school work.

(2)Software provision

To conduct effective lessons using digital textbooks, and to enhance individually optimized learning through AI drill tailored to each individual's academic ability.

(3)Training of human resources

To improve teachers' educational skills using ICT and to utilize external human resources such as ICT support staff.

This GIGA school concept was originally planned to be developed over 5 years from 2019, but it was accelerated ahead of schedule due to the rapid digitalization of school education caused by Covid-19 infection.The distribution of information terminals was completed at a stretch in March 2021.

Digitalization of education not only enables each student to connect to the Internet and to access all information around the world, but also forms a network among students, and promotes interactive learning.MEXT believes that the realization of "proactive, interactive and deep learning" will be accelerated through this process.In other words, they believe that the future-oriented educational reforms mentioned in the previous section will be realized to a higher degree by ICT technology.

There is another important effect on the introduction of ICT in education. That is, with the help of AI and software, "individually customized learning" or "no one is left behind" education becomes possible.The minister´s message title mentioned earlier also has the phrase "individually optimized for all the children." In a conventional classroom environment, no matter how much discussion learning progresses, it is difficult to pay attention to each child and to provide a learning environment that suits each learner.However, the software called "AI drill" installed in each information terminal gives a question suitable for you and if your answer is correct, the next question will be a slightly advanced one, and if you make a mistake, the drill will provide a right answer with an explanation.Such detailed responses enable each student to always learn optimally. This "individually optimized learning" is considered to be the key phrase of the next Course of Study.

By making the best use of digital technology, each learner will take the initiative in learning through optimized learning, and then aim for deeper learning through collaboration with each other.This kind of education is what the school should aim for in the future.In the next Course of Study,while ICT is provided as a standard environment,we will aim for the education as a combination of " proactive,interactive and deep learning" and "individually optimized learning".

5. Another Trend in Individual Optimization

In the previous section,I wrote that "individually optimized learning" will be a key phrase in the future,but in fact,new learning system has already been tried in a place other than MEXT.That is a project called "Future Classroom" promoted by the Ministry of Economy,Trade and Industry(METI).

The "Future Classroom" project is an experimental project that started in 2018,and aims to demonstrate new learning methods that utilize various EdTechs in an environment where every learner has an information terminal. EdTech is a coined word that is a combination of Education and Technology, and refers to various services that bring innovation to education through science and technology.As for EdTech itself,many companies have already proposed various types of educational packages utilizing ICT and many schools have adopted them for education.However,what makes the "Future Classroom" differ- ent from ordinary ICT–aided education is that it fundamentally changes the concept of conventional schools,maximizes individual abilities through individu- ally optimized education that no longer sticks to simultaneous lessons,and pro- motes STEAM education by removing the limits of subjects.Overwork of teachers is a serious problem in Japanese schools,but one of the features of this project is that teachers can boldly outsource the work they are currently doing so that they can concentrate on their educational activities.

A number of schools have already participated in the demonstration pro–

ject.In an initiative carried out by a junior high school in Tokyo, for example, they tried experimental lessons in which each student of the classroom uses his or her own terminal to proceed with individual learning.Teachers sometimes gives advice when asked.As a result, according to the principal, it took only one-fifth of the conventional study time for the students to master the same content.

In addition, one researcher participating in the "Future Classroom" project said, "It is unfortunate in Japan that there is only one type of school education. While some children cannot keep up with the lessons, other talented children get bored feeling that their lessons are too easy for them.The abilities of these gifted children cannot be developed by today's uniform school education.EdTech allows them to maximize their abilities."

It is unclear at this point how much the "Future Classroom" project will be accepted in Japan in the future.It is true that there are children who do not fit into the current school education framework, and if they can develop their talents through personalized learning, it can be said to be an education that creates great value.However, some people might feel uncomfortable with the sight of students gathering in the classroom and learning individually toward the terminal.If you eliminate the school building just because you can have dialogue through online communication, can you really say that it is a school or a class? School education is not just a learning activity, it also has an aspect as a place to cultivate sociality through interaction with friends and collaborative work in the classroom.There is also concern that the important aspect of human education may be neglected if we focus only on improving learning efficiency.In any case, I would like to keep an eye on this trend.

6. Problems of active learning type lessons

So far, after tracing the transition of mathematics education in Japan, I have described the educational reforms that Japan is currently aiming for, and the ideal form of education that should be aimed at in the near future. Japanese style of educational reform is not much different from the direction of other countries, but the key phrase in Japanese education is "proactive, interactive and deep learning", with which we are trying to break away from the trade-off between the level of academic content and the level of understanding of learners. Furthermore, with the progress of digitalization, "individually optimized learning" was proposed as another key phrase. It seems that we will aim to make these two key phrases compatible in the future.

In this section, I would like to consider what is needed to realize these key phrases in real classrooms.

Since the announcement of the new Course of Study, active learning type lessons have been practiced at schools all over Japan with the aim of "proactive, interactive, and deep learning." In mathematics, after the teacher presents a main problem, each student first tries to solve the problem, then two students next to each other exchange ideas in a pair learning, then a group of about four people exchange ideas in a group learning, and finally the students of the entire classroom share the ideas of the solution. Most classes are practicing the "solve together" style of lessons through such active learning methods of sharing ideas. ICT devices such as tablets may be used for this. Each student writes his/her ideas on the tablet, share them with each other's tablets, and the teacher gathers the ideas of the children in the class at hand.

In many cases, the main problem is taken from the textbook, and an interactive lesson is held for 45 minutes, but I feel that current style of lessons in Japan have problems in the following points.

- A lesson spends too much time on a simple problem.

- Problems are taken from textbooks or given by teachers and mostly have no connection with reality.

- The lesson format tends to be fixed and monotonous.

- Smart students lead the lesson and others are left behind.

I feel that some teachers are satisfied with only the format without achieving the original goals of "Everyone participates in learning on their own initiative" and "Think by oneself, listen to the ideas of others, and deepen understanding." In addition, it is not possible to reach the point where everyone in the class is active, and in many cases, some "smart children" eventually lead the lessons.

The "three elements of academic ability", the starting point of the current Course of Study, seek for abilities to find new challenges in the unpredictable future and to strongly tackle and solve complex problems in cooperation with others. With the typical but simple problems given by the textbooks, it seems difficult to reach "proactive, interactive and deep learning" even if the discussion learning can be fulfilled to some extent. Especially "deep learning" is difficult to reach.

I introduced the "Future Classroom" project of METI a little critically earlier, but even if the style of always studying alone toward the terminal is extreme, there is a reason to point out that there is a lot of wasted time in the simultaneous lessons and that such lessons are boring for gifted children. The children will acquire unprecedented power only when they collaboratively tackle problems that can never be solved without going through some complicated stages and work together to solve the problems by sharing various ideas.It is even better if the problem is created by the students.

If the current situation continues,advances in digitalized education can lead to a bipolarization in which highly comprehensible students go further through individual learning,and others spend their time on simple problems. That would not lead to "combining interactive learning with individually optimized learning."

7. Tips found in Japan of the Edo period

Surprisingly,hints for solving this situation can be found in Japan during the Edo period.The Edo period (1603–1868)is the last era of the samurai society before the establishment of Japan as a modern nation.It is a time period that almost coincides with the Qing dynasty in China.At that time,Japan adopted a seclusion policy and refused to interact with any other countries except China and the Netherlands.As a result,it is said that Japanese own culture such as ukiyo-e has flourished.

Under such circumstances,mathematics also developed uniquely to Japan and was called "Wasan = Japanese mathematics".The Edo period was also an era of commerce and so various calculations in social life were required.With the spread of abacus,even ordinary people became able to easily perform calculations,and mathematics spread rapidly."Terakoya schools",introduced in the overview of the history of mathematics education in Japan,were also private schools that were popular throughout the country during the Edo period,and calculation using the abacus was an important subject.And some of the people who finished Terakoya went to the "Mathematics Dojo = training schools of math" for further learning of mathematics.Mathematics dojos were everywhere in Japan and the number reached over 16,000 by the end of Edo period.Even farmers were enthusiastic about math,so it means that people of all levels were working on math learning throughout Japan.It is hard to imagine now.

By the way,"Wasan" at that time was divided into several schools,but in each school,as the academic growth of the disciples attending the dojo,various stages of licenses were granted from the master to the disciples.As a matter of course,the disciples who attended the math dojo had different abilities,ranging from those who aspired to be math researchers to those who just enjoyed puzzles.Surprisingly,however,when you look at the pictures of the mathematics dojo at that time,you can see that men and women of various statuses are gathering together to study.It depicts a scene in which men and women,samurai and peasants are all trying to improve their math skills regardless of their status or age.

This looks strange and impossible.It is usually not possible for people of different academic levels to learn together like it is impossible for students from the first grade of elementary school to the third grade of junior high school to study math together in the same room at school.It is even difficult for the next grades,the first and second grades of junior high school,to come together to study.

Then,how did the Edo Mathematics Dojo make it possible?

The first point is "learning at your own pace."

Of course,there was no ICT in the Edo period,but learning style at the mathematics dojo was like each person learned what he or she liked to learn according to his or her abilities.An alternative to the modern "AI drill" was "the Master's guidance." Occasionally,some influential persons among the disciples would have taken the place of the master.In any case,the mathematics dojo of the Edo period was a place where each person could learn at their own pace. This style is nothing but "individually optimized learning".

And the second point is "creating their own problems".Those who attended the dojo posted their own math problems on the bulletin board and asked for answers.On the other hand,those who solved the problems posted their own answers near the questions,and then the questioner scored the answers.When the problems contain mistakes,other disciples pointed it out.It is nothing but "proactive,interactive,and deep learning."

When a person was able to create a wonderful problem,he/she made a beautiful presentation of the problem or figure on a board and dedicated it to a temple or a shrine.This had the meaning of gratitude that "I created such a wonderful problem" and the meaning of an announcement to the public that " Please solve this problem".This is called "Sangaku(votive tablet depicting math problems)." Now it is said that hundreds of sangakus still remain as a proof that people of all over Japan enjoyed math in Edo period.

I think these two points can be solutions to the problems of active learning type lessons mentioned in the previous section.

8. Toward the realization of true "proactive,interactive and deep learning"

In Section 6,I introduced the problems of the current active learning type class as "the problems are too simple","the problems are given","the class style tends to be monotonous",and "the class with all participants is difficult." All of these problems can be solved by introducing the style of the Edo period mathematics dojo into modern school education.

Everyone becomes a "proactive learner"by learning what they like at their own pace.Also,since all the questions given are original questions created by someone,they can be seriously accepted as"our own problems"rather than"given problems".Sometimes it will be possible to create problems that are rooted in everyday life.

In addition,you must have a deeper understanding of what you are learning to create an original problem,and so you will be willing to explore the world of mathematics by yourself.This will soon lead to "deep learning" and,as a result,"too easy problems" will disappear.

Of course,if teachers simply tell the students to make their own problems, it is difficult to create totally new problems.At first,it would be a good practice to combine some existing problems to one or to change the conditions of the problems.

Two points to be introduced into math education at school

- Freely study at your own pace according to your abilities.
- Create a problem by yourself, publish it in the classroom, and solve each other.

In the above,I have considered the trends of educational reform in Japan now and in the near future and the problems hidden in them,and proposed two points as a solution by learning from Edo mathematics.It is impossible to foresee the future school education,but through these two activities,Japanese school education will be able to achieve both "proactive,interactive and deep learning" and "individually optimized learning".I hope that more and more young people will grow up with enough ability to strongly survive the future.

小学师生关系影响力与亲密度调查研究

汪昌华

合肥师范学院教师教育学院

摘要:近年来,有学者指出师生关系的疏离和破裂,是导致学生学业失败和学校教育危机的主要原因。小学阶段是师生关系的最初形成时期。本研究将借鉴人际交往行为模型（MITB）的思想, 修订与完善 Fisher 等编制的"教师互动问卷"(QTI),依据具体的教师人际交往行为,从亲密度和影响力两个维度,合作与对立、主导与从属四个向度,对小学师生关系的现状进行考察。调查结果表明,小学教师可敬可亲,师生关系的亲密度和影响力较高。其中,教师的领导力强,少有失控;教师的严格性中等,学生自主性不够;教师大多能理解学生,帮助学生,与学生友好相处,但也有不满与惩戒行为。

关键词:师生关系;影响力;亲密度

在政府或教育部门看来,师生关系是一种影响学生学习的"软角色",改革的重点应放在学生的学业成就上。[①]近年来,学校教育显示出学生在学业、社会认知、情感及行为上存有问题。不少学者指出师生关系的疏离和破裂,

---

① 　Bernstein-Yamashiro, B.Learning Relationships: Teacher-student Connections, Learning, and Identity in High School, *New Directions for Youth Development*, 2004, (103).

是导致学生学业失败和学校教育危机的主要原因。[①]联合国教科文组织就曾呼吁,"我们应该从根本上重新评价师生关系这个传统教育大厦的基石"[②]。

国外师生关系现状研究主要集中于伍贝斯(Wubbels)等对教师人际交往行为的研究。依据利里(Leary)关于人际交往的影响力和亲密性两个维度,伍贝斯编制出教师互动问卷(Questionnaire on Teacher Interaction,QTI)。[③]自此,在亚洲与西方的印度、韩国、新加坡、美国、澳大利亚等二十多个国家,对中学师生关系影响力与亲密性现状的研究迅速开展起来,但少有对中国的小学师生关系影响力与亲密性的研究。

小学阶段是师生关系的最初形成时期。本研究将借鉴人际交往行为模型(MITB)的思想,修订与完善 Fisher 等编制的"教师互动问卷"(QTI),依据具体的教师人际交往行为,从亲密度和影响力两个维度,合作与对立、主导与从属四个向度,对小学师生关系的现状进行考察。

一、研究方法

(一)调查工具

Fisher 的教师互动问卷中,每种教师交往行为包括 6 个具体行为表现,共 48 个条目。采用 5 点记分,"从不"到"总是"。本研究中问卷的形成,借鉴辛自强等翻译的该问卷中文版,[④]结合中国小学生情况对问卷进行修改和完善,采用回译策略。首先由第二作者心理学专家和英语专业人员进行翻译,其次

① Anderson,D.H.,Nelson,J.A.P.,Richardson,M.,Webb,N.,& Young,E.L.Using Dialogue Jouarnals to Strengthen the Student-teacher Relationship:A Comparative Case Study,*College Student Journal*,2011,45;Bernstein-Yamashiro,B.Learning Relationships:Teacher-student Connections,Learning,and Identity in High School,*New Directions for Youth Development*,2004,(103).

② UNESCO:《学会生存——教育世界的今天和明天》,教育科学出版社,1996 年,第 107 页。

③ Wubbels,T.,Creton,H.A.,Hooymayers,H.P.,Discipline problems of begin —ning teachers:Interactional teacher behavior mapped out,*Paper presented at the annual meeting of the American Association Research*,1985,April.

④ 辛自强、林崇德等:《教师互动问卷中文版的初步修订及应用》,《心理科学》,2000 年第 4 期。

由第三作者澳大利亚大学华人教授、教育学博士进行回译，最后对翻译不一致的内容由研究者组织讨论后达成一致性意见，并根据中国小学生情况进行修订与完善。

在安徽省合肥市 X 小学二至六年级各抽取一个班试测的基础上形成正式问卷，根据探索性因素分析的发现，删除负荷值过低的项目。对该问卷进行验证性因素分析，拟合指标为：$\chi2/df=3.01$，$RMSEA=0.05$，$NFI=0.90$，$CFI=0.91$，$GFI=0.90$。这些表明模型与数据拟合很好，问卷具有较好的结构效度。

(二)调查对象

采取随机整班抽样的方法，依据秦岭淮河一线划分中国南北，从安徽省北部阜阳市、淮北市和南部芜湖市、合肥市及其所辖县，抽取 16 所小学二至六年级 3435 名学生，有效问卷 3033 份，问卷有效率为 88.29%。其中，男性为 1539 人，占 50.7%；女性为 1494 人，占 49.3%。小学二年级为 89 人，占 2.9%；三年级为 768 人，占 25.3%；四年级为 802 人，占 26.4%；五年级为 723 人，占 23.8%；六年级为 651 人，占 21.5%。

(三)数据收集与处理

以班级为单位进行问卷调查的团体施测，采用 SPSS.17.0 进行数据录入、管理、质量审核和统计分析，予以单因素方差分析。

二、小学师生关系影响力与亲密度现状

(一)小学教师可敬可亲,师生关系的影响力和亲密度积极

依据具体的教师教学交往行为，从亲密度(Proximity)和影响力(Influence)2 个维度 8 种行为，调查了解小学师生关系影响力与亲密度的总体状况。调查结果显示，中国小学师生关系的影响力得分为 0.57，亲密度得分为

0.98。[①]这一结果表明中国小学师生关系积极,中国小学教师可敬可亲。

(二)小学师生关系影响力现状

1.教师教学交往的领导力较强

从教师教学交往行为的激情性、自信性、引导性、清晰度、洞察力、控制性六个条目对教师交往的领导力进行考察,结果表明,教师教学交往行为的领导力较高。其中,教师上课的自信性、引导性、清晰度、洞察力及控制性较强,教师激情相对不够。

2.教师教学交往的失控性较低,部分教师课堂失控

从教师教学交往行为的出错率、不连贯性、逻辑混乱性、管不住学生、不知所措、纪律乱等六个条目对教师交往的失控性进行考察。小学教师教学交往行为的失控性总体现状分值为1.73,这一结果表明,教师教学交往行为的失控性较低。其中,教师上课的不连贯性、出错率、逻辑混乱,以及学生的不遵守纪律等指标均较低。

3.教师教学交往的严格性一般

从教师教学交往行为的严格性、课堂安静、敬畏老师、课业严格、要求高、考试难六个条目对教师交往的严格性进行考察。结果表明,小学教师教学交往行为的严格性一般。其中,在教师上课保持安静严格性较高,上课严格性、课业严格要求尚可,要求不够高,考试难度较低。

4.教师教学交往的学生自主性不够

从教师教学交往行为的学生自行决定、尊重学生、学生自由时间、学生影响教师、学生做无关的事、学生表现六个条目对教师教学交往的学生自主性进行考察。结果表明,教师教学交往行为的学生自主性不够。其中,在教师教学交往中,教师较为尊重学生,给学生较多的表现机会,但是课堂学生

---

① 亲密度和影响力维度得分在 −3 和 +3 之间, 这个值表示主导对从属和合作对对立的得分,得分为 0,表示主导对从属和合作对对立的得分是相同的,得分在 0~0.5 表示中等积极,得分在 0.5~1表示积极,得分在 1 以上表示非常积极。

自行决定不够,学生自由的时间不够,学生较少能影响教师,较少能做无关的事。

(三)小学师生关系亲密度的现状

1.教师教学交往较能帮助学生,友好相处

从教师教学交往的帮助学生、友好性、信任度、幽默感、开玩笑、愉悦性六个条目对教师教学交往行为的帮助友好性进行考察。结果表明,小学教师教学交往较乐于帮助学生,对学生较为友好。其中,在教师教学交往中,教师大多能信任学生,帮助学生,对学生较为友好,师生交往愉悦,但教师的幽默感一般,不大开玩笑。

2.教师教学交往行为大多理解学生

从教师教学交往行为的信任学生、包容性、耐心、倾听学生、觉察性、理解性六个条目对教师教学交往行为的理解性进行考察。结果表明,小学教师教学交往行为大多表现出理解学生。具体表现为:在教师教学交往中,教师大多能倾听学生,敏锐地察觉学生,较为信任学生,对学生较有耐心,也能接受不同的意见。

3.教师教学交往较少惩戒学生

从教师教学交往行为的发火、爱生气、急躁、没耐心、责罚、嘲讽挖苦六个条目对教师教学交往行为的惩戒性进行考察。结果表明,小学教师教学交往较少惩戒学生。具体表现为,教师较少对学生发火、生气、急躁、没耐心,较少责罚和嘲讽挖苦学生。

4.教师教学交往较少有不满的学生

从教师教学交往中认为学生作弊、不懂、做不好、不满学生做无关的事、批评学生、教师不信任六个条目对教师教学交往行为的不满性进行考察。结果表明,小学教师教学交往较乐于帮助学生,对学生较为友好。其中,在教师教学交往中,教师教学交往较少有不满的学生,具体表现为教师较少认为学生作弊、不懂、认为学生做不好、不信任学生,一般也会批评学生,较为不满学生做无关的事。

三、小学师生关系影响力与亲密度的群体特征

对小学师生关系影响力和亲密度及其下属各指标,做学生性别、年级、班级组织地位等做差异分析,以了解小学师生关系影响力与亲密度的群体特征。

(一)小学师生关系影响力的群体特征

对小学师生关系影响力及其下属各指标,做学生性别、年级、城乡、家庭结构及教师任教学科等做差异分析,以了解小学师生关系影响力的群体特征。

1.小学师生关系影响力的学生性别差异

对小学师生关系影响力及其下属各指标,做性别差异分析,以了解小学不同性别学生师生关系影响力的群体特征。调查结果显示,小学师生关系影响力总体上性别差异不显著;教师对女生较多领导,较少失控;教师教学交往在严格性与学生自主性上性别差异不显著。

表1　小学师生关系影响力的性别差异(M±SD)

维度	总体	男	女	F
领导性	3.96 ± 0.82	3.93 ± 0.84	4.00 ± 0.80	7.56**
失控性	1.73 ± 0.78	1.78 ± 0.84	1.68 ± 0.72	11.77***
学生自主性	2.66 ± 0.88	2.65 ± 0.88	2.68 ± 0.87	2.78
严格性	3.10 ± 0.84	3.12 ± 0.87	3.07 ± 0.81	3.15
总体	0.59 ± 0.38	0.58 ± 0.39	0.57 ± 0.39	2.04

说明:*p<0.05;**p<0.01;***p<0.001

2.小学师生关系影响力的年级差异

对小学师生关系影响力及其下属各指标,做年级差异分析,以了解小学不同年级师生关系影响力的群体特征。调查结果显示,师生关系影响力六年级显著强于三、四、五年级;教师对二年级和六年级学生领导力较高,六年级失控性低于三、四、五年级;教师对六年级学生给予了更多的自主性,要求也更为严格。

表2　小学师生关系影响力的年级差异(M±SD)

维度	领导性	失控性	学生自主性	严格性	影响力
二年级	4.19 ± 0.75	1.63 ± 0.80	2.74 ± 0.73	3.20 ± 0.77	0.57 ± 0.29
三年级	3.91 ± 0.77	1.68 ± 0.79	2.61 ± 0.55	2.93 ± 0.88	0.54 ± 0.32
四年级	3.90 ± 0.75	1.81 ± 0.74	2.63 ± 0.54	3.10 ± 0.79	0.56 ± 0.34
五年级	3.89 ± 0.93	1.81 ± 0.88	2.65 ± 0.55	3.08 ± 0.80	0.52 ± 0.52
六年级	4.15 ± 0.64	1.62 ± 0.58	2.76 ± 0.49	3.30 ± 0.73	0.66 ± 0.31
总体	3.96 ± 0.79	1.73 ± 0.76	2.66 ± 0.54	3.10 ± 0.81	0.57 ± 0.38
F	14.66***	11.12***	7.93***	18.63***	12.82***
LSD	26>345	6<45	6>345	6>345	6>345

注:2:二年级 3:三年级;4:四年级;5:五年级;6:六年级
说明:*p<0.05;**p<0.01;***p<0.001

3.小学师生关系影响力的学生班级组织地位差异

对小学师生关系影响力及其下属各指标,做班级组织地位差异分析,以了解小学班级干部与普通学生的师生关系影响力的群体特征。调查结果显示,小学班级干部师生关系影响力强于普通学生;教师对班级干部的领导力较强,失控性较低;教师给予班级干部更多自主性,班级干部与普通同学要求的严格性没有差异。

表3 小学师生关系影响力的班级组织地位差异（M±SD）

维度	领导性	失控性	学生自主性	严格性	影响力
班级干部	4.10±0.76	1.66±0.71	2.71±0.51	3.11±0.80	0.61±0.38
普通学生	3.86±0.81	1.79±0.80	2.62±0.58	2.09±0.82	0.54±0.39
总数	3.96±0.79	1.73±0.76	2.66±0.54	3.10±0.81	0.57±0.38
F	71.92***	21.46***	20.70***	0.57	20.97***

说明：*p<0.05；**p<0.01；***p<0.001

（二）小学师生关系亲密度的群体差异

对小学师生关系亲密度及其下属各指标，做性别、年级、城乡、家庭结构等差异分析，以了解小学师生关系亲密度的群体特征。

1.小学师生关系亲密度的性别差异

对小学师生关系亲密度及其下属各指标，做性别差异分析，以了解小学男女生师生关系亲密度的群体特征。小学女生师生关系亲密度较高；教师对女生乐于帮助与理解，友好相处；教师对女生较少惩戒与不满。

表4 小学师生关系亲密度的性别差异

维度	帮助友好性	理解性	惩戒性	不满性	亲密度
男	3.66±0.94	3.80±1.33	1.93±0.82	2.27±0.87	0.91±0.72
女	3.81±0.88	3.96±0.81	1.81±0.75	2.16±0.81	1.06±0.71
总数	3.74±0.92	3.88±1.11	1.87±0.80	2.22±0.84	0.98±0.71
F	21.15***	25.80***	16.08***	16.08***	32.46***

说明：* p<0.05；** p<0.01；*** p<0.001

2.小学师生关系亲密度的年级差异

对小学师生关系亲密度及其下属各指标，做年级差异分析，以了解小学不同年级师生关系亲密度的群体特征。调查结果显示，小学六年级师生关系亲密度最高，二年级最低；随年级增长，教师教学交往更为友好，给予学生更多的帮助；教师交往对高年级学生比中年级表现出更多的理解；教师对二年级学生惩戒最多,对六年级学生惩戒最少;教师交往行为对二年级学生表现出最多的不满。

表5 小学师生关系亲密度的年级差异(M±SD)

维度	帮助友好性	理解性	惩戒性	不满性	亲密度
二年级	3.26 ± 0.78	3.95 ± 1.02	2.03 ± 0.87	2.65 ± 0.76	0.78 ± 0.64
三年级	3.56 ± 0.87	3.78 ± 0.84	1.87 ± 0.87	2.16 ± 0.86	0.94 ± 0.67
四年级	3.71 ± 0.90	3.77 ± 0.81	1.94 ± 0.82	2.20 ± 0.79	0.92 ± 0.71
五年级	3.78 ± 0.95	3.95 ± 0.84	1.87 ± 0.75	2.25 ± 0.86	0.99 ± 0.76
六年级	4.00 ± 0.8	4.04 ± 0.77	1.77 ± 0.77	2.23 ± 0.76	1.12 ± 0.67
总体	3.73 ± 0.84	3.88 ± 0.84	1.87 ± 0.78	2.22 ± 0.81	0.98 ± 0.72
F	28.85***	14.58***	5.49***	7.49***	9.93***
LSD	6>5>4>3>2	34<56	2>345>6	2>3456	6>345>2

注:2:二年级 3:三年级;4:四年级;5:五年级;6:六年级
说明:*p<0.05;**p<0.01;***p<0.001

3.小学师生关系亲密度的班级组织地位差异

对小学师生关系亲密度及其下属各指标,做班级组织地位差异分析,以了解小学班级干部与普通学生的师生关系亲密度的群体特征。调查结果显示:小学班级干部师生关系更为亲密;教师对班级干部更为友好,给予他们更多的理解与帮助;教师对班级干部教学交往表现出更少的惩戒与不满。

表6 小学师生关系亲密度的班级组织地位差异(M±SD)

维度	帮助友好性	理解性	惩戒性	不满性	亲密度
班级干部	3.90 ± 0.89	4.05 ± 1.02	1.79 ± 0.74	2.16 ± 0.72	1.12 ± 0.70
普通学生	3.62 ± 0.87	3.74 ± 0.84	1.93 ± 0.81	2.27 ± 0.79	0.88 ± 0.70
总数	3.73 ± 0.84	3.88 ± 0.84	1.87 ± 0.78	2.22 ± 0.81	0.98 ± 0.72
F	73.45***	105.99***	23.64***	13.64***	82.47***

说明:*p<0.05;**p<0.01;***p<0.001

本研究全面调查小学师生关系影响力、亲密度的现状及其群体特征,以期为评估与干预教师亲切性与师生关系提供事实依据,为建构亲密和谐的师生关系提供新思路。

自我决定视角下乡村小学教师心理资本的有效建构

党峥峥 刘文 孙淼

宿迁学院教师教育学院教育系

摘要:通过调查发现,乡村小学教师心理资本存在问题为乡村小学教师对专业提升空间的期望值小,对学生原有基础的承受度低,对硬性教学安排的失落感多,对群体孤立备课的悲观度高。其原因是乡村小学教师在专业发展中存在深度自卑,在社会比较中获得身份偏差,在日常教学中体验高频失败,在单一环境中出现认同危机。自我决定视角下乡村小学教师心理资本的建构方法有:确定个体目标与关系目标,促进乡村小学教师的希望与感恩;坚持兴趣流畅与任务完整,增进乡村小学教师的坚忍与情商;创造成功体验与同行学习,平衡乡村小学教师的自信与自谦;参加志愿活动与受助交谈,激发乡村小学教师的乐观与利他。

关键词:自我决定;乡村小学教师;心理资本

心理资本是个体具有的一种积极的心理发展状态,包括效能、乐观、希望、韧性四个主要特征。[1]乡村小学教师心理资本指在乡村教育中,小学教师面对生活环境与教育环境中的变化与挫折时所表现出来的积极解决问题的

---

① Luthans F, Avolio B J, Avey J B, et al.Positive psychological capital:Measurement and relationship with performance and satisfaction,*Personnel Psychology*, 2007,60(3).

能力。心理资本对教师职业倦怠有防护作用。[①]而自我决定理论认为个体的内部自主、胜任和关系三种基本心理需要是个体保持心理健康、成长和发展的必要条件;[②]社会的外部情境因素对个体基本心理需要的满足,能提升员工幸福感。[③]故从自我决定的视角,尝试对乡村小学教师心理资本进行建构,有助于提高其自身的专业应变、平衡环境的能力。

一、乡村小学教师心理资本现状

采用吴伟炯(2011)编制的《中小学教师心理资本量表》,共有 32 个题项,包括 8 个维度:希望、乐观、坚忍、自信、自谦、感恩、利他、情商,5 点计分(从"1=非常不同意"到"5=非常同意"),均为正向计分,得分越高,代表积极生命意义感越强。[④]在本研究中,该量表的 Cronbach 系数 α 为 0.96。在江苏省各地区,研究者对 329 名乡村小学教师就心理资本的因子展开调查。

(一)乡村小学教师心理资本的描述分析

心理资本的均值、标准差分别为 4.28、0.56,即处于[3.72,4.84]之间。希望、乐观、坚忍、自信、自谦、感恩、利他、情商的区间分别为[3.28,4.68]、[3.51,4.93]、[3.46,4.90]、[3.64,4.92]、[3.88,5.00]、[3.57,5.43]、[3.82,5.06]、[3.55,4.87],均在均值以上,表明心理资本总体与各部分都超出平均值(见表 1)。

---

① Zhang, Y., Zhang, S.& Hua, W.The Impact of Psychological Capital and Occupational Stress on Teacher Burnout: Mediating Role of Coping Styles, *Asia-Pacific Edu Res*, 2019(28).

② Ryan, R. M., & Deci, E.L., *Self-determination theory.Basic psychological needs in motivation, development and wellness*, Guilford Press, 2017.

③ Deci, E.L., Olafsen, A.H., Ryan, R.M..Self-determination Theory in Work Organizations: The State of a Science, *Annual Review of Organizational Psychology and Organizational Behavior*, 2017(1).

④ 吴伟炯:《中小学教师心理资本及其相关因素研究》,广州大学博士学位论文,2011 年。

表1　乡村小学教师心理资本总体与各因子情况

心理维度	心理资本	希望	乐观	坚忍	自信	自谦	感恩	利他	情商
M	4.28	3.98	4.22	4.18	4.28	4.46	4.50	4.44	4.21
SD	0.56	0.70	0.71	0.72	0.64	0.58	0.93	0.62	0.66

(二)乡村小学教师心理资本的差异分析

1.乡村小学教师心理资本的性别差异

对不同性别的乡村小学教师心理资本及其希望、乐观、坚忍、自信、自谦、感恩、利他、情商 8 个因子进行独立样本 T 检验,只有坚忍有显著差异,乡村小学男教师比女教师的坚忍程度高(见表 2)。

表2　乡村小学教师坚忍的性别差异

心理维度	性别	N	M	SD	P
坚忍	男	94	4.39	0.68	0.001
	女	234	4.10	0.72	

2.乡村小学教师心理资本的教龄差异

对不同教龄的乡村小学教师心理资本及其希望、乐观、坚忍、自信、自谦、感恩、利他、情商 8 个因子进行方差分析,只有坚忍有显著差异;经事后检验发现,教龄 1~2 年与 20 年、3~5 年与 20 年、6~10 年与 11~15 年、11~15 年与 20 年以上的坚忍水平有显著差异;教龄在 6~10 年的乡村小学教师其坚忍程度最高,之后有所下降,在工作 16 年以后,重新保持较高程度(见表 3)。

表3　乡村小学教师坚忍的教龄差异

心理维度	教龄	N	M	SD	P
坚忍	1~2年	54	4.05	0.76	0.015
	3~5年	48	4.03	0.73	
	6~10年	22	4.38	0.61	
	11~15年	57	4.01	0.76	
	16~20年	41	4.30	0.84	
	20年以上	107	4.32	0.62	

3.乡村小学教师心理资本的年龄差异

对不同年龄的乡村小学教师心理资本及其希望、乐观、坚忍、自信、自谦、感恩、利他、情商 8 个因子进行方差分析,只有利他有显著差异;经事后检验发现,年龄 25 岁以下与 35 岁~45 岁、25 岁以下与 45 岁以上、25 岁~35 岁与 45 岁以上的利他水平有显著差异;乡村小学教师的年龄越大,利他程度相对越高(见表4)。

表4 乡村小学教师利他的年龄差异

心理维度	年龄	N	M	SD	P
利他	25岁以下	32	4.18	0.80	0.013
	25岁~35岁	118	4.40	0.57	
	35岁~45岁	102	4.46	0.65	
	45岁以上	77	4.59	0.54	

4.乡村小学教师心理资本的编制身份差异

对不同编制身份的乡村小学教师心理资本及其希望、乐观、坚忍、自信、自谦、感恩、利他、情商 8 个因子进行方差分析,只有情商有显著差异,乡村小学非在编教师比在编教师的情商程度高(见表5)。

表5 乡村小学教师情商的编制身份差异

心理维度	编制身份	N	M	SD	P
情商	非在编	80	4.37	0.51	0.027
	在编	248	4.25	0.57	

5.乡村小学教师心理资本的婚否差异

对不同婚姻状况的乡村小学教师心理资本及其希望、乐观、坚忍、自信、自谦、感恩、利他、情商 8 个因子进行方差分析,心理资本及其希望、乐观、坚忍、利他有显著差异;经事后检验发现,未婚与已婚有显著差异且已婚者比未婚者的心理资本及其希望、乐观、坚忍、利他程度高(见表6)。

表6　乡村小学教师心理资本及其因子的婚否差异

心理维度	婚否	N	M	SD	P
心理资本	未婚	72	4.13	0.52	0.026
	已婚	254	4.32	0.56	
	离异	3	4.55	0.50	
希望	未婚	72	3.77	0.67	0.011
	已婚	254	4.04	0.70	
	离异	3	4.33	0.38	
乐观	未婚	72	4.02	0.74	0.021
	已婚	254	4.27	0.70	
	离异	3	4.67	0.58	
坚忍	未婚	72	3.95	0.78	0.011
	已婚	254	4.24	0.70	
	离异	3	4.33	0.58	
利他	未婚	72	4.27	0.67	0.033
	已婚	254	4.49	0.60	
	离异	3	4.58	0.52	

二、乡村小学教师心理资本存在问题

通过乡村小学教师心理资本现状的问卷调查发现：乡村小学男教师的坚忍程度比女性高，教龄的增加与教师的坚忍成正比，年龄与利他行为成正比，编制对提高心理资本的作用不大，婚姻有助于保持心理资本及其希望、乐观、坚忍与利他的程度。同时为了排除社会期待效应，获得数据之外的真实信息，研究者对50名中小学一线教师及所教学生进行心理访谈，发现目前部分乡村小学教师心理资本缺失表现为以下四个方面。

（一）乡村小学教师对专业提升空间的期望值小

自从《乡村教师支持计划》实施以来，相比城市教师，乡村教师总体师生比要高，但乡村学生较少、年级与城市一样，促使乡村小学教师负担的班级和年级多，实际教学资源不足，不能完全按照专科路线实施教学，需要准备的教学科目比城市小学教师多。每门学科教学都有学科特点，专科教育培养的小学教师不能完全胜任乡村学校的多科教学要求，但已尽心尽力完成基本的教学任务。同时乡村小学生多为心理层面的留守儿童，平时没有足够有效的时间和父母交流，会出现行为、心理与学习问题，所以乡村小学教师除了日常多科教学，还要负责这些学生的行为矫正或心理疏导，纠正不良习惯、改善心理问题、辅助知识点并查缺补漏。这些事情需要乡村小学教师持续化的系统教育，会占去乡村小学教师较多的课堂与课余时间。研究表明，乡村小学教师主动进修意识薄弱。[1]忙于对多门学科、多个年级教学与对不同小学生进行谈心或多次教育的乡村小学教师，主要精力放在情景化的教学任务与阶段性的教育目标，没有多余时间用来考虑个人的职业发展与长远的专业目标，对专业提升空间的期望值小。

（二）乡村小学教师对学生原有基础的承受度低

乡村小学教师的特点为，有经验的教师会遵循教育规律，更多考虑整节课、整个学期与学生的学习阶段，总希望学生能随着教育步骤而水到渠成，对学生的成就期待较高；年轻的教师对教育过程充满热情，希望学生也认真听讲，配合教师的付出，能及时对教师的教学或教育行动做出有效反馈，对学生的理解期待较高。而乡村小学生的特点是，习惯了放养模式，在家缺乏有效的自我管理能力，在学校没有感受到老师及时的积极影响，情境性的学

---

① 李宜江、吴双：《乡村小学教师专业发展支持服务体系的现状、问题及对策——基于安徽省Q县的调查分析》，《当代教育与文化》，2020年第5期。

习动机弱,到了高年级表现出知识基础薄弱。乡村小学教师遇到贪玩、厌学的小学生,大量的教学付出得不到学生的积极回应,不能变成学生的良好品行,换不来良好的学习成绩。没有精神回报,年长的乡村小学教师倍感坚守乡村教育的无奈,年轻的乡村小学教师则感慨坚持一腔热血的无助。乡村小学教师心理资本不足,就会忽视学生的学习状态即参与学习时的注意状态、动机状态以及情绪状态等,[①]表现为不愿承认乡村小学生由多种原因导致的个体差异,对学生原有基础的承受度低。

(三)乡村小学教师对硬性教学安排的失落感多

乡村学校地处偏远,具有学校教师数量少、教学科目不齐全、教学任务多、学生心理差异大等特点。乡村小学教师所负担的实际任务包括日常教学、日常管理、日常学习、日常整理等任务,内容量相比城市小学教师多。其日常教学工作为主科教学、副科教学与不同年级的教学,他们尽力增加学生在校上课时的理解程度,促使学生在校完成作业并进行批改,同时需要对不同班级做出针对性的备课。其日常管理工作为维持学生在校安全、学习状态与课堂秩序,课间、放学后防止低年级学生被欺负与防止高年级学生打架斗殴。其日常学习工作为对上级下发的国家级、省级、市级、县级等政策性文件、理论书籍、教育视频、示范课程等学习材料做好阅读、观看、记录,并将学习痕迹上交校级或以上部门。其日常整理工作为根据校内各级领导指示,做好在线表格填写与纸质表格的整理。年长的乡村小学教师感到信息技术的不足,年轻的乡村小学教师则烦躁感、失落感颇多。乡村小学教师教学胜任力总体状况不够理想,知识素养和自我特性偏弱。[②]

① 杨金凤:《"社会文化—知识"理论视角下乡村小学生学习状态研究》,西南大学,2017。
② 何齐宗、康琼:《乡村小学教师教学胜任力的现状、问题与对策——基于江西省的调查分析》,《中国教育学刊》,2021 年第 3 期。

(四)乡村小学教师对群体孤立备课的悲观度高

与城市小学教师相比,乡村小学教师集体备课的条件不充分。另外,乡村教师对集体备课的认同感有待提高。[①]从实际办公条件来看,国家投入大量资金用于乡村振兴,乡村学校的环境得到有效改善,乡村小学教师已具有相对舒适的办公室。从教师人数来看,乡村小学教师身兼数职,难以找到固定的工作日用于集体备课与共同讨论。从教师年龄来看,乡村小学教师以年长教师与年轻教师居多,缺乏中间力量;年长教师身体健康程度不如年轻人,而且教书时间长,对基本的知识点几乎烂熟于心,不再期待集体备课;年轻教师不仅需要上多门课程,还要兼任班主任,工作日任务基本围绕备课、上课、维持纪律、批改作业、填写各种工作表格、联系家长等这些事物来进行。从教师共同时间来看,老一代乡村小学教师下班有时间,但无集体备课的愿望;而新一代乡村小学教师基本都选择工作后在城市买房,过着白天在乡村教书、夜晚在城市休息的生活,需要集体备课但缺乏可操作性的周期性时间。乡村小学教师大多抽各自有空的时间独立备课,对群体孤立备课的悲观度高。

三、乡村教师心理资本缺失原因

通过调查法,发现乡村教师心理资本缺失状况背后的可能原因如下:

(一)乡村小学教师在专业发展中存在深度自卑

乡村教师作为乡村文化的继承者与传递者,却由于客观与主观两方面的原因,陷入了观念、知识以及能力自卑的困境之中。[②]乡村小学教师自卑的

---

① 李兰:《乡村小学教师集体备课的现状研究——以天水市 Q 县 L 教育园区为例》,天水师范学院硕士学位论文,2017 年。
② 李洋洋:《乡村教师自信特质的缺失与建构》,《中国成人教育》,2019 年第 6 期。

三个表现为：苦于现状、逃避困难、自感较差。城镇化建设以来，乡村地区人口骤减，学生流动性大，剩下的乡村小学生数量少，且分布在各个年级，乡村地区教育对象的这种变化注定乡村小学教师进行多学科教学的概率比较大。在职业发展中存在的苦于现状导致乡村小学教师面对复杂多变的教学任务时想要成功应对又缺乏挑战动机，被动应对日常具体性课务，不求长远个人发展。同时，乡村小学生低年级行为问题多、中年级具有良好学习习惯的少、高年级心理不适多，部分对职业发展持有逃避性动机的乡村小学教师，在面对不同年龄、不同年级的学生时，不能根据实际情况随机应变做出判断，最终运用教学机智有效解决问题的概率也低。加上乡村教师只在小范围内或小群体中比较适用的较为单一的手段或方法，处理多种教学问题与各种教育问题，感受更多的是来自教书育人过程中的无力感与教学管理过程中的迷茫感。乡村小学教师在专业发展中存在的深度自卑，导致乡村小学教师对专业提升空间的期望值小。

（二）乡村小学教师在社会比较中获得身份偏差

单向流动加剧，学校管理缺位的问题[①]得到部分解决，因为轮岗、教学等多种交流形式，让乡村小学教师有更多机会走出乡村参加专业学习、参与城市教学，也让城市小学教师有机会走进乡村感受乡土、体验教学。城乡教育差异在缩小，乡村小学教师在社会比较中获得了尊重、认同，也产生了环境身份偏差、职业身份偏差、实际身份偏差。在大教育环境趋同下，社会倡导尊师重教的同时也要求教师服务于学生，乡村小学教师在教育学生时，会期待学生也能时刻尊重自己的劳动成果但又不能做到真正以学生为本。职业要求乡村小学教师无私奉献管好学生，同时也采用物质奖惩对其教学结果进行直接评价，相对应的，乡村小学教师也会采用统一标准对学生的进步、成

---

① 张可欣：《新生代乡村教师身份认同的困境及对策研究——基于 L 区的调查》，湖北师范大学硕士学位论文，2021 年。

绩、名次等进行评价,鉴定学习效果与教学效果,不能完全做到既接纳学生的进步过程又欣赏学生的平凡表现。乡村小学教师通过树立教师威信来促使学生遵守课堂秩序,同时又期待教师能走进学生心里,不能较好地平衡教育界限与热爱学生的关系。这些偏差带来的分裂感,让乡村小学教师更在乎学生的学习成绩,对其原有基础的承受度低。

(三)乡村小学教师在日常教学中体验高频失败

繁多的客观事件不会直接影响乡村小学教师的心理资本,但在应对不可控的外界之前,乡村小学教师内在的自我心理建设系统的坚固性,却会直接影响其心理资本。乡村小学教师的自我行为较少,更多的是在教育教学环境下的职业行为,受外界环境的影响、受人与环境相互作用的影响都很大。首先,乡村小学教师短时间内力量有限,在承接各种任务时会出现受时间限制带来的无能为力,感受失败。其次,乡村小学教师之间会相互比较,同行的失败与无助也会相互感染。再次,为了提升乡村小学教师的心理健康建设,仅仅提供讲座、培训等启动视觉、听觉的方式进行说服,不能完全促进其解决问题的能力。最后,当日常教学中加进很多额外任务时,会加重乡村小学教师的认知冲突,他们一方面觉得要做好各项工作,另一方面在面对工作压力时感到无助而心生放弃,导致负面情绪得不到有效梳理。有一些乡村小学教师会采取被迫遵从、表面应付的抵制和反抗策略。[①]但也挡不住积累的负担,这最终会让乡村小学教师在日常教学与额外活动的循环中体验高频失败,影响自我价值。

(四)乡村小学教师在单一环境中出现认同危机

乡村教师对群体孤立备课悲观程度高的重要原因是,乡村小学教师在单一环境中容易出现认同危机。没有合适的参照物,乡村小学教师容易在匮乏

---

① 王德胜:《乡村教师如何回应教育改革:一项个案研究》,华东师范大学硕士学位论文,2018 年。

的环境中迷失自己。在调查中发现，找不到合适的人交流，年轻的乡村小学教师只能将空余时间放在网络上，选择与陌生人进行交流，来感受自己作为一名真实人的存在。目前在现实生活中，乡村小学教师与周围环境处于绝缘或隔离状态。一是与当地乡村居民、文化绝缘，除了学生家长，几乎不与当地人沟通，也不被当地人所重视。二是习得的专业理念与当地同行存在一定的差距，不能彼此分享、渗透专业理念，最终缺乏实质性的专业切磋。大多数乡村小学教师在当地的唯一亲密联系是与学生的关系。在师生关系中可获得有效、稳定的教师身份认同，所以乡村小学教师非常在乎学生是否理解了老师，是否理解了老师所讲的知识点。但是因为学生耳濡目染了当地的文化氛围、风土气息，其语言体系、理解模式都是在乡土文化中的自然产物。所以当乡村小学教师试图通过师范所学来直接影响学生时，发现并不被完全理解。教学经验缺乏和心理调适能力不足等原因使其无法基于教学的文化实践属性有效地改进教学，最终影响身份认同。[①]

四、自我决定视角下乡村小学教师心理资本的建构方法

目前与城市教师相比，乡村小学教师心理资本的特点为依附于乡村学生的学业成就，具有较强的关系性、情境性、互动性与社会性。因此从自我决定义出发，结合乡村小学教师心理资本的四个特性，提出乡村小学教师心理资本的建构方法，有助于从根本上赋予乡村小学教师更多的积极力量。

(一)确定个体目标与关系目标，促进乡村小学教师的希望与感恩

从定义可推测，自我决定理论重视自主与关系的平衡。据此，乡村小学教师需要在清晰教书育人的现状之后，做出适中水平的准备，以确保有足够

---

① 　吴凯欣、毛菊、张斯雷:《学校·乡村·日常生活:"城市型"新生代乡村教师身份认同危机与纾解》,《当代教育科学》,2021 年第 9 期。

的激情、动力实现教育目标。乡村小学教师的目标分三类:生活目标、个体目标与关系目标。生活目标指能够经常照顾家人并完成养育孩子的过程性陪伴,其明确、清晰的过程能促进个体安定感。个体目标指不安于现状,能从现实情境中找到职业进步的出发点,对每日的教育做出及时反思与自我反馈,在育人的过程中育己,并获得与之相匹配的职称,其确立、实现的过程能促进个体成就感。关系目标指用心观察学生的学习与各方面闪光点、问题点,通过经验观察与实践尝试,按部就班地提升学生人格魅力并促进学生学业进步,其发掘、完成的过程能促进群体归属感。所以要用有保障的物质条件留住乡村教师的人和心,使其能够安心从教,执着奉献于乡村基础教育事业,贡献于乡村振兴战略。①心理资本(自我效能、乐观、希望和弹性)对工作结果的影响不大,但对可能的间接过程却不容忽视。②在感受生活价值、完成个人价值的过程中实现关系价值,乡村小学教师能感受到来自教育大环境的认可,迸发出对未来更多的自信与希望;同时被家人理解、被学生尊敬的感觉,会转化为更多力量。

(二)坚持兴趣流畅与任务完整,增进乡村小学教师的坚忍与情商

环境身份偏差、职业身份偏差、实际身份偏差的本质是乡村小学教师暂时不能较好地处理好本我与超我之间的关系,缺乏教师自我意识。此外有关于师德不良的妖魔化形象、穷酸落魄的悲情化形象、伤痕累累的牺牲者形象三类乡村教师污名化媒介镜像。③乡村小学教师为了应对外界环境给予的无形压力,更要强大自我意识。因为在学校的自我心理承受力与幸福感结果有关。④所

---

① 陈鹏、李莹:《全面乡村振兴视域下乡村基础教育的新认识与新定位》,《陕西师范大学学报》(哲学社会科学版),2021 年第 5 期。

② Siu,O.L.,Lo,B.C.Y.,Ng,T.K.et al.,Social support and student outcomes:The mediating roles of psychological capital,study engagement,and problem-focused coping,*Curr Psychol*,2021.

③ 谷亚、肖正德:《乡村教师的污名化媒介镜像:何以建构与如何解构》,《当代教育论坛》,2021 年第 3 期。

④ King,R.B.,Caleon,I.S.School Psychological Capital:Instrument Development,Validation,and Prediction,*Child Ind Res*,2021(14).

以,首先乡村小学教师要培养一些与教书育人本身相关度低的、能保持身体健康的业余兴趣,来平衡工作期间的职业负担,及时排解在教育教学中积攒的不良情绪;为了让业余兴趣能持续性地辅助教学工作,可坚持兴趣的流畅度,即定时定点体验兴趣的存在,定量定质完全泡在兴趣中,形成沉浸式体验的习惯。其次乡村小学教师在教学任务中,为了保持高质量的注意力分配,在完成备课、上课、批改作业、个别谈话等这些重要任务时要保持完成时间的纯净性与完整性,即心无杂念地做一件事,执行完一项任务再执行另一项,以此来培养教育学生时的耐心,确保训练教学过程中的高质量秩序。以此来获得强大的自我意识,增进乡村小学教师的坚忍与情商。

(三)创造成功体验与同行学习,平衡乡村小学教师的自信与自谦

从自我决定的视角出发,乡村小学教师需要从自身做起,重建自我价值感。不在有限的时间内做无限的事情,而在宝贵的时间内做重要的事情。一方面,在岗期间,明确教师的硬性教学任务,先调查并整理所负责班级学生的全部情况并留档保存,筛选出一些明显会影响自己或他人的学生进行个别谈话,建立其各方面进步的关键点,让学生感受到教师的负责态度,再鼓励其认真听课,通过小组活动、课间活动来观察学生的变化,通过单元小测试来检验学生的习得情况,对取得进步的学生及时鼓励,对暂时还落后的学生提出可行的建议。不断为学生创造成功体验,会让学生逐渐建立起来自学习的自信与对同伴的信任,乡村小学教师也会收获来自教学与教育的自信。另一方面,乡村小学教师需要充分发挥环境中的影响力,在关注自我发展的同时,也要关心同事的表现。对于不如自己的同事,可以分享经验、故事或心得;对于比自己某一方面做的好的同事,可以虚心求教。用朴实的积极表现来呈现乡村小学教师的自谦。同时需要政府利用专用通道与同步课堂驱动的智力资源共享模式、"互联网+"师范院校智力资源共享模式、校企智力资源协同教学模式以及大平台支持的智力资源服务生态建设的途径,以破解乡村教师结构

性缺员的问题。①校长和教育官员的服务式领导模式,可培养辅助教师的心理资本。②获得有效社会支持的乡村小学教师,能感知更多自信心。

(四)参加志愿活动与受助交谈,激发乡村小学教师的乐观与利他

教师的工作场所幸福的主要支柱是实现目标、得到反馈并找到有意义的工作和社会关系。③除了重点加强教师综合待遇、编制、职称、培养、培训等政策制度的创新和完善外,④还需要在环境与关系中建立乡村小学教师的职业认同感,促进其产生更多积极的心理品质。受访的乡村小学教师中,对生命乐观、对工作坦然的教师大多属于社会型教师。这些乡村小学教师即使很累,也不满足于当下单调的教学任务。他们会通过业余的服务型活动或志愿活动来拓展自我力量的影响范围,去了解不同的世界、欣赏相异的人群,也被外部环境所接纳、被他人所认可。另外,他们还会在遇到挫折时主动寻求外界的帮助,在别人需要帮助时也会做一些力所能及的小事,在帮助与被帮助的关系中寻求彼此的意义感,感受整个世界的美好。所以与其他职业一样,乡村小学教师的世界也有很多未知之处,在没有审视到位之前,不能感知其闪光点。可通过一些活动,与不同人建立学习关系,感受对方的人格魅力、专业智慧、技术方法,日积月累,汇聚成丰厚的精神财富,变成强大的自我综合实力,能熟练发挥自我决定的优势,内塑实力,外促能力,用激发出来的乐观与利他品质去影响周围更多的人群与学生。

---

① 郭绍青、雷虹:《技术赋能乡村教师队伍建设》,《中国电化教育》,2021 年第 4 期。
② Clarence, M., Devassy, V.P., Jena, L.K.et al., The effect of servant leadership on ad hoc schoolteachers' affective commitment and psychological well-being:The mediating role of psychological capital, Int Rev Educ, 2021(67).
③ Kun, A., Gadanecz, P.Workplace happiness, well-being and their relationship with psychological capital:A study of Hungarian Teachers, Curr Psychol, 2019.
④ 庞丽娟、金志峰、杨小敏、王红蕾:《完善教师队伍建设 助力乡村振兴战略——制度思考和政策建议》,《北京师范大学学报》(社会科学版),2020 年第 6 期。

从实践性知识反思教师教育课程改革

——基于师范生教学视频的实证研究

魏戈

首都师范大学初等教育学院

吕雪晗

浙江大学教育学院

摘要：实践性知识是教师专业发展的重要知识基础，职前教育阶段培养师范生的实践性知识对其未来入职适应起到奠基作用。通过收集66名不同学科专业师范生的教学视频，以实践性知识的表征作为分析单位，建立编码表并赋值分析，捕捉师范生具备的实践性知识样态。研究发现，当前师范生在教学活动中的实践性知识存在表征断层和教学刻板化问题。基于实证研究的数据反思教师教育课程，研究建议不仅要在课程中加大实践比例并变革教学方法，促使师范教育聚焦教育实践，还应逐步培养师范生的跨学科意识并引导其选择兼教课程，进一步落实教师教育课程改革的实践导向。

关键词：实践性知识；视频分析；师范生；知识表征；教师教育课程

教师教育课程改革是教育体制改革的母机，优秀的师资队伍是教育公平与质量的重要保证。《教师教育课程标准（试行）》中明确指出，以"育人为本、实践取向、终身学习"作为教师教育课程的核心理念，通过优化教师教育课程结构、强化教育实践环节，提高师范生实践能力，使其成为反思性实践者。①以实践取向引领教师教育课程改革,关键在于培养师范生的实践性知识。实践性知识是教师对自己的教育教学经验进行反思和提炼后形成,并通过自身行动做出来的对教育教学的认识。②现有研究对在职教师(特别是有经验教师)的实践性知识探讨颇为丰富,但对职前教师的关注较少。只有抓住师范生实践性知识的实然状态,才能为实践取向的教师教育课程改革提供精准的建议。为此,本研究以不同学科专业师范生在实习期间录制的教学视频为一手素材,通过视频分析法探究师范生实践性知识的实然状态,力图回答:师范生实践性知识在真实教学情境中的表征情况如何? 不同学科专业的师范生实践性知识表征有何差异及其产生原因为何?

一、师范生实践性知识表征

艾克森和基恩(Eysenck& Keane)指出,表征是在实物不在的情况下指代这一实物的任何符号或符号集。③"知识表征"就是使用这些符号对知识进行的指代。实践性知识作为一类特殊的知识,缄默性和内隐性使其内嵌于教师的教学情境和行动中,因此我们需要借助知识表征让教师言明处在情境中的自我,它是教师呈现教学信念的有效途径。④

关于实践性知识表征的类型,艾尔巴茨(Elbaz)于 1983 年指出实践性知识并非总是清晰、具体的,而需要借助一定的情境进行区分。其中,实践规则和实践原则体现的是教师的教学知识,意象则是教师实践性知识各方面的体现。⑤克兰迪宁等人(Clandinin,et al.)将形象、实践原则、惯例、个人哲学、比

---

① 中华人民共和国教育部:《教师教育课程标准(试行)》,2011 年。
② 陈向明等:《搭建实践与理论之桥:教师实践性知识研究》,教育科学出版社,2011 年,第113~146 页。
③ [英]艾森克、基恩:《认知心理学》,高定国等译,华东师范大学出版社,2004 年,第 66 页。
④ [英]艾森克、基恩:《认知心理学》,高定国等译,华东师范大学出版社,2004 年,第 6 页。
⑤ Elbaz,F.,*Teacher Thinking:A Study of Practical Knowledge*,CroomHelm,198.

喻、周期、节律以及叙述连贯性作为教师实践性知识的表征。①阿拉斯等人（Allas et al.）借助视频录像、口语报告、撰写笔记等多种反思工具探索师范生教学后的得与失，形成了动态化的表征结果。②本研究主要借鉴了陈向明对教师实践性知识表征的分类，基于师范生实践性知识的独特性，将师范生实践性知识的表征归纳为如下五类。

（一）标签类表征

标签是人们对自身评价和自身看法的概括性关键词。标签类表征是师范生在课堂教学时对带有教师个人特质的实践性知识的呈现，往往与师范生的教育信念和价值观等主观因素相联系。主要包括教育信念、个人哲学和教学风格。

（二）符号类表征

符号是人们共同约定指称一定对象的标志物。师范生通过语言、文字，声音、图片等语言和非语言方式对有独特意义和情境的实践性知识进行呈现，使课堂具有鲜明特色。主要包括习惯性口语、身体语言和情境符号。

（三）图式类表征

图式是有组织、可重复的行为模式或心理结构，是一种动态可变的认知结构。图式类表征是将反映师范生在课堂教学时对自身、教学、学生和教育情境的认知，转化为关于学生及课堂的实践性知识的呈现。主要包括意象。

---

① Clandinin,D J.,Connelly F M.Teachers' personal knowledge:What counts as personal in studies of the personal,*Journal of Curriculum Studies*,1987,19(6)。

② Allas R,Leijen A,Toom A.Supporting the construction of teacher's practical knowledge through different interactive formats of oral reflection and written reflection,*Scandinavian Journal of Educational Research*,2017,61(5).

(四)行动类表征

行动既是实践性知识的表达方式,也是实践性知识的来源。行动类表征将师范生通过行动发现的有关学科、课程、课堂及教学等方面的认知和经验再以行为表现的方式呈现在课堂教学中。主要包括行动规则和实践原则。

(五)言语类表征

言语是人们进行沟通交流的主要方式。师范生通过言语对话来实现与学生的沟通,表达自己对教育教学、学生和自身的理解,使教师可以言明自身观念并完成提问、总结与反思等教学环节。主要包括表达规则和逻辑原则。

二、研究方法与设计

本研究以大学本科三年级师范生实习期间录制的教学视频为分析资料,捕捉师范生实践性知识的实然表征。

(一)样本情况

我们邀请了北京市某区参与教育实习的 66 名小学教育专业师范生加入研究。对师范生进行匿名处理(如:ST1,ST2……ST66)。选取师范生在教育实习中录制的课堂教学视频为样本,依据各学科特性将其中涉及的七门学科归纳成语言类、数理类及艺术类三大类(见表1)。

表1 样本选取情况

学科分类	授课学科	人数(人)	所占比例(%)
语言类	中文	30	45.5
	英语	13	19.7
数理类	数学	12	18.2
	科学	1	1.5
	信息	2	3.0

学科分类	授课学科	人数(人)	所占比例(%)
艺术类	音乐	4	6.0
	美术	4	6.0
所有学科		66	100.0

(二)资料分析

资料分析的流程见图1所示。首先,在每门学科中至少选取一个视频样本进行观看,直到大致掌握师范生的教学情况。其次,基于以上情况初设编码表并罗列师范生实践性知识的表征项。随后,进一步观看视频并完善编码表(见表2)。其中,每个样本的教学视频至少观看两遍:第一遍,整体看师范生授课思路、安排等,标记课堂环节关键点和需要反复看的部分。第二遍,重点看已标记环节,基于编码表对视频中实践性知识赋值,以"1分"为满分对师范生的知识表征进行量化评价,(例如,关于师范生在课堂上设计学生活动环节的具体情况,有所体现则"得1分",不体现或完成欠佳则"得0分")。最后用SPSS统计分析,得出研究结论。

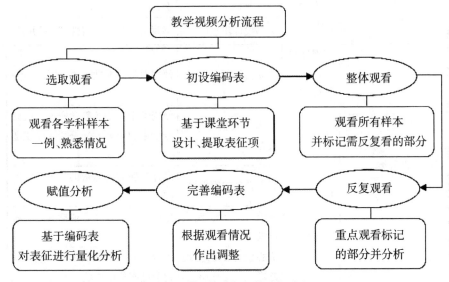

图1　师范生教学视频的分析流程

表2   师范生实践性知识在课堂教学中的表征一览表

师范生实践性知识的表征形式	表征	表征表现	操作性定义
标签类	教育信念	建立自我效能感	在课堂上体现出自信力
		明确学生学习的需求和动机	顺应并尊重学生的想法，因材施教
		充分吸引和引导学生	以引导者身份出现，而非教导者
		充分启发学生	问句引导，给学生表达的机会
		加强师生互动	避免出现教师"一人独大"的情况
		加强师生互动	设置课堂活动、同桌互动等环节
	个人哲学	关注学生感兴趣的话题	紧跟时代和学生思维，在课堂素材中呈现
		有效使用学生接受的方式	在课堂教学和管理中灵活多变，具有人性化
		联系生活实际	认真倾听和思考学生的想法，结合现实生活，引发学生思考
	教学风格	追求个性化课堂	在课堂呈现方式上有自己的想法，体现在授课方式和课堂设计上
		板书设计出色	书写美观且有逻辑性，简单明了
符号类	习惯性口语、身体语言	建立自我概念	使用教师习惯性用语、动作、手势
	情境符号	使用有效辅助教学资源	使用学生喜欢的教学资源，既贴合学生的年龄段又符合课堂主题
		完善教学内容情境	设计有趣的情境帮助学生理解问题
		渗透传统、学校或班级文化	尽可能使课堂具有独特的教学特色
		精心设计知识呈现方式	结合课堂内容设计教学情境、习题情境或角色情境

续表

师范生实践性知识的表征形式	表征	表征表现	操作性定义
		精心设计活动内容	结合活动方案设计活动情境
图式类	意象	关注学生的差异性	对性别、性格等不同的学生采取不同方式
		关注学生参与程度	提问课堂参与程度不高的学生（走神、跟不上）
		关注学生参与程度	以提问和追问的方式引导学生参与课堂
		了解学情到位	充分了解学生水平及学习情况并能够将学生学过的知识融入课堂（体现出来）
行动类	行动规则	有效利用学科知识	将学科知识以高效的方式教授给学生并进行充分的练习
		有效利用课程知识	在课堂中渗透跨学科知识，具有综合课程的能力
		有效利用学科教学知识	能够游刃有余地控制课堂并熟练运用教学教法知识
	实践原则	合理把控课堂环节	能够控制并引导课堂环节顺利进行
		巡视课堂并答疑	单独答疑并在普遍问题上集体答疑
		有意识地确认学生是否清楚	及时获取学生的反馈，使用提问的方式，使问题尽量在课堂上解决
言语类	表达规则	提问形式多样化	单一问题和系列问题交替使用；提问人数多变
		提问句式多样化	问句、设问句和不完整引导句综合使用（英文使用多样句式、高认知或双向提问方式）
		提问内容多样化	练习性问题、知识性问题和开放性问题均有涉及（多使用开放性问题）

续表

师范生实践性知识的表征形式	表征	表征表现	操作性定义
		总结到位	教师自己总结、学生总结或教师引导学生总结(多引导学生总结)
		使用鼓励性语言	给学生积极暗示,鼓励引导
		善用追问	多用追问的方式培养学生思维的逻辑性
	逻辑原则	强化教学内容的逻辑性	能够使单一内容形成系列内容;培养学生独立思考能力
		教学依据知识体系由浅入深	教学内容有层次和设计感(使用学习单等工具)
		结合知识点概括学生答案	认真倾听和思考学生的想法,并从专业角度提炼句子或单词总结学生答案,对学生有启发性
		结合知识点升华学生观点	认真倾听和思考学生的想法,并进行升华,引导学生将某一具象问题提升到抽象高度,语言对学生有启发性
		结合课堂内容	不能脱离教学目标和教学重难点

三、研究发现

(一)基于整体表征情况的分析

师范生实践性知识整体表现较为稳定,平均得分率在 0.74 左右(见图 2)。横向看 66 名师范生在分析过程中所得分数与总分的比值,即得分率,并绘制成散点图,可知该得分率在中高水平聚集,方差为 0.015,说明实践性知识的课堂表征水平稳定。

不同专业师范生的实践性知识在一定程度上"齐头并进"(见图 3)。纵向看 66 名师范生在各表征上的样本数据,可知师范生在课堂教学中呈现最好

的是符号类表征，得分率为 0.78，其次为图式类与标签类表征，得分率为
0.77 和 0.76，均高于平均水平 0.74，而行动类和言语类表征则普遍低于平均
水平。

　　整体而言，大部分师范生在真实的教学情境中表达出了相对高水平的
实践性知识积累，但对于不同类别的表征形式仍有不同程度的困难需要攻克。

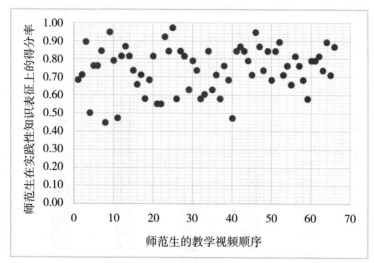

图2　师范生在实践性知识表征上的得分率散点图

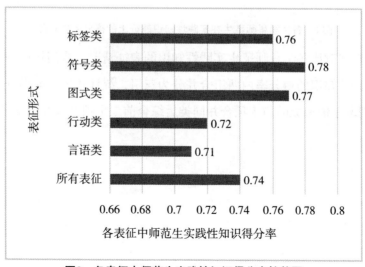

图3　各表征中师范生实践性知识得分率柱状图

(二)基于学科差异的分析

1.不同学科类别的差异

不同学科类别师范生的实践性知识的表征有较大差异，平均得分率为0.74(见图4)。数理类师范生表现最好(0.78)且得分率超过语言类师范生(0.72)。语言类师范生的该类知识表征水平低于样本平均水平，而艺术类师范生(0.77)虽低于数理类，但得分率仍较平均水平略高。

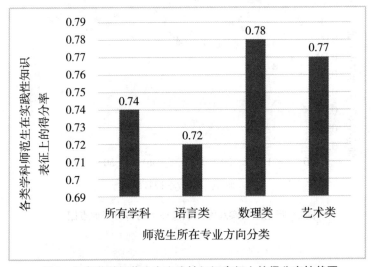

图4 各类学科师范生在实践性知识表征上的得分率柱状图

为直观对比各学科师范生实践性知识的表征情况，我们将三类学科师范生实践性知识的得分率两两组合并分为三组，统计各项表征得分率及差值，分别取差值最大的前十项合并同类后综合前二十项结果并归纳分析(见表3)。

表3 综合三类学科师范生差异最大的实践性知识表征得分率前二十项统计表

表征形式	表征形式分类	具体表征表现	语言类	数理类	艺术类
标签类	教育信念	建立自我效能感	0.83	0.88	1
		充分启发学生	0.79	0.88	1
	个人哲学	联系生活实际	0.57	0.94	0.88
		关注学生感兴趣的话题	0.64	0.94	0.75
	教学风格	板书设计出色	0.45	0.31	0
符号类	情境符号	渗透传统、学校或班级文化	0.5	0.63	1
		精心设计知识呈现方式	0.93	0.94	0.75
		使用有效辅助教学资源	0.64	0.75	0.88
		精心设计活动内容	0.69	0.88	0.88
		关注学生差异性	0.67	0.5	0.88
图式类	意象	关注学生整体情况	0.81	1	0.88
		了解学情到位	0.52	0.75	0.38
行动类	行动规则	有效利用课程知识	0.31	0.44	0.75
		有效利用学科教学知识	0.86	0.94	1
	实践原则	巡视课堂并答疑	0.81	1	0.75
		有意识地确认学生是否清楚	0.21	0.5	0.5
言语类	表达规则	提问内容多样化	0.79	1	0.88
		总结到位	0.45	0.63	0.63
	逻辑原则	强化教学内容的逻辑性	0.6	0.75	0.38
		结合知识点升华学生观点	0.29	0.13	0.5

数理类师范生善于借助情境。例如,在《两位数加两位数》的教学视频中,师范生ST3巧妙地借助了学校正在举行的活动编写习题:"老师得知咱们学校要举行滑旱冰表演,我发现训练场内有23个人,场外有12个人,那么谁来帮老师算算一共有多少人?"数理类师范生在课堂引入时的符号类表征更强,他们善于从实际生活入手,关注学生兴趣,设置实际问题,充分体现数理类学科的应用性。

艺术类师范生侧重人文取向。例如,在教授澳大利亚民歌《剪羊毛》的课堂上,师范生ST4用了四分之一教学时间介绍歌曲的历史文化,为学生的学习和理解做铺垫。可见,该类学科的人文性较强,不仅需要教师利用本学科教学知识,还要具有相应的跨学科意识,具有对课程知识的丰富储备。

语言类师范生实践性知识的整体表征水平处于劣势。语言类师范生将更多精力放在设计课堂环节上,而非像另外两类学科进行较多的课堂练习和活动。例如,师范生 ST6 在题为"描写植物"的语文课堂上给学生提供仿写和练习的时间后,引导学生思考大自然和人类的亲密关系,但这一环节并没有让学生自己总结提炼。

2.具体学科之间的差异

不同学科师范生实践性知识的表征存在强弱对比(见表4)。其中,英语、信息和中文师范生的实践性知识表征低于平均水平,而数学和美术师范生则远远高于平均水平。在符号类表征上,数学师范生得分率略小于美术师范生,由于其辅助教学资源和渗透文化方面较弱,情境设置和呈现方式设置更强,因此整体仍然较弱。在行动类表征上,操作性较强的美术课堂更关注学生的学习进展情况并有意及时给予学生反馈,但数学课堂更聚焦思维逻辑的训练,即深度而非广度,因此该类表征较弱。

表4 师范生实践性知识表征形式在各学科课堂上的得分率表

学科方向	师范生实践性知识表征形式					
	标签类	符号类	图式类	行动类	言语类	所有分类
中文	0.74	0.71	0.77	0.71	0.74	0.73
英语	0.77	0.79	0.71	0.63	0.62	0.7
数学	0.80	0.83	0.85	0.79	0.77	0.8
科学	0.86	0.83	0.63	0.75	0.59	0.74
信息	0.64	0.92	0.75	0.83	0.64	0.72
音乐	0.70	0.88	0.81	0.67	0.73	0.74
美术	0.82	0.92	0.75	0.96	0.66	0.8

(三)基于表征形式特点的分析

符号类、图式类和标签类表征呈现了教师、学生和课堂之间相辅相成的关系,行动类和言语类表征则进一步说明了实践性知识这一特殊类型的知识在教育教学中的重要性,师范生在实践和行动中获取知识具有重要意义。

1.符号类表征中多情境设计、少文化内涵

师范生的符号类表征水平较高是由于其教学设计与呈现状态较好,多数能够从学生的学习兴趣着手,尝试使用辅助工具并设计合理的教学活动(见表5)。但是在某些方面存在较大差异,例如在教学内容中渗透文化内涵的要求对除艺术类学科外的师范生而言较高。尤其是语言类学科,本应塑造学生人文思想的却更加注重工具性而非人文性,其中,英语学科最为明显。虽然师范生对设计教学情境等要素有所理解,但在实际操作上仍需提高意识。

表5　符号类表征情况

表征现象解释	中文	英语	数学	科学	信息	音乐	美术	所有方向
建立自我概念	0.69	0.85	0.92	1.00	1.00	1.00	1.00	0.82
使用有效辅助教学资源	0.62	0.69	0.67	1.00	1.00	0.75	1.00	0.70
完善教学内容情境	0.90	1.00	0.92	1.00	1.00	1.00	0.75	0.92
渗透传统、学校或班级文化	0.48	0.54	0.67	0.50	0.50	1.00	0.59
精心设计知识呈现方式	0.90	1.00	1.00	0.50	1.00	0.75	0.75	0.91
精心设计活动内容	0.69	0.69	0.83	1.00	1.00	0.75	1.00	0.76
所有表征	0.71	0.79	0.83	0.83	0.92	0.88	0.92	0.78

2.图式类表征中多参与课堂、少分析学情

师范生在"关注学生的参与程度"上都做到了以提问和追问的方式引导学生理解知识,但在了解学情和关注差异方面存在缺失(见表6)。不了解学情是当前师范生的普遍问题,割裂学生与授课内容的联系会使学生难以将知识形成体系。由数据得知,科学和美术师范生在这方面整体缺乏;而在语言类学科中,英语师范生得分率仅为0.31。相比之下,数理类师范生在了解学情的表征上有较好呈现。原因在于,数理类师范生会经常设置复习、练习环节,有效引导学生熟悉和巩固以前的知识,这值得其他学科师范生借鉴。

表6　图式类表征情况

表征现象解释	中文	英语	数学	科学	信息	音乐	美术	所有方向
关注学生的差异性	0.66	0.69	0.58	0.50	0.00	0.75	1.00	0.65
关注学生整体情况	0.79	0.85	1.00	1.00	1.00	0.75	1.00	0.86
关注学生参与程度	1.00	1.00	1.00	1.00	1.00	1.00	1.00	1.00
了解学情到位	0.62	0.31	0.83	0.00	1.00	0.75	0.00	0.56
所有表征	0.77	0.71	0.85	0.63	0.75	0.81	0.75	0.77

3.标签类表征中强教育信念、弱教学特色

师范生普遍在与学生互动方面表现得较好(见表7)。例如,他们在吸引学生和加强师生互动等表征上得分较高,但是过多的师生互动掩盖了师范生个人的教学风格。另外,师范生的板书设计存在差异。板书对语言类师范生的作用是"笔记本",对数理类是"草稿纸",对艺术类则类似"展板"。有逻辑性、功能性和美观性的优秀板书有助于学生梳理和建构课堂知识和体系,师范生需有意识地完善板书设计这一最直观的课堂表征。

表7　标签类表征情况

表征现象解释	中文	英语	数学	科学	信息	音乐	美术	所有方向
建立自我效能感	0.83	0.85	1.00	1.00	0.00	1.00	1.00	0.86
明确学生学习的需求和动机	1.00	1.00	0.92	1.00	1.00	1.00	1.00	0.98
充分吸引和引导学生	0.93	1.00	1.00	1.00	1.00	1.00	1.00	0.97
充分启发学生	0.79	0.77	0.92	1.00	0.50	1.00	1.00	0.83
加强师生互动	1.00	1.00	1.00	1.00	1.00	1.00	1.00	1.00
加强生生互动	0.72	0.69	0.83	1.00	0.50	0.75	0.75	0.74
关注学生感兴趣的话题	0.52	0.92	0.92	1.00	1.00	0.50	1.00	0.73
有效使用学生接受的方式	0.93	0.85	0.92	1.00	1.00	0.75	1.00	0.91
联系生活实际	0.52	0.69	0.92	1.00	1.00	0.75	1.00	0.70
追求个性化课堂	0.41	0.23	0.08	1.00	0.00	0.00	0.25	0.26
板书设计出色	0.45	0.46	0.33	0.50	0.00	0.00	0.00	0.36
所有表征	0.74	0.77	0.80	0.86	0.64	0.70	0.82	0.76

4.行动类表征中强学科教学、弱育人意识

师范生的行动类表征水平参差不齐，同一表征中既有得分率 0.98 的对专业学科知识有效且高分的呈现，又有得分率为 0.39 的课程知识实践问题（见表 8）。实现良好的学科知识融合对师范生难度很高，语言类和数理类师范生较少延伸课堂知识，而艺术类学科由于需要学生在行动中学习，则更易体现教育教学的活动性和拓展性。研究结果还显示师范生在确认学生是否理解所学方面得分较低（0.32），有时会因为教学进度而忽略学生真实的学习。

表8　行动类表征情况

表征现象解释	中文	英语	数学	科学	信息	音乐	美术	所有方向
有效利用学科知识	1.00	1.00	0.92	1.00	1.00	1.00	1.00	0.98
有效利用课程知识	0.24	0.46	0.42	0.50	0.50	0.75	0.75	0.39
有效利用学科教学知识	0.90	0.77	0.92	1.00	1.00	1.00	1.00	0.89
合理把控课堂环节	0.93	0.85	1.00	0.50	1.00	0.75	1.00	0.91
巡视课堂并答疑	0.90	0.62	1.00	1.00	1.00	0.50	1.00	0.85
有意识地确认学生是否清楚	0.28	0.08	0.50	0.50	0.50	0.00	1.00	0.32
所有表征	0.71	0.63	0.79	0.75	0.83	0.67	0.96	0.72

5.言语类表征中多鼓励引导、少深度逻辑

言语类表征课堂对话的集中体现（见表 9）。在提问方面，师范生虽然使用了追问，但是由于问题的质量不高容易导致课堂教学较为单薄。而在总结方面，几乎所有师范生都能使用鼓励性语言并结合知识点概括学生回答，但很少能进一步升华学生的观点，导致师范生的课堂"扁平化"，即环节完备但缺少纵深。同样的，科学和信息师范生在课堂总结和教学内容逻辑性的表征上都存在缺少逻辑性的问题，这需要他们有意识地改善。

表9 言语类表征情况

表征现象解释	中文	英语	数学	科学	信息	音乐	美术	所有方向
提问形式多样化	0.72	0.69	0.67	0.00	0.50	0.75	0.25	0.65
提问句式多样化	0.86	1.00	1.00	1.00	1.00	1.00	1.00	0.94
提问内容多样化	0.79	0.77	1.00	1.00	1.00	1.00	0.75	0.85
总结到位	0.59	0.15	0.67	0.00	1.00	0.75	0.50	0.52
使用鼓励性语言	0.97	1.00	1.00	1.00	1.00	1.00	0.75	0.97
善用追问	0.69	0.38	0.67	0.50	0.50	0.50	0.75	0.61
强化教学内容的逻辑性	0.59	0.62	0.83	1.00	1.00	0.25	1.00	0.61
教学依据知识体系由浅入深	0.48	0.15	0.50	0.00	0.00	0.00	0.50	0.36
结合知识点概括学生答案	1.00	1.00	1.00	1.00	1.00	1.00	1.00	1.00
结合知识点升华学生观点	0.41	0.00	0.17	0.00	0.00	0.75	0.25	0.27
结合课堂内容	1.00	1.00	1.00	1.00	1.00	1.00	1.00	1.00
所有表征	0.74	0.62	0.77	0.59	0.64	0.73	0.66	0.71

四、讨论与建议

（一）积累专业能力，展现教师教育价值

师范生在教学设计与教学方法上的专业能力普遍较强。研究发现，对培养师范生有着高标准、高要求的教师教育能够使师范生的实践性知识在符号类与图示类表征上呈现较高水平，体现其扎实的教学基本功。产生这一现状的原因有两方面：首先，多数师范生有能力将精心设计的教学内容以完整课堂的形式呈现在教学视频中，并有效运用多种教具完成教学目标；其次，长期浸淫在师范院校的教学技能训练已使师范生熟谙课堂要素与各教学环节的作用，他们善于通过课堂环节的设置引导学生认识、理解和运用知识。例如数理类师范生常以课堂测试、练习和复习了解学情或帮助学生巩固知识，在三类学科中表现最佳。尽管有部分师范生因缺乏实践经验还无法完全脱离教学预设，但整体而言，师范生实践性知识的表征水平已在重视实践能力的教师教育课程中成型。因此，当前教师教育课程应坚守实践取向，着力

培养师范生的专业能力。

(二)代入教学情境,构建优质课堂互动

本研究中,师范生实践性知识虽然在标签类、行动类和言语类表征上表现不佳,但却在师生互动方面呈现较高水平。产生这一现状的原因有二:首先,师范院校为师范生提供了教育情怀的根基,使师范生更容易代入教师的角色,进而乐于与学生互动,更关注有经验教师与学生的相处方式并尝试学习;其次,尚未进入工作岗位的师范生接触了较多的教育学理论,有"以学生为本"的教学理念,愿意作为引导者与学生互动,善于使用鼓励性语言,努力让所有学生参与讨论。对此,师范生应不断探索教师身份的本质,深入理解教师与学生的关系并展开互动实践;教师教育则应持续为师范生提供此类情境导向与职业熏陶,进一步助力师范生身份适应和教学质量的向好发展。

(三)完善教育实践,消除实践性知识断层现象

师范生实践性知识中缄默性的符号类、图式类、标签类表征的呈现情况强于外显性的行动类和言语类表征,得分率也出现了明显"断层"。形成这一不良现象的原因有二:一方面,由于当前我国师范教育受到知识为主的课程观和教师专业发展理论的影响,侧重于培养师范生专业知识和教育理念,有助于其建立理论知识系统。但是正如范梅南(van Manen)所说,理论性知识并不会自动导出恰当的教学行动。①缺乏实践教学经验的师范生无法在实习中迅速整合与表达出行为类表征的所需知识。另一方面,当前我国师范教育较少引导学生将教育知识表达在教学过程中,忽视了理论与实践间"桥梁"的建立。例如,大部分师范生对学科融合的课程知识或以学生为中心的理念都有较深的认识,但很少能在课堂教学行为中有明显呈现。

---

① [加拿大]马克斯·范梅南:《教学机智——教育智慧的意蕴》,李树英译,教育科学出版社,2006年,第63页。

为此,本研究对当前的教师教育课程提出以下建议:

1.加大教师教育课程的实践比例

师范教育阶段应加大实践比例使师范生在掌握理论知识的同时不断体验和参与实践。"适量多次"的实践安排能保证师范生在学有所获的情况下增加实践教育的频率,同时增加其在真实教育情境中常态化、系列化的实际体验。另外,师范教育应提升师范生将理论知识进行实践展示的能力,即促进其实践性知识在行动类和言语类表征上的提升。在未参与教育实践时,师范生也可利用微格教学等方式实现这一任务,通过回看自己的教学视频及师生点评,积累并使用实践性知识,使其更多、更好地呈现在课堂教学中。

2.改革教师教育课程的教学方法

师范教育应在注重理论知识和教育教学技能的同时增加师范生的体验机会。任课教师应充分尊重师范生的学习主体性,采用点拨指导和生生互评的形式,并在课后及时完成教学反思。师范生的实践性知识很大一部分来自其过去十几年的学习经历,但这类知识十分模糊和主观。因此,教师教育者在该阶段应提供优质课案例并引导其代入课堂教学的真实情境中,不断熟悉与模仿。最后,还应通过听课、观课、评课及撰写课堂记录等方式促进师范生实践性知识的习得,成为联结师范课程教学与实践性知识表征的"桥梁"。

(四)突破学科界限,化解教学刻板化问题

因不同学科的关注点和侧重点不同,部分师范生课堂教学的学科印记过于明显,打破了实践性知识的获得与呈现之间的平衡,使课堂出现"刻板化"问题。造成这一问题的原因有二:一方面,我国大部分地区仍在沿袭小学分科教学制度,师范生难以跳出自己的学科专业背景;另一方面,虽然我国部分师范院校设置了兼教学科,助力师范生在增加一项学科技能的同时进行学科融合,但大部分师范教育管理者只将这一措施置于其职业发展的工具性上,而在选择兼教学科和对师范生专业发展的影响上缺乏引导与调控。

为此,本研究提出以下建议:

1.培养具有跨学科教学能力的教师

近年来,随着社会对教师素质要求日益提升,我国师范教育要求师范生有能力打破学科界限并拥有跨学科理念。具体而言,应建立跨学科师范教育体系,培养教育教学能力强、关注学生身心发展特点的教师。师范教育应注重全科知识的相互贯通,通过对全科教学法、课程标准及教材的研究,打通学科知识与教育教学知识的联系。同时还应满足跨学科教育的合理师资配置、丰富实践性课程以及完善实践指导体系等。

2.引导及调控师范生对兼教课程的选择

部分开设兼教课程的高校一直以来都赋予了选课最大化的自由,这导致师范生在兼教学科中学到的知识参差不齐,最终应用到课堂教学上的表征差异愈发加大。因此,我们认为师范教育管理者应在一定程度上引导、调控,甚至合理限制师范生对兼教学科的选择。

具体而言,一方面,师范教育管理者应引导或要求学生尽量不选择同一类学科作为兼教学科,例如,中文师范生不建议选择英语作为兼教学科等,在必要时可以为师范生规划选择范围,以使选课更具可控性。此外,管理者应鼓励学有余力的师范生至少选一门跨学科门类的兼教学科后再选择其他学科,以实现实践性知识的大力度融合与高密度表征。另一方面,由于兼教课程需要长时间和系统性的学习,增加更多学科学习内容对本就拥有高强度专业课程的师范生而言并不现实。因此,师范教育管理者可设计有关各学科教学教法的高质量讲座式课程,即使无法深入学习也能够使师范生获得借鉴与思考。最后,同师范生的原始学科一样,兼教学科的学习也应设计实践环节,在"适量多次"的教育实习中增加兼教学科的实践机会或微格教学等环节。

五、结语

综观 21 世纪国际教师教育课程改革的进程，始终与教师实践性知识的习得联系在一起。在职前教育阶段考察师范生的实践性知识表征样态，挖掘教师职业复杂性构成的本质，能够帮助我们更加明确师范生培养方向与教师教育的改革走向。最后，本研究在理论与实践方面的提供三点启示。

第一，关注师范生实践性知识具有未雨绸缪的意义。实践性知识的习得不仅是经验积累，更是一个个体认知的过程。为培养高质量的教师，教育者需要思考如何在师范教育阶段就夯实其实践性知识的根基，从源头为师范生筑起实践性知识的高台，是教师专业发展的早之所为。

第二，师范生教学视频应成为教师专业发展的重要反思素材。不难发现，师范生在实习时的教学视频富含巨大的价值。与叙事研究和案例研究不同的是，教学视频不仅能如实反映师范生在真实教学情境中的行动，更可以助力师范生在回顾视频时自我反思，是促进师范生发展实践性知识的真实的专业学习之路。①

第三，教师教育课程改革应该基于证据支持，通过形成性方法记录师范生培养的全过程。正如本文对师范生教学视频的研究，是在实践反思取向下对师范生实践性知识的阶段性评价。师范生的实践经验在一次次实践的触发和探索总结中逐步融合为个人知识，师范生在每一个学习阶段的形成性评价都是其专业发展的台阶，需要教育者持续关注师范生实践性知识的发展，助力其成长为"四有"好教师。

---

① 魏戈：《教师实践性知识的生成》，教育科学出版社，2020 年，第 228 页。

论小学教师线上教学机智的困境与反思

王慧妹　傅淳华

中央民族大学教育学院

摘要:随着教育信息化 2.0 时代的来临,线上教学成为各方关注的话题,小学教师的线上教学机智作为将线上教育实践和理论结合起来的重要纽带,直接关系到线上教学的质量。然而纵观当前小学的教学实践,教师线上教学机智的发挥正面临教师依赖控制、师生教学恐惧、家校合作失调等问题的挑战。这些问题的形成既有外部原因,也有教师自身的问题。从宏观环境来看,线上教学的模式缺少师生面对面交流,线上教学平台发展不够完善;从教师层面来看,教师现代教学技术能力不足,缺少反思理念或者教育理念不清晰。而要打破小学教师线上教学机智的困局,就必须养成教师的信息化理念,提高教师的综合素质,实现家校有效合作等。

关键词:小学教师;线上教学;教学机智

2018 年,教育部出台《教育信息化 2.0 行动计划》,标志着我国教育信息化建设进入新的历史时期, 教育信息化已经成为推动我国教育系统性变革的内生变量。①尤其随着线上教育持续发展,要成为一名合格的教师,具备生

---

① 任友群、冯仰存、郑旭东:《融合创新,智能引领,迎接教育信息化新时代》,《中国电化教育》,2018 年第 1 期。

成和发挥线上教学机智的能力已然必不可少。正是在此意义上,本文拟对小学教师线上教学机智进行分析和探讨。

一、小学教师线上教学机智的认识

在现代信息化教学进程中,作为连接线上平台和教学纽带的教师线上教学机智显得尤为重要,我们有必要去探究和反思当前教育信息化 2.0 时代线上教育对小学教师教学机智提出的新要求,从而更真切地理解小学教师线上教学机智的现实遭遇,进而提出解决方案,促进教学实践的开展和教师专业的发展。

(一)小学教师线上教学机智的内涵

"关于你究竟是一名优秀的教育者还是拙劣的教育者的这个问题非常简单:你是否发展了一种机智感(a sense of tact)呢?"[1]德国教育学家赫尔巴特最先将"机智"的概念引入教育领域,教学机智思想由此萌芽。在前人思想的基础上,[2]范梅南提出,教学机智是教师面临复杂教学情况所表现的一种敏感、迅速、准确的判断能力,比如在处理事前难以预料而又必须特殊对待的问题时,以及对待处于一时激情状态的学生时,教师所表现出的能力。相应地,小学教师线上教学机智就是小学教师在掌握信息化时代教学特点的前提下,驾驭线上教学相关理论的基础上,运用自己已有的教学经验,对课堂、学生和线上平台的突发状况等做出的一种迅速判断和临场反应的能力,从而保证教学实践活动顺利开展。总的来说,小学教师线上教学机智具有以下特点:

---

[1]　[加拿大]马克斯·范梅南:《教学机智——教育智慧的意蕴》,李树英译,教育科学出版社,2014 年。

[2]　[加拿大]马克斯·范梅南:《教学机智——教育智慧的意蕴》,李树英译,教育科学出版社,2014 年。

1.立足实践

如范梅南所说,教学机智源自教师在教学实践中的长期浸润与反思。[①]简言之,教师只有在不断的实践反思中逐步提高自己的洞察力和敏感度,才能逐步生成和发展教学机智,灵活地驾驭多变的课堂。当今的教育信息化 2.0时代将小学教师"抛入"一种全新的线上教学实践中,这无疑更需要小学教师于线上教学实践中不断总结、积累更多线上教学的实践经验和智慧,逐渐形成适合线上课堂的"调子",这样才能做到临场发挥、随机应变,对线上教学过程中产生的突发问题作出迅速判断和决策,妥善地处理好那些突发事情。从而保证线上教学的质量,促进学生的全面发展。

2.基于情境

所谓情境(Situation),指的是"人必须对其作出行动的各种具体细节的总和"[②]。教学机智对教学情境具有特殊的依赖性和敏感性。在日常的教学实践中,小学教师面对的都是真切的教学境况,其中的主体都是一个个活生生的、独立的小学生个体,因此小学教师的教学机智便具有情境性,是一直跟随具体的师生互动情境而灵活变化的,因人而异,因地制宜,与时俱进。事实上,与线下单纯的课堂教学不同,线上教学情境是一种更为复杂的教学情境,教师、学生、线上平台各方面都是复杂多变的,教师教学的主体和环境都具有极大的不确定性,这就更需要小学教师能够灵活地运用教学机智解决各种线上课堂中突发的情况和问题,以寻求教学活动的最佳决策点,并依据线上的实时情况做出最合理的教学行动,从而保证课堂教学的顺利进行。

3.重视洞察

线上情境中的教学,由于物理距离的制约和束缚,教师隔着屏幕并不能很好地观察到对面的学生正在做什么,也不能清楚地知悉小学生是否因为线

---

① 　[加拿大]马克斯·范梅南:《教学机智——教育智慧的意蕴》,李树英译,教育科学出版社,2014 年。

② 　[加拿大]马克斯·范梅南:《教学机智——教育智慧的意蕴》,李树英译,教育科学出版社,2014 年。

上学习的难度过大而产生厌倦情绪，或者因学习兴趣降低而造成注意力转移等，这就要求从事线上教学的小学教师较之常规课堂教学情境具备更高的洞察力和敏感度，敏锐地洞察和准确地判断小学生课前的内心状态和意向，时刻感知小学生课堂上的学习进度和对于知识的掌握情况，及时预测和把握小学生外部行为的发展趋势，进而稳定学生的情绪，激发学生学习兴趣，提升线上教学质量。从这个角度上来说，洞察力是线上教学情境中教师教学机智的构成性要素。

4.强调体验

师生的交往互动贯穿于教学情境全程，不仅指向于主体的认知层面，更关注主体的情感体验。也正是在此意义上，小学教师线上教学机智的发挥需要对小学生情感体验有最深切的把握。尤其对于线上教学情境来说，由于其特殊性的情境设置，师生之间往往缺失面对面地沟通与交流，长此以往下去难免会造成师生之间的情感生疏乃至关系淡漠等，教师的教学机智也自然得不到发挥，孩子在课堂中呈现出来的问题也会随之增多。为了突破此一困局，更好地发挥教学机智，小学教师需要更加关注孩子的线上教学体验，多去关注孩子的内心情感，聆听孩子们的真实想法等，进而使教学机智有的放矢、引起情感层面的共鸣乃至认同，这不仅有利于小学教师更好地引导线上教学进程的开展，而且有利于弥补师生间的情感缺失，由此而生的教学机智才能真正地启迪人生、开悟人性。

(二)小学教师线上教学机智的价值

线上教学机智是将线上教育理论和实践结合起来的重要纽带，直接关系到线上教学的质量。因而，要保证教学质量，小学教师无疑需发挥自己线上教学情境中的教学机智。可以说，小学教师线上的教学机智是其教师专业发展的必然要求。

1.关照线上教学情境中的小学课堂生态

1932年美国教育学者Waller提出了"课堂生态"的概念，课堂生态即从生态学角度来看的课堂,包括课堂生态主体和课堂生态环境两个基本要素。在时代发展的大潮中,课堂生态一直在与时俱进,持续变迁,如从传统的线下课堂到如今信息化时代的线上课堂,教学的环境,教具一直都在变化,小学教师线上教学机智的持续发展无疑有利于帮助小学教师线上教育实践及时调整教育教学方式,整合教学内容,助推教师构建良好的课堂生态,保证高质量课堂教学进程的展开。

2.促进线上教学情境中的小学教师发展

小学教师线上教学机智看似是某种独立的智慧,实际上其依赖于深厚的理论知识与扎实的应用技术,是一种上传下达、承上启下的智慧。教师能否在课堂中"当机立断"和"随机应变"正是取决于对线上理论知识和应用技巧的理解程度。所以当小学老师把所掌握的理论知识转化为实践,通过教学机智的形式表现出来,应用到孩子身上,那么教师也能够从得到的反馈结果中去反思和总结出更加适合小学线上教学的理性认知,这是相辅相成的统一过程。可见,线上教学情境中的教学机智也能够反过来增进小学教师对于线上教学理论知识的融会贯通,从而促进小学教师的专业发展。

3.护佑线上教学情境中的小学生进步

加拿大学者范梅南在《教学机智》一书中指出,教育学是"善"(good),是"美德"(virtue),可以定义为"优秀的教学和抚养孩子"[1],教学机智作为教育学的要素之一,也就有着使教师心向学生,心向孩子生存和成长的固有本性。线上教学情境中的教学机智,教师也始终是以关心学生为价值取向的,以小学生的全面发展为宗旨,体现出教育质的规定性。尤其需要关注的是,线上教学不像线下授课,孩子少了老师面对面的监督,很容易松懈,并且养成懒惰的习惯;如果恶性循环下去,会直接影响学生的身心健康发展。而小学教师线上教学机智无疑能在稳定小学生情绪、集中小学生的注意力、调动小学生的学习热情方面发挥重要作用。

---

① [加拿大]马克斯·范梅南:《教学机智——教育智慧的意蕴》,李树英译,教育科学出版社,2014年。

二、小学教师线上教学机智困境的阐析

(一)小学教师线上教学机智困境的表征

在调研过程中，笔者发现很多小学教师都能热情洋溢地投入线上教学工作中，尝试应用丰富多彩的教学方法，展现自己的教学机智，追求更好的教学效果，提升自己的专业素养，但是各种各样的问题也显而易见，比较有代表性的问题主要体现在以下两点。

1.教师依赖控制

据很多小学教师反映，和线下授课相比，线上教学想要顺利完成教学任务和进度要困难得多，每节课要耗费大量时间和精力维持课堂纪律和吸引小学生的注意，自己的教学机智常常显得捉襟见肘。事实上，小学教师线上教学机智难以生成与发挥，在很大程度上是因为其缺乏对具体教学情境特殊性的深度把握与实践反思。尤其线上教学不同于线下教学，师生双方身体在网络中的"退隐"不可避免地造成小学生学习自制力降低，而教师若想顺利完成课堂进度，就会不自觉地加重对课堂的控制。当然，教师线上教学平台操作方面的生疏问题，也深度引发了这一问题的发生，由此导致的教师主导课堂现象，是与新课改所倡导的启发式教学立场相违背的。因此，屏幕上闪烁的教师形象仍然依循着传统教育的步伐，戴着权威的面具，师生之间无形之中便树立起巨大的屏障。线上教学情境中的教学机智缺少了教师主体的积极推动，缺乏了情境的孵化器，也便很难产生与发展了。

2.关系协调困顿

面对线上教学情境，小学的教师需要处理各种各样的关系。也正是在处理诸种关系的过程中，教师线上教学机智得以生成与发挥。而在各种关系中，家校关系无疑是最重要的关系之一。因为，家校合作是实现家庭教育和学校教育良性结合的最优化途径，最完备的教育当是家庭教育与学校教育的结合，如此一来学校教育才能发挥最大的功能，从而实现教育效果的最优

化。然而在实际的线上教学过程中,家校关系往往面临诸多挑战,如有家长往往会旁听乃至指导"网课",没有为小学生线上学习创造独立的环境,导致家校关系往往处于紧张乃至冲突的状态。而之所以会产生这些问题,除了家长的原因,也有教师的问题,即教师线上教学机智的匮乏乃至缺失,从而导致教师无法很好地处理家校关系。也正是在此意义上,小学教师线上教学机智困境的一个重要表征即为教师在处理多样关系中的困顿。

(二)小学教师线上教学机智困境的原因

随着线上教学的发展,小学教师们开始意识到线上教学机智尤为重要,但是在课堂中想施展这种能力时又纷纷陷入困境。因此,我们有必要去深入剖析造成教师线上教学机智困境的原因,并以此为依据找到教师线上教学机智困境的超越路径。总体而言,笔者认为造成小学教师线上教学机智困境的原因主要有以下几点。

1.信息技术革命的骤临

信息化2.0时代的到来,无疑引发了教育界的一场革命,教育的信息化以惊人的速度发展,但是同时也暴露出了很多问题。1972年,美国著名学者迈克尔·G.穆尔(Michael.G.Moore)提出了一种新的学习理论——交互影响距离理论(Transactional Distance Theory,简称TDT)。[1]穆尔认为,线上教学情境中师生交互距离的存在,使得教与学的难度也在变大。从传统的线下授课,到线上授课的形式,师生物质化的身体在网络空间中退隐了,无身体的网络相遇之脆弱导致人际关系的短暂、肤浅和相互间义务的淡漠。[2]换言之,网络空间制约着师生之间的物理距离,很容易造成师生线上关系的"近中远"以及责任的飘零,必然会影响到师生线上课堂中的有效交流和对话。教学机智是在交往和实践中产生的,线上教学情境中师生缺乏有效地交流和对话,教

---

① 田静:《远程教育中交互影响距离理论的扩展应用与启示》,《中国电化教育》,2010年第9期。
② 高德胜:《身体退隐的道德后果——论网络世界中的身体、道德和教育》,《教育研究与实验》,2007年第2期。

师对学生深入了解的机会也就变少，必然会影响教师线上教学机智的生成和发挥。

2.教师教育传统的影响

所谓教育传统，是指教育发展过程中积淀下来的对当今教育影响至深的思想、行为等，它既是过去的形态，同时又与现实的教育活动紧密相关。[①] 在中国教育传统中，教师充当着权威的角色，学生被要求以教师言论为遵循，教师是课堂教学中的控制性力量。当今随着线上教学模式的发展，教育迎来了一个全新的时代，但若继续依循传统控制性课堂模式的桎梏，教师于线上教学情境中据守"独尊"地位，教师线上教学机智就很难有发生乃至发挥的空间。因为小学教师线上教学机智的生成与应用是以与小学生的充分互动为前提的，是需要在灵活多变的课堂情境中才能生成的，或者说，以教师为中心的僵化的教学环境很难为教师发挥教学机智提供一个适宜的外部环境。

3.应试教育体制的桎梏

应试教育体制在我国社会的教育发展史中根深蒂固，虽然一直受到各界的批评，但是治理效果却收效甚微。即便在教育信息化 2.0 时代，应试教育体制的结构性影响也丝毫不减，时刻将各种形式的应试压力"输送"给线上教学情境中的"师"与"生"。虽然现在的小学没有升学压力，但学校内的恶性竞争也会影响教师的教学理念及实践，当教师为了提高本班的应试成绩而展开线上教学实践时，线上教学实践也就难以避免地陷入了功利性的困境，而这也就从根本上背离了教学机智的"道德"本心。真正的机智是指向他者性的实践，机智与虚伪、欺骗、贪婪、占有和利己主义等都不相容。[②]如果教师的教学机智指向于"功利"，为了各种各样的利益谋划，那么这种教学机智表面上看似好像是为了学生，但是实际上是将学生变成自己的附庸，就是一种

---

① 郑金洲:《教育通论》,华东师范大学出版社,2000 年,第 75~76 页。
② [加拿大]马克斯·范梅南:《教学机智——教育智慧的意蕴》,李树英译,教育科学出版社,2014 年。

虚假的机智。

4.小学生自控能力的薄弱

自控能力也称自控力或自制力,自控力就是自己控制自己,[①]并能够灵活调节自己思想感情、举止行为的能力。依调研结果,因为自控力薄弱,许多小学生,尤其是小学低年级学生进行线上学习时,注意力很容易被各种外在因素所分散,在课堂上浑水摸鱼的状态时有发生。但事实上,教学实践本质上是一种主体间的交互实践,需要师生共同作用才可顺利推进,教学机智作为教师在教学实践中面对突发状况时的临场反应能力也是在师生双方的互动中才得以生成的,绝不是靠教师一味单向地输出。而线上教学情境将使小学生作为学习"担保"的身体"退隐"于无形的网络空间,离开了教师与同伴的"目光",这实际上对小学生的自控力提出了非常高的要求。由此可见,小学生自控力的薄弱情况势必会制约师生线上互动的质量,进而制约着小学教师线上教学机智的生成和发挥。

三、小学教师线上教学机智困境的超越

线上教学情境中,小学教师要发挥属己的教学机智,既要有适宜的外部环境支持,也要形成良好的课堂生态,需要相关各方的积极参与。

(一)廓清认识,深化教师线上教学的整体认知

"我们不要以为,影响一定是控制性的,或者说,影响将两个人的关系降至一种主客体的关系。在这种关系中,施加影响的人将另一方仅看作是一个将受控制的对象。相反,影响是某件辐射四方、自然流动的东西。他可能会产生非常不一样的结果,效果或作用。"[②]一个人的教育观念决定了他对孩子的

---

① 何常明:《自控力》,金城出版社,2006年。

② [加拿大]马克斯·范梅南:《教学机智——教育智慧的意蕴》,李树英译,教育科学出版社,2014年。

理解以及为自己的教育机智所采取的行动。传统的教师主导课堂的教学方式已经不符合新课标对教师提出的要求，更束缚线上情境中教师的教学，所以小学教师要从发展反思、研究改进、明确责任等方面来廓清自己对线上教育中教学机智的认识。反思能力和责任意识是指挥行动的机制结构，在以不确定性为特征的急剧变化时代尤显其重要性。范梅南在《教学机智——教育智慧的意蕴》中写到，充满智慧的反思能发现事物，而未经反思的行动是缺乏智慧的，没有机智的。①因此小学教师要保持对生活的敏感度，能够进行批判性思考，持续反思并不断改进教育教学实践，这样才能积累和生成更多适合线上教学的教学机智。同时，教学机智虽然作为一种随机的教育行动，但是其背后有着深厚的理论支撑，教师应树立以持续改进为目标的终身发展理念，不断学习理论知识，促进发展与改进的结合。

（二）提升素养，优化教师线上教学的灵活应对

认知负荷理论认为，人在进行认知加工时需要消耗一定的认知资源，而人的认知资源是有限的，因此每个信息加工通道上能够加工的信息总数量也是有限的。教育信息化 2.0 时代的线上教学需要教师具备更扎实和广泛的学科素养和通识素养，包括学科知识、教学知识、信息技术、科学精神、人文情怀和宽广的视野，这样教师线上教学的过程才会减少认知的负荷，变得更加顺畅。这样不仅能让课程内容更加丰富，而且教师能够跳出学科，将学科教学放到更大的知识背景中去，为教学机智的生成提供一个坚实的基础和前提。所以小学教师要建立终身学习的思想，不断提高自身综合素养，克服教学恐惧，主动学习接受新的信息化时代带来的挑战，这也是教师线上教学机智发展的需要。郑毓信说过，学生在学习解决问题之前，需要有一个问题解决工具的掌握过程，这个过程称为准备性学习。如果学生的学习发生困

---

① [加拿大]马克斯·范梅南：《教学机智——教育智慧的意蕴》，李树英译，教育科学出版社，2014年。

难。教师应该把力量花到与该学习相关的准备性材料上去。①这无疑提示小学教师们,线上教学情境下的教学更需要在课前下功夫,只有课程内容的质量提上去,教师才能更好地与学生进行课堂对话,更能熟悉并灵活地应对课堂上的突发状况和问题,更能快速敏捷地发挥出一个教师的教学机智。

(三)家校合作,夯实教师线上教学的外在支持

除了教师自身的专业发展,小学教师还应该与家长建立相互理解,相互支持的合作关系。合作性是教育信息化 2.0 时代对教育提出的新要求,因为教育具有复杂性,所以教师应该寻求家长的合作才能互利共赢,这也是小学教师自身发展的需要。伏尔泰(Voltaire)将 tact(节奏)的概念从音乐领域引入社会领域。然而节奏需要退到背景中去,放松它对整个音乐情景的控制,这样,更加细腻的曲调的即兴创作才有可能。②同理,小学教师线上教学机智也需要有一个特定的情景和背景,这样教师才能更好地把握课堂节奏,在一个自然的状态下生成更敏捷的教学机智。教师和家长之间要增加对话和交流,教师主动倾听家长的需求,根据需要为家长提供咨询与指导,帮助其提高教育素养,并及时向家长分享学生线上学习的成果,真正做到让家长放心;争取家庭的支持,达到课上家长不干预课堂的理想效果,给教师课堂教学机智的生成和发挥提供一个适宜的境外支持环境;同时家长也要向教师及时交流学生在家学习的状态和日常生活,从而增强教师对学生生活的体验性,让线上教学更加贴近学生的实际生活,也更加有利于小学教师线上教学机智的发挥。

(四)养成习惯,培养学生线上学习的自控能力

塞缪尔·斯迈尔斯在《自助的力量》一书中阐述道,每个人的成功都是

---

① 郑毓信:《数学思维与小学数学》,江苏教育出版社,2008 年,第 16 页。
② [加拿大]马克斯·范梅南:《教学机智——教育智慧的意蕴》,李树英译,教育科学出版社,2014 年。

"自我克制"和"坚持不懈"的结果。①自控力对学生的生活会产生无可比拟的影响,学生的身体健康、心智水平、学业成绩等无不受到自控力的引导。具备良好自控力的学生线上学习的过程中会有更强的纪律性和组织性, 不易受外界因素的干扰,比线下教学更容易与教师产生深入地交流,从而为小学教师线上教学过程中生成和发挥教学机智减少阻力。培养学生的自控力要从三个方面着手。首先,增强学生提高自控力的内部动机,引导小学生建立正确的学习态度和合理的学习目标, 并且可以设置适当的奖励机制来鼓励自己,只有发挥学生的主动性,让学生主动的消除外来环境的影响,教师才能顺畅地进行教学活动,为教学机智的生成提供可能性;其次,需要家长配合监督,家长监督学生完成每日的既定任务和目标,并督促学生严格执行,从而帮助小学生不断改进自我,逐步形成自主学习的习惯;最后,锻炼小学生的意志力,意志力是自控力的重要组成部分,锻炼小学生的意志力可以充分发挥榜样的力量,引导小学生进行积极的自我暗示,如"我能行""我可以"等,逐步提高学生的自控力,从而助推小学教师线上教学机智的生成和发挥。

---

① [英]塞缪尔·斯迈尔斯:《自助的力量》,张明权译,中国方正出版社,2012 年。

第二编

面向未来的小学教师培养机制创新

反哺、超越与激活

——实践取向教师教育模式的探索

孟繁华

首都师范大学党委书记

各位老师大家下午好!

　　今天上午任司长最后讲话,U–G–S 教师教育共同体建设,是由东北师范大学首先创设的。这个基本上没有异议,没有什么问题,因为在我们国家各种各样的探索非常多,教师教育共同体的建设有丰富多彩的一些形式。我今天就给大家报告一下首师大关于 U、D、S 教师教育共同体创设有关的问题以及 U、S,前半段没有这个 D 时候有关的一些情况。

　　我先讲一个小故事,我是一位领导,我现在指示,我的员工,把这一壶水从现在的室温 20 摄氏度,加热到 120 度,时间是 10 分钟,这个任务非常明确,员工提着水壶就放到这个煤气灶上开始烧,30 度、40 度、50 度,一会儿到了 100 度。这水就沸腾了! 好,我是位领导,咱们一般开展任何一个项目,都要中期检查,他说报告领导,时间一半,完成任务过半。我从 20 度给你烧到了 100 度,离最终的目标只差 20 度。值得表扬! 甚至发一奖状,反正是表扬这上半场超额完成任务。我们看到下一个五分钟,下半场开始烧,五分钟又过去了,整个十分钟完了,那么在检查工作,下半场的工作一事无成,还是100 度。

　　就是告诉我们一个道理,上半场我们超额完成任务,而下半场无论你怎么努力,怎么进取,怎么敬业都无法完成任务。这跟你的工作态度没有什么关系,上半场和下半场截然不同。这个小故事讲完,我给它起名叫"烧开水效应",后来感觉不妥,改名为"半场理论",上半场,下半场。告诉我们什么理论? 上半场往往用传统的方式方法超额完成任务,而下半场往往一事无成,上半场普通的水壶烧就是了,普通的煤气灶就是努力烧,敬业烧就行了。下半场用传统的方式方法不行,怎么办? 改革创新,这个小故事告诉我们,很多情况下我们必须改革创新。

因为我们叫小学教师教育也好,叫我们一般的意义上教师教育也好,走到了今天,上半场取得了丰硕的成果。我们看看下半场,如果还是按照以往的一些传统的方式方法推进的话也很难说,很可能陷入我这个烧开水效应,或者半场理论的泥潭,那就很麻烦。从现在开始刚刚过半场这时候,我们必须有这种前瞻性的意识,有改革创新的意识。探索新的工具,刚才那个烧开水的新的工具是什么? 前半截普通水壶就行,后面不行,换成高压锅,高压锅很容易到达 120 度,小学教师教育的高压锅在哪? 要探讨这个东西。要从 U、D、S 这三个方面来讲。

一是关于指导思想。核心的价值理念。

二是一些做法,咱们首师大怎么做? 当然借鉴兄弟院校的经验。

三是成果。

关于指导思想,上半场普通的做法就可以了,下半场首师大自从 2001 年以来,创设教师发展学校这样一个大项目,这个大项目以来,观念、理念不断发生变化。2009 年前后,逐渐形成了反哺、超越和激活教师教育核心的一个理念。在这种理念的指导下,形成了以理论和实践双向激活一体化为特征的教师教育基本模式。

第一,所谓的反哺,凸显中小学实践的丰富性,中小学实践我们说 1 亿学生,600 万多教师,每一个课堂都是有丰富的教育教学的一个实验室,都是一个实验,一个个的实验室。具体的内容就是在这个凸显中小学实践的丰富性的过程中,要鼓励我们大学教师到中小学现场汲取鲜活的实践智慧。太鲜活了,丰富多彩,我们说了这么多的学校,这么多的老师,他们在个人实践中不断地有这样那样的智慧涌现出来。值得大学教师学习！而丰富的实践又激发大学教师教育的活力，改进大学教师教育。最终大学教师教育的教学教材，来自鲜活的中小学实践，职前教师的教育扎根理论学习，又面向生动的实践，这三条构成了第一条反哺，中小学要反哺大学。因为他们具有丰富的实践性。

第二，过去所谓的超越。超越就是摆脱既往的路径依赖，我们又习惯于这样走，习惯于这些做法，这样讲课，这样教学，几十年如一日。有些人驾轻就熟，掌控能力也非常强，但是又可能陷入了路径依赖的那个怪圈。这里边包括三点含义，一个是大学教师教育既要基于实践，基础教育的实践，又要突破经验的局限。我们知道中小学教育实践虽然丰富，但是有时候日常的这些经验，不可信，不可复制，也存在这样那样的问题。不能所有的经验都纳入教学体系中来，作为我们大学教师教育的内容。比如说有的中学教师，经过他个人专业的成长，最后成长为特级教师，深受学生欢迎，他的努力程度几乎没有关系，大家都很敬业。但是有的死活成不了高级教师。什么原因？恐怕与经验的路径依赖有直接关系，摆脱教师教育的路径依赖，构建适契的、适用的教师教育专业理论，这是我们的基本职责。

同时也避免堆砌中小学经验用于大学教师教育的做法。要开拓理论自觉的实践空间，这是第二条，超越既往的那些传统的一些做法。

第三，激活，推进理论和实践的创新。我们的理论是来自实践的，那么通过教育实践，我们生成了一种教育理论，或者叫实现了理论创新。在这个基础上，又有一些新的实践的问题出现，实践问题需要解决。那倒逼我们必须挖掘深层的教育理论，要实现深层次的理论的创新，这是要实现激活，理论的激活和实践的双向激活。我们的实践过程中，有的问题就是浅显的问题，很难成为理论的问题，我通过理论创新对实践有激活的一种作用。而这个实践又激活新的理论，这种双向的理论和实践的激活，是一个问题。这是我们首师大多年来探索的一个指导思想。

第二部分，关于实践的举措，干什么、怎么干、干了什么事。

第一条，完善教师教育学科群的建设。整合教育学科内部的各个学科，完善教师教育的首师大模式，同时协同教育学科和各个教学学科建立教育专业生态的体系，实现理论实践在开放、合作、实践、双通道的 US 共同体，有 D,D 是区域。我们在这个基础上，有教师教育的课程和教学体系，以及专业素养实现教师专业素养提升，这几个层面上，我们共同推进理论和实践的双提高。这是一个做法，学科群建设。

第二，构建"五位一体"的教师教育工作体系。我们这个工作体系一直那么延续下来了，全国差不多，都是这么做下来的。注意，我们说学科建设和这个教师教育这样一个导向有时候发生了偏差，有学科建设比如学科评估的时候，评估什么？你的知识创新，发表了多少论文，有影响的，重大的成果。主要是考察这个，而教师教育更多的时候是培养更多的好老师，优秀的教师，这两者之间有偏差，虽然也有一定的一致性，但是毕竟说的不是一回事，这样在教师教育这样一个导向，好教师的导向上推进我们的工作，而不是学科，学科提供有效的支撑，这样一个导向，终极的目的是培养好老师。按照实践要求推进理论建设，不是按照别的要求，特指有很多别的要求。但是我们在教师教育工作的过程中，一定要按照实践要求，需要什么样的好老师，我们就朝哪个方向发展理论。

我们按照理论要求推进标准建设，实践要求推进理论建设，理论要求推进标准建设，按照标准要求推进课程建设，按照课程要求推进实验室建设。按照实践要求推进基地建设，基地建设"U、D、S，"这样实际上就是我们传统的实习的概念上升了，成为一个共同体了，U、D、S 共同培养学生这样一个概念，五位一体这样一个工作状态。

第三方面，夯实 U、D、S 教育共同体，推进区域教育的变革。北京跟大省不一样，是一个城市。所以说这些区现在没有县了，突然想起来，这个县应该去掉，与各个区域构成一种良好的合作伙伴关系，实质性地推动区域教育的实践。它需要什么，它是客户端，学校和这个区域和区县区的教委，他们是客户端。客户端当然要参与到我们教师教育的过程中来，就像我们在超市买东西一样,这个东西是不是有效的,有那么多的客户来购买,道理是一样的。这是终端,要参与到我们前端中来,这个道理。

再就是构建学校教育、家庭教育、社会教育共同的生态体系。大家知道学校教育不是整个教育的全部,三全育人,全时空的教育,家庭、社会、学校,都是我们首师大努力的方向,最近成立了家庭教育中心,这可不是首师大的牌子,是教育部的牌子,教育部、关工委、家庭教育中心。最后北京市家庭教育中心的牌子就在这儿成立的,就在这个会场成立的。那么构成一个生态体系,大家知道只有局部的教育到了其他地方,如果是背道而驰的话,那么很快就把你这个正教育给你消化掉。前段时间我发表了一篇论文,我把教育分成三个子概念,一个是叫正教育,再一个叫零教育,还有一个是负教育。

我们说激发、启迪人的生命力,唤醒人的这种精神状态,构建人的生存方式,符合这样一个标准要求的,那就是都叫正教育,不符合那是负教育,或者零教育。零教育就是没有起到什么作用,负教育就是背道而驰,这个东西很厉害,我就发现很多我们教育工作者在做负教育的事。我们教育工作首先要明白教育的本质是什么,教育的目的追求的是什么,这是最根本的方面。所以构建家庭教育包括社会教育,良好的生态这显得尤为重要。

第三方面,变学科导向为需求导向。刚才其实我们已经说过了学科导向就是我们高等学校现在追求的核心竞争力,今天上午还说了,首都师范大学评估学科 5 个 A 级,6 个 B+,还不错。变学科导向为需求导向,需求导向就是更加准确,靶向定位,形成充满活力的教师教育一体化的一种全新的模式。

第三方面,报告一下成果。首师大上午没有来得及说,现任的 5 万名中小学教师中,学校毕业生占到 55%。幼儿教师中毕业生占到 90% 多,小学教师也是一半,没有再分开。形成了具有鲜明教师教育特色,具有教师教育学前、小学、中学一体化这样一个体系。咱们今天开会的主办方是初等教育学院,我们还有学前教育学院,学前教育培养幼儿教师,中学那就是教师教育学院以及相关的各院系都在培养,构成了这么一个完整的教师培养体系。同时增加师范生的招生计划,构建本硕贯通一体化培养的专业教师,其实本硕博还有教育博士,贯通的一种模式。

再一个是师范生质量也是显著提高,与基础教育契合度明显提高,这是从客户端反馈到的消息,不断地提到校长,中小学校长反馈这样一种消息。

最后,我想借用习近平总书记的话,总书记说:首都师范大学是一所很好的学校,是一所很有分量的学校,特别是在基础教育方面功不可没,培养了大量人才,整个学校状态很好,技术很好,前景很好。一直用习近平总书记给我们的这样的鼓励,来勉励自己不断提升我们的教师教育质量,为北京市乃至全国培养更多高质量专业化的教师,我简单报告到这儿,谢谢大家!

培养高素质创新型国际化小学教师

韩筠

高等教育出版社副总编

尊敬的各位专家、老师：

上午好！很高兴受大会邀请，在此与大家就小学教师教育、以"互通、互鉴、互融——面向未来·优质发展"为主题，进行学术交流。在高等教育中，专业是人才培养的基本载体，课程是教育教学的第一公里。今天，我主要从专业和课程建设入手，分享一流课程建设与一流本科专业建设的有关思考，为面向未来的小学教师教育发展提供一些参考。

一、小学教师教育面临的新机遇与新挑战

教育之初决定未来之路。小学教育是培养时代新人的基础，小学教师肩负着广大小学生引路人的责任与使命，小学教师的培养质量关乎小学生的未来乃至国家的未来。我国小学教师教育从 20 世纪 90 年代几所学校开办起步，到现在短短 20 多年，经历了从小大专、专科到本科，从数量扩张走向质量提升的内涵式发展历程。在座的许多人都亲身经历了这一过程。

我国党和政府历来高度重视教师队伍建设。近年来，国家《关于全面深化新时代教师队伍建设改革的意见》《教师教育振兴行动计划（2018—2022年）》相继出台。2020 年，召开全国教师发展大会，旨在大力振兴教师教育，全

面提高中小学教师质量,建设一支高素质专业化的教师队伍。教育部《关于实施卓越教师培养计划 2.0 的意见》更是强调提出,要培养素养全面、专长发展的卓越小学教师。至此,我国小学教师教育迈入以高质量发展为主线,全面建设高素质专业化创新型教师队伍的新征程。小学教师教育迎来前所未有的发展机遇期。

面对深刻变化的国内外形势和经济社会发展的新要求,我国小学教师教育还存在着许多亟需破解的时代课题和新的挑战。一是新的教育教学理念对小学教师培养产生冲击。"以学习者为中心"的教育理念要求小学教师教育者能够真正发挥学生的主体性,从知识传授者转变为学生自主学习的引导者。"关注儿童发展"的教育理念要求小学教师教育者引导师范生"看见"儿童、"读懂"儿童、教育儿童,促进儿童的成长。二是现代化学科建设对小学教育专业的学科基础期待更高。学科建设是提高人才培养质量的关键,现代化建设进程要求小学教师教育立足传统的学科优势和经济社会发展的新需求,凝练学科理念,完善学科布局,突出学科特色,构建学科内容与研究方法体系,着力提升专业的整体实力和影响力。三是师范专业认证对小学教育专业课程体系以及培养体系提出更高要求。在师范专业认证背景下,一些开设小学教育专业的学校暴露出培养目标不清晰、课程体系不完善等问题。师范专业认证是推动教师教育综合改革"牵一发而动全身"的突破口和着力点,借助师范专业认证完善小学教师教育课程体系,贯通培养培训体系恰逢其时。四是新一代信息技术和人工智能的发展推动小学教师教育的新变革。"互联网+""智能+"催生出新的教育生产力,打破了原有的教育教学理念、学科体系结构、教学组织形式、师生关系、教育管理以及小学校园的物理形态,小学教师教育必须适应开放教育的新要求。

面对新理念、新技术的融入以及新时代高质量培养的要求,关注小学教师的专业化、信息化发展,小学教师教育必须加强专业建设,作出面向未来的积极回应。

二、以一流课程建设推动小学教育专业发展

专业是人才培养的载体，构成专业的主要支撑是课程和教材，实施好专业教育的主体是教师。专业建设是课程建设的指引，课程建设是专业的重要支撑。小学教育专业在办学 20 多年、纳入本科专业目录仅 9 年的基础上，要建设一流专业，难度可想而知。建设一流的小学教育专业，就要以建设面向未来、适应需求、引领发展、理念先进、保障有力的专业为目标，着力于课程建设、教学改革和师资队伍建设等基本要素的建设与提高。

2019 年 10 月，教育部发布《关于一流本科课程建设的实施意见》，提出一流本科课程"双万计划"的建设目标：经过三年左右时间，建成万门左右国家级和万门左右省级一流本科课程，课程涵盖"线上一流课程、线下一流课程、线上线下混合式一流课程、虚拟仿真实验教学一流课程、社会实践一流课程"五类一流课程。推进小学教育专业的一流课程建设，是当下具有现实意义和实践价值的重要任务。经由研究和思考，我们认为通过建设一流课程推动小学教育专业建设的主要路径是：

第一，以一流课程建设引导人才培养理念的转变。教师教育作为培养培训教师的领域，无论是基于知识取向、技能取向、实践取向还是研究取向，最终都应回归人本取向。小学教育专业要将儿童作为专业的基本出发点，对儿童展现出更加强烈的服务伦理和责任感，引导未来小学教师树立正确的儿童观、学生观，学会研究儿童与科学教育儿童。在一流课程建设中融入儿童的学习、生活与成长，转变强化知识和技能教学的传统教育教学理念，让未来教师学会以"儿童为中心"，学会"尊重儿童""倾听儿童"，基于"儿童视角"进行教育行为选择，从而为我国基础教育事业输送专业化的小学教师，使小学生从小学教师教育改革中真正获益。

第二，以一流课程建设促进小学教育专业的优化升级。首先，基于"儿童本位"，凝练人才培养理念与目标，构建符合新时代小学教师培养需要的课

程方案与课程标准。其次,依托集课程团队、教学团队、教研团队于一体的专业团队开展一流课程建设,注重课程内容由学科逻辑向问题逻辑转变,以教学技能为抓手、学科知识为基础、学科教学为手段、研究能力为内涵、关注儿童为目的,从这 5 个方面发力,形成小学教育专业课程的逻辑体系和内容体系。最后,在一流课程建设的基础上,开展课程教学研究,深化学科理论基础,形成学科知识体系与研究方法体系,从而构建高质量的专业体系,助力小学教育专业不断优化升级。

第三,以一流课程建设推动课堂教与学方式的变革。当下的小学教师教育课堂,师生关系发生了根本性变化,教师逐渐从知识的传授者,转变成为学生的知识引导者和共同学习者,师生互动更加高效。信息化技术普遍应用,对教与学的方式产生了直接而深刻的影响,课堂教学模式从"以教为中心"转变为"以学为中心"。教师角色的转变和学习者学习方式的变化,迫切要求课堂教学发生变革。在一流课程建设中,充分利用虚拟现实、人工智能等技术,采用翻转课堂、混合式教学等形式,推动以自主、合作、探究为主要特征的课堂教与学方式的变革,推进课堂教学呈现出全新的面貌,有效助力教师的高质量输出。

第四,以一流课程建设催生教与学环境的多元化。教学环境的建设与优化有赖于新技术的应用。在线课程的广泛应用,创造了"时时能学、处处可学、人人皆学"的教学空间。信息技术赋能的混合式教学教室、多功能互动教室等智慧教学环境,激发出更多的教学活力和更高的教学效率。小学教育专业线上课程、线下课程、线上线下混合式课程、实践类课程、虚拟仿真系统的建设,有效地融合各类教学资源,促进教与学环境中物理空间、资源空间和社交空间的全面整合。学生可以不单纯依靠教师和课堂,而是借助多元化途径获取大量的课程信息、学习专业知识和专业技能。

三、构建一流课程与教材建设体系,服务小学教育人才培养

高等教育出版社下设的教师教育出版事业部,作为国内重要的教师教育类课程资源研发出版基地,自 2002 年成立以来,在教育部教师工作司指导下,出版精品教材一千余种,涵盖在校师范生培养和在职中小学幼儿园教师培训领域。受教育部教材局委托,开展义务教育课程标准、普通高中课程标准研制和解读的出版工作。在小学教育专业领域,积极与小学教育专业院校开展合作,逐步建成了包括精品教材、在线课程、数字课程资源的专业化、立体化、高质量的课程教材服务体系,为小学教师专业化培养贡献了力量。

在精品教材建设方面,2003 年开始组织编写、经专家审定、出版高等院校小学教育专业教材。目前已出版一百余种,覆盖本专科层次,其中"太阳花"系列累计有八十多万名师范生作为教材使用。多种教材入选国家级规划、获得各类奖项。近日国家教材委员会公布首届全国教材建设奖,"太阳花"系列中,由华中师范大学邢福义教授主编的《现代汉语》、南京师范大学李学农教授主编的《班级管理》荣获"全国优秀教材二等奖"。当前,面向新时代小学教师培养需要,我们正在积极推进反映时代性、应用性和创新性的系列教材的编写与出版。

在课程资源建设方面,组织建设小学教师教育国家级精品资源共享课一百多门,全部在"爱课程"网上线,其中多门课程已升级为在线开放课程,获得"国家一流本科课程"荣誉。例如,一流课程"小学语文教学设计"自 2018 年上线以来,开设 7 轮累计 7.6 万人在线学习,取得了广泛的社会影响。同时,采用二维码方式,为六十余门核心课程教材配套课程微视频/音频、教学课件、教学案例、拓展阅读资料等,建成小学教育专业教学资源库。

四、展望面向未来的小学教师教育

展望未来，我们需要对小学教师教育"服务什么样的儿童""建设什么样的专业""培养什么样的教师"的时代之问作出中国之解。下面粗浅地谈三点设想：

第一，服务什么样的儿童。教育是一项面向未来的事业，教育的本质是培养人，小学教育专业的服务对象包括两个层面：未来教师、儿童，最终指向是儿童。儿童又具有两个属性：当下的儿童、未来的人。儿童有自身的成长规律与发展需要，对于儿童教育的指向是把他们培养成为马克思主义所讲的全面发展的人。教育的根本是立德树人，五育并举，德育为先，就是要培养合格乃至优秀的社会主义建设者和接班人，培养有责任感、有社会担当的时代新人。小学教育就是要为儿童成为未来完整、全面的人，合格乃至优秀的人才奠定基础，这也是小学教育专业发展的根本所在。

第二，建设什么样的专业。小学教育有别于重视基于学科领域的中学教育、大学教育，小学教育专业既不是教育学前加"小学"，也不应该是教育学与其他方向学科的简单相加。过去数十年，小学教育专业在人才培养上，存在综合培养与分方向培养之争，在教育性多一点还是学科性多一点上摇摆不定，对于小学教育专业的学科基础，是不明确的。正确回应这一问题需要真正认识小学教育专业的要求。面向未来的小学教育专业，是围绕儿童、基于儿童的小学学科，在遵循小学生身心发展规律的基础上去适应社会发展规律。小学教育专业要以小学儿童为研究和服务对象，以立德树人为根本任务，以促进小学儿童全面发展为目的；要在树立正确儿童观、学生观、教育观和教师观的基础上，强化与服务对象的联系与责任，建立以小学儿童身心发展规律与教育规律为主要内容的小学学科基础。

第三，培养什么样的小学教师。小学教师承担着为整个教育奠定基础，为儿童的后续发展铺好底色的重要职能。面向未来的小学教师，应该是师德为标、素养全面、能力为重、持续发展的专业教师，努力做"四有"好老师，坚持做学生锤炼品格、学习知识、创新思维、奉献祖国的引路人。具体而言，要坚持儿童本位，做儿童成长的陪伴着、引导者，以理解儿童、尊重儿童、关爱儿童为前提选择自己的教育行为；要为小学生打开世界的大门，"要为他们的发展提供一个关于世界的整体和扼要的情景"；要注重自身的发展，通过开展教学和研究，将教书育人和自我修养相结合，做终身学习者，实现专业发展。

正如顾明远先生在《未来教育的变与不变》中所言："互联网使教育发生重大的，可以说是革命性的变革。但教育传承文化、创造知识、培养人才的本质不会变，立德树人的根本目的不会变。"伴随着现代化国家建设的进程，小学教师教育必将显现出更加光明的发展前景。期待小学教师教育发展的各方力量共同推进一流课程和一流专业建设，共同助力小学教师培养、助力儿童发展，为中华民族立德树人、建设教育强国、办好人民满意的教育贡献智慧和力量。

小学教师跨学科教育素养：内涵、结构与培养

马勇军　赵雨佳
青岛大学师范学院

摘要：小学教师跨学科教育素养是指小学教师整合学科内容或设计跨学科问题进行教育教学的基本理念、基础知识和基本能力。对儿童及儿童发展核心素养的认识是跨学科教育素养的哲学基础，各学科知识的学习与贯通是跨学科教育素养的知识基础，课程理解与课程整合能力是跨学科教育素养的能力基础，合作意识与终身学习习惯是跨学科教育素养的品质基础，项目式学习组织是跨学科教育素养的操作基础。为了培养小学教师跨学科教育素养，要明确和细化教师跨学科教育素养目标，运用逆向设计思路规划课程；培养过程中多采用项目式学习方式，加强对跨学科学习的感受；实践教学中注重跨学科教学实践、指导与反思。

关键词：小学教师；跨学科教育素养；课程整合；项目式学习

学生发展核心素养总体包括两大部分，一是学科核心素养，二是跨学科素养。学科核心素养已经体现在新课程标准中，从学科知识到学科素养成为课程教学的重大变革导向。而近几年来，跨学科核心素养也得到了空前的关注，正在成为基础教育领域新的理论增长点和实践改革热点，也给综合实践活动、STEM、项目式学习等研究领域注入了新的活力。同时，国家对跨学科教育也一直非常重视。2010 年 7 月，教育部在《国家中长期教育改革和发展规

划纲要(2010—2020 年)》中提出基础教育"跨学科、跨领域的科研与教学"综合发展的任务要求。[1]2014 年 3 月,教育部在《关于全面深化课程改革落实立德树人根本任务的意见》中提出,"要充分发挥学科间综合育人功能,开展跨学科主题教育教学活动,将相关学科的教育内容有机整合"[2]。跨学科教育对教师提出了更高要求,培养教师跨学科教育素养刻不容缓。

从当前小学教育专业状况来看,大部分学校仍在定位全科教师培养。学者们对小学全科教师的内涵诠释普遍从学科的角度出发。如刘艳[3]、徐红[4]等人认为小学全科教师应具备胜任小学阶段多学科教学的能力,而邢喧子、邓李梅认为小学全科教师应具备教授小学阶段所有学科的能力。[5]随着学生发展核心素养的提出,小学课程教学目标更加关注于人的发展而非学科本身,课程统整、STEM、项目式学习、跨学科教学成为小学课程改革的热点。笔者认为,小学教师培养也应从全科教学定位向全人教育方向转变,具备跨学科教育素养应该成为小学教师职前培养的重要目标。

基于此,本研究旨在阐明小学教师跨学科教育素养的内涵、剖析小学教师跨学科教育素养的结构,并提出小学教师跨学科教育素养的有效培养策略。

一、小学教师跨学科教育素养的内涵

要理解"小学教师跨学科教育素养",应深刻把握"跨学科""跨学科素养"的内涵,并结合小学教师的特点。概念界定的基本思路如图 1 所示。

---

[1]　教育部:《国家中长期教育改革和发展规划纲要 (2010—2020 年)》,(2010-07-29) [2021-09-16][EB/OL].http://www.moe.gov.cn/srcsite/A01/s7048/201007/t20100729_171904.html。
[2]　教育部:《教育部关于全面深化课程改革落实立德树人根本任务的意见》,(2014-03-30) [2021-09-16].[EB/OL].http://old.moe.gov.cn/publicfiles/business/htmlfiles/moe/s7054/201404/167226.html。
[3]　刘艳、伍远岳:《课程整合视角下的小学全科教师及其培养》,《当代教育科学》,2020 年第 1 期。
[4]　徐红、龙玉涵:《发达国家小学全科教师培养模式的特点及启示》,《河北师范大学学报》(教育科学版),2020 年第 3 期。
[5]　邢喧子、邓李梅:《农村小学全科教师核心素养的养成策略》,《基础教育研究》,2017 年第 19 期。

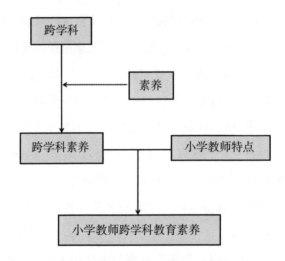

图1 小学教师跨学科教育素养概念界定思路图

(一)跨学科

"跨学科"一词,最早出现于 20 世纪 20 年代的美国,由哥伦比亚大学心理学教授伍德沃斯首次公开使用。[①]20 世纪 80 年代,该词开始进入中国视野,引起了学者们的广泛关注和研究。[②]

长久以来,国内外学者对"跨学科"的界定可谓仁者见仁,智者见智。Jonnes & Merrit 把跨学科定义为一种整合不同学科知识的能力;[③]Schmoch认为跨学科是不同学科整合的结果;[④]Relke 将跨学科定义为"整合的学问"[⑤];我国学者杜俊民从"跨"字的含义出发,认为跨学科是指"超越一个已知学科的边界而进行的涉及两个或两个以上学科的实践活动"[⑥];刘仲林教授将跨学科定义为"打破学科壁垒进行涉及两门或两门以上学科的科研或教育

① 陈涛:《跨学科教育:一场静悄悄的大学变革》,《江苏高教》,2013 年第 4 期。
② 陈涛:《跨学科教育:一场静悄悄的大学变革》,《江苏高教》,2013 年第 4 期。
③ 陈婵、邹晓东:《跨学科的本质内涵与意义探析》,《研究与发展管理》,2006 年第 2 期。
④ 陈婵、邹晓东:《跨学科的本质内涵与意义探析》,《研究与发展管理》,2006 年第 2 期。
⑤ 陈婵、邹晓东:《跨学科的本质内涵与意义探析》,《研究与发展管理》,2006 年第 2 期。
⑥ 杜俊民:《试论学科与跨学科的统一》,《科学技术与辩证法》,2014 年第 4 期。

活动"①。

　　结合众多学者们对于"跨学科"的理解,笔者认为跨学科是指打破学科界限,促进两个及两个以上学科互动、合作、融合、整合的教育或研究活动,是重建不同学科内在联系的纽带,是解决复杂问题和创新知识的有效途径。

(二)跨学科素养

　　1997 年,OECD 发起"素养的界定和遴选"项目,并将素养定义为"在特定情境中利用并调动包括技能与态度在内的心理社会资源满足复杂需要的能力"②;国际学生测评项目 PISA 对素养的定义是"学生将学校所学的知识和技能应用于日常生活,面临各种情境和挑战所具备的能力"③;我国在《中国学生发展核心素养》指出核心素养是指"学生应具备能够适应终身发展和社会发展需要的必备品格和关键能力"④。我国一些学者也提出了对"素养"的理解。赵雪晶基于词源学的角度指出素养是人类个体经由平时修养而形成的知识、能力和品德等;⑤王奕婷认为素养是知识、技能、价值观、情感等多个维度的整合;⑥邹小明提出素养是知识、技能与态度的综合表现,并强调了素养的过程性。⑦

　　综合分析发现,素养是一个内涵丰富且不断发展的概念。笔者将其归纳为以下几点:①素养是一种适应社会发展和挑战的能力,②素养是一种稳定的特质系统,③素养包含知识、技能、情感、品德、价值观等一系列要素。

　　结合对"跨学科""素养"的理解,笔者认为跨学科素养是指个体所拥有的

---

① 刘仲林:《现代交叉科学》,浙江教育出版社,1998 年,第 6 页。

② Organisation for Economic Co-operation and Development (OECD), The definition and selection of key competencies: Executive summary, 2005, Retrieved from https://www.oecd.org/pisa/35070367.pdf.

③ 李艺、钟柏昌:《谈 "核心素养"》,《教育研究》,2015 年第 9 期。

④ 林崇德:《中国学生核心素养研究》,《心理与行为研究》,2017 年第 2 期。

⑤ 赵雪晶:《我国中学教师教学评价素养研究》,华东师范大学博士学位论文,2014 年。

⑥ 王奕婷:《基于跨学科素养的课程整合研究——以芬兰基础教育为例》,华东师范大学硕士学位论文,2018 年。

⑦ 邹晓明:《跨界学习:非连续性文本阅读素养生成的有效路径》,《教育探索》,2019 年第 5 期。

促进不同学科互动、合作、融合、整合,从而解决复杂问题和创新知识的稳定的特质系统,包含知识、能力、情感、态度、价值观等一系列要素。

(三)小学教师跨学科教育素养

小学教师的特点在很大程度上是小学教育的特性所决定的。小学教育不仅要使儿童掌握基础知识和基本技能,还要让儿童在小学阶段学会学习,形成良好的学习习惯。更为重要的是注重培养儿童解决问题的能力,促进儿童的德智体美劳全面发展,为儿童的终身学习打下坚实的基础。所以,小学课程(如道法、科学等)具有综合性特点,即使语文、数学等学科课程也要求紧密联系学生生活,注重立德树人。这就要求小学教师要突破学科界限,根据儿童身心发展规律和成长需要设计和实施教育教学活动。结合跨学科、素养的内涵,笔者认为小学教师跨学科教育素养是指小学教师整合学科内容或设计跨学科问题进行教育教学的基本理念、基础知识和基本能力。

二、小学教师跨学科教育素养的结构

小学教师跨学科教育素养已成为核心素养背景下教师教育改革的必然要求,它是一个丰富的系统,涵盖了理念认识、知识、能力等一系列要素。但笔者认为其基本结构由哲学基础、知识基础、能力基础、品质基础以及操作基础五个“基础”构成,具体如图 2 所示。

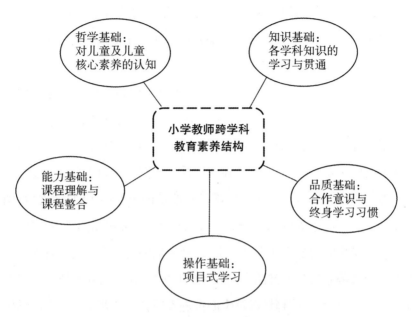

图2　小学教师跨学科教育素养结构图

（一）哲学基础：对儿童及儿童发展核心素养的认识

小学教师跨学科教育素养的哲学基础包含两个层面，一是小学教师对儿童的认识，二是小学教师对儿童发展核心素养的认识。

第一个层面是对儿童的认识。卢梭认为，儿童有着不同于成人的特殊需要，他们有其独特的想法和感情，成人不能拿自己的想法和感情去代替他们。[1]小学教师面对的是 6~12 岁的儿童，因此教师必须走近儿童、认识儿童、尊重儿童，从儿童的角度去理解儿童。安桂清教授也曾提出儿童学是教师教育课程的重要组成部分，是实现"以儿童为本"的重要方式。[2]"儿童学"的概念最早由美国学者奥斯卡·克里斯蒙提出，他认为儿童学是研究儿童身体机

---

① ［法］卢梭：《爱弥儿》（上），李平沤译，人民教育出版社，1985 年，第 84 页。
② 安桂清、冯鲁红：《我国教师教育课程中儿童学课程设置的构想》，《全球教育展望》，2012 年第 10 期。

能、心理发展及生活环境的纯科学。①不同的学者对儿童学有着自己的理解，但是不管定义如何，大家普遍认同的是儿童学注重儿童独特的生理、心理、情感与需求，体现了对儿童学和儿童本身的尊重。

第二个层面是对儿童发展核心素养的认识。"核心素养"，其英文为"Key Competencies"。2002 年，"Key Competencies"一词在欧盟关于《知识经济时代的核心素养》的研究报告中被首次提到，其认为核心素养代表了一系列知识、技能和态度的集合。②"核心素养"在我国受到广泛关注源于台湾中正大学的蔡清田教授指出"核心素养"对于中国教育改革的重要性。③自此之后，国内学者展开了对核心素养的深入研究。林崇德等（2016）提出了"核心素养"是指学生在接受相应的学段教育过程中，逐渐形成的适应个人终身发展和社会发展需要的必备品格与关键能力。④2016 年 9 月，在落实立德树人根本教育任务、适应世界教育改革趋势以及全面推进素质教育的背景下，《中国学生发展核心素养》的总体框架在北京师范大学正式发布。核心素养总体框架当中以"全面发展的人"为中心，将核心素养分为文化基础、社会参与、自主发展三个方面。分别表现为六大核心素养：人文底蕴、科学精神、责任担当、实践创新、学会学习、健康生活。⑤教师应该充分认识儿童发展核心素养的内涵和价值，打破"学科本位"的思想，站在促进学生全面发展的高度，努力提升自己的跨学科教育素养。

在这两个层面中，第一个层面即"对儿童的认识"是基础，首先关注儿童的现在、尊重儿童现在、基于儿童现在，这是进行跨学科教育的基础；第二个层面即"对儿童发展核心素养的认识"是指引，要理解儿童的未来是什么样子、未来对儿童意味着什么、未来儿童应该具备何种素养，基于这些理解引领着跨学科教育的方向。只有以儿童发展为本，朝向儿童核心素养，才能不受

---

① ［日］关宽一：《儿童学概论》，程王雪译，公民书局出版，1922 年，第 12 页。
② 褚宏启：《核心素养的概念与本质》，《华东师范大学学报》（教育科学版），2016 年第 1 期。
③ 蔡清田：《"核心素养"：新课改的目标来源》，《中国社会科报》，2012 年 10 月 10 日。
④ 林崇德：《21 世纪学生发展核心素养研究》，北京师范大学出版社，2016 年，第 5 页。
⑤ 核心素养研究课题组：《中国学生发展核心素养》，《中国教育学刊》，2016 年第 10 期。

学科限制进行跨学科教育教学。

(二)知识基础:各学科知识的学习与贯通

小学阶段以综合课程为主,小学阶段跨学科学习活动较多,在跨学科教学设计与实施中自然需要多个学科的知识。教师对各学科知识的学习与贯通直接影响着跨学科教育教学质量。换言之,一名教师若想提高跨学科教育素养,不仅需要对所任教学科的知识进行较为科学、系统的把握,还必须广泛学习其他学科知识,使各学科知识融会贯通。

这里的各学科知识包含两个方面:一是各学科基础知识,二是各学科教学知识。在跨学科教学过程中,拥有扎实的各学科知识使教师在面对综合性问题情境时,能够充分调动头脑中与该问题相关的学科知识,通过不同学科的相关联系、运用多学科的视角和方法引导学生在问题情境中解决问题。而丰富的各学科教学知识能使教师明确跨学科教什么、如何进行跨学科教学以及何时进行跨学科教学。对各学科知识的学习与贯通,是小学教师跨学科教育素养的知识基础。

(三)能力基础:课程理解与课程整合能力

关于"课程理解"和"课程整合",学者们对两者有着丰富的诠释。但作为小学教师跨学科教育素养的核心能力,笔者对这两个概念有着新的理解——课程理解能力指向"跨什么"和"为什么跨",而课程整合能力指向"如何跨",理解什么是课程才能进行课程整合,即课程理解是课程整合的前提。

在儿童发展核心素养理念的指引下进行课程整合,势必要打破书本、学科和学校的界限,开辟更为广阔的课程空间。具体来看,教师进行课程整合应遵循以下三点:一是儿童为本,尊重儿童的兴趣和需要;二是联系生活,关注实际生活中的现实问题;三是依托学科,从不同学科的交叉点出发或用不同学科聚焦某一综合性问题。因此,小学教师跨学科教育素养所具备的课程整合能力应是整合不同学科并突破单一课程形态进行跨学科教育教学的能力。再反观"课程理解"的概念,笔者认为课程理解能力是指教师一能明确需要整合的学科内容,二能了解不同学科、不同课程形态促进儿童发展的价值。

(四)品质基础:合作意识与终身学习习惯

小学教师跨学科教育素养对教师的认知、知识与能力都提出了一定的要求。但不管是在多学科知识的学习贯通过程中,还是在课程理解与整合的过程中,教师的合作意识和终身学习习惯始终是这些过程得以顺利进行的内在支撑。

Ruggle 曾提出"合作团队关系"一词能更好地代替"跨学科",他所理解的跨学科并不是简单的多个学科一起工作,而是拥有不同学科背景的多个个体用他们的专业知识来解决共有的问题。①的确,在跨学科学习中需要多个教师配合完成,甚至需要家校合作、家校社协同,因此教师的合作意识是进行跨学科教学的必要品质。同时,跨学科教学设计与实施过程中不可避免地会遇到知识能力的欠缺问题,这就需要教师在与他人合作的同时,自身也要具备终身学习的习惯。总之,合作意识与终身学习习惯是教师跨学科教育素养的品质基础。

(五)操作基础:项目式学习组织

项目式学习的思想源于杜威,发展于克伯屈。1918 年,克伯屈首次提出项目式学习的概念并进行了实践。近年来,随着全球教育对"素养"的重视,项目式学习作为培养学生素养的有效途径也得到了广泛的关注。

20 世纪末,美国著名项目式学习研究机构巴克教育研究所(Buck Institute for Education,BIE)将项目式教学定义为"学生在一段时间内对与学科或跨学科有关的驱动性问题进行深入持续的探索,在调动所有知识、能力、品

---

① Ruegg W.,Interdisciplinarity in the history of the European university,*Global Environmental Change*,1997(8).

质等创造性地解决新问题、形成公开成果中,形成对核心知识和学习历程的深刻理解,能够在新情境中进行迁移"①。我国一些学者对项目式学习的内涵也有着丰富的界定。周振宇认为项目式学习是以解决问题为目的的超越学科的学习活动;②郭华认为,项目式学习是在系统学科知识学习的基础上,学生综合运用多学科学习成就进行自主学习的一种综合性、活动性的教育实践形态;③夏雪梅指出单学科的学习不能很好地提高学生的学习素养,学生需要跨学科的实践和学习,而项目化学习指向学生的学习素养,可以融通学科素养和跨学科素养。④

综合分析发现,项目式学习是围绕具体的任务,通过跨学科学习和实践,提高学生跨学科素养的有效途径。而教师在教学过程中起着不可或缺的主导作用,是教育教学活动的组织者和实施者,是影响教育教学成效高低的核心因素。简言之,教师对教学的组织决定着教学是否能够顺利、有效进行。因此,学生进行项目式学习,也无法脱离教师的指导进行。教师对学生项目式学习的组织能力是其跨学科教育素养的操作基础。

三、小学教师跨学科教育素养的培养

教师跨学科教育素养的培养非一日之功,是一个持久而缓慢的过程。因此,在其内涵和结构的基础上,笔者将从小学教育专业课程设置、培养过程和实践教学环节这三个方面提出相应地培养策略,以切实促进小学教师跨学科教育素养的形成与提高。

---

① Buck Institute for Education. What is PBL? [EB/OL].http:// www. bie. org /about /what_pbl. 2014-3-1 / 2016-2-2.

② 周振宇:《项目式学习:内涵、特征与意义》,《江苏教育研究》,2019 年第 4A 期。

③ 郭华:《项目式学习的教育学意义》,《教育科学研究》,2018 年第 1 期。

④ 夏雪梅:《学科项目化学习设计：融通学科素养和跨学科素养》,《教育研究与评论》(中学教育教学),2018 年第 9 期。

（一）明确教师跨学科教育素养目标，运用逆向设计思路规划课程

20世纪50年代，拉尔夫·泰勒提出教育工作者应以教育目标为出发点，组织规划和具体开展课程开发活动，强调了教育目标的核心作用。威金斯和迈克泰（Grant Wiggins & Jay McTighe）在对泰勒的目标模式进行深入研究的基础上，进一步提出了"逆向设计"模式，一种运用逆向思维设计教学的方法模式。威金斯和迈克泰提出了逆向教学设计的三个步骤：①确定预期的学习目标，②确定如何证明学生实现了理解的标准与措施，③安排各种教学活动，指导学习活动。①

总之，逆向设计思路是以明确的目标为出发点，评价设计先于活动设计，以促进目标达成的一种设计思路。这一思路不仅可以用于课程开发和教学设计，在教师培养中也值得借鉴。在威金斯·麦克斯三步骤的基础上，笔者认为小学教师跨学科教育素养培养逆向设计的三个步骤为：①确定小学教师进行跨学科教育要达到的状态。②确定评价这种状态要达到的标准，即对儿童及儿童发展核心素养有深入的认识并能运用该认识指导自己的教育教学行为；有着丰富的各学科知识基础并能对其融会贯通；培养合作意识并养成终身学习的习惯；能够理解不同学科的价值，并对其进行整合；理解项目式学习的含义及意义，并能组织指导学生进行项目式学习。③规划支持该目标的小学教育专业相关课程。在前两个步骤的基础上，小学教育专业在课程设置上应把儿童学作为小学教育的重要核心课程，理解儿童身心发展特点、理解儿童精神世界与生活世界，在课程与教学论等课程中要强化课程理解、课程整合、项目式学习等内容，同时协调好教育类课程与学科类课程、主教学科与兼教学科以及其他学科课程的关系。

---

① Wiggins G，McTighe J.，*Understanding by Design*，Association for Supervision and Curriculum Development，1998：53.

(二)多采用项目式学习方式,加强对跨学科学习的感受

组织学生进行项目式学习是小学教师跨学科素养的操作基础。如果说理解、认识项目式学习的含义、价值是必要前提,教师自身具备项目式学习的能力则是关键。在培养过程中,"教师"尚处在师范生阶段,既有着学生的身份,又即将踏入教师的队伍。因此,在这个阶段采用项目式学习方式,既能增强师范生对跨学科学习的感受,又能为以后的跨学科教学打下基础。

关于项目式学习的具体步骤,有学者提出五步骤、六步骤,也有学者提出七步骤。但无论是几个步骤,都是以"项目开展前、项目开展中、项目开展后"这一逻辑来设计的。笔者更加认可贺慧、张燕等学者所提出的项目式学习五步骤:"项目提出、项目分析、项目设计、项目执行、项目评价"①。以"小学数学教学设计与实施"课程为例。第一步,项目提出。根据本课程的课程目标以及师范生的兴趣,将项目确定为"开展数学文化活动"。第二步,项目分析。在这一阶段,要分析项目顺利进行需要哪些基础知识和关键技能。例如,进行该次数学文化活动涉及数学知识、语文知识、美术知识等,同时还需要师范生们资料搜集、整合能力、小组合作能力、组织协调能力等。第三步,项目设计。这一步需要制定详细的项目计划、确定项目团队、确定活动地点和时间。在将总项目划分为"益智数独""数学谜语""数学迷宫""一笔画""数学史展示"六大板块的同时,师范生们也两人一组确定了各自的任务。第四步,项目执行。师范生们按照之前分好的小组,开始搜集资料、查阅文献、设计游戏、制作展板等,并在规定好的日期,在固定的地点展开了趣味数学文化展览活动。第五步,项目评价。根据各个小组的展示成果、数学文化活动的效果,教师和师范生们对各个小组都做出评价。

在项目式学习之后,师范生应该及时回顾项目式学习的整个过程,并进

---

① 贺慧、张燕、林敏:《项目式学习:培育核心素养的重要途径》,《基础教育课程》,2019 年第 6 期。

行自我反思和自我改进,以不断增强对跨学科学习的感受。

(三)注重跨学科教学实践、指导与反思

我国教师教育培养模式的现状是教师在入职前就固定在单一学科领域内。这一模式有利于夯实教师的学科基础,保证学科教学的有效进行。但只注重学科教学不能完全体现核心素养的诉求,更不能有效培养教师的跨学科教育素养。教师在学生发展核心素养理念的指导下,掌握了各学科的丰富知识,具备了课程理解和整合的核心能力,获得了组织学生开展项目式学习的关键技能,但跨学科教学实践效果仍然不太理想,很大一部分原因是其在师范生阶段缺乏跨学科教学的实践体验。

因此,必须要注重对职前教师的跨学科教学实践、指导与反思,充分利用"三习"机会加强师范生跨学科教学的体验。"三习"是指见习、研习和实习。在见习过程中,师范生通过观摩综合课程如综合实践活动等对跨学科教学形成初步的感知与了解;在研习阶段,师范生可以就见习阶段的经验总结成为一个跨学科教学的问题或课题;前两个阶段师范生尚处在对跨学科教学的感知和讨论阶段,而在实习阶段,师范生要真正进行跨学科教学。例如,可以要求师范生在实习期间至少设计和组织一次跨学科学习活动。同时在整个过程中,安排有跨学科教学经验的教师进行针对性指导。在实习总结中,师范生应加强对跨学科教育教学的反思,甚至可以把自己的跨学科教学过程记录为一个教学案例,或者延续到毕业论文中。

小学教育专业本科课程结构建构的逻辑

司成勇

天津师范大学教育学部

摘要：小学教育专业是小学教师教育专业的总称，其课程结构有着自身的逻辑体系。小学教育专业本科课程结构建构的逻辑原点是师范生的水平和特点，培养目标是"一专多能型"的合格小学教师。小学教育专业课程结构建构的依据是师范生的特点、时代教育的要求、科学发展的趋势（包括学科发展的趋势、教育理论发展的趋势）。课程结构建构应坚持学术性、师范性、基础性、基本性、方法性等基本原则。小学教育专业课程结构由通识课程、专业课程两大部分组成，通识课程分为国家通识课程和校本通识课程，专业课程分为学科专业课程和教育专业课程，两大专业课程又可以分为基础课程、提高课程、方法课程。整个小学教育专业课程体系的建构路径是拓宽两大通识课程，加强两大专业课程，打牢两大基础课程，拓展两大提高课程，完善两大方法课程，最终实现小学教育专业本科课程结构体系的优化。

关键词：小学教育专业；小学教育专业课程结构；课程结构建构逻辑

　　小学教育专业是小学教师教育专业的总称，是我国师范教育体系中一个特殊专业。说它特殊，主要体现在，与为中等教育培养师资的强调学科方向的师范教育专业相比，它重点关注小学生的身心发展特点与教育策略，但学科课程的深度不够，强调综合，甚至强调全科；与学前教育专业相比，它不仅重视小学生的身心发展特点与教育策略,而且比较重视学科课程。那么,小学教育专业究竟该不该重视学科课程呢?该怎样重视学科课程呢?这是小学教育专业工作者应该理性思考的问题,也是应该研究和实践探索的问题。

建设小学教育专业,最核心的问题是建构专业课程结构。而要建构小学教育专业课程结构,就必须弄清楚小学教育专业课程结构建构的逻辑。为什么要思考小学教育专业本科课程结构建构的逻辑呢?这是由小学教育专业本科课程结构建构的复杂性、分歧性、重要性决定的。首先,小学教育专业本科课程结构建构具有复杂性。小学教育专业是一个大专业,涵盖整个小学教育领域,包含多个学科。不弄清楚其课程结构的逻辑,就不可能有科学正确的课程建设思路。其次,小学教育专业本科课程结构建构存在分歧性。在国际上,无论是发达国家,还是发展中国家,小学教育专业课程结构都不统一,甚至一个国家之中也存在较大的差异,在国内,无论是重点师范院校,还是非重点师范院校,也不论是师范院校,还是非师范院校,其小学教育专业课程结构都存在较大的差异。这种差异究竟是特色的体现,还是理念的正确与错误、先进与落后的体现呢?值得追问。再次,小学教育专业本科课程结构建构十分重要。它影响专业培养目标的达成,也决定专业人才质量的高低。

小学教育专业本科课程结构的建构是一项复杂的系统工程。要建构好专业课程体系,必须明晰专业课程的基本结构。而要明晰其课程结构,就必须弄清课程结构的基本要素,捋顺课程结构的基本关系。小学教育专业本科课程结构的基本要素包括纵向结构要素与横向结构要素。从纵向来看,主要包括小学教师教育目标、小学教师教育内容、小学教师教育实施方式、小学教师教育评价等。从横向来看,主要包括通识课程、学科专业课程和教育专业课程,也可以分为小学教育专业基础理论课程和小学教育专业实践活动课程等。既然小学教育专业本科课程结构建构既重要又复杂,而且存着严重的分歧,弄清楚小学教育专业本科课程结构建构的逻辑就必须提上议事日程。因为它是小学教育专业建设的基础问题、理论问题,不解决这些基础问题、理论问题,小学教育专业建设就难免沦落于"盲人骑瞎马"的境地。

一、小学教育专业本科课程结构建构的原点与目标

思考小学教育专业本科课程结构建构的逻辑应该从哪里开始呢？对于这个逻辑的起点，也许有不同的选择。但无论怎么选择，小学教育专业本科课程结构建构的原点与目标，是我们不能不思考的问题。也就是说，我们必须思考小学教育专业课程结构建构工作从哪里出发，为什么出发。

（一）小学教育专业本科课程结构建构的原点

小学教育专业本科课程结构的建构究竟该从什么地方出发，该以什么为课程建构的原点呢？是小学教育专业培养目标吗？是小学教师教育标准吗？是小学教师专业标准吗？这些因素看上去好像都可以成为小学教育专业本科课程结构建构的原点，但仔细推敲，却难以成立。因为这三个因素可以成为小学教育专业本科课程结构建构的依据，但不能成为出发点或原点。因为原点是起点，和依据、标准不是一个概念，是不能等同的。

小学教育专业属于师范教育专业，其课程结构建构的原点当然应该是师范生。师范生的水平和特点是小学教育专业本科课程结构建构的逻辑原点。当下的师范生作为一个特殊的大学生群体，他们有什么特点呢？首先当代我国的师范生基本都属于大学生群体，他们具有当代大学生的普遍特点和需要。作为大学生的师范生与过去作为中学生的中专生/中师生，在身体发育与精神发育状况上都更加成熟，而且是以一个成年人的身份进入高等学府学习，他们对大学教育、师范教育有着自己的认知与态度，有着自己的憧憬和期待。他们期待着探索师范教育的特点，感悟师范教育的意义与价值，从而探寻个体人生的意义与价值。他们往往面临着师范教育的质量和专业性水平的疑问，比如，师范教育是一个专业吗？师范教育的学术性如何？师范教育的专业性体现在什么地方？等等。师范教育课程必须帮助师范生解决这些基本疑惑与困难，让他们明白师范教育的意义与价值，以及师范生与

教师的使命,从师范大学时代起就确立热爱教育事业、献身教育事业的理想与信念。

(二)小学教育专业市科课程结构建构的目标

小学教育专业本科课程结构建构的目标可以分为直接目标和间接目标。直接目标是建构科学、高效、专业的课程结构;建构富有教育理想的课程结构;间接目标可以分最低目标和最高目标,最低目标是培养合格的人民教师,最高目标是培养优秀的师范毕业生。那么小学教育专业培养的合格人民教师是什么样的小学教师? 对于这个问题,学术界有各种主张,分歧比较严重,如全科型教师、分科型教师。比较权威的一种观点是,"未来教师不仅需要具备宽厚的基础知识,熟悉本学科的最新研究和发展趋势,而且还要掌握一些相关学科的知识,融通文理界限,需要具备'一专多能'的高素质"[①]。也就是说小学教育专业应该培养"一专多能型"的小学教师,即具有一个学科专业教育的专长,并且能够胜任一科或多科相关课程的教学工作的复合型教师。这是符合小学教育工作实际需要的,也是具有现实可能性的小学教育专业培养目标。期望培养出可以完全胜任小学教育所有课程的全科教师,是不现实的,是不能达成的目标。而仅仅培养只能胜任小学教育某一门课程的教学工作的小学教师,也是不太现实的。小学教育更需要综合教育、更需要融合教育。只有具备了相关学科的专业知识和技能,才能胜任融合教育、综合教育的任务。所以需要对小学教育学生进行跨学科教育、综合教育,为他们承担"五育融合"教育的任务奠定基础。

如果说培养合格的师范毕业生/合格教师是职前师范教育的逻辑终点的话,那么培养优秀教师/专家型教师则是职后师范教育的逻辑终点。因此,高校的小学教育专业的培养目标就是"一专多能型"的合格小学教师。而职后师范教育的培养/培训目标则是"一专多能型"的优秀小学教师。

---

① 李其龙、陈永明:《教师教育课程的国际比较》,教育科学出版社,2002 年,第 397 页。

二、小学教育专业本科课程结构建构的依据与原则

小学教育专业本科课程结构建构的原点与目标，解决了小学教育专业课程结构建构工作从哪里出发，为什么出发的问题。这有利于帮助我们明确小学教育专业本科课程结构建构的方向。紧接着我们需要进一步思考的问题是依据什么来建构课程结构，以什么理念来建构课程结构的问题。也就是必须明确小学教育专业本科课程结构建构的依据与原则。

(一)小学教育专业本科课程结构建构的依据

任何课程体系的设计，都应当从学科价值观、社会价值观和人的价值观三个方面出发，不可偏颇，课程设置要综合反映这三种价值观，同时满足这三个方面的需要。[①]小学教育专业本科课程结构建构的依据是什么？小学教育专业本科课程结构建构的依据是师范生的特点、时代教育的要求、科学发展的趋势(包括学科发展的趋势、教育理论发展的趋势)

师范生的特点是小学教育专业本科课程结构建构的重要依据。师范教育工作者在建构课程结构过程中必须尊重师范生心理发展的特点，尊重师范生专业成长、专业发展的阶段性规律，即教师专业发展阶段规律。

时代教育的要求也是小学教育专业本科课程结构建构的重要依据。时代教育的要求具体表现为基础教育的要求(特别是小学教育的要求)、高等教育的要求(特别是师范教育的要求)。首先，从小学教育来看，小学教育的重要任务是为小学生的终身学习与发展奠定基础。终身学习的目标要求小学生学会学习，终身发展要求小学生全面发展、个性化发展。也就是说，小学教育要为小学生奠定学会学习的基础、全面发展的基础、个性化发展的基础。小学教育的本质是基础教育、普通教育，小学教育必须为小学生奠定广

---

① 李其龙、陈永明:《教师教育课程的国际比较》,教育科学出版社,2002 年,第 397 页。

泛的牢固的基础,包括学习、工作、生活的基础。其次,从高等教育来看,高等教育要求培养专业化的人才。高等教育的本质是专业教育、职业教育。既然是专业教育、职业教育(注意:这里的职业教育是广义的职业教育,不是指狭义的职高、中专、中技、高职教育意义上的职业教育),那就必须尊重专业教育、职业教育的规律和特点。一定要突出专业性、职业性。如果丧失了专业性、职业性,高等教育就变成了普通教育。在一定意义上说,也就等同于基础教育了,高等教育的特性和功能也就丧失了。高等教育的课程建构有着自身的基本规律和特点。一般来讲,高等教育的课程结构可以包括通识教育和专业教育两大部分。通识教育课程的意义在于拓宽大学生的知识面,开阔他们的视野,为他们适应社会、适应工作、适应生活奠定基础,成为一个合格的公民;专业教育课程的意义在于引导他们适应工作、适应职业,成为一个合格的劳动者、建设者,一个专业人。师范教育作为一种特殊的高等教育,其突出特点表现在其师范性上。师范教育的课程不仅要尊重高等教育课程的基本规律与特点,也具有自身的特殊性。这种特殊性主要体现在专业课程的结构与内容上。师范教育专业的专业课程包括学科专业课程和教育专业课程。小学教育专业作为一种特殊的师范教育专业,它需要尊重一般师范教育的规律和特点,也有自身的特殊性。其特殊性主要体现在,其毕业生,也就是小学教师服务对象的特殊性,即小学生。对小学生怎么理解是小学教育专业课程结构建构的关键。在传统观念中,人们普遍认为,小学生知识水平低,小学教育内容简单,因而小学教育工作对小学教师的学科专业知识要求不高,于是小学教育专业应该培养全科教师。这样一种认识,在逻辑上看上去是很清楚的,似乎无懈可击。问题在于我们怎么看待小学生知识水平低,小学教育内容简单。如果仅从小学教育中的书本知识的内容来看的确是难度很低的。但是如果从其知识的学理探讨、方法论探讨、价值论探讨看,小学教育内容的水平又不是低的,其专业性也是不低的。 也就是说,从"是什么"知识来看小学教育内容,它的确是很低,但从"为什么"知识和"怎么办"知识来看,小学教育内容的水平一点也不低。如果一个小学教师在教学过程中,只"知其然"

（"是什么"）"不知其所以然"（"为什么"），这样的小学教师是很可怕的，其培养的学生也不可能是高质量的。我国当代的小学教育已经从数量增长型教育阶段发展到质量效益型教育阶段，需要的是既"知其然"，也"知其所以然"的教师。小学教育专业及其课程建设必须在"知其所以然"上下功夫。只有这样才能培养出高素质的小学教师，才能满足当代基础教育对小学教师的高要求。

因此，从高等师范教育来看，小学教育专业本科课程结构的建构必须以小学教育专业人才培养目标、师范教育的基本特性、高校课程建构的基本特点为依据。小学教育专业人才培养目标不是全科教师，也不是分科教师，而是一专多能型教师。"一专"主要是指小学教师的学科专业素质的专业性，必须达到一般学科专业人才的基本专业水平，必须成为学科专业的内行。这种内行包括专业知识、专业技能和专业情感；"多能"主要是指小学教师的"全面发展""综合发展"。小学教师必须适应小学教育为小学生全面发展奠基的需要，要具有广阔的知识面，视野开阔，做到"五育并举""五育融合"。"一专"是特长，"多能"是基本素质。既有特长，又有基本素质的小学教师才能满足当代小学教育的基本需要。

师范教育的基本特性是师范性，也可以说是教育性。由于教育的复杂性和特殊性，师范教育必须兼顾师范性与学术性。在一定意义上说，学术性主要解决教什么的问题，师范性主要解决怎么教、为什么教的问题。因此，小学教育专业本科课程结构的建构必须兼顾学术性课程与师范性课程，必须处理好学术性课程与师范性课程的关系，不能畸轻畸重，顾此失彼。像20世纪90年代以前那样用教育学、心理学、学科教材教法三门课程体现教育性课程是不够的，像当下一些高校近乎用教育学专业课程的课程方案来培养小学教师，则是教育性有余，学术性不足的。这两种课程结构方案都是我们必须摈弃的，小学教育专业本科课程结构的建构必须在学术性与师范性之间找到一个合理的平衡点，切实兼顾学术性与师范性，为小学教育专业师范生的专业成长与发展奠定全面的基础。

科学发展的趋势或要求（包括学科发展的趋势、教育理论发展的趋势）也是小学教育专业本科课程结构建构的重要依据。小学教育专业的学术性和师范性要求小学教育专业课程必须关注现代科学发展的趋势和要求。一方面要关注各个学科专业的科学发展的趋势，了解其研究动态和发展方向，为小学学科课程改革与教学改革提供指导，使学科课程教育的理念始终紧跟世界相应学科发展的潮流；另一方面要关注国际国内教育理论的发展趋势，了解教育理论的研究动态和发展方向，使整个小学教育的办学理念紧跟时代教育理论发展的步伐，顺应时代教育发展的潮流，不能与时代脱节。

（二）小学教育专业本科课程结构建构的原则

小学教育专业本科课程结构的建构应该坚持什么原则呢？也就是应该以什么为课程结构建构的指导思想呢？小学教育专业本科课程结构建构当然要以专业建设目标为指导，因为目标决定课程。同时我们还遵循师范教育和课程建设的规律性，坚持学术性、师范性、基础性、基本性、方法性等基本原则。

1.学术性

所谓学术性原则，是指小学教育专业本科课程建构必须重视学科专业的学术性课程的建构，为每一位师范生奠定学科专业课程的发展基础，使他们成为某一个学科的专业内行，掌握该学科的基础知识、基本技能，了解该学科的基本理论、基本方法，形成基本的学科情感和态度。教师教育专业的学术性虽然包括任教学科专业的学术性，也包括教学教育理论的学术性，但其任教学科专业的学术性应该是基础和前提，没有这一基础和前提，其教学教育理论的学术性也很难提升。对于所任教学科，教师要具备三方面的知识："知识拓广与应用、高观点下的基本知识、与其他学科的联系与综合。"[①]这是顾泠沅、周卫给教师继续教育课程方案提出的本体性知识内容建议。这

---

① 　顾泠沅、周卫：《走向 21 世纪的教师教育》，《教育发展研究》，1999 年第 6 期。

个建议很美好,要求也很高。但是如果职前教师教育没有为师范生打下良好的学科专业基础,也就是说,如果一个教师没有较高的学科专业修养,怎么可能具备这三方面的知识呢?可见,学术性是一个学科教师的"根",只有根扎得深,伸得广,教师之树才能常青,才能高大,才能挺拔。否则,这个教师就是"轻""薄"的,轻飘飘地浮在教育的天空,游荡在教育的原野,成为一个无家的"游子"。小学教育专业本科课程结构的建构坚持了学术性原则,就等于守住了师范生(未来的小学教师)的"根"。有了学术性的"根",才有小学教师事业"生长""开花结果"的希望。

2.师范性

所谓师范性原则,是指小学教育本科课程建构必须重视教育专业课程的建构,为每一位师范生奠定教育专业课程的基础,使他们成为教育专业的内行,掌握教育专业知识、教育专业技能,形成教育专业情感和态度。师范性是一个教师的"魂"。只有"魂"定,教育才能有情有爱,教育才有温度,教育才有智慧,教育才有力度。否则,教师的"教育心"就可能"游移",教师从教的态度就不会坚定,从教工作就不会自信,从教的能力就难以提升,从教的动力就不够强劲。小学教育专业本科课程结构的建构坚持了师范性原则,就等于稳定了师范生(未来的小学教师)的"魂"。有了师范性的"魂",才有小学教师"教育事业心"的坚定与执着。

3.基础性

所谓基础性原则,是指小学教育本科课程建构必须重视各门基础性课程与各门课程的基础性知识的建构,要把各门课程的基础性知识、基础性技能和基础性情感教给师范生。之所以强调基础性,这是由小学教育的基础性、本科师范教育相对于研究生教育和职后师范教育的发展性要求决定的。小学教育要为小学生终身的成长发展奠定基础,小学教育专业要为小学教师的终身成长发展奠定基础。只有小学教师具备终身学习与发展的素养,才可能培养出具有终身学习意识和能力的小学生。坚持基础性原则,就是坚持小学教育的基础性特点,也是坚持本科师范教育的职业基础性功能和特点。

4.基本性

所谓基本性原则，是指小学教育本科课程建构必须重视各门基本性课程与各门课程的基本性知识的建构。也就是说，小学教育专业必须把学科专业核心课程和教育专业核心课程建构好。只有把这些核心课程建构好，师范生的学科专业知识大厦的砥柱才能树立和牢固，师范生的教育专业知识大厦的砥柱也才能树立和牢固；师范生的学科专业知识大厦的框架结构才能牢固，师范生的教育专业知识大厦的框架结构才能牢固。如果不注重基本课程的结构和建设，课程建构过于随意，或者简单地根据学校自身条件设课，必然会影响师范生的知识结构的合理性，也会影响其知识大厦的牢固性。如果师范生的知识大厦的结构不牢固，甚至出现严重的知识结构缺陷，就像一座建筑大厦缺少一个或几个支柱一样，那是非常危险的，这样的课程结构建构工作也是不负责的。坚持基本性原则，就是要开设好小学教育专业的核心课程，为师范生的核心素养发展的奠定基础。

5.方法性

所谓方法性原则，是指小学教育本科课程建构必须重视方法性课程与各门课程的方法性知识的建构，要把各门课程的方法性知识、方法性技能教给师范生。小学教育专业要引导师范生学会学习、学会工作、学会生活，要把他们培养成为"终身学习者"，要重视其自学能力和方法的培养。[①]毛泽东说："我们的目的是过河，不解决桥或船的问题，过河也只是瞎说。"可见，方法是非常重要的知识。小学教育要培养具有终身学习知识、技能和方法的学生，小学教育专业就必须培养掌握终身学习知识、技能和方法的师范生。而方法性课程与方法性知识是培养具有终身学习知识、技能和方法的师范生的前提和基础。小学教育专业学生究竟应该学习哪些方法性课程和方法性知识，相关师范院校是不能不研究的。小学教育专业建设者必须在研究的基础上建构和实施好相关课程。坚持方法性原则，就是要开设好小学教育专业的方

---

① 李其龙、陈永明：《教师教育课程的国际比较》，教育科学出版社，2002年，第388页。

法性课程,如研究方法、职业技能等课程,为小学教师终身学习、专业终身发展、可持续发展创造条件。

三、小学教育专业本科课程结构建构的维度与路径

要建构好小学教育专业本科课程结构,必须设计好课程建构的维度和路径。课程建构的维度与课程结构的整体框架密切相关。课程建构的路径则与课程的层次、顺序密切相关。

(一)小学教育专业本科课程结构建构的维度

小学教育专业本科课程结构建构包括哪些维度呢? 从小学教育专业的的师范教育性质来看,其课程结构建构应该包括以下维度:师范生与学科的关系,师范生与教育的关系,师范生与自我的关系。

第一个维度是师范生与学科的关系。小学教育专业本科课程结构必须围绕师范生与学科的关系来建构。也就是要引导师范生认识到自身作为小学教育专业工作者必须掌握哪些学科专业知识、专业技能、专业能力和专业情感。一个师范生无论从事什么学科课程的教学,都必须具备基本的学科专业素养,要成为专业学科的内行,不能在教学中出现知识性错误。一个教师如果连学科知识都教错了,无疑是不专业的,也就是不合格的教师。因此,任何一个小学教师都应该具备学科专业意识,努力把自己打造成为一个学科专业教学工作者。一旦走上学科教学的讲台,就必须用学科专业的标准来要求自己,使自己成为一个专业化的学科教师,不能对学科教学的专业化有一丝一毫的轻蔑。

第二个维度是师范生与教育的关系。小学教育专业本科课程结构还必须围绕师范生与教育的关系来建构。也就是要引导师范生认识到自身作为小学教育专业工作者必须掌握哪些教育专业知识、专业技能、专业能力和专业情感。一个师范生无论从事什么学科课程的专业教学,除了必须具备基本

的学科专业素养外,还必须具备教育教学理论专业素养,要懂得教育教学理论,明白教育教学的原理和方法,能够将教育学心理学原理运用于日常教育教学工作之中,完成课堂教学和学生思想教育任务。即要成为教育教学的内行,不能在教育教学工作中出现教育教学基本理念和方法性错误。一个教师如果不具备基本的教育教学理论知识,不具备正确的教育教学理念,无疑也是不专业的。因此,任何一个小学教师都应该具备教育理论专业意识,努力把自己打造成为一个用科学的教育教学理论武装起来的专业教育教学工作者。不要以为自己是教某一学科课程的教师,不是教教育学心理学的教师,就放松对自己教育教学理论素养的要求。

第三个维度是师范生与自我的关系。小学教育专业本科课程结构还必须围绕师范生与自我的关系来建构。所谓师范生与自我的关系,就是要引导师范生探讨师范教育、小学教育与自我的关系,认识到师范教育是自身专业成长与发展的基础,小学教育是自我事业发展的舞台,小学教育是小学教师的事业,是小学教师职业生命的重要载体。师范生在师范院校学习过程中必须热爱小学教育专业,并努力学好小学教育专业,走上教育工作岗位后必须热爱小学教育教学工作,热爱小学生,热爱小学教育事业,把自己的生命和热血奉献给承载自己生命价值的小学教育事业。只有这样,师范生才能够体验到师范教育的价值、小学教育的价值、教育事业的价值,从而努力追求小学教育事业的发展,使自己的职业生命绽放出绚丽的光彩。教师教育机构必须培养教师成为"终身学习者"……要重视教育信念的加强,特别是专业精神的涵养方面,要重视教师自学能力和方法的培养。[①]

(二)小学教育专业本科课程结构建构的路径

小学教育专业作为一个高等教育专业,必须遵循高等教育课程建构的基本规律与特点。高等教育领域中的任何一个专业的课程结构都是通识课程、

---

① 李其龙、陈永明:《教师教育课程的国际比较》,教育科学出版社,2002年,第388页。

专业课程的融合体，缺少其中任何一类课程都不是现代意义上的高等教育。此外，高等教育的课程结构还应该包括基础课程、提高课程、方法课程，这样才能培养出既有专业理论知识，又有专业能力的专业工作者。因此小学教育专业本科课程结构应该由通识课程、专业课程两大部分组成，通识课程可以分为国家通识课程和校本通识课程，国家通识课程可以依据国家高等教育法规及教育政策文件来建构，具有普遍性（此处不再赘述），校本通识课程则是师范院校自身的办学特色与理念的体现，可以由各个师范院校自主建构。专业课程可以分为学科专业课程和教育专业课程，这是由师范教育的学术性和师范性特点决定的。无论通识课程，还是专业课程，都可以分为基础课程、提高课程、方法课程。由于篇幅所限，关于通识课程的建构，本文暂且不表。小学教育专业的两大专业课程又可以分为基础课程、提高课程、方法课程三类。整个小学教育专业课程结构体系的建构路径是拓宽两大通识（国家通识课程、校本通识课程），加强两大专业（学科专业课程、教育专业课程），打牢两大基础（学科专业基础课程、教育专业基础课程），拓展两大提高（学科专业提高课程、教育专业提高课程），完善两大方法（学科专业方法课程、教育专业方法课程），最终实现小学教育专业本科课程结构体系的优化。

教师资格免试认证背景下小学教育专业师范生职业能力评价策略

侯宏业

郑州师范学院

摘要:公费师范生教师资格免试认证是在教师资格证制度改革基础上,针对新时代教师教育的发展试行的新探索,旨在体现师范院校在人才培养方面的个性特点,对师范生四年一贯的学习效果和职业能力开展全面评价。这是在专业认证标准和专业认证工作取得初步成效的基础上对师范专业培养质量的初步认可。在教师资格免试认证的过程中,更需要在政策指导下体现标准的传承关系、明确标准的内涵、规范认证的过程,保证认证工作依标对准。

关键词:师范生;教师资格;免试;评价

自国家试行教师资格统考制度以来,师范专业学生的教师资格获取方式对人才培养模式的影响也越来越大,原有的课程体系对职业能力的支撑开始围绕教师资格单线调整,格式化训练成为所有渴望获得教师资格的考生共同遵循的方式,这在一定程度上形成了以考试大纲为指导的统一标准,适应了公平公正的外在舆论要求。但从另一个角度分析,师范专业系列化、长久性的理论学习和能力训练体系也不得不向功利性目标让步。正是基于这种师范教育的现实,有关部门开始关注师范教育的优良传统在师资培养方面的优势积淀,相继结合"放管服"的宏观控制政策变革,分别从师范专业认证和特定范围的教师资格免试认证两个方面,出台了系列性改革措施,给予具有相应条件的高校教师资格证考试改革的空间。教育部于 2021 年 4 月下发的《小学教育专业师范生教师职业能力标准(试行)》就是其中重要的纲领性文件。

一、标准一致　体现教育政策的连贯

我国小学教师的培养模式,经过新中国成立以来持续不断的改革探索,积累了丰富的经验,也在曲折中形成了特定的职业内涵,为小学教育专业师范生职业能力标准的推出奠定了良好的基础。针对公费师范生和教育类研究生的教师资格免试认证,只是免于参加国家统考,并不意味着无标准、无依据的政策松懈,相反,是由高校根据专业培养目标和毕业要求,依照不同类别的教师专业标准,在"一践行三学会"原则上,重点体现师范生教师的职业能力。对小学教育专业师范生而言,既要达到《普通高等学校本科专业类国家质量标准》的基本要求,还应符合《小学教师专业标准(试行)》的一般要求,更要体现《教师教育课程标准(试行)》对师范专业的特殊要求,尽管先后发布的系列标准对小学教育专业师范生的关注角度不同,但先后不断强化的内容,都要求在"师德为先"前提下以"能力为重"。所有标准的核心内容,均为基于基础教育改革对小学教师综合性职业能力的前瞻性要求,充分体现了系列标准的前后传承和与时俱进。

小学教育专业与其他师范类专业相比,具有强调课程融合、注重实践能力的特点,需要充分认识学科整合在小学教育中的价值,了解学习科学相关知识,以及所教学科与其他学科、与小学生生活实践的联系。在《师范专业认证标准(试行)》中,唯有小学教育增加了"主教和兼教学科"的特殊要求。虽然城乡小学对教师的学科教学能力有不同的界定,即城市小学注重教师主教学科职业能力的持续提升,乡村小学则需要兼顾主教与兼教学科的齐头并进,但是这些暂时存在的需求差别,并不影响教师资格免试认证与教师职业能力的标准统一。按照教育部对相关文件的解读，出台《职业能力标准》，旨在进一步加强师范类专业建设，建立师范生职业能力考核制度，推动教师教育院校将国家中小学教师资格考试标准和大纲融入日常教学、学业考试和相关培训中，提高师范类专业人才培养质量，从源头上提升教师队伍教书育人的能力水平。换言之，职业能力标准既承续了小学教育专业师范生原有系列标准的核心内容，又明确了新时代小学教师核心素养在职前培养阶段的具体目标。

二、严格程序 保证免试认证的质量

教师资格面试认证的初衷是基于对高校教师教育专业人才培养特殊体系的认可，是在师范专业认证背景下，对师范生职业能力考核从依托国家统考的单一性终结评价到更加重视过程性评价的转变。在 4 月 21 日发布的河南省"十四五"规划纲要中，明确提出要"加强师范院校建设，深入实施公费师范生教育，推进师范毕业生免试认定教师资格改革，培育一批重点师范教育基地"。这里提出的是"师范生"教师资格免试认证，而不仅仅是"公费师范生"，当然不是表述失误，而是代表了对面试认证结果推广的长远期望。目前河南省小学教育专业教师资格面试认证主要依托专业认证结果和面向公费师范生及教育硕士的国家政策，这些政策的实施，一方面肯定了师范院校对学生四年一贯的持续培养，一方面对公费师范生按时履约上岗提供了便利。但是作为新生事物，在没有统一具体的实施方案的情况下，参与免试认证的师生极易产生投机心理，致使考核评价流于形式，降低认证标准。因此，切实保障认证程序的规范性就成为免试认定教师资格制度质量保证的先决条件。

对小学教育专业公费师范生而言，教师职业能力评价的过程性尤为值得重视。由于"三定"就业政策的协议约定，从客观上减少了招教就业面临的理论学习和实践能力训练的外在压力和内在动力，学生也因此容易产生学业懈怠心理。这就需要在入学伊始加强专业思想教育,告知学生教师教育核心课程在教师资格免试认证中的地位和比重,树立积极向上坚持不懈的上进意识和终身学习的教育理念。在教师资格免试认证的过程中,应当体现认证方案和实施办法的公正严明,以促进本专业师生教风和学风的持续改进。首先,重视学生学习的过程性评价结果,从主干课程的平时考核到教师职业能力展示,从注重教师职业道德形成的班级评比到个人集体活动的参与统计,按照相关标准的要求,均应在每位师范生的认证结果中予以体现。其次,在毕业前的终结性职业能力测试环节,对小学教师专业标准和职业能力标准的综合性评价将作为本专业毕业生的通识要求综合体现,并将小学教育专业特定的主教和兼教学科教学设计能力、班队管理能力和个人特长展示等,同样作为综合考核的内容占据相应的比例和权重。教师资格免试认证强调过程评价的目的,在于促进学生重视平时学业成绩,并持续关注并适应小学教育专业的特点以及学校在本专业人才培养方面采取的对应措施,保证各项毕业要求的顺利通过。

三、细化方案　规范职业能力的内涵

关于小学教育专业学生职业能力的界定,以及核心素养与技能的培养途径,小学教育界的很多专家、学者,都有自己独到的见解。在《小学教育专业认证标准》8 项毕业要求中,也有较为全面的概述,每所高校都有自己的共性和特色化实施途径,这些都为人才培养的过程规范积累了值得借鉴的经验。在教育部和河南省教育厅教师资格免试认证通知中,都明确规定了认证工作由承担培养任务的高校具体实施,并公布了指导性工作原则和认证考核的内容,各培养高校据此制订了切实可行的工作方案并上报教育厅审核通过后执行。2021 年 5 月,教育部印发《小学教育专业师范生教师职业能力标准(试行)》,它以《师范类专业认证标准》为依据,细化明确了职业能力的内涵,明确小学教育专业的师范生应具备的教师职业基本能力涵盖师德践行能力、教学实践能力、综合育人能力和自主发展能力，为今后的免试认证工作提供了更加具体的政策，并提出了三个方面的总体思路，即一是着眼新时代教师培养目标，二是坚持做好分类指导，三是加强教师队伍建设系统设计。以上三个文件相继强化了"一践行三学会"的职业能力核心内容，从不同方面规定了师范生应该具备的职业能力类别和应该达到的标准。

　　尽管不同培养高校在开展教师资格免试认证的过程中，都会根据各自的特色模式突出某些环节在考核中的比例，但在具体的认证方案中，均应包涵以下规定内容：一是师德践行能力，包括遵守师德规范、涵养教育情怀两方面，强调知行合一，从知、情、意、行等方面引导师范生贯彻党的教育方针，努力成为"四有"好老师。这部分相对"虚化"的通识内容考核，可以通过政治学习、集体活动、主题班会、实习实践、支教和志愿服务等环节的综合性量化，由学生所在的班级给出评定结果。二是教学实践能力，主要从掌握专业知识、学会教学设计、实施课程教学等方面，目的在于对师范生教育教学实践所需的基本能力做出过程性评价。这部分评价可以由任课教师、学习小组、见习实习学校等共同完成，以保证对本专业学生的知识、素质和能力培养贯穿始终，促进学生的专业成长。三是综合育人能力，主要从开展班级指导、实施课程育人、组织活动育人等方面强调教育"育人为本"的本质要求，落实立德树人根本任务。这部分内容则需要教学活动和学生管理双管齐下、综合评定，并委托实习基地指导教师共同完成。四是学生的自主发展能力，从注重专业成长、主动交流合作两方面，突出终身学习、自主发展，以及在学习共同体中不断提升专业水平的意识和能力。由于教师是对人际交往能力、处理人际事务能力要求较高的特殊职业，传道受业解惑的职责促使学生既要内化于心，又能外化于行，在集体环境中相互促进，共同发展。此外，以上各个考核环节均可通过增加竞赛、比赛、展演和特长展示活动实现专项加分，以培养小学教育专业学生所应具备的能说会道、能写会画、一专多能的小学教师专业技能。

　　另外，根据各级教育行政部门对小学教育专业师范生教师资格免试认证的具体工作要求，认证工作应该体现"三位一体"人才培养模式在不同阶段质量评价中的地位与作用。《小学教育专业认证标准》也要求依据培养目标定位，对毕业五年左右的学生，进行由多方参与的全面跟踪和就业质量评价，以检验高校培养目标的达成情况和人才培养质量的整体水平。应该说，OBE 人才培养理念，对传统培养模式是一种观念的冲击，对教师资格认证工作也是一种新的挑战，例如 2017 年开始提出的"师德规范""教育情怀"在师范生职业能力评价中的地位、对小学教育专业师范生"全科""主教"和"兼教"科目数量的界定，以及城乡基础教育对小学教师任教科目范围的确定存在的差异等。这些都需要我们将人才培养的视域不断扩展，构建新型的职前培养和职后跟踪"4+6"一体化评价新体系，真正体现高等院校本科教育的"四个回归"，使"服务社会"的高校职能得以落地、生根、开花、结果。

德高学厚、技实长显：地方高师院校
卓越小学教师培养研究

刘树仁

吉林师范大学教育科学学院

摘要：吉林师范大学创办小学教育专业已有三十余年历史，积累了丰富的办学经验。自 2012 年起，随着国家宏观社会背景和吉林省省情的不断变化，学校总结率先培养本科学历小学教师所进行的理论研究和实践探索的经验和成果，依托教育部卓越小学教师培养改革项目和"'全科型'卓越小学全科教师培养的理论研究与实践"等吉林省高等教育教学改革立项重点课题，创新性地提出了"德仁兼修兼长，学科共融共生，理实相辅相成，校地协同协进"的人才培养理念；科学定位了卓越小学教师"德高学厚、技实长显"的培养目标；构建并实施了"敦厚德仁、夯实素养、融合理实、协进校地、强化管理"的卓越小学教师培养模式，取得了显著成效，为地方高师院校卓越小学教师培养起到了引领和示范作用。

关键词：教师教育；小学教育；小学教师

当前，我国教师教育发展的重心已从"量"的扩张转向"质"的提升，从追求"学历拓展"转向"专业内涵"的扩展，追求卓越已经成为小学教师培养的应有之义。2014 年教育部颁布《关于实施卓越教师培养计划的意见》（教师2014[5]），习近平总书记"四有"好老师的重要讲话更加全面地阐明了卓越教师的深刻内涵。①2018 年 1 月,中共中央、国务院出台了《关于全面深化新时代教师队伍建设改革的实施意见》(中发〔2018〕4 号),对小学卓越教师培养已经成为国家教育发展战略的重要组成部分。

长期以来,我们认为在小学教师培养存在四方面问题。一是小学教师职业信念弱化。小学教育专业学生或多或少存在职业理想信念不坚定、职业追求不高远的问题,导致学生对小学教师职业的认同度不高、追求卓越的职业品质动力不足。二是培养目标定位不清晰。卓越小学教师培养目标存在定位模糊、学科面窄、专长不突出的问题,导致卓越小学教师培养标准不清晰,全科发展与学有专长的契合点结合不紧密。三是理论与实践关系失调。小学教育专业人才培养还存在重理论轻实践,学场与职场衔接不紧密的问题,导致学生的职业能力和适应性不强。四是协同培养机制不健全。在小学教师培养上还存在高校、政府、小学三方协同职责不明、沟通不畅的问题,影响校地深度融合、互利共赢。我们围绕上述四个问题开展了相关研究,尝试解决存在的问题,提高小学教师培养质量。

一、明确小学卓越教师的培养理念

培养理念指引卓越小学教师的培养方向,是培养模式生成的理论根基。我们确定为卓越小学教师的培养理念为德仁兼修兼长,学科共融共生,理实相辅相成,校地协同协进。所谓德仁兼修兼长,即强化师德教育,不断丰富师德教育的内涵和形式,使学生通过外在教育与自我修炼养成崇高的道德品格和深厚的专业情意。学科共融共生,即重视课程设计,有效融通全科课程平台与专长课程平台,使学生全科发展,学有专长。理实相辅相成,即改革教学模式,探寻理论与实践的契合点,促进学生理论素养与实践技能的共同提

---

① 习近平:《做党和人民满意的好老师——同北京师范大学师生代表座谈时的讲话》,《人民日报》,2014年9月10日,第2版。

升。校地协同协进,即构建责权明晰,优势互补的高校、政府、小学三位一体协同培养机制,实现三方合作共赢。

德仁兼修兼长是小学教师培养的灵魂,学科共融共生是小学教师培养的主要依托,理实相辅相成是学生技能培养的主要方向,校地协同协进是小学教师培养的基本保障。四个理念相互影响,互为一体,相互促进,形成较为清晰理念架构。

二、确立了小学卓越教师的培养目标

经过多年的积淀,我们把培养目标的核心内涵概括为德高学厚、技实长显。所谓德高学厚,即人格风范高尚,专业情意坚定;专业理论精湛,学科知识宽厚。所谓技实长显,即专业技能扎实,专业优长突出。通过核心内涵的分解,我们提出具体培养目标如下:

(1)职业道德高尚,热爱教育事业,热爱学生,对教师职业有深刻的认同感和使命感。

(2)掌握广博的科学文化知识和精深的学科专业知识,熟练掌握音乐、美术、体育等学科中任意 2 门的专业技能,能胜任小学多门课程的教学任务。

(3)教师基本功扎实,教学能力优秀,三笔字与普通话、课堂教学技能水平卓越,运用教育技术能力水平突出。

(4)教育科学素养扎实宽厚,儿童心理发展知识掌握全面,具有终身学习、教育教学研究的理念和能力,具有成为专家型教师的潜能。

三、构建了小学卓越教师培养模式

在"德仁兼修兼长,学科共融共生,理实相辅相成,校地协同协进"培养理念的引领之下,明确"德高学厚,技实长显"的培养目标,构建并实施了"敦厚德仁、夯实素养、融合理实、协进校地、强化管理"的培养模式,即通过系统优化平台建设、典型示范、激励凝聚、品牌引领有机衔接的四个育德工程以敦厚德仁;统筹建设通识筑基、全科铺面、专长提升、实践训导四维一体的课程平台以夯实素养;分类探索"理论认知—校内实训—校外实习—返校提升"四阶段教学体系以融合理实,逐步推进共做顶层设计、共建教师学习共同体、共享教学资源、共评人才培养质量四共联动的协同机制以协进校地;全力搭建组织保障、政策保障、队伍保障、条件保障软硬结合的四元保障平台以联合推动,最终达成培养目标。在"顶天"意义上敦厚德仁,使德仁成为人才培养的前导性驱动;在"立地"意义上夯实素养,使宽厚和过硬的核心素养作为学生走向卓越的基础性支撑;在"中间贯通"意义上融合理实,使二者之间的双向激活和助长成为学生素养的众多生长点。实现上述三者的主要保障是协进校地和强化管理。(见图1)

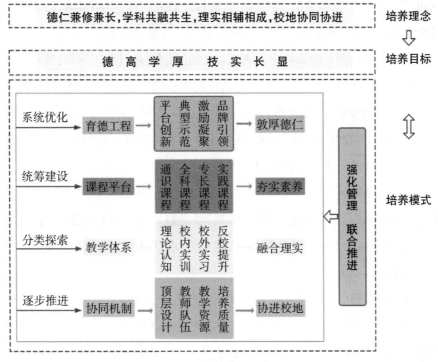

图1 小学卓越教师培养模式

四、小学卓越教师培养的实施策略

（一）敦厚德仁——实施"四个"育德工程，将专业思想教育贯穿培养全过程

优良的思想政治素质和牢固的专业思想是卓越小学教师所应具备诸多素质中的灵魂。为此，我们在招生面试环节即将专业认同作为考核标准之一。进入小学教育专业后，除了进行传统道德教育外，我们还实施了四个育德工程，将专业思想教育贯穿培养全过程。

一是平台创新。运用 QQ、微信、微博等构建多元的"互联网+思想教育"平台，运用网络宣传国家方针政策、学校规章制度，与家长沟通学生表现，师生互相交流思想状态等。通过开通的微信公众号"吉师东方姐姐"，开辟"Talks""101 夜""慧聚东方"等专栏，打破传统教育时间、空间限制，与学生实时交流，解答学生学习、生活、思想困惑，指导学生健康发展。

二是典型示范。邀请社会先进人物、杰出校友，通过事迹感染，进行小学教师职业理想和道德教育。通过"百名校友进校园""菁英讲堂"等活动，近年来邀请了国培专家、特级教师、吉林省小学语文名师工作室主持人等杰出校友重返校园，与学生面对面交流，发挥优秀校友的榜样示范效果，增强其做一名小学教师的光荣感和使命感。

三是激励凝聚。结合"三下乡""吉师六律""行知筑梦、卓越展望"等活动评选"知行标兵""六律先锋""励志标兵"等，通过推优树典、评选先进、奖励个人、带动全员。上述活动使学先进、践文明、求卓越在小学教育专业学生中蔚然成风。

四是牌引领。围绕小学教育专业办学特色和学生特点，打造了学生工作品牌项目，以实践活动的形式锻炼学生实践能力、检验学生学习效果。通过"阅享经典"，组织学生阅读教育名著、人文经典，交流读书心得，引导学生与先贤对话，用书籍滋养自身的成长；"说教论育话成长"围绕多项主题开展

了活动,强化了小学教育专业学生的主体意识和成才意识,坚定了其专业信念。

(二)夯实素养——设置"四维"课程平台,着力培养学生的综合素质

以课程设置为突破口,考虑"小"(小学)和"大"(大学)、"博"和"专"的关系以及文化通识课、教育专业课、学科专业课、专题研究课、实践技能课之间的设置和比例关系,确定了如下理念和思路:以"全科"课程支撑学生知识结构的"面",以专业理论和技能教学确保学生能力结构的"专",以"语数外一专,法科综一会,音体美一长"引导学生的"趣",以研究性、探究性课程提升学生的"智",以实训和实践课程强化学生的"能"。由此构建了以文化通识课为塔基、教育专业课和学科专业课为塔身、专长提升课为塔尖、实践技能课贯穿四年学程始终的"全科型"卓越小学教师课程体系,为卓越小学教师未来的专业发展夯实基础。

第一,通识课程。凸显卓越小学教师人才培养对通识性知识和基本素养的要求,包括两大模块课程:一是大学生思想品德素质课程,主要是"两课";二是小学教师必备的文化科学和科技、艺术素养,主要是外语、现代教育技术、体育、大学语文、中外文化简史、科学与技术、中国传统文化等。

第二,全科课程。着力回应当代小学教育对全科教师的诉求以及《教师教育课程标准(试行)》对课程设置的要求,设立全面的学科专业课程与教育专业课程。学科专业课程包括现代汉语、大学数学、儿童文学、数学思维方法等必修课;同时还包括道德与法治、科学、综合实践活动、音乐、体育、美术等选修课程;教育专业课程,包括教育原理、课程与教学论、教育心理学、教育科研方法、班级管理等必修课程和各科教学等选修课程。

第三,专长课程。着眼于学生的个人兴趣和发展需求,设立专题讲座课程,培养学生的专业优长,提升学生的研究能力与可持续发展潜能。主要包括四类:一是提升小学各科教学技能的课堂教学艺术类课程,二是提升学生科学研究能力的选题技巧、论文撰写与发表等课程,三是提升学生现代教育

技术能力的微课制作、多媒体技术、网络文化等相关课程,四是提升学生专业成长的名师导训、职业生涯规划等课程。

第四,实践课程。科学构建由"德育实践、专业实践、科技实践、文体实践、社会实践、就业实践"六项实践组成的全程化实践育人体系,切实反映卓越小学教师培养对学生实践能力的要求。开设实习实践、生产劳动、军训、毕业设计、"三字二语二仪一画"课程等。其中"三字"课程即以教学毛笔字、钢笔字、粉笔字为核心的写字、书法课程,"二语"指聚焦学生汉语、英语的"教师口语""英语语音训练"等课程,"二仪"指关注教师形象的"教师形体训练""教师礼仪训练"等课程,"一画"指儿童简笔画课程。

(三)融合理实——构筑"四阶"教学体系,有效推进学生理论与实践的有机融合

逐步推进教学改革,构筑"理论认知—校内实训—校外实习—返校提升"四阶教学体系,以促进理论与实践的有效融合,提升学生的理论素养和实践技能。

第一,理论认知。按照卓越小学教师教学技能培养标准,通过教育学、心理学、教学法以及相关学科理论知识的教学,使学生获得相应的理论认知,为其从事教育教学奠定其坚实的理论基础。在教学中,突破传统授课方式,进行改革创新。一是充分发挥网络优势,利用网络平台,实施智慧课堂。二是建设案例库,开发案例教材,实施案例教学。

第二,校内实训。小学教育的特殊性对小学教师的专业技能要求格外突出。我们在传统的"五能三字一话"基本功的训练上("五能"即课堂教学能力、实践活动指导能力、班主任工作能力、教学研究能力、现代教育技术运用能力,"三字"即毛笔字、钢笔字、粉笔字,"一话"即普通话),增设课前演讲、晨读、语音角等生动活泼的形式,为学生创造更多的训练机会;三字的练习增加简笔画练习,增加与小学语文、数学和英语教材相关内容的练习等内容。同时将现代多媒体、网络课程平台、智慧教室等最新的科学技术引入技

能培养和训练上。

第三，校外实习。在校内理论学习与技能实训之后，学生在大一、大二的每一学期各有一周的校外教育见习；第六、七学期有 18 周的教育实习。通过"影子学习"、亲历讲台，让学生了解当前小学教学实际需求，接触智慧课堂，切实体验教师工作的魅力。在这一环节，学生除了精练教学技能之外，还要完成科研论文。小学教育专业在第三学期由本科生的指导教师指导学生选择研究课题、制定研究计划，开展教育科学研究，并结合教育实习完成研究任务，形成研究论文或研究报告。

第四，返校提升。教学反思是教师教学技能提升的必要环节。学生在校外实习基地获得切实体验之后，再回到学校进行为期 2 周的总结交流，反思改进，并接受 8 周的名师导训，进一步获得教育教学理论与实践的整体提升。在 2 周的总结交流环节，学生要进行实习心得汇报与一生一优课交流，之后接受学校的实习验收，优秀实习生将参加学校组织的教学模拟大赛。在 8 周的名师导训环节，将聘请小学特级教师、优秀班主任等结合学生在实习期间遇到的问题、小学课堂教学新趋势以及未来卓越小学教师的素质要求等对小学教育专业学生进行全方位的指导与训练。

（四）协进校地——加强"四共"协同机制，为培养卓越小学教师提供坚实保障

在总结 U—G—S 人才培养联盟运行经验的基础上，在政府的推动下，精心选择基地小学，通过"共做顶层设计、共建教师学习共同体、共享教学资源、共评人才培养质量"，建立权责明晰、优势互补的长效协同机制，实现校地协同协进。

第一，共做顶层设计。在人才培养质量方面，高校和地方有着共同的目标。因此，在政府的协调下，地方学校提出自己的人才需求标准，我校组织招生选拔，协同制定人才培养目标与实施方案，使高校的人才培养能够"接地气"，地方政府与小学的人才需求能够得以满足，从而实现三方的合作共赢。

第二,共建教师学习共同体。通过"双向互聘任教""岗位互换轮动"等形式,提升基地校教师的专业素质和我校教师的教育服务能力,并逐步形成基地校教师培训研修的常态化。如基地校教师来我校接受小学教育专业教师的短期培训、我校教师到基地小学进行专题讲座和实践观摩与调研等,促进基地校教师的理论提升,解决我校教师基础教育经验不足的问题,实现双方的共同发展。

第三,共享教学资源。我校小学教育专业向实习基地开放现有科学实验室、手工实验室、综合实践活动实验室、图书资料室等资源,为实习基地的教学科研提供业务指导;实习基地为高校实习生提供教育教学实践条件,开放所有教学资源,为学生教学能力与创新实践提供指导。双方定期举办研讨会,总结实践基地实践探索与理论研究成果。

第四,共评人才培养质量。我校与基地校共同研制卓越小学教师培养标准、学生教学技能考核标准;建立学生实践能力达标制度,分年度全员考核评价学生的实践能力,对考核合格的学生发放实践能力认证证书,对考核不合格的学生采取及时的补救措施,及至考核合格为止。提升高校毕业生的质量,为基地校输送优质师资。

(五)强化管理——完善"四元"保障,为培养市科学历小学教师提供长效管理机制

第一,组织保障。以校长为组长,由教务处长、教育科学学院院长等共同组成"卓越小学教师培养计划"领导小组,负责协同省市政府、基地小学推进工作。领导小组切实履行教务监督与管理职责,突出"卓越小学教师培养计划"在学校工作的重心地位,关心并关注计划的进展,保障卓越小学教师培养工作的顺利进行。

第二,政策保障。一是省教育厅给予"面试选拔""定向招生、免费培养"的相关政策,从根本上保障了生源质量问题。二是学校对卓越小学教师培养提供全方位的政策支持,制定了《吉林师范大学关于开展"卓越小学教师培

养计划"的实施意见》等文件,为小学教育专业实施卓越小学教师培养提供了良好的政策环境。

第三,队伍保障。一是完善人才培养和引进机制,增加人才培养、引进专项经费,培养和引进一批博士、副教授、教授和学科带头人;二是鼓励中青年教师提高学历层次,支持高职称、高学历教师国内外访学,见习观摩欧美和中国香港等国家和地区小学全科教师包班制教学;三是依托 U-G-S 合作体,与基地校组成教师合作共同体;四是聘请国内外知名专家学者为兼职教授。以此形成一支高学历层次、高学术水平、高教学质量,结构合理的师资队伍。

第四,条件保障。学校充分调动已有的教学资源、教学设备和教学用具,满足卓越教师培养计划实施的需要;升级微格教室的硬件标准;建立和完善了形体训练馆、器乐室、微格训练室、网络实验室、美术室、手工制作室、心理实验室、多媒体教室等教学基础设施;进一步完善已有的图书资料室和在线资源,满足师生的阅读和教学科研需要。

小学卓越教师培养提高了小学教育专业学生职业品质,尝试解决了培养目标的博与专的问题,促进了理论与实践结合,推动了校地的深度融合。但在培养过程中还有许多问题值得我们深入思考,如在提升小学教育专业学生职业品质的同时,如何使用"工匠精神"成为学生毕生的追求?在小学教育专业培养过程中理论与实践还需要进一步的深度融合,校地协同如何建立长效机制?等等,这些问题还有待于进一步的深入研究。

卓越乡村小学教师培养的目标取向与机制创新

李中国

临沂大学

摘要:卓越乡村小学教师培养是提高乡村教育质量的重要途径。在国家政策引领下,我国卓越小学教师培养实践取得重要进展,形成了卓越乡村小学教师目标取向的内涵框架,主要包括:教育情怀深厚、专业基础扎实、勇于创新教学、善于综合育人、学习能力突出、研究素质优良、国际交流胜任等方面。为加大卓越乡村教师培育力度,亟须培养机制创新,主要包括:建立多标兼顾的课程体系构建机制,深度协同的培养模式创新机制,前置综合的优质生源遴选机制,融入体验的乡村情怀培育机制,全程全面的实践实训强化机制,多元常态的国际化素养培育支持机制,以及系统联动的培养目标达成评价机制等。

关键词:卓越乡村小学教师;目标取向;培养机制

乡村教育是乡村经济社会发展的重要基础,乡村教育的发展水平受制于乡村教师队伍质量,可以说,乡村教师是振兴乡村教育的直接承担者。为缓解乡村学校教师资源缺乏的现状,全科型卓越乡村教师的培养成为重中之重。尤其在城乡教育差距日益显著,乡村小学教师素质整体偏下的形势下,对卓越乡村小学教师培养机制的探求显得格外紧迫。

一、卓越乡村小学教师培养政策基础与目标构建

(一)政策引领

2014 年,教育部发布《关于实施卓越教师培养的意见》,目标是"培养一大批师德高尚、专业基础扎实、教育教学能力和自我发展能力突出的高素质专业化中小学教师"。自此,"卓越教师培养"计划全面启动。2018 年 1 月,中共中央、国务院出台《关于实施乡村振兴战略的意见》,提出优先发展农村教育事业,高度重视发展农村义务教育,建好建强乡村教师队伍。同月,《关于全面深化新时代教师队伍建设改革的意见》出台,明确指出,计划到 2035 年,教师综合素质、专业化水平和创新能力大幅提升,培养造就数以百万计的骨干教师、数以十万计的卓越教师、数以万计的教育家型教师。2018 年 2 月,教育部等五部门印发《教师教育振兴行动计划(2018—2022 年)》,强调通过公费定向培养、到岗退费等多种方式,为乡村小学培养补充全科教师。同年 9 月,教育部印发《关于实施卓越教师培养计划 2.0 的意见》,文件强调培养素养全面、专长发展的卓越小学教师,完善全方位协同培养机制。2019 年 2 月,中共中央、国务院印发《中国教育现代化 2035》,提出 2035 年主要发展目标是:建成服务全民终身学习的现代教育体系、实现优质均衡的义务教育,形成全社会共同参与的教育治理新格局;特别指出要建设高素质专业化创新型教师队伍;着重强调发展中国特色世界先进水平的优质教育。

分析以上政策不难看出,我国乡村小学教师培养的基本要求是借助乡村振兴战略,建好建强乡村教师队伍,使得从事乡村小学教师综合素质、专业化水平和创新能力大幅提升。基于此,培养素质全面、专长发展的卓越小学教师成为乡村小学教师队伍建设的核心目标,以此不断实现发展中国特色世界先进水平的优质教育,形成全社会共同参与的教育治理新格局的目标愿景。

(二)目标取向的构建思路与构型

伴随着我国卓越培养计划的实施,结合国家政策导向,卓越乡村小学教师培养的目标取向应贯彻以当下创新实践为基础,以落实卓越教师2.0为主线,以贯彻《中国教育现代化2035》战略部署为方向,融入乡村元素,同步国际发展的构建思路,逐步构建起卓越农村小学教师培养目标"一体两翼"的基本构型(如图1所示)。

一方面,卓越乡村小学教师培养的"一体",即落实教育部《关于实施卓越教师培养计划2.0的意见》(以下简称《培养计划2.0》),以建设一流师范院校和一流师范专业,全面引领教师教育改革发展为目标,致力于建设高水平、有特色的教师教育院校和师范专业,实现教育现代化。另一方面,卓越乡村小学教师培养的"两翼",其中一翼是突出乡村教育的特点和优势,彰显乡村教育特色,挖掘乡村本土的优势元素,开发乡村本土教育元素国际化的一面。另一翼需要结合教师教育国际发展新趋势。信息社会给教育提出新要求,教师培养需要在教育体制机制、目标、内容评价等方面进一步调整,积极吸取国际教育的经验,以回答社会给教育提出的新问题。

图1 一体两翼模型

二、卓越乡村小学教师目标取向的内涵解析

教育部出台的《关于实施卓越教师培养计划的意见》,对卓越小学教师进行了明确界定,有助于对卓越乡村教师素质内涵的深刻理解。概括来说,卓越乡村小学教师的目标取向内涵框架包括以下几个方面:

第一,教育情怀深厚。爱是教育工作的出发点,是教育工作的动力,也是教育智慧的根源。[①]对于卓越乡村小学教师而言,其工作场域的特殊性,为其教育情怀增添一抹乡情色彩。"热爱乡村,热爱儿童,热爱教育"正是其应具有的教育情怀本质。因此,教师除应具备基本的教育职责使命、教育职业道德,更应具有深厚的乡村教育情怀。

第二,专业基础扎实。随着社会经济的发展,具备多学科结构的教师成为乡村教师的基本要求。卓越乡村小学教师的专业知识必须是宽广、扎实的,因此其应在具备基本的专业知识的同时,能够巧妙运用教学技能,综合能力高,掌握多科知识、学科知识整合能力强。

第三,勇于创新教学。卓越乡村小学教师的教学能力直接决定乡村教育质量,因此卓越乡村小学教师应做到教学方法运用娴熟,教学设计科学使用,教学效果突出明显,具有自己的风格元素。

第四,善于综合育人。教学不只局限于课堂以及学科,作为卓越乡村小学教师应善于利用乡村资源、文化,丰富课堂内容,通过学科、活动、文化多途径,利用各种手段,实现全时空的育人。

第五,学习能力突出。舒尔曼认为教师必备的知识包括学科知识、一般教学法知识,课程知识等。为掌握丰富的知识,教师,特别是卓越乡村小学教师必须具备较强的学习能力,学习能力突出,重视学习、享受学习、常态化学习,不断更新自己掌握的知识内容,最终实现高效的学习。

---

① 石中英:《准备成为一名卓越的教师》,《中国教师》,2008 年第 23 期。

第六,研究素质优良。教师参与研究并将研究结论运用于自己的教学实践,或者说在实践中研究自己的课堂,成为教育研究的发展趋势和主要方向。①乡村教育有其独特的教育特色及发展方向,因此卓越乡村小学教师的培养应针对乡村实际,做到方法规范、范式熟练,开展价值研究以及实证研究,产出丰硕的成果。

第七,胜任国际交流。乡村教师肩负着时代赋予的使命和责任,即教化相邻、传承乡土文化、宣传社会主义核心价值观等。②基于此,卓越乡村小学教师要做到表达流畅,文化理解,有使命担当的意识,辐射影响。

三、卓越乡村小学教师培养的机制创新

小学教育定性在教育、定位在小学、定向在综合,因此卓越乡村小学教师的培养应在学术性、实践性、科研性、综合性等方面找到平衡点,培养全科型新时代卓越乡村教师。

(一)课程体系构建机制:多标兼顾

《小学教育专业认证标准(第一级)》(以下简称认证标准)提出,小学课程结构要体现通识教育、学科专业教育与教师教育有机结合;理论课程与实践课程、必修课与选修课设置合理。其中,各类课程学分比例恰当,通识教育课程中的人文社会与科学素养课程学分不低于总学分的10%,学科专业课程学分不低于总学分的35%,教师教育课程要达到教师教育课程标准规定的学分要求。2018年,我国出台《普通高等学校本科专业类教学质量国家标准》,规定了小学教育的主干课程应开设的课程内容。由此可见,课程体系的

---

① 黄露、刘建银:《中小学卓越教师专业特征及成长途径研究——基于37位中小学卓越教师传记的内容分析》,《中国教育学刊》,2014年第3期。
② 苏鹏举、王海福:《乡村卓越教师核心素养价值、结构及培养路径》,《现代中小学教育》,2021年第11期。

构建应响应国家政策,实现多标准兼顾。首先,依据国家的相关规定和要求开设一系列的通识课程,可从校级或院级的公共平台实施人文社会与科学素养课;开设全面的课程板块,如文学课程、艺术类课程、哲学课程等,开阔学生视野。其次,注重深挖乡土教育资源,开设乡土知识、乡土文化、乡土环境、留守儿童教育等特色课程,丰富其乡村情怀,增强成为一名乡村教师的职业认同感。再次,开设各种教育基础课程及教学技能训练与学科教学法等课程,不断提升师范生的教育教学水平。最后,强调课程设置的专业型。专业必修课设置要内涵全面,文理兼通,专业必修课所占比重较大,其他课程可以用来补充学生综合素养,做到"一专多能",既在主要科目教学上有专长,又了解综合性知识,成为知识全面化的小学教师。

(二)培养模式创新机制:深度协同

首先,各利益攸关方的协同参与。《关于实施卓越教师培养计划 2.0 的意见》《关于加强新时代乡村教师队伍建设的意见》等文件的发布,推进全流程协同育人,强调形成大学—政府—小学(U-G-S)的共同体。鉴于此,卓越乡村小学教师的培养必须搭建三方协同参与的培养机制,共享优质资源及实践资源,实现多方力量的融合与融通。其次,实现高等院校间的协同参与。高校作为教师培养的主要阵地,高校间的资源共通、交流合作成为优化教师教育模式的重要途径。对此,高校间可成立小学教师教育联盟或基地,协同相关重点院校、师范大学、教育科学研究院以及科研院所联合共建,[1]合理利用各高校的教育资源;师范类院校更应建立不同专业、学科的教育研究所,契合乡村振兴战略,培养教学水平、科研能力高超的科研团队。最后,深化校内协同。《培养计划 2.0》提出,要大力支持高校开展教师教育管理体制改革,构建教师培养校内协同机制和协同文化,鼓励有条件的高校依托现有资源组建实体化的教师教育学院。鉴于此,高校应做到"观课+实践+反思"等"培养+"

---

[1]　陈钰:《新时代师范院校卓越教师培养机制研究》,《长春教育学院学报》,2020 年第 1 期。

机制 ,构建科学、合理的课程体系,全面提升师范生专业水准。

(三)优质生源遴选机制:前置综合

为提升教师教育质量,应实施优质生源遴选机制,从源头保障教师队伍质量。第一,设置免费(公费)师范生培养计划,实行订单式培养。公费定向培养成为新时期教师教育的一种重要选择, 但不是对原来公费师范教育的简单复归。公费定向培养模式独居"本土化"色彩,有效帮助乡村学校留住人才。第二,实施初中起点六年、七年一贯制培养。一体化的培养体制可以最大程度保证教师培育的质量,使其坚定教育信念,成为专门化人才。第三,采取"大类招生、二次选拔、分段培养"的人才培养模式,实现"自主选择"与"择优选拔"的有机结合。第四,在招生上,实行提前批次录取。第五,实行"高考、会考、校考"相组合的"三位一体"招生机制,严格选拔制度,保证生源质量。

(四)乡村情怀培育机制:融入体验

"专业情意"是师范生专业发展的一个重要维度,也是增进专业理想、陶冶专业情操、提高专业意识的精神动力。[①]只有充满对乡村教育的理解与热爱,具备强大的乡村教师职业认同感,才有可能走向卓越,成为卓越的乡村小学教师。因此,对于卓越乡村教师的培养,其乡村情怀的培育具有重要作用。对此,其一,在课程计划中,开设乡村教育系列课程,举办乡村教师系列讲座,引导学生关注乡村学校的历史、现状,把握乡村教育现况,激发起服务于乡村的热情。其二,开展乡村教育研究,高校可组织各种研究性学习、创新实践项目,引领学生深度感知乡村教育,提升专业情意。[②]其三,体验乡村学习实践,可设置如乡村学校顶岗实习、"三下乡"等活动,帮助学生深入乡村学校,熏陶其扎根于乡村、成长与乡村的教育情怀,不断形成全方位、融入

---

① 王建平:《论中师教育传统的当代价值》,《教师教育研究》,2016 年第 4 期。
② 王建平:《乡村卓越教师:素质内涵、培养路径及制度激励》,《湖南第一师范学院学报》,2021年第 5 期。

式、常态化的乡村教育情怀培养机制。

(五)实践实训强化机制:全程全面

其一,整体设置实践教学环节。设置贯穿培养全过程的整体设计实践教学环节,整个教学环节主要是由观摩见习、模拟实习、集体实习和小组研习构成。其二,系统构建实践教学内容。坚持以需求为导向,以课程为依托的基本原则,系统学习包括德育体验、教学实践、班级管理教研实训在内的实践教学内容。其三,积极探索实践教学形式。要以全方位感知职场文化,强化岗位责任心和职业使命感。可以通过实施志愿者支教,探索全景式角色扮演实战演练的措施,探索实践教学形式。其中,全景式角色扮演实战演练主要是指,按照小学的组织结构、各角色职能与运行方式,开展角色扮演与实训,旨在让学生全方位感知职场职能、角色职责和运行机制,同时也增强教师领导力和综合素养。

(六)国际化素养培育支持机制:多元常态

全球化发展背景下,教育国际化成为大趋势。教育国际化对乡村小学教师提出新要求,多元文化素养成为其基本素养要求之一。鉴于此,卓越乡村小学教师的培养应注重国际化素养的培育。其一,在教育理念方面,倡导人类命运共同体的发展理念,促进全人教育发展。其二,在教育全过程中融入国际元素,如理念、模式、课程、教学、评价等。其三,深化国际交流,加强与境外高水平院校的交流与合作,共享师资、联合培养、学生互换、课程互选、学分互认。正如,《培养计划2.0》中提及"加强与境外高水平院校的交流与合作,共享优质教师教育资源,积极推进双方联合培养、学生互换、课程互选、学分互认",学习借鉴国外有益经验,扩大中国教育的国际影响。最后,强化国际实践,开展观摩学习,赴境外高校交流、中小学见习实习等活动,产出国际化成果等,同时加大教师教育师资国外访学支持力度,积极开展并参与国际教师教育创新研究,搭建国际化教师成长路径。

试论道德学科的目标和评价方法

石丸宪一

创价大学教职研究生院副院长

一、日本道德教育课的现状

日本义务教育学校的小学和中学的道德教育是从 1958 年开始实施的"道德时间"为名字的教育活动,而后经过不断地补充、深化、综合才构成了一堂堂道德课的内容。

而后,在 2015 年发布的课程标准里,把原来的"道德时间"改成了"特别学科道德"。现在,作为一门学科的道德课已经在小学实施了 4 年,中学实施了 3 年,慢慢进入成熟期。

二、《道德》课标的要求

《特别学科道德》的目标是:"培养学生拥有更好生活的道德性基础,在理解道德价值的基础上,找到自我,能对事务进行多方面多角度地去思考,加深自己生活方式的学习。同时培养学生具有道德性的判断能力和情操,拥有实践道德行为的积极性意识和态度。"

从这目标中我们可看出,"道德性基础是在具有道德性的判断能力和情操,拥有实践道德行为的积极性和态度中体现出来的。在前一次的课程目标最后有培养道德性的实践能力"的要求,这一点就跟新课标大不一样了。那么这意味着什么呢?

在道德课中,"实践能力的培养不是要求它的具体行动,而是通过有没有实践的积极性意识",这才是重要的。道德实践可以在其他学科、特别活动等教学活动中得到体现,因此为了避免过于追求道德性培养中的行动要求,这次课标改革中指明了道德课的最终目标。

三、《道德》学科的追求

我们知道,如果只重视"实践能力"的培养,那么就会有一种"我会了"或者"我能行"就可以的错觉。那么这种"能行"错觉就可能和道德性的真正含义产生差距,其结果就是行动中没有"道德意识"即道德性。而真正的具有道德性行为就应该有"我想要这样做"的实践意识形态,这才是培养的重要。

从这层意义来看,我们把儿童学生的道德性作为共同的东西来抓就有困难了。每个学生的心情,即道德实态不同,而要把它朝着同一个方向去抓就会出现刚才所说的行动优先的现象。反而应从学生的本心出发,一点一点地接近理想的境界才是最好的。

那么道德课怎样上呢? 必须提高每个学生的"实践意欲"。道德课标中针对指导方法规定"在理解道德的诸价值基础上,认识自我,能从多角度多方面对事物进行思考,掌握好自己的生活方式"。

道德课的三个阶段:"理解道德价值"阶段、"认识自我,对多方面多角度思考事物"阶段、"加深思考自己生活方式"阶段,每个阶段都得结合学生儿童的实际情况出发授课。

以前在"理解道德价值"阶段中的课堂中,经常让学生"加深对自己生活方式的思考"的活动很多,但是在把道德价值与自己行为结合进行思考时,没有过多地正面面对自己。现在的道德课是追求"思考讨论"的课堂形式。那么,"认识自我,对多方面多角度思考事物"的阶段就更为重要的。可是现在,跟以往的课堂一样只停留在"确认道德价值"的阶段。其原因在于没有站在学生的角度去抓住教材问题的本质。把学生已知的结果当作课堂的教学终点,没有追溯问题的根本,成了肤浅的课堂。不是停留在道德价值表面而是应该鼓励学生进行深入地思考。比如,学生在已知的"用这样的方法"结论中,但现实的行动中没有这样的内容,那么用"为什么做不到"等问题去组课的话,充分让学生去思考教材中的主人公和自己的差距,就会找到为什么做不到的突破口。在这样的课堂中激发学生积极性形成"思考讨论"的道德课,学生的心灵就会得到熏陶。

四、道德课的评价方法

课堂中的评价有两种,一种是对课堂的直接评价,通过学生怎样学习进行评价,叫作"assessment"的评价。另外一个就是成绩表、指导目标的评价。是对学生或给家长传送评语的评价,叫作"evaluation"的评价。道德课中的"evaluation"评价是在给家长的学习成绩表中记述学习状况的同时应该有对道德课标的科目记录评价。它不像其他学科用"知识、技能""思考、判断、表现""主动地学习态度"这三个评价观点进行评价。

对于道德课老师来说,道德课的评价不仅有"evaluation",还应该重视在每堂课上充实"assessment"的评价。因为只重视"evaluation"的评价的话,只会追求结果,课堂本身也就会像前面所说的只注重"实践能力"的培养。这也涉及评价学生的内容。只对看得到的结果进行评价就是重视结果或"实践能力"的象征。对看不到的部分进行评价就是注重过程,对一个个学生的变化进行把握,让成长过程可视化。

同时我们也不否认主观性评价的作用,但是为了尽可能地进行客观性评价,就要求用目标性评价,对每个学生目标的达成度进行评价。根据目标进行评价就可以把评价目标设定到较高程度,而目标的设定就显得非常重要了。目标能左右课堂的质量,把目标设定作为课堂的顶梁柱,为实现这个目标进行发问推展课堂,这才是道德课的根本。我们很有必要对这一根本进行再度反思。

指导和评价是表里一体的东西。这在道德课上来看是理所当然的。对于日本的中小学老师来说,除了自己所承担课的指导以外,还要承担道德课的任务。因此,对道德课的改革能促进原来承担课的改善,作为刚刚成立的一门学科的道德学科,现在正是一个对各学科进行改革的机会。

乡村小规模学校全科教师本土化培养机制探索

张永明　颉静　郜红晶

陇南师范高等专科学校初等教育学院

摘要：目前，作为中西部欠发达地区之一的甘肃还存在大量乡村小规模学校，而乡村小规模学校作为促进乡村教育振兴的重要载体，其师资质量和水平是制约乡村教育质量提升的关键所在。据此，如何创新传统小学教师培养模式和机制，"量身"为乡村小规模学校培养全科小学教师，是当前地方高师院校亟须解决的问题。本文基于陇南师专培养乡村卓越小学全科教师的实践经验，建立了贯穿职前培养、职后培训的"1+1+1"培养机制以及供给侧保障机制，以期为中西部其他欠发达地区高师院校培养乡村小学全科教师提供某种参考和借鉴。

关键词：乡村；小学全科教师；培养机制；职前培养；职后培训

随着我国全面实施乡村振兴战略，乡村振兴必先振兴乡村教育已成为共识。作为我国学校教育体系"神经末梢"的乡村小规模学校是农村义务教育的重要组成部分，却是整个基础教育的"最短板"。全方位促进乡村小规模学校高质量发展，努力提升育人质量，补齐"最短板"，是振兴乡村教育的关键，也是阻断贫困现象代际传递的根本所在。那么，地方高师院校如何创新传统的小学教师培养机制模式，建立贯通职前培养和职后培训一体化的本土化培养机制，"量身"为乡村小规模学校本土化培养全科小学教师，从源头上改善乡村教师队伍供给，是地方师范类院校迫切需要解决的问题。唯有如此，才能对当前乡村小规模学校全科教师培养提出切实可行的建议，进而使得乡村小学"全科教师"的实现真正可期。

一、"全科培养"：乡村小规模学校教师培养之根本

（一）基于国家对乡村小学教师培养的政策导向

从近几年我国关于乡村教师出台的一系列政策可以看出，国家对乡村教师、乡村教师队伍建设的关注达到了前所未有的高度。2015 年国家提出，"逐步形成'下得去、留得住、教得好'的局面。鼓励地方政府和师范院校根据当地乡村教育实际需求加强本土化培养，采取多种方式定向培养'一专多能'的乡村教师"[①]。2015 年各地出台相应的乡村教师支持计划，其中甘肃提出，"努力培育一支素质优良、甘于奉献、扎根乡村的教师队伍"。"统筹省内师范院校招生计划，改革培养模式，精准免费培养'小学全科'、'中学一专多能'的乡村教师。"[②]2018 年国家提出，"为乡村学校及教学点培养'一专多能'教师"[③]。从这一系列政策导向可以看出，面向乡村小规模学校培养小学全科教师是当前地方高师院校的基本出发点。

（二）基于"卓培"计划 2.0 的人才培养要求

2018 年 9 月，教育部发布的《关于实施卓越教师培养计划 2.0 的意见》中，提出培养素养全面、专长发展的卓越小学全科教师。"卓越教师"计划的

---

① 国务院：《国务院办公厅关于印发乡村教师支持计划（2015—2020 年）的通知》（教师〔2015〕43 号［EB/OL］.（2015-06-08）。

② 教育部：《甘肃省乡村教师支持计划（2015-2020 年）实施办法》，［EB/OL］.http://www.moe.gov.cn/jyb_xwfb/xw_zt/moe_357/jyzt_2015nztzl/2015_zt17/15zt17_gdssbf/gdssbf_gs/201511/t20151112_218755.html。

③ 国务院：《中共中央国务院关于全面深化新时代教师队伍建设改革的意见》，［EB/OL］.http://www.gov.cn/zhengce/2018-01/31/content_5262659.htm。

核心是创新人才培养模式，培养适应基础教育改革与发展要求的新型师资。[1]这就要求我们不断提高人才培养质量，创新小学教育人才培养模式。以卓越教师造就为抓手，以点带面地促进教师教育事业的转型升级及优质基础教育资源的凝练，是我国实施卓越教师培养计划的真实意图所在。[2]作为全国专科层次唯一一所承担教育部卓越小学教师培养改革项目的学校，深入探索农村卓越小学全科教师培养模式是我们的必然选择。

(三)基于我校办学定位和甘肃农村基础教育的现实需求

甘肃省地处我国西北地区，基础教育水平远落后于中东部。受经济状况、地理环境等客观因素的制约，西部农村小学存在规模较小、分布分散等特点。据统计，甘肃农村 10 人以下教学点有 5140 个，未来三年尚缺 12000 多名具备"多科教学""复式教学"能力的小学"全科型教师"。面对这样的现状，很多接受单科培养的新手教师进入乡村小学任教后，不能很好地适应多科教学，专业发展受到很大限制。可见目前在乡村小学教师的培养问题上"全科"的重要性和必要性。

陇南师范高等专科学校(以下简称陇南师专)是一所具有 80 多年师范教育的历史和经验、以培养农村小学教师为主的地方师范类院校，也是 2014 年获得教育部卓越小学教师培养改革项目的立项中唯一一所专科层次院校。在总结八十多年小学教师教育办学经验和对地方基础教育发展现状深入调研分析的基础上，初步取得了一些经验。如何立足乡村教育、坚守师范初心，实现学校错位发展，满足甘肃农村基础教育的现实需求，是我校着力探索乡村小学全科教师本土化培养机制的关键动力。

---

① 高芳：《基于卓越教师实践素养的教育实习改进》，《教育理论与实践》，2019 年第 20 期。
② 龙宝新：《卓越教师的独特素质及其养成之道》，《湖南师范大学教育科学学报》，2017 年第 1 期。

二、"如何培养"：本土化培养的实践探索

（一）"1+1+1"的职前培养

1.建立起"做学合一"的师德养成体系,全面开展师德养成教育

在开展师德养成教育的过程中,陇南师专重视师范生教师职业道德素养的培育,把师德养成作为培养合格小学全科型教师的首要条件和标准,将习近平总书记提出的"四有"好老师标准、四个"引路人"、四个"相统一"和"四个服务"等要求细化、落实到卓越小学全科教师培养全过程。通过不断摸索实践,初步构建了以"课堂育人""活动育人""环境育人"为中心的师德养成体系,加强了师范生的品德提升、学业进步和人生规划方面的作用,培养了师范生的职业认同和社会责任感,推动了师范生汲取中华优秀传统文化精髓,传承中华师道,涵养教育情怀的进程。

一是课程育人,小学教育专业学生必须修学师德教育课程,突出课堂育德,在教育教学过程中提升学生的师德素养,通过全面推行"课程思政",将师德养成融合到课堂教学,传承中华师道,涵养教育情怀。二是活动育人,将师德养成贯穿到小学教育专业学生的全程活动。通过开展系列主题活动,如新生入学教育和军事训练活动、"稻草童心社"公益献爱心活动、名师讲坛活动、教育沙龙活动、各种社团活动、德育实践基地支教活动等,加强师范生自身的体验和感悟,不断内化和提升其道德品质。三是环境育人,将师德养成渗透到环境建设中,通过"校园文化""专业文化"营造体现师范特色的教师教育文化环境,围绕"四有好老师"开展教师教育示范课堂建设,以优秀乡村教师事迹感染学生,涵养其扎根乡村长期从教的乡村情怀和终身从教的使命感。

2.建立起"1+1+1"的课程体系

遵循"主教+兼教+特长"小学教师的特质要求,根据《教师教育课程标准》《小学教育专业认证标准》对课程设置的有关要求,构建了由"通识教育

课程、教师教育课程、学科专业课程、实践课程"四个模块构成,体现"综合"+一专一特"的"1+1+1"课程体系,见图1。

一是通识教育课程和学科专业课程构成的基础课程模块。通识教育与学科教育深度融合,理论课程与实践课程相得益彰,必修课与选修课结构合理,体现多维多层立体化的逻辑体系,突出"综合素养"。二是教师教育必修课程、学科专业课程中学科必选模块课程和特长模块课程构成学科专长模块,突出发展学科专长,主教学科至少能胜任语文、数学、英语中的 1 门,兼教学科至少能胜任道德与法治、科学、美术、音乐、体育中的 1 门,联动选课解决"主教 1 门"和"兼教 1 门"的问题。三是特长课程与技能训练部分构成特长模块。特长课程设置以艺术体育类方向为主,以强化一技之长为主,兼顾小学艺术体育教学,该模块中技能训练为必修,确保毕业生从教职业技能水平合格;特长方向自选,每个学生在十二个特长课程(声乐、键盘、民乐、国画、西画、工艺、武术、体操、朗诵、英语表演、舞蹈、书法)中任选一个方向,确保学生基于兴趣自主发展。学科模块选修课程和特长选修课程开通两年半,基本满足了学生发展个性专长的需求。以上三大模块课程分列于四大课程类型,但互通支撑,有效突破课程类型壁垒,促使课程走向整体融合,渐显综合培养特质。

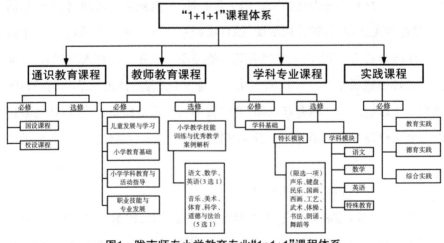

图1 陇南师专小学教育专业"1+1+1"课程体系

3.建立起"高小"融合的协同育人体系

陇南师专在与地方小学"协同育人"培养机制上积极探索,不断创新协同育人模式,完善全方位协同培养模式,现已初步构建的"高小融合的"协同育人体系,见表1。

表1　"高小"融合的协同育人体系

协作形式	协作意义	具体协作内容
建立德育教育实践基地,提高师范生师德修养	培养师范生的职业认同和社会责任感;涵养教育情怀,做到知行合一	与当地多所小学协作,建立德育教育实践基地,签订德育教育实践基地共建协议书;成立"稻草童心社",开展爱心支教、助残帮扶等活动
优化师资队伍,形成"三位一体"教学团队	建设一支稳定、深度参与、结构合理的师资队伍	建立了由外聘教授、学院教师、小学导师共同构成的教育教学团队
实施"全程双导师制",突出"实践取向"的人才培养理念	强化师范生从教技能,确保师范生在教育实践中得到及时有效、全程化的指导,提升了教育实践质量	实行高校教师与优秀小学教师共同指导的"全程双导师制",对师范生的师德修养、教学技能等实行全方位、全程的指导
建立专业指导委员会,促进人才培养合理化	对人才培养全过程实行监控和评价	形成了外聘专家、高校教师、当地小学名校长、小学骨干教师组成的小学教育专业指导委员会
遴选"协作学校",建立高校与小学互助双赢长效协同育人机制	健全高校与小学双向长效交流机制,使师范生能够共享优质教育资源	遴选5所小学为"协作学校",建立教育实践基地50多所,使高校与小学之间能在教师互聘、科研合作、教学参与等方面深度协作
构建"管理人员互聘"和"师资互聘",形成"协同育人"常态化	健全高校与小学双向交流长效机制,深化协同育人机制	我校向协作学校派出科研副校长,协作学校教师受邀成为我校专业建设委员会成员;协作学校选派经验丰富的小学教师进入大学讲授教学法类课程,大学学科教学论教师进入小学课堂授课

4.建立起"贯穿全程"的实践教学体系

根据现代小学教师素质、能力结构要素以及培养规格要求,陇南师专小学教育专业不断强化实践教学的变革意识,通过不断地教学改革与实验,已构建由教育实践、德育实践和综合实践三大模块构成的全方位实践教学体系,教育实践、德育实践和综合实践对应的学期、时长、具体的实践内容见表2。此外,学校先后出台《实践教学管理办法》《实践教学实施方案》等制度,研制见习手册、实习手册等工具,规范了实践教学流程和基本要求,形成程式化、常态化的实践教学模式。

表2　小学教育专业实践教学体系

类别	模块	实践项目	学期	时长	实践内容
实践课程	教育实践	教育见习	2—4	3周	进入小学听课、观摩,深入观察小学教育教学活动,主要了解小学、了解小学生、了解小学教师等
		教育实习与研习	5	18周	采取实践基地实习、顶岗支教实习或"实习—就业—体化"教育实践,全方位体验课堂教学、班队工作等小学教育教学活动。教育研习以教育观察、教育调研、教学活动研习、教育活动研习、教研活动研习等形式贯穿全程
		毕业论文	6	18周	教学案例分析、教材研究、教育个案研究、校本课程开发样例等
	德育实践	师德讲堂与德育实践	1—6	不定期	"德育讲堂"和"名师讲座"等
	综合实践	入学教育与军事训练	1	3周	入学班会、讲座和军训等
		创新创业	1—6	不定期	参加"挑战杯"、就业创业指导、职业生涯指导等活动
		社团活动	1—6	不定期	参加"盗梦空间""智慧团建""一院一品"等活动
		劳动及社会调查	1—6	不定期	参加"稻草童心社""心理健康协会"等支教、助残活动

5.建立起"注重应用"的教师职业技能训练与考核体系

本专业重视师范生教师职业技能培养,通过师范生教师职业技能训练,考核学生的教师职业技能的达成情况，持续研制师范生教师职业技能系统化训练内容和精细化考核标准。现已初步形成了比较明确的师范生教师职业技能层级化结构关系，具体划分为教师基本功、教学技能、教育技能、教研技能和拓展技能五大类，主要包括教师口语表达、三笔字、教学设计与实施、教学课件设计、班级管理、小学教育问题研究与反思、儿童舞蹈编排、队列队形与口令、教学简笔画等。

通过不断的实践，明确了师范生教师职业技能系统化训练内容，制定了师范生教师职业技能可测化考核标准。在实践中，建立了由随课训练、专项训练、特长强化、活动推动等方式构成的师范生教师职业技能全方位不间断的训练模式，不仅在技能上对学生持续提升，还有效营造了职业认同培养环境，使学生德能并进。在实践中，探索出了依托统考、专项考核、随课考核等师范生教师职业技能多样化考核方式，解决了国考与校考重复目标不一、课程考核与技能考核两张皮等问题，强化了课程（尤其教育类课程）所承载的技能训练功能，简化了学生技能考核程序，使学生把有限的时间更多地用于有效的技能训练。

6.建立起"产出导向"的目标评价体系

建立起由培养目标评价、毕业要求评价和课程目标评价三个层次相对独立、相互关联的"评价—反馈—改进"的闭环评价体系。一是培养目标合理性评价与反馈机制。坚持目标合理性评价与目标达成情况评价相统一的原则，分别从师生、用人单位、教育行政管理人员、兄弟院校等渠道，采取座谈、问卷、走访等形式收集评价意见，反馈至学院教学指导委员会，并以制度形式规范评价周期、评价依据、评价程序、评价责任机构和负责人等，形成常态化机制。二是毕业要求合理性评价及达成度评价。对毕业要求周期性评价，定期检视毕业要求合理性与达成情况，利用评价结果，持续优化毕业要求和培养目标。建立起基于用人单位评价和毕业生追踪调查结果的间接评价和基于支撑毕业要求的课程目标达成评价的直接评价相统一的毕业要求达成评价办法。三是课程体系合理性和课程目标达成度评价。本专业已形成定期评价并修订课程体系的机制,依据小学教育专业特点、基础教育改革发展趋势、学生需求、用人单位需求等,对专业课程体系进行定期评价和修订。在课程目标达成度方面,不断探究科学、可操作性强的计算方法,通过抽样的方法,以课程成绩为样本,初步建立了课程目标达成度评价模型。

(二)"1+1+1"职后培训

在终身教育的思想指导下,教师需在不同阶段接受不同专业发展指向的连续的、系统的、一体化的培训,包括职前培养、职后培训与分阶段研修等。[①]通过调研反馈和不断的实践,在乡村小规模学校全科教师培训方面,也初步构建了具有针对性和本土化特征的"1+1+1"培养机制,以提升乡村小规模学校师资水平。通过在职教师在岗培训等方式,帮助乡村小学教师树立专业发展的自觉意识,补充一批专业知识扎实、专业能力突出,专业结构合理,能胜任多门学科教学的小学全科教师,真正实现"教得好"的目标。

1."1+1+1"职后培训原则

专业理念与师德方面:进一步坚定从教信念,具备良好的师德修养,富有教育情怀,乡土情怀;具有较高的心理调控能力和较强的心理耐挫能力;具有稳定、乐观、积极的工作态度;树立小学全科型教师先进的教学理念。

专业知识方面:不断更新、补充新知识,为提高小学教师的工作效能、促进教师专业发展奠定基础。

专业能力方面:能够根据地域特色、人文特色去发掘资源;能够深入钻研课程资源开发与课程教学的整合,满足基础教育需求;具有教育教学研究的能力,充分发挥示范引领作用。

2.培训内容及形式

职后培训主要以补偿性学习为主,重视培训内容的针对性和匹配度。

通过对在职教师进行通识培训和分科培训等内容的培训,利用线上线下

---

① 孟繁华:《构建指向欠发达地区教师培养的教师教育共同体》,《教育研究》,2021年第6期。

相结合,全程贯通专家论坛、名师讲堂、现场教学与观摩等多种方式,使其具备乡村小学全科教学的基本能力素质。具体培训内容和方式见表3。

表3　乡村小规模学校全科型教师培训内容及其方式

培训内容	课程模块	培训方式	培训形式	培训时长	备注
通识培训	小学全科型教师校本研修的理念策略	专家论坛、名师讲堂	离岗线下集中培训	2周	聘请高校、研究机构专家学者开设专题讲座,更新乡村小学教师的教理念
	小学全科型教师专业成长的实践选例介绍				
	新时代教师队伍建设影响下小学全科型教师能力提升的应对策略				
	小学课堂教学规范流程				
	课堂教学评价检测				
	跨学科教学理论与实践				
	课程资源整合				
分科培训	语文、数学、道德与法治、科学、英语、音乐、美术、体育、写字(书法)	现场刨析课、现场教学与观摩、导师带教等	不离岗培训(异步网络课程+同步网络课程)	6周+2周	其中主教、兼教、特长学科离岗集中线下培训各3周
			离岗集中培训(线下集中培训+影子研修)	3周+2周	
			返岗实践	4周	
			总结提升	1周	

三、"何以可能":几个切实的实践建议

(一)以涵养乡村教育情怀为首

为培养造就一批"下得去""留得住""教得好""有发展"的高素质专业化卓越乡村小学教师,应通过教育教学实践不断丰富学生对乡村小学教育的理解,滋养学生乡村小学教育情怀为首要任务。最终指向培养学生"热爱乡

村教育、研究乡村教育,服务乡村教育"的教育情怀。

(二)以挖掘、统整"乡村元素"为基

要真正做到乡村小规模学校"本土化"培养全科教师,就必须不断挖掘"乡村元素",在课程、教学中不断统整"乡村元素"。具体而言,研究乡村小学生的特性和乡村小学教师的特质;根据乡村小规模学校的特点,把学科基础知识、教育教学知识与乡村教育教学实践深入统整起来,探索"小班化教学""复式教学""包班制"等模式,充分挖掘乡村地域文化,跨学科开发校本课程资源等。

(三)以全面、全程培养为市

积极探索多元化的乡村小学全科教师的培养模式和机制,以全科、全程培养为根本,兼顾学科特长的培养,为乡村小规模学校培养"教得好""有发展"的小学全科教师。

(四)以加强政策支持为保障

近些年来"三支一扶"计划、"特岗计划""定向乡村小学全科型教师方案"等政策的出台,为乡村小学补给、培养了一大批较高质量的师资。今后,应不断加强各级各类政策对小学全科教师的支持,进一步健全政府、高校、小学"三位一体"的协同育人机制,完善供给侧机制。

韩国小学教师实践教学素养评价模式的探究：以表现性评价为中心

赵润泽

韩国国立首尔大学教育测量及评价专业在读博士

摘要：评价是教育活动的必要因素，而教师评价则是教育评价的一个重要组成部分。另一方面，教师的教学素养（teaching competency）是决定教育质量的一项重要因素。因此，有关教师教学能力评价的研究在国内外学界一直获得广泛关注。同为亚洲国家，韩国的教师教学能力评价已经形成了一套相当完备的评价模式。并且韩国对于教师教学素养的评价模式具备评价方法多样化、评价工具多元化、评价模型多维化、评价结果分析深入化等优势。因此，本研究通过探索韩国如何运用"表现性评价（performance assessment）"的方法对小学教师实践教学素养进行评价，旨在为我国小学教师评价模式的发展和创新、促进教师成长和教育的高质量发展提供一些有价值的参考。

关键词：教育评价；教师评价；表现性评价；国际教育研究

一、绪论

作为教育的核心主体，教师和学生之间密切的相互作用保证了教学活动的顺利进行。①而作为教育教学工作的具体实施者,教师的能力决定了教学活动的质量。另一方面,为落实教育评价改革和"双减"要求,教育部印发了《关于加强义务教育学校考试管理的通知》,通知中提出:要完善学习过程评价与考试结果评价有机结合的学业考评制度,统筹处理好考试、作业、日常评价、质量监测等方面的关系,注重学生综合素质、学习习惯与学习表现、学习能力与创新精神等方面的评价。对教师的专业素养提出了更高的要求,即在能够保证课程教学高质量完成的同时,也要具备能够制定符合学生身心发展的评价计划的能力。众所周知,评价的作用在于促进质量的提高,作为教育评价的重要组成部分,教师评价标准可以被称为教师提高自身教学素养的重要参照。换言之,有什么样的教师评价,就会形成什么样的教师发展生态格局。②因此,想要应对教育评价改革及"双减"全面落实的挑战,需要通过不断的探究,从而建立更加完善的教师评价体系。而在此其中,教师的教学素养则是一项不可忽视的评价要点。

同为亚洲国家,韩国在教育改革过程中所面临的问题和机遇与我国存在很多相似点。并且韩国学界对教师教学素养的评价已经进行过多角度的深入研究,基本建立了一套科学的评价模式。研究韩国的成功案例,可以为我国教师教学能力评价模式的建立提供一些切实有效的思路和参考,此为本研究的主要目的及意义。

二、韩国小学教师实践教学素养评价的理论背景

总体来说,韩国的教师评价体系从制度上来讲分为两个部分,分别是:以提高教师专业能力发展为目的的教师能力开发评价,和以职称评定及奖励为目的的教师业绩评价。上述评价主要由国家及相关部门负责组织及实施。

---

① Baek Sun-Geun, Nam nara, Cho Si-jeong, Yang Hye-won, Kim Yeon-gyeong.Exploring predictors for teachers' teaching competencies using TALIS 2018 data:Focusing on the comparison between elementary and middle school teachers,*The Journal of Korean Education* ,2020,47(3).

② 教育家编辑部:《落实"双减"教师评价"指挥棒"怎么变?》,《教育家》,2021 年第 35 期。

表1 韩国教师评价制度

区分	教师能力开发评价	教师业绩评价	
		工作成绩评价	绩效奖金评价
目的	提高教师专业性	职称评定、人事调动	津贴发放
起始时间	2010年	1964年	2001年
性质	绝对评价	相对评价	相对评价
评价对象	校长、校监、教师	校监、教师	校长、校监、教师
评价者	校长、校监、教师、学生、学生家长	校长40%、校监30%、同事互评30%	校长、校监、同事互评仅制定评价标准及相应分数,不实施实际评价
评价日程	9月至11月	12月	4月至5月
评价方法	评价标准清单和自由叙述式答辩	根据各项评价项目进行评分(满分100)	根据评价指标为各项成果进行评分
评价结果运用	专业性提高培训	职称、升迁评定分数	津贴发放

表1所示的韩国的教师能力开发评价每年以全国小学、初中、高中的教师、学生和家长为对象进行。该评价制度以2000年为开端,自2005年全国48所学校试运营以后规模逐年扩大,从2010年3月开始施行。施行目的大致分为两种:第一,诊断教师的教育活动专业性,依托评价结果支援教师能力开发,提高学校教育质量;第二,持续向全国所有学生提供优质的教育服务,提高学生和家长对学校教育满意度。

而根据表2所举内容可知,根据评价目的的不同,韩国将职称绩效评价同为提高教师的专业能力所进行的诊断评价进行了明显的区分。以此分类的优点在于,评价者可以根据评价的目的不同,制定更加具有针对性的评价方案。尤其是以教师专业性诊断及提高为目的的评价,其评价结果不用于简单的分类和排序,而更加侧重于评价的诊断性功能,切实地体现了以评促改的评价理念。

表2　韩国教师评价的类型区分

目的	绩效评价及 人事评价	专业性诊断及提高		
类型	教师业绩评价	教师能力开发评价	公开课评价会、 教学奖金	教学素养评价
组织状态	国家及相关部门组织,依据相关法令实施		学校组织	学校或教师 自由组织

　　在这样的理念之下,专业性诊断及提高评价被分为:教师能力开发、公开课评价会和教学素养评价。 换言之，专业性诊断及提高的评价旨在提高教师的教育活动专业素养(teacher competence)的同时，提高学校教育的质量。由于学生在学校大部分时间都在参与教学活动,因此即使说教师在教学活动中所能够体现的教学素养(teaching competence)代表了教师的专业性也不为过。

　　具体来讲,教师的教学素养可分为:理论教学素养和实践教学素养。[1]所谓实践教学素养,即在实际教学过程中,为了能够成功完成教学任务,教师所必须具备的实践执行能力。[2]针对小学教师实践教学素养评价,根据不同学者的研究,评价方法呈现出多元化的趋势。

　　另一方面，实践教学素养不仅仅决定教师是否具备合理规划教学内容和教学活动的能力,更决定了教师是否能够与学习者相互协作,为调整教学和学习状况选择和利用适当行动策略。一些学者指出,为了系统地评价实践教学素养,需要为定义实践教学素养的结构因素,从而使其成为可以测量的变量。[3]另一部分研究则证实了影响教师实践教学素养发展的因素包括:教育实习、自我效能感、教职经历、学生学业成就、学生课堂参与度、评价反馈

---

① 白淳根、咸恩惠、李在烈、申孝贞、俞睿琳:《关于中学教师的教学能力构成因素的理论研究》,《亚洲教育研究》,2007 年第 1 期。

② Hong Mi-ae, *The Effects of Elementary Teachers' Practical Teaching Competence on Students' School Satisfaction*, Seoul National University, 2013.

③ 白淳根、李在烈:《行为指标实践教学素养测量工具开发》,《教育评价研究》,2017 年第 4 期。

等。①②③④并且韩国一些学者还对国际间比较研究如 TALIS 的数据进行分析，不断探索影响韩国小学教师实践教学素养的因素，致力于不断完善小学教师实践教学素养测量工具和评价标准。⑤

并且，对教师实践教学素养的评价往往需要通过对教师实际授课情况中出现的行为来进行评判。因此，运用"表现性评价（performance assessment）"对其进行观测和评估是一种行之有效的评价方法。表现评价要求评价者不仅要对被评价对象的用行动表现、产出成果进行评价，并且要求评价者对被评价对象解决问题的方法、解决问题的过程进行一系列的观察，并通过观察记录对被评价者解决问题的方法是否有效，被评价者解决问题的明显倾向是什么进行判断，从而掌握被评价者在面对一些问题时的动机、态度等。但是实施表现性评价需要大量资源的投入，并且为了对行动记录进行赋值、计算，也需要大量的相关人员进行编码和数据预处理。因此一些学者提出可以使用文本挖掘（Text mining）的方法对过程记录进行编码和分析的解决方案。⑥

特别值得一提的是，关于"如何在不妨碍教师和学生的前提下对教学活动进行观察"这一问题，也引发了学者们的广泛思考。例如使用视频录制的方法对所需信息进行收集的解决方案在 20 世纪 90 年代出被提出，此方法可以最大限度地减少评价者对教学活动过程的影响，能够观察被评价对象在自

① Baek Sun-Geun, Yoon Seung-hye.The Effect of Video Portfolio Assessment and Feedback Methods on Teacher's Practical Teaching Competence, *Journal of Educational Evaluation*, 2011(24).

② Hyuk Woon-Kwon, A study on needs analysis of to develop job competency of newly employed elementary school teachers, *The Journal of Elementary Education*, 2011(24).

③ 金方熙、金镇洙:《中学教师对 STEAM 教育教学能力评价指标的认知》,《韩国技术教育学会》,2016 年第 1 期。

④ So Yon-Hi, The effects of teachers' perception on emotional support, educational belief, teaching efficacy, and instructional professionalism in elementary school teachers, *The Journal of Educational Research*, 2012 10(2).

⑤ Baek Sun-Geun, Nam nara, Cho Si-jeong, Yang Hye-won, Kim Yeon-gyeong.Exploring predictors for teachers' teaching competencies using TALIS 2018 data:Focusing on the comparison between elementary and middle school teachers, *The Journal of Korean Education*, 2020 47(3).

⑥ He Q., *Text mining and IRT for psychiatric and psychological assessment*, University of Twente, 2013.

然状态下的行为状态,因此也受到了广泛的瞩目。

表3　表现评价的主要方法及特征

方法	特征
叙述型评价	– 直接叙述答案 – 是最基本的表现评价方法
论述型评价	– 与叙述型评价类似,直接叙述答案 – 评价范围与叙述型评价相比较有所扩大
实践能力测试	– 通过实际行动解决问题 – 可观察在自然状态下的行为 – 个体评价和整体评价可同时进行
口述型测试	– 以演讲的形式说明解决问题的方法及过程 – 可以对各项多种综合能力进行评价,但要注意评价过程中容易发生的误差
讨论法	– 对具体问题进行讨论,相互协作解决 – 比口述型评价需要投入更多的时间,可以获得更全面的信息
观察法	– 对实际情况的间接参与 – 为更加深入全面的理解实际情况,需要保证在尽可能自然的状态下收集信息
portfolio	– 对行动过程中所产生的一切成果进行收集 – 无法直接观察的信息、行为可以通过收集相关的成果的办法收集信息
video portfolio	– 对实际行动进行视频录制 – 可以对某些行为进行反复观看

三、小学教师实践教学素养评价的具体实施方法

在韩国,对小学教师实践教学素养的评价有时会以授课评价、授课咨询、现场研究等名义进行。而具体的评价指标,有学者在研究中做出了总结。具体见表4。

表4 实践教学素养构成要素及具体下级指标

构成要素	下级指标
计划与组织	– 内容之间的相互关联 – 内容的多少与难易度 – 时间分配
交流能力	– 语言上的沟通 – 非语言的沟通 – 教学辅助资源应用
与学生的互动	– 恰当的提问及解答态度 – 激发学习动机 – 恰当的反馈
学习氛围营造	– 精神集中 – 适当的学习氛围 – 教室及周边环境
教学态度(诚意与热情)	– 教学准备 – 沉浸教学 – 对学生的关心和爱护

最近,韩国一些研究在小学教师实践教学素养的构成要素中添加了"评价实施能力"这一项内容,[①]旨在提高小学教师对学生评价的专业性,也因此促进了教师对增加评价方法多样性这一议题的研究。评价实施能力的构成及下级指标,见表5。

---

① Lee Jae-Yeol, A study on the relative importance of methods to assess practical teaching competency of pre-service teachers, he *Journal of Learner-Centered Curriculum and Instruction*, 2018(18):59-74.

表5　评价实施能力的构成及下级指标

评价实施能力	评价理解能力	对国家、教育厅、学校的评价方针的理解,在此基础之上对评价目的、范围、内容、方法等的理解能力
	评价规划能力	制定与教学目标相符合的评价计划、评价方法及开发评价标准
	评价工具灵活使用能力	选择与评价内容相符的评价工具
	评价执行能力	实际评价中对评价的执行能力
	评价结果应用能力	分析评价结果,提供考虑学生全局性成长的适当反馈,掌握个人成长水平,用于对学生的指导及对教学布局改进的能力
	公正性	保证评价的公正、客观,反对因为成绩等原因引发的对评价结果歪曲

　　另一方面,作为对教师教学能力的评价方法之一,使用表现评价对教师的教学素养进行评价的方案在 1999 年被提出,[1]并得到广泛关注。根据评价的目的及评价结果应用方式的不同,该评价模式主要可分为教学能力的分数化、序列化方案和指导建议方案。表现性评价主要通过评价者对被评价教师在授课过程中解决教学问题的方法、态度、行动等方面进行相关的评分,并通过评价报告对被评价教师进行反馈。然而不可忽略的是,表现评价主要以评价者的观察为主要手段,因此会出现由于评价实施者主观意志过强而出现的评价误差,对于如何减少这样的误差,一些学者提出了解决方案。例如使用行为指标评分量表进行评分的方法。所谓行为指标评分量表,即在 Likert 五分量表(①非常不合格②不合格③普通④优秀⑤非常优秀)的基础上,增加符合某一行为水准的代表性行为的评分量表。如图1。根据评价者的观察,某一被评价对象在某个具体评价要素的行动如果符合某一行为指标,那么其在该要素的得分应当至少介于行为指标点分数的某个区间,不仅可以为评分者提供评分参考,还可以为评分者规定一个标准的评分范围,从而减少了主观原

---

① 白淳根:《表现评价的理论与实践》,韩国课程评价院,1999 年,第 29 页。

因造成的评分误差。

　　传统的表现评价具体实施过程主要包括：制定评价标准；之后由专家评定组对被评价教师的课堂教学影像视频资料或现场教学情况进行深层的分析和评价，并提供反馈；为避免出现主观性的评价误差，往往会由另一组专家对被评价教师而进行二次评价；之后对两次评价结果进行 Cronbachα 系数和相关系数检验形成最终评价结果；最终对被评价者进行个别面谈及提供书面反馈。被评价对象通过与专家的面谈和专家的书面反馈可以认识到自身教学能力所存在的具体问题及改善建议，迅速提升教学能力。通过对评估报告中各项得分的均值、标准差的分析，教师不仅能够掌握个人的情况，还能得出自身与整体水平所存在的差异。

构成要素	下级项目	评价项目
教育计划及组织教学	内容间的相互关联	是否解释了在教学过程中提出的知识内容和日常生活中可学到的知识内容之间的关联性？

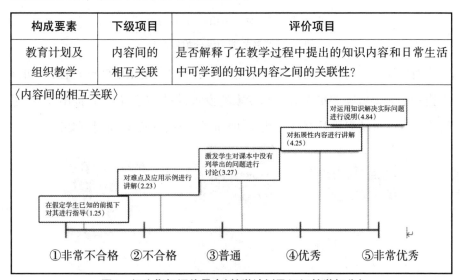

〈内容间的相互关联〉

对运用知识解决实际问题进行说明(4.84)

对拓展性内容进行讲解(4.25)

激发学生对课本中没有列举出的问题进行讨论(3.27)

对难点及应用示例进行讲解(2.23)

在假定学生已知的前提下对其进行指导(1.25)

①非常不合格　②不合格　③普通　④优秀　⑤非常优秀

图1　行为指标评价量表（教学计划及组织教学部分）

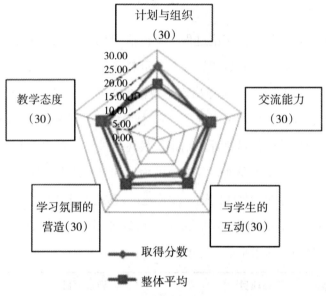

图2　实践教学能力评分报告示例

而增加了行为指标的评价很显然需要一个更为复杂的实施过程,例如行为指标的制定就需要更多时间和专家的投入,但是依然有学者提出,增加了行为指标评价结果更具有科学性。①增加了行为指标的评价过程如图3。

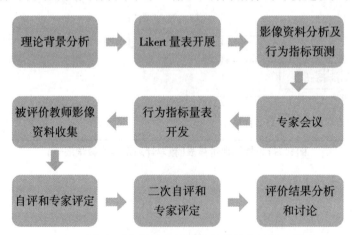

图3　增加行动指标的教师实践教学能力评价过程

---

① Lee Jae-Yeol,A Study on the Development and Validation of an Assessment Tool for Pre-service Teacher's Practical Teaching Competency using Behaviorally Anchored Rating Scale, Seoul National University, 2017.

韩国在运用表现评价对小学教师实践教学素养进行评分的同时，也为教师提供了一些可参考的教学建议，如根据评价标准帮助教师完善对教学环节理解和认知上的不足，通过访谈解答教师所存在的实际教学问题等。而研究人员通过对评价结果的收集和分析可以得出真实影响教师实践教学素养的因素，并通过讨论反馈给学校和个人，更进一步帮助教师提升自身能力素养。

四、启示

我国在"双减"和教育评价改革的背景之下，取消了小学低年级的纸笔测试，这无疑对教师的能力提出了更大的考验。传统的纸笔评价虽然可以检测学生对知识的掌握程度，但不能反映学生的实际素养，如解决问题的方法是否有效、是否能够把所学的知识应用于实际生活等。因此需要教师针对学生个人实际情况制定相应的评价计划，如行为观察、学生自评等。而针对学生进行的评价是否有效，以及如何应用和分析评价结果，也考验着教师的个人素养。因此，如何提高教师的能力是一个迫在眉睫需要解决的问题。通过对韩国教师评价模式的探索，可以获得以下启示。

（一）完善教师评价模式，提高评价的有效性

韩国的教师评价体系不仅包含了由教育管理部门主导实施的评价，也包含了由教育研究机构、学校及教师个人主导的评价。同时也提供了学生、家长及教育研究者、教育管理者多视角评价结果。并且把为对教师晋级、津贴发放而进行的评价与为帮助教师发现问题、改进自身不足所进行的评价进行了明显的区分，更切实地体现了管办评分离、以评促改的评价理念。除去对教师公开课、同行教师互评等评价方法，还加入了表现评价、自我评价，呈现出评价方法、评价内容的多样化的特征。对于教师评价模式的完善，我们仍需要更多具体的研究。

(二)细化教师评价的标准,对评价结果进行系统性的分析

韩国的教师评价具体的评价内容构成及各项细则标准的制定往往是通过对预测验或之前的测验数据进行信度分析和内容效度分析等一系列的定量分析检测结果而制定和修改的。这无疑提高了评价标准的科学性。并且在收集评价结果后,也会代入一些统计模型进行分析。例如使用分层线性模型(HLM)对影响教师实践教学素养的因素进行分层式分析,即把学校层面的因素和个人层面的因素分层之后进行相关的研究;或者结构方程式模型(SEM),对影响教师实践教学素养的潜在因素进行分析探索;或者随机森林模型,对影响教师实践教学素养的各项因素的影响力进行分析,等等。教师及学校可以参考分析结果及自身情况再对所存在的不足进行评估,能够更加有效的应用评价结果。因此,对评价结果的分析及系统性的研究是十分必要的。

(三)对评价结果进行反馈,帮助教师提高教学能力

在评价结束后,教育专家会组织与个别教师进行面谈,也会对每位被评价教师提供书面评价报告。例如在表现评价结束后,专家通过访谈可以深入了解教师在教学过程中存在的问题并进行解答,教师也可以通过对专家进行提问寻求有效的解决方法。根据韩国的经验可知,在未来的教育研究中,需要更多的研究人员深入一线课堂,发现及解决影响教师教学能力提升的切实问题。

公费定向小学全科教师培养模式的改革与实践

林长春　路晨　何倩

重庆师范大学初等教育学院

摘要:公费定向小学全科教师培养是我国为应对乡村教师队伍紧缺,结构性缺编严重等问题而采取的有效措施。当前小学全科教师培养在培养模式、培养目标、课程设置和师资条件上仍存在着一些问题,基于此,重庆师范大学构建了公费定向小学全科教师培养的"1+1+N"模式。

关键词:公费定向;小学全科教师;培养模式;"1+1+N"培养模式

自2012年,教育部联合五部委颁布的《关于大力推进农村义务教育教师队伍建设的意见》肯定了小学全科教师的培养举措,并且提出要进一步扩大小学全科教师培养规模以来,小学全科教师的培养逐渐引起了社会各界的重视与支持。2020年教育部等六部门发布《关于加强新时代乡村教师队伍建设的意见》提出要加强面向乡村学校的师范生公费定向培养。可见,公费定向培养小学全科教师已成为我国未来小学教师培养的趋势和风向标。

重庆师范大学于2013年开始招收公费定向的小学教育专业全科方向师范生(以下简称全科师范生),2014年,重庆师范大学"基于UGIS联盟的卓越小学全科教师培养模式改革与实践"又入选教育部卓越小学教师培养改革项目。目前,重庆师范大学公费定向全科师范生培养作为当前重庆地区农村小学师资补给机制的一种新探索,既考虑到当地农村小学教育师资建设的现实情况,又顺应了国际小学教师培养的时代潮流,在缓解乡村师资队伍建设中结构性短缺、振兴重庆乡村教育发展上具有不可或缺的作用。随着小学全科教师培养的进一步深化和拓展,分析小学全科教师培养的困境,探讨公费定向小学全科教师的培养模式将有助于进一步推进公费定向小学全科教师培养的实践。

一、当前我国公费定向小学全科教师培养存在的问题

(一)培养模式

在招生方式上,我国除少部分招录专科层次的全科教师的院校需要面试,绝大部分院校对全科教师招生主要以高考成绩为唯一标准,这种单一的招生标准无法满足筛选优质全科教师专业人才的特殊要求。即便有的学校在招生过程中进行了面试环节,也大多是流于形式,仅对学生的外显条件进行考察,而忽视了学生的内在条件。仅以分数为依据,便无法考察学生的入学动机是由于理想和信念的支撑还是以现实条件为报考依据。在培养过程中,主要集中于高师院校的教育学院或教师教育学院,虽然也有教育实践基地可供师范生进行教学实践,但总体上培养结构较为封闭,师范生对乡村教育实际情况了解有限,课程设置、教师教学都受到了制约。尤其是对于全科教育师范生来说,全科教学意味着学科之间的相互渗透、相互交叉和高度融合。

(二)培养目标

在对"全科"内涵的理解上,全科师范生自身、小学、当地政府以及师资培养院校存在着偏差。受二元对立思维的影响,简单的将"全科教师"与"分科教师"的区别界定为是否能够教授小学所有的科目显然是不科学的。"全"应当体现的是一种价值判断而非数量判断,全科更重视学生中心地位。全科教师培养的不是全才或者通才,而是具备自身专业素养,能从整体上把握不同学科知识,实现专业性和整体性结合的新型教师。在全科教师的培养目标

上,目前我国还没有统一的标准,其制定不是地方院校、当地政府和小学所能决定的。如果仅由地方院校来做主,就会因为不太了解农村小学教育的实际情况,使得培养目标难以落到实处;若是由当地政府"自上而下"予以政策实施,由于这些措施缺乏针对性和区分度,就会导致在具体实施上落实不到位;而脱离了农村的全科教师培养目标,就会显得抽象空洞而缺乏针对性,直接造成所培养的农村小学全科教师质量不过硬。①

(三)课程设置

第一,在课程结构的设置上,有的院校为追求课程的综合性,一味地增加课程数量,造成课程冗余、零散的现象,整个课程体系显得过于烦琐而缺乏系统性。如果不能基于全科教学来进行课程整合,以及设定教学内容、教学方法和教学组织形式,就只能是当前我国农村教育发展的"应时之需",从而缺少一个长远的,可持续发展的后劲。②第二,课程内容的针对性不强,很多课程还是按照分科培养思路来安排教学内容,因为没有对农村小学各学科的基础理论和基本技能的形成过程作具体的剖析,就不能帮助全科师范生牢固地架构学科的基本脉络,从而造成全科师范生对学科知识理解得不够深刻。第三,从教育实践课程设置来说,课程均以教育见习、实习、研习为主,且专业课程的组成更侧重于理论部分,说明教育实践课程较为单一,缺乏地域的拓展和校内外的优势互补,某些院校的全科师范生教育实习远离农村小学,与未来职业实践相脱节,基本实践技能训练仍有待提高。第四,在科目设置上,缺少乡情教育课程,导致全科师范生对农村学校的归属感不足。

(四)师资条件

《教育部、国家发展改革委、财政部关于深化教师教育改革的意见》明确

---

① 余小红:《农村小学全科教师职前培养研究——基于浙江省三所地方院校的实践》,华东师范大学博士研究生学位论文,2018年。

② 江净帆:《小学全科教师的价值诉求与能力特征》,《中国教育学刊》,2016年第4期。

提出高师院校中优秀中小学兼职教师所占比例不少于教师教育类课程教师的 20% 。①同时,《小学教育专业师范专业认证标准》也提出基础教育一线兼职教师占教师教育课程的比例不低于 20%。然而现实情况是各培养院校的师资配置较为单一,仍以内部人员为主,还未能关注一线兼职教师团队的建设,只是偶尔聘请一线小学教师进行讲座,并没有计划性地引进小学兼职教师教授教育课程。

二、公费定向小学全科教师"1+1+N"培养模式的构建

自 2014 年入选教育部启动卓越小学教师培养改革项目以来,重庆师范大学不断探索满足建设卓越小学教师队伍战略需求的新方案,深入探讨如何在理论上建构教育体系,明确公费定向小学全科教师培养的目标,在实践上拓展和完善培养思路,努力破解培养目标不清晰、课程结构和内容缺乏整合、实践教学环节薄弱和培养机制不健全等问题,在理论与实践的结合上形成和落实公费定向小学全科教师培养的有效措施,同时也促进了教育部小学卓越教师培养改革项目的全面实施。

(一)基于现实需求,确立培养基本理念

1.立足乡村

公费定向小学全科教师培养致力于解决重庆市乡村小学教师队伍整体素质不高以及结构性缺编等问题。同时,在城乡义务教育均衡发展的背景下,通过公费定向乡村小学全科教师培养,提高乡村教育质量,明显缩小城乡师资水平,保障教育公平。相应地,"立足乡村"意味着乡村小学全科教师培养应加强全科师范生的师德规范和乡村教育情怀,培养他们热爱乡村教

---

① 《教育部 国家发展改革委 财政部关于深化教师教育改革的意见》[EB/OL].(2012-09-06)[2021-08-16].http://www.gov.cn/zwgk/2012-12/13/content_2289684.htm。

育事业,引导他们立志成为有积极理想信念、高尚道德情操的乡村教师,毕业后能够自觉自愿履行就业协议,到定向乡村学校任教,立足乡村大地,带动和促进本地区教师队伍整体水平的提高,从而推动重庆地区城乡一体化建设,推进乡村振兴,成为更加公平更有质量乡村教育的重要力量。

2.协同育人

重庆师范大学初等教育学院于 2013 年成立了"四位一体"的 UGIS 人才培养联盟,即由"高校(university)—区县教育主管部门(government)—区县教师进修学院(institute)—小学(school)"共同组成的协同创新型人才培养平台。该联盟作为一种创新的教师培养模式,其工作覆盖小学全科教师的招生、录取、培养、就业全过程,建立了高校与定向区县及小学合作培养教师的新机制。协同育人对于小学全科教师了解各定向区县的经济和教育现状,增强学生的使命感和责任感,让各定向区县了解学生的培养质量等均起到很好的作用,同时通过建立乡村教育实践基地、培训实习指导教师等方式也加强了师范院校对于地方人才需求的精准把握,真正发挥高校、地方政府和小学对小学全科教师培养的协同作用。

3.综合培养

重庆师范大学小学全科教师培养坚持围绕以"综合培养、全面发展"为中心。这意味着要突出培养小学全科师范生的综合素质,既具有良好的职业道德和文化素质,又要打破学科壁垒,理解学科育人价值,使学科素养和教师专业素养高度整合,突出课程知识的"融合性",具备整合学科进行教学的意识和能力,适应小学综合性教学的要求,促进儿童全面、健康发展。

4.实践取向

重庆师范大学在公费定向小学全科教师培养中,构建了全程养成性教学实践体系,坚持理论与实践相结合,专业实践和教育实践相结合,通过教育见习、教育实习和教育研习涵盖了师范生培养所需要的师德体验、教学实践、班主任工作实践、教研实践等,并与课程设置进行衔接,促进理论、实践与反思的相互融合,通过在实践中不断反思,在反思中不断实践,体现"实践—理论—反思"(PTR)的循环渐进。

(二)明确培养目标,"知识、能力、情感"并重

基于教师专业化的发展趋势和基础教育对于小学师资的需求,该专业目标定位在于立足重庆地区,为重庆市基础教育改革发展服务,培养具有良好的职业道德和文化素质,掌握学科基本理论、基础知识与基本技能,学科素养和教师专业素养高度整合,能够在定向服务区县的小学主教小学语文+小学英语或小学数学+小学科学两门课程,同时兼教小学音乐、美术、体育、道德与法治、综合实践活动、书法中的1到2门课程的教学与管理相关工作,未来5年能够成长为定向服务区县的小学骨干教师。

从具体的培养要素来看,包括知识要素、能力要素和情感要素。知识要素方面,要求涵盖小学生发展知识、学科知识、教育教学知识、通识性知识等;能力要素方面,要求小学全科教师具有良好的教学设计能力、教学组织实施能力、教学评价能力、班队管理能力、沟通合作能力、教育科研能力、反思与发展能力,以及说、写、教、作、弹、唱、跳、画等教学基本功;情感要素方面,要求小学全科教师热爱小学教育事业,具有坚定的专业理想和高尚的道德情操。

(三)重塑课程结构,优化课程体系

根据公费定向小学全科教师培养理念和培养目标,重庆师范大学初等教育学院结合多年的实践探索,提出了小学全科教师培养的"文科+艺体""理科+艺体"的课程选择模块和"1+1+N"课程层级模式。即小学全科师范生可以选择文科或理科为主修课程模块,再另外选择"艺体"为辅修课程模块。其中,"文科"包括小学语文和小学英语,"理科"包括小学数学和小学科学。"艺体"包括小学音乐、小学美术、小学体育与健康。要求小学全科教师能够胜任语文或数学课程的教学工作,也就是"1+1+N"课程层级模式中的第一个"1";能够担任英语或科学课程的教学工作,也就是"1+1+N"课程层级模式中

的第二个"1"。同时,可以兼任小学音乐或小学美术或小学体育与健康等课程的教学工作,也就是"1+1+N"课程层级模式中的"N"。具体课程结构包括通识课程、专业核心课程、专业拓展课程和养成性教学实践课程等。

1.通识课程

公费定向小学全科教师应具备一定的人文和科学素养。通识课程的开设有助于提升小学全科师范生的德性修养,引导他们了解具备相应的自然科学和人文社会科学知识,同时又使其能够积极参与社会生活,成为德智体美劳全面发展的人。因此,通识课程设置不仅涵盖人文社会科学领域、自然科学与技术领域,而且针对重庆市农村小学师资发展的现实需要,还设计了艺术、体育、健康领域的相关课程来提升小学全科师范生的艺术素养,满足重庆乡村地区音体美教师结构性不足的教育需要。同时,通识课程设置充分体现当前我国教育改革的发展趋势,设计了大学生心理健康、劳动教育、国家安全教育必修课程和习近平新时代中国特色社会主义思想及"四史"系列、美育系列、人文社科与自然科学系列、卫生与健康系列等选修课程,满足全科师范生的德智体美劳全面发展的需求和多元化学习的需要。

2.专业教育课程

在综合培养理念指导下,专业核心课程的设计采取"1+1+N"的培养模式,使全科师范生能够胜任1—2门小学主干学科以满足教学工作需要,同时可以兼任乡村小学其他学科的教学工作,引导小学全科师范生理解儿童成长的特点和差异,树立正确的教育观和学生观,支持小学全科师范生发展科研能力,同时能够运用现代教育技术手段进行教学,提升教育教学专业能力。基于此,专业方向课程由四个部分构成:教师教育类课程、文科方向课程、理科方向课程、艺体方向课程。其中,艺体方向包括音乐、美术和体育三个部分。小学全科师范生可以选择文科方向加艺体方向或者理科方向加艺体方向。在艺体方向的选择上,音乐、美术和体育选其一完成。可以说这种文科类或理科类与某一类艺体课程相结合的设置,既体现了培养模式的综合性和多学科之间的交融,又能兼顾多学科(主教两门且兼顾一门艺体课,注重音体美素质的培养)教学需要。①专业课程的具体设计详见表1。

表1　小学全科教师培养的专业核心课程

教师教育类课程	文科方向课程	理科方向课程	艺体方向课程(三选一)	
儿童发展	现代汉语	高等数学	音乐方向	钢琴基础
	古代汉语	解析几何		钢琴配奏
小学教育心理学	文学与写作	线性代数		声乐基础
	中国古代文学史	初等数论		合唱与指挥
初等教育学	中国现当代文学史	概率与数理统计		小学音乐课程与教学
	外国文学	小学数学研究	美术方向	素描基础
	朗诵艺术	自然科学基础		色彩基础
教育研究方法	英语精读	自然科学实验		国画基础
	英语语音	小学数学教学论		手工制作
小学课堂管理	英语听力与口语	小学数学课程标准与教材研究		电脑美术设计
				小学美术课程与教学
	英语翻译与写作	小学数学教学设计与技能训练	体育方向	田径、体操与武术教学与运动训练
现代教育技术	小学语文教学论			足球、篮球教学与运动训练
	小学语文课程标准与教材研究	小学科学教学论		排球教学与运动训练
小学综合实践活动设计	小学语文教学设计与技能训练			乒乓球教学与运动训练
	小学英语教学论	小学科学课程标准与教材研究		小学体育课程与教学
教师书写	小学英语课程标准与教材研究			

---

①　张虹、肖其勇:《全科教师培养:农村小学教师教育改革新动向——基于全科教师培养理念、培养目标和专业特质新探》,《教育理论与实践》,2015 年第 8 期。

3.专业拓展课程

专业拓展课程是为了更好地提升公费定向小学全科师范生的学科素养,在专业核心课程的基础上,以增强小学全科师范生的学科知识与课程整合能力为目标,从农村基础教育发展的实际需要而设计的选修类课程。小学全科师范生根据自身学习兴趣和专业发展需求来进行选择，这能够充分调动其学习积极性。鉴于专业核心课程的设计遵循"文科+艺体""理科+艺体"模式,专业拓展课程是以模块课程作为该部分的设计呈现方式的。

具体而言,专业拓展课程分为文科模块、理科模块和艺体模块,学生需从中选修16学分,其中文科模块或理科模块选修10分，艺术模块选修6分。模块课程是对专业核心课程中各方向课程的拓展,课程设置见表2。

表2　小学全科教师培养的专业拓展课程

文科模块	理科模块	艺体模块
公文写作	数学思想史	音乐鉴赏
文学概论	数学思想方法	课堂乐器
美学	小学数学解题研究	自弹自唱
儿童文学创作与欣赏	统计与测量	儿童舞蹈编排
文学批评与鉴赏	小学数学综合实践教学研究	装饰画
中国古代小学研究	高观点下的小学数学	儿童画技法与指导
小学作文教学研究	数学史与小学数学	水彩画技法
小学语文名师课例赏析	小学数学教育研究与写作	PS图像处理
小学古代诗歌教学研究	小学数学名师课例赏析	简笔画与线描
英语经典名篇诵读	科技设计与制作	美术鉴赏
英美文学	STEM课程设计与评价	行书技法
英语书写	科学技术与社会	隶书技法
小学英语教师口语	机器人设计与制作	
英语国家社会与文化	科学技术史	小学体育健康与安全指导
大学英语语法基础	科学探究与科学方法论	
小学英语课堂教学技能	青少年科技活动设计与指导	小学体育游戏设计与指导
思想品德与生活(社会)教学设计	小学科学名师课例赏析	

4.养成性教学实践课程

养成性教学实践环节主要由校内实践创新能力培养和校外教育见习、研习、实习构成。

校内实践创新能力的培养主要针对小学全科师范生的语言、书写、美术、音乐、舞蹈、体育、写作、阅读、说课讲课、科技制作、教学课件以及教学研究能力训练，主要通过课堂教学、早晚自习、课外活动、比赛项目、名师讲座等进行。一、二年级侧重教师基本技能训练，三、四年级侧重活动组织实施能力、教师教学教研能力培养。同时，通过整合第一课堂和第二课堂，使小学全科师范生除了获得相应学科知识、教育教学技能、教师道德修养理论知识外，还利用一系列浸润学生心灵的活动来塑造学生的未来教师气质，打造卓越小学全科教师成长和发展的特有育人文化，以此让全科师范生逐步形成一名卓越全科教师所必须具备的思维模式、行为特征和能力特点。

校外教育见习、实习、研习是独立实践教学环节，在设计和实践上充分发挥 UGIS 联盟优势，实行高校教师和小学教师、教研员共同指导师范生的"双导师"制，拓展教育实践内容，使学生将来能够真正胜任小学多学科教学，从事班主任工作、开展班队活动、进行班级管理等。独立实践教学环节中有两次见习、一次实习、一次研习，见习和研习时间均为 2 周，实习为 15 周，共 21 周。其中，一次见习和实习均安排在定向区县小学进行，其余在主城区小学进行。独立实践教学环节的安排与设计旨在让全科师范生了解重庆市小学教学改革，特别是各区县乡村基础教育发展现状和趋势，让他们在正式入职前了解当地风土人情，体验乡土文化熏陶，引导他们立足乡村，促使其乡村教育情怀的养成，从而树立为乡村小学教育服务的精神，通过认真学习和了解定向区县小学教育教学工作的全过程，明确作为乡村小学教师的基本工作内容，明确乡村小学教育教学工作的一般特点和意义，熟悉从事乡村小学教育管理、班主任、少先队和任课教师教学工作的全过程，学习先进的教育教学方法，提高教育教学和教学科研能力，从而为乡村振兴助力。

基于核心素养理念下综合实践课程内容开发

丁帅　马维聪　王雪菲

河北民族师范学院

摘要:基于《中国学生发展核心素养》以及《中小学综合实践活动课程指导纲要》标准,以核心素养为活动主线,以"小小农学家"为活动主题,对承德市某小学"主题式综合活动"课程进行开发研究。

关键词:核心素养;综合实践活动;课程开发

在世界各国纷纷开始关注课程改革的大背景下,综合实践活动课程作为新课程改革中研究性学习的载体,自21世纪以来不断受到专家、学者的关注。本研究将核心素养、综合实践活动与主题教学的融合,将更有利于教育资源的开发与利用、学习方式的整体性变革、学生主体地位的确立,真正实现学生德、智、体、美、劳全面发展。

一、主题式综合活动课程开发基本原则

(一)突出学生主体地位

在《纲要》中明确了学生在活动中的主体地位,教学活动要以学生为中心,始终围绕学生展开。学生能够亲身参与到活动中去,经历从发现问题到分析问题,再到解决问题的过程,真正成为学习的主人。当然,这并不意味着

教师不参与教学活动，全权放手，而是在这个过程中成为活动的主导者和促进者，在必要时指导学生优化方案、找好方式、做好记录、完成活动。本研究以"小小农学家"为主题，能够给学生自主参与、探究的机会。前期通过设计一系列丰富多彩的情感活动，激发学生对农学种植的兴趣与热情，在实施过程中创设真实的场景，给学生亲身经历的机会，让学生乐于参与到活动中来。

(二)密切联系实际生活

在开发相关课程时，依据学生自身发展的需要，尽可能地选择贴近学生学习和社会生活实际的活动主题。基于学生兴趣和生活经验开展综合实践活动，关注学生在活动中的体验感，使学生体会到学习与生活是紧密相关的，更有利于知识的内化。本研究从学生每天都在食用的水果、蔬菜等食物的角度出发，选择"小小农学家"这一活动主题，让学生在具体情境中，把学到的种植知识运用起来，自己动手种植，知道食物的来之不易，体会农民伯伯劳动的辛苦。

(三)注重体验实践过程

"主题式综合活动"课程的开发要注重学生经历用知识和生活经验解决实际问题的过程，在这个过程中促进理论与实践的结合，提升学生知识运用能力、动手操作能力、团队协作能力，让学生在过程中体验、收获快乐。教师也要在这个过程中及时给予学生指导，让学生真正从实践过程中获得收益。如在"小小农学家"的种植过程中，针对生长发育缓慢、矮小，叶片呈灰绿色的植株，学生需要从之前学到的知识中提取相关信息，经过与同伴们共同商讨、相互合作，自己动手对植株施钾肥，让植株继续茁壮成长。在这个过程中，学生既需要开动脑筋又需要与同伴相互配合动手实践，在收获成果的同时，也获得了亲身体验与知识习得的快乐。

(四)建设多元评价体系

新课程改革提倡多元化的评价体系,鼓励学生自我、生生互评,在评价时,不仅要关注学生的最终结果,还要关注学生多方面、多角度的能力,如在实践活动中的各种表现都应作为评价时的依据, 这样才能更好地帮助学生进行自我认知,能够自我肯定,建立自信心。

二、主题式综合活动课程内容开发

(一)主题式综合活动课程开发模型

本研究将采用 PDCA 循环模型作为核心素养下"主题式综合活动"课程开发的模型,PDCA 循环的操作步骤包括计划、执行、检查、处理,下面将结合本研究进行说明。

P 阶段即计划阶段,本研究将称其为设计阶段,包括主题的选择、目标的制定、行动方案的制定。主题的选择:主题的选择是活动的切入点。主题选择从学生兴趣和实际生活需要出发, 激发学生的学习兴趣。分析该主题的现状,找出当前存在的问题,从而更好地确立目标;目标的制定:根据本研究确定的"小小农学家"主题,制定相应的课程目标。包括课程的总目标以及课程的具体目标,从价值体认、责任担当、问题解决、创意物化四个方面进行设定,为后续课程的实施提供指引;行动方案的制定:在整体目标的基础上制定合理的行动方案,包含学习阶段、具体时间、具体目标、课时名称、教学内容、评价要点与方法。在本研究中还将依据六大核心素养进行分类,方便在实施时找准方向。

D 阶段即执行阶段,本研究将称其为实施阶段,实施阶段是检验方案是否具有可行性的关键。根据 P 阶段制定的整体方案,设计出非常具体的行动方案,如针对制定的课时目录中的某一课,设计具体的教学目标、教学重难点、教学过程等详细的活动教案。按照具体的方案采取有效的行动,真正落实到课堂中去。

C阶段即检查阶段，这个阶段将对教学活动的实施过程与结果进行检查，发现其中的优点与不足，肯定优点，分析不足，为改进阶段做准备。检查各个部分是否达到了设定的目标，是否达到了预期的结果。如果最终没有达到预期的结果，则要考虑是否在过程中没有严格按照计划执行，如果否则需要重新制定合适的方案。

A阶段即改进阶段，该阶段对检查出的优缺点进行处理，起到一个总结的作用。循环到该阶段会出现三种结果：强化成功经验，将成功之处总结下来并纳入标准，为后续开展该活动提供经验；吸取失败教训，对活动过程中存在的不足进行分析，通过各种方式寻求解决方法，从而不断优化、完善，总结出更优方案，使其达到预期目标。此循环中还有未能解决的问题，将继续交给下一个循环处理。

(二)课程目标

依据小学高年级学生的具体情况，拟定了以"小小农学家"为活动主题的课程学习目标，包括总体目标和具体目标。具体目标将参照《纲要》中的四个维度进行设计。

总体目标：

能在实践活动中积累丰富的经验，包括获得新生的实践经验以及扩充原有的生活经验；在实践过程中善于发现问题、运用知识分析问题，设计各种方案解决问题；最终能够习得各领域的知识与技能，发现自我价值，增强社会责任感，具备创新精神和实践能力，实现全面发展。

具体目标：

(1)价值认同：体会种植的乐趣与丰收的喜悦，学会珍惜粮食，尊重农民伯伯的劳动成果。

(2)责任担当：积极参与社会实践活动，能够独立完成分配的任务，具有团队意识和互助精神。

（3）问题解决：在种植的过程中，初步具备问题意识，善于挖掘和提出问题；能在教师的引导下，从多角度分析问题；通过多种方式寻求解决问题的办法，并结合具体情景讨论出解决问题的最佳方案，初步具备解决问题的能力。

（4）创意物化：能将种植的理论知识运用于实践，初步掌握种植的基本技能，并学会在现有条件中进行选择，能够有创意地进行种植。

（三）课程内容设计与实施

针对具体目标，设计出整体的课时目录，并在每一个阶段后面标明整体的学习内容以及所用到的评价要点与方法。课程内容在表中一目了然：

表1　课程内容设计

阶段	时间	具体目标	课时名称	学习内容	评价要点与方法
准备阶段	第1周	了解农业农学知识，对种植产生浓厚的兴趣；能将自己所思所想通过绘画作品呈现出来	我是小小农学家	1.学会用网络查阅资料，能进行信息的分析与综合。如农业的发展史、农谚等 2. 知道农业与我们生活的联系是非常密切的，对人类生活的影响很大 3.学习农诗，欣赏生活中的农景，根据自己的想象创作绘画作品	能否进行信息的查询与处理；能否说出生活中哪些事物与农业有关；能否进行自我创作 教师评价 学生互评
	第2—4周	了解种植时须具备的条件（天气、地点、土壤等）；知道植物的组成，肥料的种类及使用方法；掌握种植步骤	地理位置与气候 土地布局和菜圃 认识土壤 植物的组成 认识肥料 我是种植小能手	1. 学习中国各地区地形适宜种植的代表性作物；气候对作物生长的影响 2.以自然条件、个人对农产品的需要进行土地与菜圃的布局，有规则长条形、规则方形、放射式、结合式	

阶段	时间	具体目标	课时名称	学习内容	评价要点与方法
				3. 学习土壤的组成与类型，不同的土壤适宜种植不同的作物 4.学习植物的分类，观察开花植物的身体是由根、茎、叶、花、果实、种子组成的 5.认识肥料的种类，肥料的作用，以及怎样施肥，施肥后的注意事项 6.通过视频演示、教师讲解以及分小组讨论，学会种植步骤理论知识及注意事项：挑选品种—整地施肥—播种—管理—浇水	能否说出植物生长都需要哪些条件；能否画出植物身体的组成；能否挑选种子，汇报出种植的步骤 教师评价 学生互评
探索阶段	第5—8周	具有动手操作能力，掌握一定劳动技能；能依据具体条件选择方案，提升问题解决能力；具有团队协作意识，积极与小组成员交流	工具和设备 播种和育苗 移栽定植 作物轮种 除草大战 覆盖栽培 盆栽作物	1.挑选种植工具与设备；了解工具的使用方法，使用工具时需要注意的安全事项；在购买工具时，在商店选择最优惠的购买方案 2. 在教师和老农的帮助与指导下，根据种植理论知识动手进行播种和育苗；跟踪观察记录 3.分小组进行移栽实践，知道什么情况下需要移栽，学会移栽的方法 4.知道什么是轮作，轮作的目的，知道异科可轮作，进行动手实践	是否愿意动手种植；是否善于观察，具有问题意识，把问题记录到问题本中；是否具有积极的解决问题的态度；是否有合作意识，互相帮助；是否具有灵活性；能否坚持记录观察日记

阶段	时间	具体目标	课时名称	学习内容	评价要点与方法
探索阶段	第5—8周			5.了解杂草的危害,怎样彻底清除杂草。除虫的方法 6.地膜春花生覆盖的栽培 7.学会盆栽作物的方法,知道哪些蔬菜水果适合盆栽,自己动手或和爸爸妈妈一起为自己家里也种一盆	学生互评 表现性评价 学生日记
成果阶段	第9周	能把种植过程记录完整,了解作物应如何采摘与保存;学会珍惜粮食,尊重农民伯伯的劳动成果;知道如何健康饮食;对此次活动作出总结	作物采摘与保存 向农民伯伯致敬 健康与饮食 我的收获	1.学习作物成熟的季节,学会辨认作物成熟;学习作物储存方法,动手采摘时的注意事项,思考哪些可以做下次种植时的种子 2.知道食物的来之不易,知道感恩,珍惜粮食;采摘的食物可用来义卖等爱心服务 3.学习食物健康的加工方式;知道健康的饮食时间;了解食物营养价值,合理搭配饮食,避免食物中毒;关爱自己的身体健康 4.小组办一份活动手抄报,记录此次活动;每个人写一篇自己的活动感想	是否将此次活动记录完整;是否流露真情实感;能否用文字的方式表达自己的真情实感 自我评价 档案袋评定 成果展示评价

　　除此之外,本研究依据《中国学生发展核心素养》中三大领域六个指标的内容,将课程内容基于核心素养视角下进行分类,并提出了具体要求。详细内容见表:

表2　基于核心素养下的具体要求

核心素养	基本要点	课时名称	具体要求
文化基础	人文底蕴	我是小小农学家	探究"农"字的本意及其演变过程;赏析"农"字的书法,具备欣赏美的意识;积累有关带"农"字的成语以及故事;查找生活中常用的农谚,并了解农谚与生活的关系,关切人类的生存;学习相应的农诗,欣赏生活中的农景,具有用艺术表达美的意识
	科学精神	地理位置与气候 土地布局和菜圃 认识土壤 植物的组成 认识肥料	对种植知识充满好奇心,渴望学习真知;能运用科学的思维方式认识事物;善于发现问题,能够积极寻求解决问题的方法
自主发展	学会学习	我是小小农学家 我的收获	通过各种形式,激发内心的学习兴趣;能有效地进行信息检索,学会用网络查阅资料,并能对信息进行分析与综合。如:农业的发展、生活中常用的农谚等;善于总结,对自己的表现进行反思
	健康生活	健康与饮食	学会用正确健康的方式加工食物,养成健康的生活方式;具有关爱自己身体健康的意识
社会参与	责任担当	向农民伯伯致敬	具有热心公益和志愿服务的意愿;具备热爱、尊重自然的意识;能够团队合作,具有互助精神;有感恩之心
	实践创新	我是种植小能手 工具和设备 播种和育苗 移栽定植 作物轮种 除草大战 覆盖栽培 盆栽作物 作物采摘与保存	具有掌握种植技术的学习热情;在种植胡萝卜活动中,具有积极的劳动态度,热爱劳动;具有动手操作能力,掌握一定的种植技能;在种植过程中,善于观察,具有问题意识,发现问题后能够结合具体情景,发挥主观能动性解决问题;具有改进和创新意识

三、实施建议

(一)明确教师与学生的关系

综合实践活动是一种需要教师与学生共同参与、共同开发的课程,在这个课程中,两者之间是相互平等的伙伴关系,共同促进活动的开展。其中,学生是活动的组织者、实施者,居于活动的主体地位,教师是学生的引领者、指导者,帮助学生开发潜能。因此,在课程开发时,要明确教师与学生的关系,转变教师传统的教学教育观,建立以生为本的教育理念,依据学生的需求来设计课程,真正落实学生在活动中的主体地位。

(二)构建完善的课程评价机制

拥有完善的课程评价机制,课程开发就成功了一半。在进行课程评价机制构建时,不能只设计对学生的评价,对教师、对课程本身都要设计相应的评价标准。在对学生评价时,要注重学生核心素养的发展,以过程性评价为主,通过学生自评、小组互评、建立成长档案袋等多种评价方式进行评价,促进学生全方面发展;对教师进行评价时,要注重教师对课程核心概念、教学内容、学生学情以及课堂实施的把握程度,教师通过各方的评价对教学进行改进,从而提升自身的专业能力;针对课程本身,要考虑各方面的因素,如对课程目标、课程内容、课程资源等方面进行评价,挖掘课程中存在的问题,通过分析与改进使之更加完善。

(三)充分开发和利用教育资源

在开发和利用课程资源时,我们往往只注意到了学校的硬件设施、活动经费等资源,而忘记了教师和学生本身就是最重要的教育资源。教师通过课程研发,学习了新的教学理念、教学方式,在教育教学上有了很大提升;学生在活动中亲身经历、自主探索,在真实的活动情境中发掘问题、解决问题,获得课本以外的知识与能力。此外,除了学校资源,还有自然资源、社会资源、家庭资源、网络资源等也可以进行开发与利用,充分拓宽了教育资源的渠道。

第三编
面向未来的小学课程与教学高质量发展

面向未来而教:基于学习科学的
"双主体双课堂"联动革新

杨南昌　梁慧芳

江西师范大学 教师教育高等研究院

摘要:对学生面向未来社会和工作所需的深度学习能力培养的重视,是21世纪能力导向的全球性教育改革运动的共同指向。然而审思当前的课堂教学,授受主义思想根深蒂固,与面向未来而教的素养教育理念背道而驰。近20年来,国际教育领域兴起的学习科学不断涌现出新理论新方法,通过与教学设计的融合创新,形成推动课堂变革的强劲力量。而教师则是这股创新力量的最终实践者。以学习科学为创新基础、以深度学习为目标指向、以教学设计为实现路径,将学习科学内容纳入教师教育课程体系中,重新思考小学教育专业人才培养,实现从"双主体(大学教师和未来小学教师)与双课堂(大学与小学课堂)"的联动革新,是大学面向未来培养卓越小学教师和创建优质课堂教学的积极行动,也是对当前高校师范类专业认证标准中强调"对学习科学知识的了解、理解和应用"这一指标点的具体落实。

关键词:学习科学;深度学习;课程与教学革新;小学教育;双主体与双课堂

一、问题提出:我们在面向未来而教吗?

步入21世纪,随着人口、环境、资源、政治等全球因素的复杂变化及科学技术的快速发展,一个"乌卡时代(VUCA)"——充满易变性(Volatility)、不确定性(Uncertainty)、复杂性(Complexity)和模糊性(Ambiguity)的世界已经到来。面对时代新变局,培养学生面向未来社会和工作所需的深度学习能力,已成为 21 世纪能力导向的全球性教育改革运动的共同指向。沟通与合作、创造性与问题解决、信息素养、自我认识与自我调控、批判性思维、学会学习与终身学习以及公民责任与社会参与等七大素养被全球普遍提倡和高度重视。①然而相关研究发现:孩子在学校的时间越长,他们的好奇心就越少,创造力在下降(Tony Wagner,2008,Howard Gardner,1982)。②

我们对小学、初中、高中三个学段的学生研究也证实了这一问题:随着学段的提升,学生的创造性思维、批判性思维、团队合作倾向、学会学习能力等关键能力反而下降。以创造性思维为例,小学段平均得分 4.631,初中段平均得分 4.135,高中段平均得分 4.034 。这一问题在大学阶段依然明显,大学生不知如何进行小组合作、怎么完成一项研究,他们习惯听教师讲、自己记笔记的课堂,不习惯发起课堂提问,不知道如何主动学习。此类问题警示我们:大学生缺乏的,恰恰是中小学教育没有重视的。赵勇认为,这是为培养适合工业时代生产雇员而设计的传统教育范式的预期结果,不足为奇。创造力要培养人"想把事情做得不一样"③,这恰恰在传统雇主看来,只会让人成为一个糟糕的不顺从员工。而在传统课堂上,教师喜欢的往往也是乖乖听话的顺从的学生。用培养 20 世纪产业工人的理念办明天的教育,与面向未来而教的素养教育理念背道而驰,难以培养适应未来创新型经济社会所需的创造人才,而这一问题在当下的学校教育中依然严峻。

---

① 世界教育创新峰会(WISE),北京师范大学中国教育创新研究院. 面向未来:21 世纪核心素养教育的全球经验[R/OL]. 2016. https://mp.weixin.qq.com/s/7PteiTi1bLztl1XrvFImbg。
② [美]詹姆斯·A.贝兰卡主编:《深度学习:超越 21 世纪技能》,赵健译,华东师范大学出版社,2020 年,第 72~73 页。
③ [美]詹姆斯·A.贝兰卡主编:《深度学习:超越 21 世纪技能》,赵健译,华东师范大学出版社,2020 年,第 72~73 页。

二、学习科学:推动教育深层变革的新兴动力

国际知名学习科学研究者基斯·索耶(Keith Sawyer)认为,传统学校教育长期被一种称作授受主义(Instructionism)的思想所主导,认为知识就是事实和程序的集合,教师、领域专家、教科书作者等按照从简单到复杂的顺序对知识进行编排,教师要做的就是把这些常识灌输给学生,学生只要掌握了这些事实与程序就代表着教育的成功。①造成这一结果的重要原因是,20世纪初的研究者缺乏对"人们是如何学习的"持续深入研究,即便后来行为主义和认知主义的研究大大提升了人们对学习的理解,但由于实验室研究脱离真实的复杂学习情境,导致其形成的"传统学习理论"在教学实践中的"解释力不足"或"不可用"。

为了迎接新的挑战,诞生于20世纪80—90年代的学习科学,倡导走出实验室,走进真实情境,将人(认知)置于场境(情境)和文化中理解"人是如何学习的"。学习科学是一个跨学科研究教与学的新兴领域,研究范围不仅包括学校课堂情境中的正式学习,也包括家庭、工作中及同伴之间所发生的非正式学习。其目的在于更好地理解产生最有效学习的认知与社会过程,并利用这些知识来重新设计课堂和其他学习环境,以促使人们更加有效和深入地进行学习。②

经过30年的发展,学习科学已"成为学校教育变革和教学实践创新的理论基础和政策引擎"③。学习科学强调五大教学指向:①目标指向:深度理解(深度学习);②重心指向:聚焦"学"而非"教";③设计指向:创建学习环

---

① R.基思·索耶主编:《剑桥学习科学手册(第2版)》,徐晓东等译,教育科学出版社,2021年,第1~2页。

② R.基思·索耶主编:《剑桥学习科学手册(第2版)》,徐晓东等译,教育科学出版社,2021年,第1~2页。

③ 梁林梅、蔡建东、耿倩倩:《学习科学研究与教育实践变革:研究方法论的创新和发展》,《电化教育研究》,2022年第1期。

境,鼓励像专家一样思考,参与真实实践;④过程指向:在学习者先前经验基础上建构知识,通过协商完成意义建构,搭建脚手架,促进外化、表达与反思;⑤技术指向:强调技术支持学习的重要性。学习科学为学习环境设计提供了四大要素:积极建构(基于自身经验的深度理解)、情境学习(真实问题与任务)、社会交互(小组/协作合作)和认知工具(技术支持/支架)。同时,学习科学领域产生了一系列经典著作,为面向未来而教提供了丰富的理论支持,如国际社会影响巨大的《人是如何学习的》《剑桥学习科学手册》《情景学习:合法的边缘性参与》、洞穿"神经神话"的《理解脑》系列著作、《教育神经科学在课堂》。国内学者译介了《21世纪人类学习的革命译丛》《脑与学习科学新视野译丛》,推出了《学习科学的关键词》《学习科学与教学变革》《认知学徒制》《教育神经科学引论》《学习科学视域中的设计研究》等相关研究成果。此外,随着脑科学技术、技术增强的学习技术与基于大数据的学习分析技术等智能新技术的发展,学习的科学化和情境化研究也随之不断得以推进,使得学习科学成为推动教育深层变革的主动力。①面向未来而教,势必需要对传统的教师教育课程教学进行革新,为师范生迎接更具挑战性的教书育人工作提供指南,新兴的学习科学恰恰为我们提供了课程教学革新的理论基础和思想工具。

三、现状审视:大学滞后的教师教育类专业课程设置

反观当前我国教师教育类专业现状,人才培养方案课程设置严重滞后于时代发展的现象普遍存在。自新中国成立后,从苏联借鉴来的师范教育"老三门"课程(即教育学、心理学、学科教学法)的设置延续至今,并且在教育专业必修课程中仍占主导地位。②小学教育专业也不例外,"老三门"课程

---

① 尚俊杰、庄绍勇、陈高伟:《学习科学:推动教育的深层变革》,《中国电化教育》,2015年第1期。
② 万东升、赵倩:《"新师范"背景下教师教育课程改革进展与反思——以15所地方师范院校人才培养方案为例》,《黑龙江高教研究》,2021年第11期。

一般为小学教育学、小学心理学、小学课程与教学论,覆盖了小学教育专业师范生的大部分教育学知识(PK)。然而就课程内容而言,现有教师教育类课程的教材内容体系普遍相对陈旧,缺乏时代性、先进性,关于"人是如何学习"的知识几乎仍沿袭基于传统实验室学习研究形成的"学习理论",新兴的学习科学知识很少被专任教师所知并纳入教材和课堂教学中。

大学滞后的师范生教师教育类课程设置,特别学习科学知识的缺位,很大程度上成为新教师走上基础教育讲台后"授受主义"旧思想仍然盛行的重要原因。教师教育专业作为教师培养的母机,不仅要面向未来,更要让师范生学会面向学生的未来而教,掌握充足的关于"人是如何学习的"学习科学知识,增强学生变革教学的硬实力,使其学会在未来不确定的社会发展中灵活应变。遗憾的是,教师教育类专业的大学教师和师范生学习科学素养普遍不足,培养未来教师的师范大学课堂,还没有在"面向未来而教"上做好充分准备。

四、顶层设计:师范类专业认证对课程教学的革新倒逼

(一)师范类专业认证标准对学习科学知识的明确要求

2017 年,教育部发布《普通高等学校师范类专业认证实施办法(暂行)》以及《学前教育专业认证标准》《小学教育专业认证标准》《中学教育专业认证标准》三个标准文件,拉开了我国师范专业认证的帷幕,引领着一流师范院校和一流师范专业的建设方向。根据该办法,师范类专业采用三级监测认证体系,一级定位于基本要求监测,二级定位于教学质量合格认证,三级定位于教学质量卓越认证。值得注意的是,中学教育、小学教育、学前教育各类专业认证标准的"课程教学"部分,都要求"吸收学科前沿知识,引入课程改革和教育研究最新成果……结合师范生学习状况及时更新、完善课程内容"

---

① 中华人民共和国教育部:《教育部关于印发〈普通高等学校师范类专业认证实施办法(暂行)〉的通知》(2017-10-26),http://www.moe.gov.cn/srcsite/A10/s7011/201711/t20171106_318535.Html。

①,且明确将"学习科学"纳入二、三级认证指标。如,在小学教育专业认证标准"毕业要求"的"学会教学"指标中,二级认证要求师范生"对学习科学相关知识有一定的了解",三级认证要求师范生"对学习科学的相关知识能理解并初步应用"①。

2021年,联合国教科文组织最新发布的《一起重新构想我们的未来:为教育打造新的社会契约》报告,明确呼吁"发动(mobilizing)学习科学"作为未来教育的新研究议程,并将学习科学领域对"人脑是如何学习的、教育神经科学"等的研究看作是"近几十年来,教育领域最独特的科学进步之一"②。可见,我国师范类专业认证标准作为顶层设计,明确要求未来教师(师范生)在毕业之前具备一定的学习科学知识,顺应了国际教师教育的发展趋势与潮流,倒逼小学教育专业进行课程与教学的革新。

(二)重新思考小学教育专业的课程内容设置

与师范类专业认证相对应,学界将学习科学纳入教师教育课程体系的呼声也越来越高。朱旭东(2017)③、尚俊杰(2018)④等学者接连呼吁在教师教育中增加学习科学知识和技能的教学,提升职前教师和一线在职教师的学习科学素养。专门的学习科学课程教学在国外已有可借鉴经验。国际著名高校的学习科学课程主要分为三大类,分别是:①人是如何学习的,侧重学习科学的基础理论与前沿观点;②学习设计与评估,侧重学习技术、学习环境的设计与评估;③学习科学研究方法,侧重学习科学研究中采用的定量、质性及混合研究方法。⑤

---

① 中华人民共和国教育部:《教育部关于印发〈普通高等学校师范类专业认证实施办法(暂行)〉的通知》(2017-10-26),http://www.moe.gov.cn/srcsite/A10/s7011/201711/t20171106_318535.Html。

② UNESCO.*Reimagining our futures together:A new social contract for education*(2021-11-22),https://unesdoc.unesco.org/ark:/48223/pf0000379707.locale=en。

③ 朱旭东:《论教师的学习专业属性》,《教育科学研究》,2017年第9期。

④ 尚俊杰、裴蕾丝:《高水平教师需养成学习科学素养》,《光明日报》,2018年9月8日。

⑤ 王辞晓、王浩、尚俊杰:《学习科学如何教?——基于37门国际著名高校学习科学课程的分析》,《现代教育技术》,2019年第8期。

因此,面向未来而教,必须重新思考小学教育专业的课程内容设置。我们认为,在实践中,既可以开设专门的学习科学课程,也可以将学习科学中的学习科学基础、学习环境设计、基于学习科学的教学设计、基于设计的研究方法、计算机支持的协作学习等内容有机融入小学教育学、小学心理学、小学课程与教学论、学科教学设计、现代教育技术、教学技能实训/实习等原有的教师教育类课程,更新"老三门"课程内容。以笔者负责的国家级混合式一流课程《小学课程与教学论》为例,我们利用线上课程和线下资源互补,专门开设学习科学的单独章节,并将学习科学作为小学课程教学创新的基础,在各章节中有机融入学习科学的学习和设计观点,如深度学习、学习环境设计、技术赋能的学习等新内容,构建了基于学习创新的小学课程与教学论内容新体系。

五、面向未来:基于学习科学的"双主体与双课堂"联动革新

面向未来而教,变革主阵地在课堂,学习科学是创新基础,教学设计是实施路径,教师则是推进力量。传统上,高校教师研究中小学课堂教学多,对大学自身课堂变革关注少,革新的推动往往更多单向指向了基础教育。而现实的情况是,小学教育专业所在学院作为孕育未来卓越小学教师的母机,其自身的教师观念、课程与教学的革新直接且深远地影响着未来小学教育的革新。

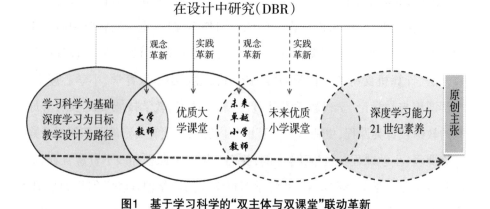

图1 基于学习科学的"双主体与双课堂"联动革新

因此,只有将大学与小学"双主体"(大学教师和未来小学教师)与"双课堂"(大学与小学课堂)置于联动革新嵌套系统中,才有可能实质性地实现"面向未来人才培养"的整体革新。具体而言,教师是"面向未来而教"革新实践最主要的推动者,只有通过大学教师的观念革新,创建优质的大学课堂,才有可能培育具有革新观念的未来卓越小学教师,他们才更有可能在未来教学中打造优质的小学课堂,在基础教育阶段就更有可能打牢未来人才培养的根基。在"双主体与双课堂"的联动革新系统下,以学习科学为创新基础推进小学教育专业课程教学变革是多层次的。

(一)转变教学思维,主张以学为基"自下而上"

基于学习科学的教学革新从转变教学思维开始。传统上,教师的教学思维是自上而下的,即围绕"教师如何教"这个基点,来设计教学的内容、方法和技术,并根据教学行为观察(如同行听评课)来评判教师教的如何,最后才是根据学生成绩和表现评价教学效果。因此,"教师设计的是教的过程,而非学的过程"[①]。相反,学习科学主张自下而上的教学思维。教师以"学生如何学"为基点,以学生学习中的问题为驱动,基于学习科学理论来设计教学内

---

① 朱旭东:《论教师的学习专业属性》,《教育科学研究》,2017 年第 9 期。

容、方法与技术,为学生设计有益于学习发生的环境,根据"学生学的如何"来评判"教师教的如何"。正如我国教育家陶行知提出为了实现教学做合一,教的法子必须根据学的法子。总之,面向未来而教,从转变教学思维开始,学生怎么学,我们就怎么教。

（二）融合学习科学,实施新型教学设计

学习科学不断涌现的新观点、新技术和新方法为创新教学提供了丰富的设计给养,如情境认知、知识建构、情感化设计、认知学徒制、具身学习、支架设计、反思性学习与清晰化表达与自我解释、共同体创建、概念转变与问题解决、参与结构、基于项目/问题的学习等。培养未来教师的大学教师教育者首先应当积极尝试融入学习科学理念的教学设计创新,由"给知识"转变为"设计学习环境"（任务/主题/问题/项目/单元、资源/工具/案例等）,探索实施"基于个体认知维度、基于社会互动维度和基于学习环境整合维度"的学习科学与教学设计的融合路径。[1]在具体教学设计实践中,可实施逆向教学设计,将学习结果作为起点,逆推教学活动,即"教师在思考如何开展教与学活动之前,先要努力思考此类学习要达到的目的到底是什么,以及哪些证据能够表明学习达到了目的"[2],通过逆向设计实现面向深度学习而教,改进课堂教学中的浅层"认知学习"方式。在深度学习能力冰山模型中,传统课堂过多关注浮在水面的知识技能,水面之下的问题解决、沟通协作、技术素养、想象与创造、人文意识、自主意识等[3],虽难以监测,却是学生未来发展的关键能力,需要用心培育,通过创建新型学习方式得以浮现,让学生会思、会学、乐学、会创。

---

①　杨南昌、刘晓艳:《学习科学融合视域下教学设计理论创新的路径与方法》,《电化教育研究》,2016 年第 11 期。

②　李润洲:《指向学科核心素养的教学设计》,《课程·教材·教法》,2018 年第 7 期。

③　祝智庭、彭红超:《深度学习:智慧教育的核心支柱》,《中国教育学刊》,2017 年第 5 期。

(三)正确看待课堂,洞悉课堂参与真相

课堂教学创新本质上是更好地促进学生的课堂参与。在教师的传统认知中,课堂参与一般分为三种。一是配合老师,踊跃发言(积极);二是不配合老师,沉默不言(消极);三是不配合老师,台下乱言(干扰)。教师常认为学生举手回答就代表着积极参与、沉默不言就是消极参与,这是对课堂参与的狭隘理解。课堂沉默学生真的没有参与学习吗? 学习科学启示我们,需要重新定义课堂参与,正确理解沉默学生。课堂参与是一种对课堂集体活动有所贡献的行为(不仅包括口头贡献的话语模式参与,还有写出来的、画出来、肢体表现出来的参与)。沉默也是一种参与,可以对课堂集体活动做出贡献,比如,对班级、同伴学习的贡献;对自己深度理解的贡献;有效倾听、思考,参与了正在发生的学习活动。[1]当然,沉默也可能代表着抵抗、无聊、顺从、默认或走神。教师教育课程应引导师范生正确看待学生的课堂参与,学会解读沉默、回应沉默,给学生提供多渠道为课堂贡献的参与机会与方式。

(四)尝试基于设计的研究,创建教学新主张

我国小学教师教育本科化已走过 20 余年的发展历程,构建了多元的人才培养体系。但是有影响力的小学教师培养和小学教育专业课程建设与教学创新的理论仍较缺乏。学习科学的基本方法论——基于设计的研究(Design-Based Research, DBR)被看作研究者与实践者协同推进基于学习科学进行课程教学革新的有效途径,为创建革新的小学教育教学新主张提供了有力工具。基于设计的研究以课堂中的学习为研究对象,"旨在设计一些人工制品(如软件、工具、学习环境)作为一种教学干预或革新应用于实践,以潜在影响自然情境之中的学与教并对其做出阐释,在此基础上产生新的理论

---

① [美]凯瑟琳·舒尔茨:《课堂参与:沉默与喧哗》,丁道勇译,华东师范大学出版社,2019 年,第10 页。

支持持续的教育革新,即促进教育实践和学习理论的同等发展"①。基于学习科学的"双主体双课堂"革新是一个长期的行动,不仅是"大学+小学"的双联动,更是"教学+研究"的双革新,统一在基于设计的研究的实践行动中。我们期待看到,在高校和小学之间建立更多的"面向未来而教"的实践与研究联动革新,产生更多本土原创的小学教育革新理论,更高质量地持续推进小学教育专业建设与发展。

---

① 杨南昌:《基于设计的研究:正在兴起的学习研究新范式》,《中国电化教育》,2007 年第 5 期。

Dilemmas on developing adaptive expertise in elementary mathematics and reading education

Csaba Csíkos

University of Szeged, Institute of Education

In this paper, we address the issue of adaptive expertise in elementary education. The origin of the term "adaptive expertise" was described as a counterpart of the so-called routine expertise (see Hatano, & Inagaki, 196). When becoming routine experts in a field or other, it means that in terms of speed, automaticity and accuracy we may perform outstandingly. However, there is a commonsense experience from educators that many students who perform well in terms of speed and accuracy may fail to perform well in a novel problem situation. Mastering different routine skills often and maybe necessarily produces as a by-product different strategies that may become conscious and ute to students' performance.

The main aim of the elementary school education is often described as developing the "three Rs" (in English, Reading, wRiting and aRithmetic all sound to start with R). Educators reinforced by the curricula, parents, and lay people, in general, consider developing the three Rs as the top priority of the first four school years.This aim is logical and can be supported by both historical and psychological arguments,nevertheless,the methods of developing these three knowledge systems call forth several dilemmas when facing the large differences and diversity teachers experience in students' developmental pathways.

Students' basic skills can be assessed by means of standardized tests in many countries.The construction and use of these tests rest on the psychometric tradition of testing,i.e.,the test scores as numbers can be analyzed and interpreted according to well-established rules and protocols.However,the raw scores that indicate the level of skill development,can suppress the variety of diverse thinking processes.Just considering two extremities:students with the same scores on a basic skills test may apply completely different strategies while solving those tests(e.g.,counting on fingers or counting on the mental number line). Another feasible option is that students using exactly the same counting(or reading)strategies may achieve fairly different scores on standardized tests.It is worth noting that the quality indices of standardized psychometric tests depend on statistical calculations based on the average and standard deviation of the test scores.Of course,the information obtained from standardized basic skill tests is valuable,but as Siegler (1986)pointed out several decades ago,by relying on the average scores we may lose information on important aspects of students' performance.One of these further aspects that should be addressed and discussed in educational theory and practice is the use of different strategies.

Why is it important to get information about the different strategies children use when they calculate,read or write? The main reason is of both theoretical and practical nature.It is theoretically important,since developing textbooks or educational tools,in general,should reflect the different pathways on which students' basic skills develop.In a comparative textbook analysis,Szitányi et al.(2020)found that in Chinese elementary mathematics textbooks published in Beijing students are encouraged to express their own ways of thinking.

From a practical point of view, teachers' pedagogical knowledge should be enriched in order to train them to deal with children's different individual strategies. If there is information available only about the general developmental level of basic skills, the success of or failure to achieve the desired level of basic skills could be determined, but teachers would still lack information on how to best develop those skills.

Research on different strategies used by children when calculating or reading is widely available. There is a large, growing body of research on children's strategies when doing arithmetic calculations or while reading. Nevertheless, a clear distinction between skills and strategy has been provided by Afflerbach et al. (2008), proposing that reading skills are automatic, routine processes, whereas the employment of reading strategies is effortful and intentional. However, they note that skills and strategies complement each other, and fluent and automatic functioning of reading skills is often preceded by a strategic developmental phase. Consequently, instead of the logically possible "skills first, strategies second", a more balanced view of skills and strategies are needed. What is more, reading processes with similar observable results can be strategic for some, and can be automatic for others. Similarly, in the field of mathematics, and especially in arithmetic, some processes that are effortless and automatic for some (e.g., mere retrieval of number facts) can be effortful for others (Carpenter & Moser, 1984).

The mere description of the different strategies children use when operating their basic skills has been an important endeavor still in progress, but furthermore, the issue of adaptive strategy use appeared in the literature, first in connection with the arithmetic skills and reading decoding skills. Hatano and Inagaki (1986) themselves used arithmetic and reading as examples of how strategies as by-products may appear when fostering routine expertise.We believe that if convincing parallels can be drawn between reading and mathematics,the concepts of routine and adaptive expertise can be further generalizable to other school subjects and out-of-school fields of competencies as well,e.g.,driving a car,handwork,etc.

In reading,even the mere presence of explicit reading strategies in the first grade of schooling has been a novel(and for some,a wild)idea.Why should children be aware of any aspects of their reading even before they can read a longer text fluently? Similarly,with regard to mathematics,one can rightly ask why at all children or even teachers should be aware of the existence of different mental calculation strategies even before knowing a massive amount of number facts.

When discussing adaptive expertise and the issues about fostering it,we intend to consider arithmetic and reading simultaneously.The simultaneous modelling of educational issues in reading,mathematics and writing was the central issue in Campione et al.'s (1989)work.Their work contains an effective,eloquent and maybe provocative comparison between the three basic skills.As for identifying structural similarities in the common problems of reading and mathematics,they recognize that "decoding skills before comprehending" and "algorithms before understanding" are analogous problems.Furthermore,the proposed solution is analogous:modelling and group discussion,hence they emphasize the leading role of teachers.Since the main body of research dealt with reading and mathematics (as an example,see Gourgey,1998),we restrict our analysis to these fields.Both in mathematics and reading education,complex systems of knowledge and skills develop throughout the elementary school years,and the meaningful and flexible use of these knowledge systems will greatly contribute to high performance in these fields.

In parallel with the mapping of children's strategies in reading and arithmetic, the investigations on how those strategies are connected to task characteristics, individual characteristics and contextual variables have taken place. Although there are strategies that may be considered more mature than others (i. e., the availability and appearance of certain strategies are characteristic of a later stage of human development), due to the complexity of task, person, and contextual variables, there is not a winning strategy that can be defined either in arithmetic calculations or in reading processes. Instead, according to the actual task (either arithmetic or reading task), the actual person characteristic, and the actual context in which the task occurred, the use of different strategies may be fruitful for the individual. Strategy use can be defined as adaptive if the individual finds and uses the most effective strategy for a given task, adapted for the given context. The ability to find and use adaptive strategies is called "adaptive expertise".

The reason why adaptivity (from both students' and teachers' parts) is a strong concept lies not only in a desired immediate increase in performance, but also in the development of a classroom culture promoting equity and fair assessment. As Verschaffel et al. (2009, p.337) stated: "the process of gaining adaptive expertise always occurs in particular sociocultural contexts and is accompanied by changes in interest, values, and identity."

Having demonstrated the importance of the issue of promoting adaptive expertise as early as in the elementary school years, we propose and examine three dilemmas from the current international research. These dilemmas and our proposed answers may help scholars in (re)defining research projects and may be useful for practitioners in better understanding elementary students' different developmental pathways.

Dilemma #1

How early should strategic components of mathematical thinking and reading comprehension be introduced in elementary school education?

The question of when to start teaching different strategies in elementary school is closely connected to the questions of why and how.Maybe the question of why to introduce and teach strategies is easier to answer.Due to the fact that different arithmetic or even reading strategies develop spontaneously in children as early as from kindergarten years,it sounds logical to（1）help children learn different strategies,（2）make them aware of the existence and usefulness of different strategies,and（3）let them discover their own new strategies both in arithmetic and reading.

Failing to introduce and institutionalize the teaching of arithmetic and reading strategies may deepen the gap between those children who could spontaneously（or with the help of older siblings or parents）develop their own strategies,and those who were not successful yet in this respect.Therefore the conscious monitoring of children's different strategies contributes to the general equity principle of schooling.

The question of how will be analyzed in relation to Dilemma #3.Here we anticipate that the answer lies somewhere on a continuum between explicit and implicit strategy teaching.Independently of the reasons and the means of teaching strategies in the elementary school years,the timing of introduction primarily depends on what we think of the dynamic,ever-changing relation of routine skills and strategies.One extreme position may emphasize the exclusive importance of routine skills during the elementary school years:children should learn to read aloud and count perfectly before providing them any hints on what strategies they can or should use.The other standpoint may argue that from the pre —school years,the routine and strategic components of mathematics and reading comprehension develop "in tandem",so we can teach strategies from the very first year of schooling.There may be a middle ground standpoint claiming that strategies should be taught one—by—one matching the corresponding level of the routine skills.

Because this dilemma is in its very nature domain—independent,the answer should be similar to both mathematics and reading education.In the lack of all—decisive educational experiments,we try to advocate the standpoint of "as early as possible" approaches.

Pressley and Gaskins (2006,p.107)claim that even in the first grade of schooling … "students are taught to monitor as they read,consistently asking themselves whether what they are reading is making sense,and doing something about it if they are failing to understand what is being read."

According to Duckett's(2003)results revealed by eye—tracking,first—grade readers exhibit similar reading strategies to that of older,more mature readers. Consequently,any attempts that may want teachers or students not to talk about and discuss reading strategies will have the unintended consequence that strate-gies that are inevitably present in children's early basic skills acquisition can remain rigid and non—adaptive.

As for the arithmetic skills,Carpenter and Moser (1984)criticized the lack of teaching counting strategies in the first grade of schooling.According to their results,from the physical modelling of a counting task (e.g.,finger counting, pointing at the things one—by—one)from the immediate recall of number facts(e. g.,4+3 = 7,without using any physical model or without in need of any mental calculation processes)there may be several levels in the development of children's counting strategies.Those strategies should be improved as early as the very first grade of schooling.According to their interpretation（p.183）:"children at a given level consistently respond with a specific strategy to a given type of problem.If a strategy is available,the child will use it." Nevertheless,as mentioned above,beyond the task and individual characteristics,the context of the task can also affect the use of counting strategies.For example,the sequence of different types of tasks or whether there is a high-stake or low-stake assessment situation perceived,have an influence on switching between strategies.

Different counting strategies are inevitably present in children's thinking from their kindergarten years.An easily observable strategy is when they plan to use their fingers for an addition or subtraction task,and they consciously monitor and evaluate this strategy use.In the elementary school years,several further counting strategies may appear and develop,while the older ones still remain in use.(Teachers should not try to advocate or introduce new strategies at the cost of prohibiting the use of some old ones.)In order to keep students' strategy use adaptive,teachers can and should reflect on children's strategy use as early as in the first formal year of schooling.

Dilemma #2

The second dilemma is whether pre-service and in-service teachers are well enough prepared to support students' adaptive expertise.

As a result of the first dilemma,and now moving towards the explicit teaching of strategies,an important question is whether pre-service and in-service teachers themselves are aware of the importance of teaching strategies, whether they possess a rich repertory of strategies that may actually have a chance to show up among children, and last but not least whether they have the specialized pedagogical content knowledge about transferring their knowledge. In a study with science teachers, Bowers et al. (2020) established clear principles about how teachers can be adaptive in fostering students' vocabulary learning. The key idea is letting students discuss and define concepts in their own words, thus letting the teacher monitor their emergent understanding. Students, depending on their age and maturity, would definitely report on their mental processes, providing that the teacher is really interested in their own individual thoughts (and does not require the students to report on just the "right" processes). Discussing errors - here we use the term "error" in the sense of alteration from a line of thoughts claimed to be right or efficient - is a beneficial tool for both teachers and students.

Nevertheless, it is the teachers who have the leading role in naming, illustrating and discussing different strategies in mathematics and reading. One crucial point is that teachers have the necessary vocabulary needed to describe different strategies in adaptive ways. The difficulty of providing explicit clues to students who are struggling in either arithmetic or reading can be illustrated by a simple thought experiment. The readers of this paper may think of the addition 4 + 3. Without asking them to calculate the result, I suppose the results is readily available as a number fact in their mind. How can a teacher bridge the gap between failure of this simple addition task and the readily available number fact as a result? Lay people might advise that "you should practice such additions, and then you will know". Of course, ractice makes perfect, but there can be different pathways to the very same level of perfection, and it is the teacher who should be aware of the variety of different pathways and try to find the optimal ways of helping students.

Taking addition of three-digit numbers as an example, research has already explored several mental calculation strategies students may use.In my previous research (Csíkos,2016),these strategies did appear in 4th-grade students' post-hoc interviews on the addition tasks they had just solved.A most interesting finding was that students' strategy use patterns showed significant differences according to the two institutions they were attending.However,there was no significant between-school difference in students' performance.An important consequence of these findings is that there can be various pathways to the same level of performance.Another important consequence is that the existence of two different mental calculation strategies overwhelmingly used in each school indicates:the difference was attributable to the elementary teachers' pedagogical practices.

In one of the schools,children tended to use the stepwise strategy.E.g., when adding 342 + 235 they usually added 200 first,then 30,and finally 5.In the other school the so-called split strategy was used the most frequently,when 342 + 235 was solved by adding 300 and 200,then 40 and 30,and finally 2 and 5.From these results,we may conclude that mental calculation strategies were practiced and learnt in two different ways by means of two different strategies.Of course,teachers did their best in making students think and practice,but a further stage is possible and desirable in their professional development,i.e.,to acknowledge the variety of possible strategies,and helping students to adjust their strategy use according to both task variables and their personal preferences.Furthermore,according to our results,many children started to use a mental calculation strategy that emulated the written calculation algorithm.It means that they imagine the two numbers written beneath each other and applied the written addition process mentally.Thinking of the constantly recurring dilemma of when and how to introduce the written calculation algorithm in the elementary schools, teachers and policy makers may consult the growing body of research on how the mental calculation strategies are replaced and repressed by the written algorithm, and what kind of potentials in fostering students adaptive expertise are lost in that way. An additional and even broader proposition comes from these thoughts. Teachers' continuous professional development can be enriched by encountering the latest results from the educational sciences literature, thereby exceeding the mere transition of currently existing educational practice from one teacher generation to the other.

In another study, Csíkos and Szitányi (2020) interviewed pre-service and in-service elementary and secondary teachers, and according to our results, teachers have a strong inclination towards one specific line of thoughts. In a very simple mathematics word problem, they tended to find one specific solution, instead of reviewing or reporting how many different solutions there could be. This again points to the importance of teacher education and professional development when going in the direction of supporting adaptive expertise.

Regarding reading education research, Anders et al. (2000, p.732) conclude: "Dilemmas characterize the nature of classroom teaching generally and the teaching of reading in particular; creative responsiveness, rather than technical compliance, characterizes the nature of effective teachers."

The term responsiveness refers to tackling the many possible ramifications the elementary reading teacher may face. Whereas technical compliance refers to lay people's expectations about how successful readers should be educated. Pressley and Gaskins (2006) accentuated the importance of teachers' modelling and explanation in reading. For example, without explicit explanation and modelling, students could not understand the need for or benefits of stopping while reading. It is instructive for us, scholars, that Pressley and Gaskins group the reading strategies to be modelled by the teacher into three clusters:strategies before reading,during reading,and after reading.Such use of the word 'reading' indicates that reading (such as calculation)is often understood as systems of skills,and furthermore,reading strategies may be best taught and modelled according to three phases of reading skills instruction.

There is empirical evidence on students' (false)beliefs on reading.In a large sample longitudinal study,Csíkos (2010)found that the percentage of students who claim that they never skip anything while reading a story decreased from 73%(3rd-grade students)to 59%(5th-grade students),but we may agree that adaptive expertise in reading would definitely allow(and sometimes make it necessary for)the reader to skip certain parts of a text,e.g.when reading under time constraint.Another instructive finding which would point to the lack of teachers' modelling and explanation tells that in Grade 3,to the question "Before you start reading,what do you do to help in the reading process？" 58% of the students selected the least valuable option "I do not make any plans,just start reading".In grade 5,still 48% chose this option,however,the other options could have been at least equally attractive for them,including the logical 2-point option "I consider why I'm going to read".The Hungarian results from this Index of reading Awareness (IRA)questionnaire originally developed by Jacobs and Paris (1987)are alerting,since they point to the serious lack of teaching reading strategies during the elementary school years.

Dilemma #3

The third dilemma concerns the possible methods of improving adaptive expertise.To what extent should it be explicit or implicit? What kind of role the so-called metacognitive scaffolding may play in developing adaptive expertise in the early years of schooling?

The question of how to introduce different strategies is a difficult one,and at least two opposing ideas may emerge:the completely explicit introduction of strategies which involves giving names to the strategies and discussing their benefits.To the contrary,the implicit introduction of strategies focuses on providing tasks and appropriate context to evoke the seemingly spontaneous use of different strategies without explicitly discussing them or even talking about them. Since the implicit teaching of strategies may leave too much space for random possibilities in terms of differences among teachers and the composition of school groups,the explicit teaching of strategies can be more easily formalized and controllable.

We would not claim that the explicit teaching of strategies is missing from the schools.Instead,the opposite is true,and as early as from the first grade of schooling students do learn strategies.Here we mention only briefly that from the very first grade of schooling children learn word problem solving strategies,and for many of them a so-called superficial strategy(search for the figures,choose a basic operation,get the answer)becomes dominant.Now we focus on the basic skills instruction,therefore the current examples are from the area of arithmetic skills and reading decoding skills.

For even very simple addition and subtraction problems, elementary school children use a variety of counting strategies (Canobi, 2004). Besides the differences in strategy use attributable to task characteristics, there were individual differences observable. For instance, when students solved simple subtraction problems (like 5-2) almost half of them used the counting-up strategy, i.e., they counted forwards from 2 to 5, "three, four, five", and concluded that the solution was 3. However, 9% of them used another strategy, specifically the finger counting strategy. Whereas the finger counting strategy was really scarcely used for addition problems at this age group. Consequently, children do use different counting strategies even without explicitly telling them which one they should use, and both the task characteristics and their individual preferences or views affect the strategy selected and used. In Canobi's study, a coding system was used to reveal the counting strategies on the basis of children's retrieval of the solution process, and high level of agreement was proved among experts as for the objectivity and reliability of such categorization.

The usefulness of explicit discussion on children's own thinking processes was demonstrated in Csíkos et al.'s (2012) experiment where different types of useful (and less useful) drawings were discussed throughout a series of mathematics lessons among 3rd-grade students. The categorizations explored and discussed in the literature could be used as explicit mental aid in classroom settings. Concretely, the usefulness and availability of schematic drawings versus pictorial diagrams (this dichotomy of drawings was introduced in mathematics education research by Kozhevnikov et al., 2002), was demonstrated by explicit classroom discussion about the different types of drawings students made during math class.

In case of reading, children's morphological awareness as a strategic component of their decoding skills increases over the elementary school years. Varga, Pásztor and Steklács (2020)studied Hungarian students' morphological awareness, i.e., to what extent they are aware of the structure of a word. Morphological awareness is a strategic component of reading that helps to comprehend the written text. Since there are very different morphological systems(alphabetic and logographic are two remarkable cases), it is particularly instructive that morphological awareness as a strategic component of reading skills has been studied in Chinese language as well(see e.g., Liu and McBride-Chang, 2010). In Lin et al.'s (2018)study, the cross-language transfer of phonological awareness was revealed indicating that albeit the morphological systems are different, the underlying strategic mental processes may be similar, or at least may have similar foundations.

Beyond the expected positive connection between the level of phonological awareness and reading performance, an explicit instruction in phonological awareness proved to be beneficial(Cunningham, 1990). Explicit instruction refers to teacher-led classroom discussion about the usefulness of phonological awareness when reading. Obviously, leading such discussion, again, may be based on the benefits of continuous professional development, including PD training programs and/or reading special literature.

Explicit teaching of strategies either in arithmetic or reading requires a novel focus in both teacher education and teachers' continuous professional development. One such novel aspect may be the powerful term of "metacognitive scaffolding". The idea of metacognitive scaffolding originates in Vygotsky's oeuvre, and by means of the fruitful merging of metacognition theory and the model of the zone of proximal development, the explicit teaching of strategies gets a sound theoretical basis.

In addition, there is a growing body of evidence on how metacognitive scaffolding may serve the purpose of developing adaptive expertise. By definition,metacognitive scaffolding is providing personalized help to a student within the zone of proximal development (Parsons,2012).In Parsons' case studies teachers more frequently adapted their teaching to students' actual needs when they used open tasks where children had several choices at several points of working on the solution of literacy tasks.

Conclusions

The creative and flexible use of children's arithmetic and reading skills may (and should)appear in the curricula.In many countries,it may require taking two steps at a time,since even acknowledging children's strategies in basic skills development is missing from the curriculum,let alone further specifications like adaptivity,of those strategies.Of course,developing the "three Rs" remains an important curricular target,and adaptive strategy use should be not primarily a curricular target,but a means for achieving the main target of mastering basic skills.

Nevertheless,it should be a curricular goal in teacher training programs to develop pre-service teachers' pedagogical content knowledge with focuses on basic skills instruction.Concretely,a special focus should be on developing teachers' repertory of different mathematical and reading strategies which are (or might be)used by their students.Furthermore,besides building up a repertory of those strategies,the concept of adaptivity and flexibility must always be kept in mind.This latter issue is far more important than explicit teaching of one strategy,losing sight of the individual differences between students.

In order to support and trigger students' adaptive expertise,teachers themselves need to be adaptive in at least two levels.They should be aware of the possible strategies children may use, and they should possess the specialized pedagogical content knowledge (see Csíkos and Szitányi, 2020)necessary to use metacognitive scaffolding to suit individual needs in supporting the child's personal developmental path.In public education systems, however, and especially in large classes, taking account of the personalized support is fairly Utopian.Approaching this Utopian state, teachers can do their best in demonstrating and tolerating different possible strategies; in collaborative group work students will have the chance to encounter, observe and understand their peers' strategies – in this latter case, teachers will find themselves in the position of a mediating and motivating role.Yet this role still requires specialized content knowledge about how to facilitate students' learning.

Through metacognitive scaffolding, the explicit teaching and discussion of the strategic components of mathematics and reading is feasible and desirable. Teacher education must fulfill the supporting role for this aim since the development of students' adaptive expertise ultimately stems from teachers' adaptive expertise.

信息技术时代教学空间的隐私风险

严从根　陈丹琴

杭州师范大学经亨颐教育学院

摘要:教学空间虽然不是私人空间,但也有隐私诉求。确立、尊重和维护教学空间隐私权是保护师生尊严、维护教学自由、促进师生卓越成长和保障教学组织正常运行的需要。在信息技术时代,教学空间的隐私信息很容易被采集和传播,也更容易被再利用,从而造成不可预料的隐私侵权。甚至,"告知与许可"的法律方式和匿名化的技术处理都无法有效降低教学空间隐私风险。在信息技术时代,完全消除教学空间的隐私风险,几乎不太可能,但可以尽可能降低教学空间的隐私风险。为此, 我们需要重塑我们的隐私伦理观,重构科技伦理,立法确立教学空间隐私权,明确学校和家长的责任,加强师生隐私保护教育。

关键词:信息技术时代;教学空间;隐私风险

很多人认为隐私问题是存在于私人空间的问题, 公共空间是公共性的开放领域,不存在隐私问题。由于受到这种认识的影响,很多人认为教学空间既然是公共空间或准公共空间,自然也就不具有隐私需要,公开、传播和利用教学空间中的各种信息不存在隐私侵权问题。其实,教学空间不仅具有隐私需要,而且在信息技术时代,教学空间的隐私风险日益凸显。为了降低这种风险,我们需要重塑隐私观,重构科技伦理,立法确立教学空间隐私权,强化教学空间隐私教育等。

一、教学空间的隐私需要

在现代伦理学和法律系统中,人都被视为目的,人是权利主体。但为什么有时候,一些物和空间也会被保护? 这是因为,这些物和空间都打上了权利主体的烙印,它们凝聚了权利主体的意志和尊严。尊重这些物和空间,实际上就是尊重权利主体。正因为如此,在现代伦理学和法律系统中,很多空间也享有权利。教学空间是教师和学生互动的空间,这些空间凝聚着教师和学生的意志和尊严。如果说一种空间凝聚了权利主体的意志和尊严就享有权利的话,那么教学空间也应享有权利。如果空间权"是指他人所享有的要求行为人尊重其所在的场所、不干涉他人在其场所的所作所为的权利"[①],那么教学空间权我们可以界定为是师生所享有的要求行为人尊重其在教学空间、不干涉师生在教学空间所作所为的权利。

空间权包括权利主体生活受尊重权、隐私权、承租权、占有权等。在民法系统里,一种空间要享有隐私权,至少应符合如下两个要求:一是空间中的权利主体具有隐私期待,二是社会认可这种隐私期待。[②]教学空间是教师和学生互动的空间,具有公共性和公开性,但教学空间也具有隐私性,其中的师生具有隐私期待,不希望公众随意进入该空间,也不希望教学空间中的行为被随意采集、传播和再使用,而且社会能够普遍认可这种隐私期待。

(一)确立教学空间隐私权是保护师生尊严的需要

马克思说:"尊严是最能使人高尚、使他的活动和他的一切努力具有更加崇高品质的东西,是使他无可非议、受到众人钦佩并高出于众人之上的东

---

① 张民安:《场所隐私权研究》,中山大学出版社,2016 年。
② 张民安:《隐私合理期待分论》,中山大学出版社,2015 年。

西。"①尊严非常重要,因而我们需要对人的尊严予以尊重,给予保护。教育是不断促使学生从不完美走向完美的活动。学生不完美是教育存在的前提和基础,而且这种不完美伴随学生整个学习生涯。因此,在教学空间中,不完美表现是学生生活的常态。但是我们不能无原则地公开学生的这些不完美表现。把学生的个人偏好、不完美表现传播出去,这必然会损害学生的尊严,轻则导致学生人格受辱,重则导致学生厌学,不愿意向崇高和完美的方向努力和发展。为了保护学生特别是弱势学生的尊严,促进学生有信心走向崇高和完美,学生在教学空间中的表现及其信息不应该被随意传播出去。正因为如此,尽管"非营利基金会"inBloom 免费为美国的学校管理者提供了功能强大的信息采集和处理软件,采集和分析学生的住址、成绩、考勤、违纪、经济状况、健康等 400 多种数据,试图帮助教师实施个别化的精准教育,但这项举措并没有得到家长的支持,家长非常担心孩子的数据被泄露,给孩子的尊严等方面造成伤害。②最终,inBloom 的数据采集和分析系统于 2014 年 4 月被迫关闭。其实,在教学空间中,不光是学生,如果教师的一些不尽如人意的教学表现被任意搜集、整理和传播出去,也会对教师的尊严造成伤害,进而影响教师的生涯发展。可见,隐私侵权侵害的是师生作为一个人的尊严,它造成的伤害不可完全修复,因此"对隐私侵权的法律救济代表的是社会对人类精神利益不应受到威胁的认同"。为了尊重和保护师生尊严,需要确立教学空间的隐私权。

(二)尊重教学空间隐私权是确保教学自由的需要

人并非自在地存在,而是自由地存在。教学自由是指在教学空间及其活动中,教师免于各种不合法强制或蒙蔽,自觉、自为、自主的教学状态。教学自由实际上是教师在教学空间作为人而享有的自由。恰如有人所说:"教学

---

① 《马克思恩格斯全集》(第 1 卷),人民出版社,1995 年。

② Alier, M., Casañ Guerrero, M.J., Amo, D., Severance, C., & Fonseca, D.. Privacy and E-Learning: A Pending Task. *Sustainability*, 13(16), 2021:2-17.

自由是教师生命活动意义的前提，否则教师在'类'的意义上就有降格为'物'的危险。换句话说，只有自由的教学才是真正适合人 的教学，强迫教学是教学的异化，其后果是教师作为人的异化，最终培养出的是能力'萎缩'、'干枯与 死板'、'残疾与侏儒式'的人类。"[1]"从结构上来看，教学自由可以分为教师的 内心自由和行动自由。内心自由主要是指教师的思维和认识层面的独立性，行动自由主要是指教师在教学过程中所体现出的个性化。无论教学自由所体现出来的独立性也好，个性化也罢，都需要教师在逻辑和实践上避免不必要的外在因素的束缚。"[2]然而如果教学空间时刻都被迫面对公众，教师的每一个需要、想法和做法都要受到公众的围观，其个性和自由将丧失殆尽：一直被公开，教师不敢坚持自己的想法和观点，其思维和认识将无法保持独立；一直被关注，教师只能迎合社会规范和要求，其行动不会体现出个性；一直被展览，教师温暖的情感将消失，留下的只是迎合公众的浮于表面的知觉。[3]"这样的一种存在——即使他人还是有知觉的，也早已不堪一击，因为他早已丧失了私人生活的感觉与体会，丧失了作为一个独立存在的人所应具备的基本特性。"[4]也恰如有人所说，当人不能自由选择在何时、何地、以何种方式向公众展示自己时，不能选择在适当时机退出公众的视野时，那么这个人也就失去了自我决定的自由权利。[5]因此，为了保障教学自由，我们需要尊重教师的隐私需要，即不可随意侵扰、知悉、搜集、利用和公开教师在教学空间中的信息，不可随意干扰教师的教学行为，确保教师能在教学中保持自觉、自为、自主的状态，做到内心自由，行动自主。

---

① 余宏亮、靳玉乐：《教学自由的意义危机及其消解策略》，《教师教育研究》，2013 年第 11 期。
② 靳玉乐、李叶峰：《论教育自由的尺度及实现》，《高等教育研究》，2015 年第 4 期。
③ 张民安：《隐私权的性质与功能》，中山大学出版社，2018 年，第 65 页。
④ 张民安：《隐私权的性质与功能》，中山大学出版社，2018 年，第 65~66 页。
⑤ 张民安：《公开他人私人事务的隐私侵权》，中山大学出版社，2012 年，第 124 页。

(三)尊重教学空间隐私权是促进师生卓越成长的需要

阿伦特(Hannah Arendt)[①]在《公共领域与私人领域》中指出,为了促进人发展,有的时候需要"隐",有的时候需要"显"[②],因为"隐"和"显"具有辩证统一的关系。就师生成长而言,只有必要的"隐",甚至长时间的"隐",才能避免千方百计地迎合外界的期望,才会沉浸在自己的教学空间中,敢于试错,敢于展示自己的想法和个性。如此,师生才能养成独特的个性和与众不同的风格,形成优秀的品性,在"显"的时候,才能呈现出卓越自我,才能更好地"显"。同时,只有必要的"显",师生才有"隐"的动力:通过"显"能够获得承认和荣耀,为了获得这份承认和荣耀,师生往往愿意潜心于"隐",不断磨炼,提升自我。因此,为了促进师生卓越成长,教学空间需要"显",也需要"隐"。"如果只是一味地将教学空间全方位彰显,人人都可以随时随地查看教学空间中学生们的表现,学生会因此变得拘谨,不敢释放自己的自由天性。学生会在不敢释放自己自由天性的过程中,变得呆板,丧失个性和灵气,缺乏创造性,在该'显'的时候也不能出色显示。"[③]同样,如果完全彰显教学空间,教师也会变得拘谨和紧张,不敢畅所欲言,不能尽情自由地发挥。正如欧文·戈夫曼(Erving Goffman)在《日常生活中的自我表现》中所说的那样,个体如要在前台表现完美,需要有个公众看不到的后台。[④]

(四)维护教学空间隐私权是教学组织正常运行的保障

隐私包括个人隐私,也包括群体隐私。群体隐私不是群体中的个人的隐私,是特定群体所拥有的隐私,是"集体"的隐私。尊重和保护群体隐私权实际上是旨在让群体拥有有尊严的身份和地位,能够拥有属于群体的不受干扰

---

① ［美］阿伦特:《过去与未来之间》,王寅丽、张立立译,译林出版社,2011 年。
② 汪晖、陈燕谷:《文化与公共性》,生活·读书·新知三联书店,2005 年。
③ 严从根:《防范教学空间的隐私风险》,《中国教育报》,2019 年第 11 期。
④ Goffman,E..*The Presentation of Self in Everyday Life*.New York:Doubleday Anchor Books.1959.

的"集体生活"。就教学空间而言,群体隐私包括教师群体的隐私、学生群体的隐私、学校的隐私、班级的隐私、教研组的隐私等。因此,维护教学空间隐私不仅包括维护教学空间中的个人隐私,也包括维护教学空间中的各类群体隐私。"教学组织中的一些信息虽然不属于个人隐私范畴,但是它们属于群体隐私范畴。认可和保护教学空间中的群体隐私诉求是学校各类组织目标实现的重要保障。师生群体隐私权得不到保障,班级、教研组等各类教学组织就无法安心有序组织教育或研究,无法有条不紊地推进教学设想和改革,各类教学组织目标就很难实现,学校的整体目标也很难实现。因此,为了保障教学组织有效运行,实现目标,需要确立、尊重和维护教学空间中的各类群体隐私权。"①确保教学空间中的群体隐私权不受侵犯,就是让相应群体能够有条不紊地按照自己的目标和节奏,开展自己心仪的活动,释放群体潜能,尽情展现群体的追求和偏好,实现属于群体的梦想,从而确保每个班级、教研组、学校等都有自己的尊严、特色和追求,每个特定的教师群体和学生群体都有自己的风格和爱好。

二、信息技术时代教学空间的隐私风险

随着各类组织的重视和推进,大大加速了信息技术时代的来临。在 20 世纪 70 年代,以德国和联合国教科文组织为代表的国家和国际组织出台了信息技术应用和发展规划。1993 年,美国启动了"信息高速公路"(Information Superhighway)计划,大力推进信息技术应用。在美国的引领和驱动下,全球兴起了信息技术应用浪潮,教育信息化成为此次浪潮的重要组成部分。2012 年,我国出台了《教育信息化十年发展规划(2011—2020 年)》《教育部等九部门关于加快推进教育信息化当前几项重点工作的通知》,开始大力推进网络学习空间、教育资源公共服务和管理平台建设等。2013 年,我国出台

---

① 严从根:《防范教学空间的隐私风险》,《中国教育报》,2019 年第 11 期。

了《教育部等九部门关于加快推进教育信息化近期几项重点工作的通知》,开始全面推进教育管理信息系统建设,旨在建成国家教育管理公共服务平台。2018 年,我国政府印发了《教育信息化 2.0 行动计划》通知,开启了新一轮教学空间信息化等相关方面的建设。不仅政府部门日益重视,而且商业机构也逐渐重视教学空间等教育信息化建设,因为信息化建设已经成为重要的产业。把握住信息化建设的机会,商业机构将获取高额利润,因此越来越多的商业机构开始投身于包括教学空间信息化在内的教育信息化建设。

在前信息技术时代,因为教学空间信息很难被大量采集、存储和再处理,所以教学空间的隐私风险并不凸显。但是在信息技术时代,随着信息技术在教学空间的深入开发和运用,教学空间的隐私风险日益凸显。

(一)在信息技术时代,教学空间的隐私信息很容易被采集和传播

越来越多的视频监控和智能设备(例如智能手机、扫地机器人、各种信息化的教学互动管理平台等),让人的外在言行无处可藏:教学物理空间中所有人的一言一行,都可以被全方位、全过程捕捉。通过 ClassDoJo 教学互动管理平台,不仅可以轻松获得学生课堂上的显性行为数据,甚至还可以获得行为偏好等各种隐性行为数据。越来越先进的网络追踪甚至让人的内心世界都无处可遁:通过数据足迹(数据主体留下的数据)和数据影子(对数据足迹进行再加工产生的数据),计算机技术可以捕获教学虚拟空间中人的行踪;通过网络算法,甚至还可推测出人的内心偏好和思维习惯等。例如,借助网络算法,我们可以通过百度、谷歌推测出师生的信息偏好和网页浏览的习惯,通过Facebook、微信、QQ 知晓师生交往的对象和内心世界。恰如有人所说,在信息技术特别是大数据技术盛行的时代,人从未如此透明,如此被人时刻监视和看穿,而成为赤裸裸的没有隐私的存在。[1]

① [美]杜甘,拉贝:《赤裸裸的人:大数据、隐私与窥视》,杜燕译,上海科学技术出版社,2017年。

（二）通过互联网和人工智能技术，教师和学生的隐私信息还可能被即时传播和扩散

一些信息，例如师生服装、不当言行、成绩等，如果只被特定教学空间的师生知晓，不会造成伤害或大的伤害，但一旦传播出去，轻则伤害特定的个人，重则伤害特定的班级和学校，会造成不可预料的影响。然而在信息技术时代，越来越先进的智能手机、可穿戴技术、可随意搜集信息的 App 软件等，不仅随时可以采集教学空间中的信息，还可以让教学空间中的任一信息瞬间传播给整个世界。对此，教学空间中的师生往往束手无策，他们根本不知道他们何时何地的何种信息被采集和传播了，更不知道这些信息将在何地被何人所用、用在何处，这都无疑增加了教学空间的隐私风险。2014 年，美国杜克大学就发生过一起信息泄露事件：成千上万的学生在并不知情的情况下，他们的言行被人记录下来，并整理成为一个数据集，放到了公共网站上。①

（三）通过大数据技术，教学空间的隐私信息也更容易被存储和再利用

在前信息技术时代，我们很难永久性地存储大量信息，但在信息技术时代，大数据技术能让无穷尽的信息永久性地存储。这自然是管理进步的表现，但一旦管理不当，这些存储完备的数据就很有可能全部泄露，引发严重的数据安全事件。"2013 年，田纳西州纳什维尔市区公立学校（Metropolitan Nashville Public School）发生一起数据泄露事件，该学区 6300 名教师的出生日期、家庭住址、联系电话、社会安全号等信息被泄露。2014 年，马里兰大学也发生了类似事情，超过 30 万名已毕业和在校师生的记录受损。据'隐私权利申述中心'（Privacy Rights Clearinghouse）统计，2014 年，全美 30 余个教育机构遇到了不同程度的数据安全泄露事件。"②在前信息技术时代，法律主要

---

① Alier,M,Casañ Guerrero,M.J.,Amo,D.,Severance,C.,& Fonseca,D.Privacy and E-Learning:A Pending Task,*Sustainability*,2021(13):2-17.

② 王正青：《大数据时代美国学生数据隐私保护立法与治理体系》，《比较教育研究》，2016 年第 11 期。

采用"告知与许可"的方式保护教学空间隐私，即采集和传播个人信息，需要事先告知行为主体(学校管理者、教师、学生、家长等)，并征求行为主体的同意。在信息技术时代，教学空间中的很多信息采集、传播和再利用即便事先告知了行为主体，也征求了行为主体同意，但仍然可能造成隐私侵权。行为主体往往只同意在特定情境下的相关信息可以 被采集、传播和再利用，并没有同意在其他情境下该信息仍然可以被采集、传播和再利用。但信息技术特别是大数据技术，可以把各种情境下采集的这些关联性信息进行大数据处理和分析，获取更深层的隐私信息。这些深层次的隐私信息很可能并不是行为主体愿意采集、公开和再利用的信息。如此，"这就颠覆了当下隐私保护法以个人为中心的思想：数据采集者必须告知个人，他们搜集了哪些数据、作何用途，也必须在收集工作开始之前征得个人的同意"[①]。这种颠覆给教学空间隐私保护带来了前所未有的挑战，人们至今还没有找到有效的应对举措。

(四)在大数据技术时代，匿名化的处理也无法消除教学空间的隐私侵权

匿名化处理是指在采集信息的时候，不采集个人姓名、性别、生日、地址等个人私密信息。"这样一来，这些数据就可以在被分析和共享的同时，不会威胁到任何人的隐私。在小数据时代这样确实可行，但是随着数量和种类的增多，大数据促进了数据内容的交叉检验。"[②]"2006 年 8 月，美国在线(AOL)公布了大量的旧搜索查询数据，本意是希望研究人员能够从中得出有趣的见解。这个数据是由从 3 月 1 日到 5 月 31 日之间的 65.7 万用户的 2000 万搜索查询记录组成的，整个数据库进行过精心的匿名化——用户名称和地址等个人信息都使用特殊的数字符号进行了代替。这样，研究人员就可以把同一个人的所有搜索查询记录联系在一起来分析，而并不包含任何个人信息。尽

[①]　[美]迈尔·舍恩伯格，库克耶：《大数据时代》，盛杨燕、周涛译，浙江人民出版社，2013 年。
[②]　[美]迈尔·舍恩伯格，库克耶：《大数据时代》，盛杨燕、周涛译，浙江人民出版社，2013 年。

管如此,《纽约时报》还是在几天之内通过把'60 岁的单身男性'、'有益健康的茶叶'、'利尔本的园丁'等搜索记录综合分析考虑后,发现数据库中的 4417749 号代表的是佐治亚州利尔本的一个 62 岁寡妇塞尔玛·阿诺德。"①由此可见,在信息技术时代,匿名化的技术处理已经无法避免隐私侵权,这进一步加剧了教学空间的隐私风险。

(五)资本对利润的驱使加剧了教学空间的隐私风险

"通过大数据分析,商家可以精准把握消费者的内心需求,据此提供精准的个性化服务,以最小的成本获取最大的利润。正是由于大数据能够产生巨额的经济利润,所以大数据时代的资本会疯狂追逐数据,支配甚至垄断整个大数据运行过程。数据平台公司通过信息收集设备和物联网获取全部元数据,数据分析公司通过特定算法和人工智能进行大 数据分析,数据应用公司将数据分析结果应用于各种经济活动。在通过大数据生产巨额利润的过程中,对利润起决定作用的因素就是大数据的规模:数据越多,资源就越大,能够获取的利润也就越多。"②因此,通过数据,特别是大数据,能够获得意想不到的信息和资源,所以,信息技术时代最重要的资源不再是人才,而是数据,特别是大数据。③在巨大利润的诱惑下,资本为了获取高额的教育利润,必然会想方设法采集、存储和处理教学空间中的隐私数据,并进行交易,这无疑进一步加剧了教学空间的隐私风险。例如,仅在 2016 年,ClassDoJo 的硅谷团队就融资 2000 万美元,用于采集和处理学生在课堂上的各种数据。④

---

① [美]迈尔·舍恩伯格,库克耶:《大数据时代》,盛杨燕、周涛译,浙江人民出版社,2013 年。
② 董淑芬、李志祥:《大数据时代信息共享与隐私保护的冲突与平衡》,《南京社会科学》,2021 年第 5 期。
③ 何渊等:《大数据战争——人工智能时代不能不说的事》,北京大学出版社,2019 年。
④ Alier,M.,Casañ Guerrero,M.J.,Amo,D.,Severance,C.,& Fonseca,D.Privacy and E-Learning: A Pending Task,*Sustainability*,2021(16):2—17.

三、积极应对信息技术时代教学空间隐私风险

信息技术是一把双刃剑，它让世界越来越方便，但也让世界越来越疯狂。在这个时代，无论我们如何努力，都无法完全消解教学空间的隐私风险，我们只能尽力而为，尽可能降低教学空间的隐私风险。

（一）重塑隐私观

长期以来，人们一直认为隐私问题只存在于私人空间之中，而公共空间是公开共享的空间，是人可以随意进入的空间，因而公共空间不存在隐私问题：愿意进入公共空间也就意味着同意把自己置于社会公共视野之中，承担被他者目视、拍照乃至搜集更多信息的风险；他人的观看、拍照、搜集信息等行为并不构成侵权行为，也无需承担法律责任。其中美国威廉·普罗瑟（William Prosser）的观点具有代表性。他认为，之所以公共空间无隐私，其根据在于："其一，默示根据（in implicit premise），也就是，一旦他人冒险（venture）进入公共场所，则他人实际上就是自愿承担被社会公众进行公开审视的风险，这就是所谓的自愿承担风险的理论（assumption of the risk），简称为风险自担理论；其二，明示根据（the explicit premise），也就是，当他人进入公共场所时，行为人对他人的观察行为等同于他们对他人的拍照行为，观察行为与拍照行为之间没有任何差异。"[1]正是因为上述观念的影响，很多国家的法律一般都默认为隐私权所涉及的空间是私人空间，而非公共空间。[2]很多人认为教学空间是公共空间，师生活动就是公共活动，其言行可以被公开采集、传送和报道。他们甚至认为，只有如此，才能有效监督教师和学校的行为，提高教学活动的公益性和透明度。可见，为了充分尊重和维护教学空间的隐私诉求和权利，我们需要改变观念。

---

[1]　张民安：《公共场所隐私权研究》，中山大学出版社，2016年。

[2]　张民安：《公共场所隐私权研究》，中山大学出版社，2016年。

第一，要确立公共空间享有隐私权的观念。无疑，个人愿意进入某公共空间，也就意味着他同意公开某些信息，比如肖像、衣着等，但并不意味着他愿意公开其他信息，比如姓名、爱好等，也不意味他愿意在其他场合公开此时的信息。威廉·普罗瑟陈述的公共空间无隐私的观点均不成立，因为："一方面，虽然自担理论能够在侵权责任领域适用，但是，自担风险理论无法在公共场所领域适用，因为，根据自担风险的理论，仅在他人完全了解了行为人的行为对其可能引起的损害之后，如果他人仍然自愿选择在风险可能发生的范围内行为，则当他人因为此种可能的风险而遭受伤害时，他人不得要求行为人对其遭受的损害承担赔偿责任。在公共场所引起的侵权案件当中，当他人进入公共场所时，他人既无法知道行为人会对其进行拍照，更不会自愿表示会承受被行为人拍照并且被行为人公开的危险。另一方面，虽然 Prosser 教授认为，行为人对身处公共场所的他人所进行的拍照行为与身处公共场所的他人所进行的观察行为是没有任何差异的，但实际上，这两者之间存在着重大差异：虽然行为人会对他人进行肉眼观察，但是行为人所实施的侵权行为仅仅是暂时的、一瞬间的，而行为人对他人进行拍照时，则他们对他人所实施的侵扰行为则是恒久性的，会导致他人对其相片丧失控制；当行为人对他人进行肉眼观察时，他们无法将他人观察所得在社会公众明确传播，而行为人对他人进行拍照时，他们可能会在他 人无法控制的范围内传播他人的相片。"①因此，不只是在私人空间中个人生活具有私人性，在公共空间中个人生活也具有私人性，他者都应该尊重个人的这种私人性，尤其不能以让他人丢人现眼、遭受讽刺和歧视为目的公开他人在公共空间的言行举止及其相关信息，否则个人有权要求法律予以制裁。②换言之，在公共空间中，个人的行为有可能具有公共性，也有可能具有私人性。当个人的行为具有私人性的时候，其行为当属于私人生活范畴，理应受到包括政府在内的行为人的尊重，即公共空间

---

① 张民安：《公共场所隐私权研究》，中山大学出版社，2016年。
② 张民安：《法国的隐私权研究》，中山大学出版社，2013年。

具有隐私权。

第二，要确立教学空间尤其需要享受隐私权的观念。典型的公共空间是尽可能向所有人开放和公开的空间，是尽可能让所有人共享信息和资源的空间。很显然，教学空间不可能向所有人开放和公开，更不可能与所有人共享信息和资源。因此，教学空间并不是典型意义上的公共空间。阿伦特认为学校是介于私人空间和公共空间、家庭和世界之间的一个空间，学校的目的在于让公共的要求私人化，私人的旨趣和品性公共化；学校不可能是完全意义上的公共空间，也不可能是完全意义上的私人空间。对于进步主义的做法，阿伦特嗤之以鼻："在那里，儿童的同龄伙伴中间出现了一种公共生活，虽然不是真正的公共生活而只是某种伪装，但它对儿童的杀伤力却是同样的，从而儿童，即未定型的处在变化过程中的人，也被迫把自己暴露在公共存在的光天化日之下。"[①]由此可见，教学空间不能称为私人空间，但也不能称为严格意义上的公共空间，至多只能称之为准公共空间。如果公共空间都应享有隐私权，那么作为准公共空间的教学空间更应具有隐私权。

第三，相比于教学空间中教师的隐私权，教学空间中的学生的隐私权更应该受重视。教学空间隐私权包括教学空间中教师的隐私权和教学空间中学生的隐私权。在教学空间中，学生，特别是低年级学生往往被认为是非理性的、不成熟的人，他们需要被教师和教育主管部门看管、呵护、照料和引导。很多人由此认为，为了更好地教育学生，教师，特别是教育主管部门完全可以搜集、分析和加工他们所需要的教学空间中学生的任何信息，以制定策略，对学生实施引导。如此一来，学生在教学空间中的隐私诉求就很难得到保护。即便政府和社会意识到需要保护教学空间中的学生特别是作为未成年人的学生的隐私诉求，但如果采取的举措是沿用成人隐私保护的逻辑，没有考虑学生尤其未成年学生隐私的独特诉求，其结果往往不能有效保护学生在教学

---

① ［美］阿伦特：《过去与未来之间》，王寅丽、张立立译，译林出版社，2011 年。

空间中的隐私诉求。①因此,我们不仅要认识到教学空间应具有隐私权,而且要充分认识到教学空间中的学生尤其需要隐私权。

(二)重构科技伦理

"理性,是人所具有的一种自觉意识与能力。探究自然,把握世界,追求'真',是一种理性能力;研究社会,认识自己,崇尚'善'与'美',也是一种理性能力。我们把前者以自然科学为对象的理性称为'科技理性',将后者以社会人文为对象的理性称为'价值理性'。二者之间具有内在关联。科技理性只有在价值理性的统摄下才能具有无害于人类的保障,而价值理性只有在科技理性的支撑下才能避免因愚昧带来的不幸。两种理性各具魅力,并且在本质上具有一致性,共同构成了人类认识与改造世界的理性能力。"②然而近代以来,科技理性压倒了价值理性,获得了长足发展。科学技术的进步大大促进了人类文明的发展,让人们的生活更加便捷,但是因为价值理性没有得到同等程度的发展,所以科技理性从人类发展的手段异化为目的。在信息技术时代,这种异化表现得更为明显:采集信息、占有信息、储存信息和利用信息成为目的,利用信息促进人的完善反而成为手段。如此,不顾教学空间中的人的隐私需要,采集、占有、存储和利用信息也就理所当然了。

为了降低教学空间的隐私风险,我们要让价值理性复位,让科技理性和价值理性重新取得平衡。

首先,明确人的发展是信息技术发展的目的。信息技术是人创造的,理应为人服务,信息技术本身不能成为目的,而只能成为手段。就教学空间中的信息技术利用而言,必须以学生成长为目的,一切妨碍学生发展的信息技术利用都要被视为非理性、不合法的。其次,建立信息技术安全保障体系。信息技术是中性的,它可以加剧教学空间的隐私风险,也可以控制教学空间的隐私

---

① Shmueli, B., & Blecher-Prigat, A.Privacy for Children, *Social Science Electronic Publishing*, 2011 (3):759-795.

② 牛绍娜:《推动科技理性与价值理性的平衡》,《中国社会科学报》,2020 年第 8 期。

风险。利用信息技术维护教学空间隐私最基本的方式就是进行"隐私设计"：事先将教学空间隐私保护理念渗透到教学空间信息的采集、传播、处理中去，设计专门的技术提升教学空间防泄露、防入侵、防处理能力。[1]

(三)立法确立教学空间隐私权

法律具有合法性、权威性和强制性，是权利保护的重要手段。因此，为了确立、维护和尊重教学空间的隐私权，我们需要从法律上确立教学空间隐私权。

首先，要确立公共空间，特别是教学空间隐私权。我国在很长的时间内都没有在法律中明确规定隐私权。在 1987 年 1 月 1 日起施行的《中华人民共和国民法通则》中涉及对他人私人侵权时，最高法院并不承认隐私权和隐私侵权责任的独立性，而是把隐私权和隐私侵权责任视为名誉权和名誉权责任的组成部分。此类做法显然混淆了隐私权及其责任和名誉权及其责任之间的关系。隐私权是以行为人公开他人的私人生活为基础，名誉权则以损害他人的名誉为基础。为了明确隐私权和名誉权、隐私侵权责任和名誉侵权责任之间的区别，2010 年 7 月 1 日起实施的《中华人民共和国侵权责任法》提出了隐私权的概念。其第二条规定如下："侵害民事权益，应当依照本法承担侵权责任。本法所称民事权益，包括生命权、健康权、姓名权、名誉权、荣誉权、肖像权、隐私权、婚姻自主权、监护权、所有权、用益物权、担保物权、著作权、专利权、商标专用权、发现权、股权、继承权等人身、财产权益。"不过，《中华人民共和国侵权责任法》并没有对隐私 权及隐私侵权责任的内涵、构成和分类作出明确规定。可喜的是，2021 年 1 月 1 日施行的《中华人民共和国民法典》第一千零三十二条明确规定了"自然人享有隐私权。任何组织或者个人不得以刺探、侵扰、泄露、公开 等方式侵害他人的隐私权"，"隐私是自然人的私人生活安宁和不愿为他人知晓的私密空间、私密活动、私密信息"，但是并没有明确公共空间也具有隐私权。通过对《中华人民共和国民法典》第一千零三十三条

---

① ［日］福田雅树、林秀弥、成原慧：《AI 联结的社会：人工智能网络时代的伦理与法律》，宋爱译，社会科学文献出版社，2020 年。

的分析，我们可以看到，《中华人民共和国民法典》明确隐私权关涉的空间（例如住宅、宾馆、身体的隐私部位等）往往都是私人空间，而非公共空间。

由于受到上位法的影响，我国教育法也没有明确规定公共空间隐私权，特别是教学空间隐私权。《中华人民共和国教育法》《中华人民共和国义务教育法》《中华人民共和国高等教育法》《中华人民共和国职业教育法》《中华人民共和国教师法》中甚至只字未提"隐私"或"隐私权"。相较于这些教育法，《中华人民共和国未成年人保护法》显然意识到了保护未成年人隐私的重要性。1991 年 9 月 4 日第七届全国人民代表大会常务委员会第二十一次会议通过的《中华人民共和国未成年人保护法》第三十条规定"任何组织和个人不得披露未成年人的个人隐私"，但并没有明确提出"未成年人隐私权"的概念。不过，其第三十二条指出："对未成年人的信件，任何组织和个人不得隐匿、毁弃；除因追查犯罪的需要由公安机 关或者人民检察院依照法律规定的程序进行检查，或者对无行为能力的未成年人的信件由其父母或者其他监护人代为开拆外，任何组织或者个人不得开拆"。2006 年 12 月 29 日第十届全国人民代表大会常务委员会第二十五次会议修订了《中华人民共和国未成年人保护法》。该修订法第三十九条丰富了未成年人隐私的外延，明确规定不仅要尊重未成年人的信件的隐私诉求，还要尊重和保护未成年人日记、电子邮件的隐私诉求，不过仍然没有提出"未成年人隐私权"的概念。

2020 年 10 月 17 日第十三届全国人民代表大会常务委员会第二十二次会议进一步修订了《中华人民共和国未成年人保护法》。修订过的《中华人民共和国未成年人保护法》提出了"未成年人的隐私权"概念，并明确规定，处理涉及未成年人事项要"保护未成年人隐私权和个人信息"。该法甚至注意到了，在一些公共空间也要保护未成年人的隐私诉求。例如，第四十九条规定"新闻媒体采访报道涉及未成年人事件应当客观、审慎和适度，不得侵犯未成年人的名誉、隐私和其他合 法权益"；第七十三条明确规定"网络服务提供者发现未成年人通过网络发布私密信息的，应当及时提示，并采取必要的保护措施"；第一百一十条规定"公安机关、人民检察院、人民法院讯问未成年犯罪嫌疑人、被告人,询问未成年被害人、证人,应当依法通知其法定代理人或者其成年亲属、所在学校的 代表等合适成年人到场,并采取适当方式,在适当场所进行,保障未成年人的名誉权、隐私权和其他合法权益。人民法院开庭审理涉及未成年人案件,未成年被害人、证人一般不出庭做证;必须出庭的,应当采取保护其隐私的技术手段和心理干预等保护措施"。不过,通过分析可知,最新修订的未成年人保护法仍然没有明确未成年人隐私权的内涵、构成和分类,并没有明确未成年人教学空间中的隐私权。由此可见,为了保护公民在公共空间中的隐私权,特别是师生在准公共空间—教学空间中的隐私权,让他们能够快乐、卓越地成长,我们需要在民法上确立公共空间的隐私权,在教育法上确立教学空间的隐私权,制定针对教学空间隐私权的法律法规。在这方面,西方国家较早地进行了探索。早在 1978 年美国就制定了保护儿童隐私(包括教学空间中的儿童隐私)的《保护学生权利修正案》(*the Protection of Pupil Rights Amendment*),随后又制定了《儿童在线隐私保护法案》(*the Child Online Privacy Protection Act*)、《家庭教育权利和隐私权法案》(*Family Educational Rights and Privacy Act*)和《不追踪儿童法案》(*the Do Not Track Kids Act*)等。[①]

其次,明确教学空间信息采集、传播和再处理的法律规定。计算机带来的信息技术革命,已经让隐私权问题不仅表现在信息采集上,更表现在计算机对信息的储存和再处理上。通过信息的永久储存和再处理,计算机能帮助非法人员获得人们预料不到的师生信息。正因为如此,有人说,旧有的隐私保护学说和法律规定都变得日益不完善甚至不正确了,既有的只关注私人生活是否受侵犯的调整法律的方式都已经无法解决已经存在隐私侵权问题。[②]为了破解信息技术带来的教学空间的隐私风险,就法律建设而言,除了要关注教学空间中的私人生活隐私权,还要确立教学空间信息隐私权,要制定和

---

① Peddy, A.M..Dangerous Classroom "App"-titude:Protecting Student Privacy from Third-Party Educational Service Providers,*Brigham Young University Education and Law Journal*,2017(1):125-159.

② 张民安:《公开他人私人事务的隐私侵权》,中山大学出版社,2012 年。

完善教学空间信息采集、传播和再处理的法律法规,明确教学空间信息的生产者、采集者、传播者、处理者、使用者和管理者的权利和义务;需要建构惩罚性赔偿、行政处罚乃至刑事制裁的条规,惩罚不法者,保护教学空间隐私权。尽管我国已经出台了《信息安全技术个人信息安全规范》和《中华人民共和国个人信息保护法》,但我国还没有出台有关教学空间隐私保护的法律。为了有效保护教学空间隐私,我国应加紧制定《教育空间安全法》等更具有针对性的法律法规,明确教学空间信息采集和使用规范,规范教学空间信息所有者的被遗忘权等。

(四)明确学校和家长的责任

教学空间中的师生都是学校中的人,保护和促进师生发展是学校的责任。如果教学空间的隐私诉求没有得到充分尊重和保障,依据法律上的"过错原则",学校须担负责任。因此,为了尊重师生的隐私诉求,有效保护师生的正当权利,学校理应承担起教学空间隐私权保护的责任。未成年学生由于心智还不成熟,对个人隐私数据的处理、使用和保护缺乏意识和方法,家长作为未成年学生的监护人,理所当然要保护学生的权利,防止教学空间隐私泄露造成的危害。因此,家长要积极承担起教学空间隐私权保护的责任。

鉴于学校和家长的责任所在,为了保护教学空间隐私权,从制度设计而言,要明确学校和家长在教学空间隐私信息使用中的权责关系,要确立家长对教学空间中的隐私信息使用的知情权和监督权。比如,美国的《学生数字隐私和家长权利法案》(the Student Digital Privacy and Parental Rights Act)就明确规定:学校机构对学生信息的收集需要征求家长的同意;学校等教育机构不得收集和出售与教育无关的学生隐私信息给第三方。[1]

具体而言,为了确立起学校和家长在教学空间隐私权保护方面的责任,就制度设计而言,首先,要明确学校和家长知情同意权的运用范围。就教师

---

[1] Barton,R.J.,& Markey,R.E.Barton,Markey Urge Passage Of Do Not Track Kids Act,*Telecommunications Reports*,2012(7):25.

隐私权保护而言,搜集、传播和分析教师隐私信息不仅要获得教师的同意,还要获得学校同意。就学生隐私权保护而言,搜集、传播和分析学生隐私信息不仅要获得学生和学校同意,还要获得家长同意。为了保护学生隐私信息,美国联邦商务委员会(FTC)对征求学校同意还是征求家长同意进行了区分。如果第三运营方如运营商收集到的学生数据仅供学校使用,那么在收集学生信息之前,它必须提供学校的知情同意书;如果经营者收集的学生信息超出学校授权的教育范围(学校的授权是建立在获得家长同意的基础上),用于商业等其他目的,那么除了要获得学校同意之外,还必须得到学生家长的知情同意。①其次,要建立隐私信息收集的向家长披露制度。在收集教学空间中的学习信息前除了要获得可供核实的家长知情同意外,无论学校还是第三方数据收集运营商,必须向家长披露欲收集的学生信息类型、收集到的信息类型和实际信息,以及信息进一步使用的情况说明等。针对收集到的信息,如果在任何时候家长不同意,收集方必须从系统中删除所收集的个人信息。②最后,要建立"家长—学生"联合知情同意制度。为了改进教育,学校或者学校赋权第三方收集教学空间隐私信息,在此情况下,学校一般默认或假定获得了学生的知情同意或者父母的知情同意。事实上,这种实践方式规避了父母同意,很容易导致教学空间中隐私信息被泄露或被盗用。因此,为了保护学生教学空间中的隐私信息,要建立"家长—学生"联合知情同意制度,规范学校或第三方的教学空间隐私信息收集路径。换言之,收集教学空间的隐私信息必须有可供检查和核实的父母的知情同意书和父母征求学生知情同意书,以确保信息收集获得学生和学生家长的同意。

(五)强化教学空间隐私教育

保护教学空间隐私权,需要师生自身的努力。只有师生具有很强的隐私

---

①　Peddy,A.M.Dangerous Classroom "App"-titude:Protecting Student Privacy from Third-Party Educational Service Providers,*Brigham Young University Education and Law Journal*,2017(1):125-159.

②　Aftab,P.,& Nancy,L.S..The Children's Online Privacy Protection Act of 1998,*Preventive Law Reporter*,2000(3):32-39.

保护意识和能力,才能主动防范教学空间隐私被泄露、传播和再利用。因此,我们需要重视教学空间隐私教育,实施系统完整的隐私教育。

为了实施系统完整的隐私教育,国家有必要组织专家编写教学空间隐私保护指南和隐私保护教材,帮助师生知晓教学空间隐私保护的权利,识别各种采集、传播、再利用教学空间信息的非法策略,习得各种保护教学空间隐私的技术方法和维权策略。

需要注意的是,在信息技术时代,除了直接泄露隐私信息外,泄露与隐私信息不太相关的信息也有可能会造成隐私泄露。通过大数据技术,非法人员可以通过各种教学空间中的非隐私的信息,推算出教学空间中师生的隐私信息,甚至能推算出非教学空间中的隐私信息。因此,所要实施的隐私教育不能只是隐私信息泄露的教育,还必须包括非隐私信息泄露造成的隐私泄露教育。

"隐私意识和能力包括隐私保护意识和能力、隐私维权意识和能力、隐私尊重意识和能力三个方面。只有具有隐私保护意识和能力,师生才能主动防范教育空间隐私被泄露、传播、利用等;只有具有隐私维权意识和能力,师生才能主动维权,才能对教育空间隐私侵权行为予以惩处,避免隐私侵权行为的再发生;只有具有隐私尊重意识和能力,师生才能减少个人对教育空间中的他人隐私实施侵犯。"①因此,为了提升师生的隐私意识和能力,我们既要重视隐私保护教育、隐私维权教育,更要重视隐私尊重教育。

此外,我们还应采用多种方式实施隐私教育。知识教育能让师生知晓隐私泄露的途径、隐私保护的方法等;情感教育能让师生更加明确隐私泄露的危害等;体验教育能让师生在具体行动中习得隐私保护策略等。每一种教育都有其优势,为了提升师生的隐私意识和能力,可以综合运用多样的方式实施隐私教育。

---

① 严从根:《防范教学空间的隐私风险》,《中国教育报》,2019 年 11 月 28 日。

如何确保疫情下学生的成长和教育学习的机会：建立安全有保障的特别活动

长岛明纯

创价大学教职研究生院

董芳胜

创价大学教育学部　翻译

摘要：特别活动是在日本学校教育中，除了各学科外的课程和儿童学习生活活动的总名称。将特别活动纳入学校的正规课程代表了一种新的教育主张。这种教育主张认为儿童和学生的全面发展和成长离不开实践，学生在各种各样的体验中才能成长。在各种的体验"场所"中，不仅是获取知识和技能，更应该是承认差异，获取"形成人际关系"，培养"社会参与"，实现"自我实现"的活动能力。通过这样的特别活动，让儿童和学生在安全、有保障的环境中，拥有一种为社会、为国家、为人类的"人类共生的生命感觉"。在日常的学习生活中，培养有助于未来的学校教育的特别活动。

一、研究背景

结合我 23 年的小学教学和担任学校辅导员的经验，为了克服儿童学生成长和教育学习面临的各种问题，包括心理治疗等实践研究、教育应该怎样举行等。我采用在读研究生时有机会深入学习到的用沙盘盒子和玩具自由玩耍的心理疗法。

在沙盘治疗中提供一个"自由和受保护的空间"作为心理治疗的框架,在这样一个外部世界中创造的"场所"中,找到构筑自己内心世界的依据,进而寻找到自己的宝藏世界。在这样一个"自由且受保护的空间"中,首先有一个盒子花园的实体框架。在盒子花园的治疗中,治疗师和来访者的信赖关系建构了双重框架的功能。在这样的心理治疗和物理框架的多层次关系中才有了"自由保护空间"。来访者在这个"自由保护空间"中,自由玩耍,身心成长得到促进,自然地提高了自己的治愈能力。沙盘游戏疗法就是在特别活动中起到这样重要的作用。

受疫情影响,青少年与他人进行互动的机会减少了,他们比以往任何时候都更加依赖网络游戏,并且倾向于留在自己的虚拟世界。因此,青少年充实自己内在成长的机会就更少了。

河合隼雄(2013)①通过"布置"这个词,谈到了如何在自己处境中学习的重要性,他告诉我们这是认真思考未来教育的重要方法。

二、场所"在特别活动中的意义

自作者从事教师教育专业学,担任日本"特殊活动"相关课程的教学工作以来,河合隼雄(1986)②等人创立的以"自由和保护空间"为主的箱庭疗法是我关注"情境学习理论"和"特别活动"的"场所"关系的重要根据。

情境学习理论指出,情境在学习过程中起着不可缺少的作用,将学习返归个人工作和学习中,这就对现今的教育提出了质疑。目前中小学教育的学习场所都是以同龄、一定数量的群体为基础,是为促进儿童和学生性格的健康和谐发展,但是这不一定有足够的保障。

在这样的教育现实中,特别活动是关注不同年龄段的群体活动,因此举行各种活动具有重要意义。特别活动包括班级活动、家庭活动、儿童会,学生

---

① ［日］河合隼雄:《心的最后一课》,新潮社,2013 年。
② ［日］河合隼雄:《心理治疗论考哦》,新耀社,1986 年。

会、社团活动、学校等大小型的日常活动。在这些活动中进行不同年龄的、多种多样的、人和人、人和自然的教育交流活动。

首先，我们从日本文部科学省公布的有关特别活动"场所"意思和在日本中小学课程课标中特别活动的具体内容。

特别活动包括班级活动、家庭活动、儿童会，学生会、社团活动、学校等大小型的日常活动。2017 年的小学课标的"目标"对学校特别活动的各个活动目标和内容做了以下规定：

总体目标：通过作为一名集体成员的观点和思维方式活动，发挥在集体中自主性、实践性、互相帮助的作用，旨在培养以下素质和能力：①理解与他人合作的各种团体活动的意义和开展活动的能力。②掌握在群体或自己的生活中，与他人处理问题、解决问题的能力。③通过自主地、实践性的集体活动掌握学有所用，能在群体和社会活动中建构更好的人际关系的力量，深化自己生活方式的思考能力，以实现自我的目标和态度。

班级活动目标：发现和解决问题，改善班级和学校生活，讨论、建立共识，承担不同角色，努力合作实践，利用讨论协商方式解决自己的问题，努力实践自己描绘的生活方式，拥有自主、实践目标的态度，能力。

儿童会活动目标：通过与不同年龄段的儿童合作，为丰富充实学校生活，有计划地实现解决问题，分担角色、合作解决各种问题的能力。

俱乐部活动目标：通过与不同年龄的儿童学生合作，能建立集体活动的共同关心感兴趣的活动计划，并能自主地、实践地实施计划。在发展个性的同时，掌握实现目标的品质和能力。

学校活动目标：通过全校或全年级同学的合作，为建立更好的学校生活的体验活动，加深集体连带的归属感和团结力量，培养公共精神。

● 班级活动内容如下：

第一，参与班级或学校生活的规划。

a. 解决班级或学校生活中的各种问题　为了建立更好的班级或学校生活，善于发现问题，解决问题，共同协商，在共识之中实践。

b.认识自己在班级建设中的角色 为了充实和改善班级生活,儿童学生认识自己在自主地班级建设中的角色和分工作用以及协作实践。

c.提高学校多样化的集体生活 通过儿童会、班级活动等多样化集体生活活动,进行协商讨论班级活动的提案和努力。

第二,适应日常的生活学习、保障自我的成长和健康安全。

a.养成好基本生活习惯 养成整理个人生活用品、问候周围人等基本生活习惯,过俭朴生活。

b. 建立更好的人际关系 在班级或学校生活中互相找到各自的优点,尊重彼此的差异,和睦相处和信任。

c.身心健康、养成安全生活的态度 为维持和改善今后的身心健康,能从实践、事故、灾害等中保护自己和安全行动。d.从食育教育的角度,养成学校午餐和良好饮食的习惯 以午餐时间为中心, 养成良好的饮食习惯和健康的膳食,同时改善人际关系。

第三,每个人的职业形成和自我实现。

a.拥有对现在和未来的希望、目标生活的动力和态度。

b.养成社会参与意识,理解工作社会意义,独立思考和行动。

c.自主学习态度的形成和学校图书馆等的利用 思考学习的意义以及当前与未来学习和自我实现的关系,利用学校图书馆等设施,自主学习,规划和回顾。

● 儿童会活动的内容如下:

第一,儿童会组织和儿童会活动规划和运营。在儿童组织的独立自主创建中,各自的分工、计划,讨论协商发现、解决学校生活中的问题,达成共识并组织计划实施。第二,不同年龄组的交流,在儿童会计划和管理的集会等活动中,不同年级、不同班级的儿童愉快地交流活动。第三,配合学校活动。根据学校活动的性质,利用儿童会组织,有计划地配合和管理。

● 俱乐部活动内容如下:

第一,俱乐部组织的建立、规划和管理,儿童学生在制定活动计划时,分工、作用不同,合作管理运营。第二,享受俱乐部活动的乐趣,在与不同年的儿童学生合作时,发挥各自的聪明才智,共同追求相同的兴趣、关心的课题。第三,俱乐部成果的展示。活动成果的展示应结合俱乐部成员的想法和意见,向全校或本地区住民展示公布。

● 学校日常活动内容如下:

第一,仪式活动。学校生活意义中有一些转折或关键时间点中,体验庄严清新的气氛,激发新生活的动力。第二,文化活动。展示日常的学习活动成果,提高自己向上进步的意欲,熟悉文化艺术。第三,健康、安全的体育活动。增进身心的健康发展、维护身心健康,免受事件、事故、灾难等的影响,爱运动。养成有规有矩的集体活动和态度。拥有责任心和连带感,体力增强。第四,郊游和户外住宿活动。在大自然中,与平常不同的生活环境里打开自己的视野扩大见识,热爱大自然文化,建立更好的人际关系,掌握关心集体,有公共道德的人。第五,勤劳服务、奉献活动。体验勤劳的喜悦、硕果,培养热爱活动,爱奉献的社会服务精神。

在这样的特别活动中,通过多种多样的场所和活动,重视"人际关系的形成""社会参与""自我实现"这三个视点,培养全面发展的资质和能力。

下面,就从特别活动的课标中看看这三个视点的含义:

第一,"人际关系的形成"。"人际关系的形成"是群体中自主地实践性地形成的。"人际关系的形成"里面需要的素质和能力是通过发现、实践、回顾问题等特别活动的整个学习过程中,个人与个人、个人与群体之间的关系中培养出来的。在理解年龄和性别的不同属性、想法、关心、意见等不同,彼此互相尊重、承认、发挥各自的优点,才能够形成的。请注意,"人际关系的形成"和"建立更好的人际关系"的视点是相同的。

第二,"社会参与"。"社会参与"是培养为了建设更好的班级或学校生活,自主地参与群体和社会建设活动,解决各种问题的视点。"社会参与"所必需的素质和能力是通过自发地、自治地活动中,个人参与了群体活动中形成的。学校是一个社会小群体,有各种各样的群体构成。参与校内各种群体的活动,参与地区社会的活动,成为可持续发展社会的人才。因为社会是由各种不同的群体组成的,所以参与建设更好的班级或学校集体,参与社会建设就慢慢地有了"社会参与"的意识。

第三,"自我实现"。"自我实现"有其一般的含义,但在特别活动中,发现自己现在或未来生活中的问题,改善自己的视点。自我实现所必需的素质和能力是加深对自己的理解,发现自己的优点和潜力的能力,思考和设计自我生活的能力。在集体中,每个人都有自己面临的问题和共同关心和面对的问题,在考察这些问题中形成的。

三、特别活动主张的学校教育的新看法

关于特别活动,井上次郎(1998)说:"在小学、初中和高中,除了每个学科外,学校都认识到特别活动的教育意义,而且它将儿童学生的所有活动总括起来了。它在学校课程中的定位不仅仅改变了制度上的形式。更是注入了一种新教育的主张。因为它不是像教科书中知识、技能的传授,更关注的是通过多种多样的实践经验,来培养学生的人格和发展。"①

针对井上次郎(1998)的观点,我用如下图表示可以理解:

---

① [日]井上治郎:《特别活动(日本百科全书16)》,小学馆,1998年。

传统的学校观,其任务只是以教科书为标志的知识和技能的传授

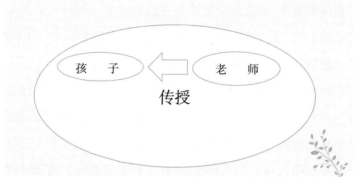

图1　传统的学校观

学校的观点基于认识到获得更多样化的实践经验对于
儿童和学生个性的和谐发展至关重要

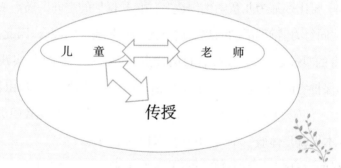

图2　学生的观点

此外,井上次郎(1998)提到的"获取各种实践经验"的"场域"是 2017 年发布的课标中指出的:发挥各自优点和可能性,自主地实践性地集体活动。沙盘游戏治疗重要的是提供一个"自由和受保护的空间"。在外在世界里,发挥各自优点和可能性,自主地实践性地活动的"场所",这对于儿童学生来说,在他自身内在的世界里扎根,同时慢慢地也在外部世界扎根,是每个人的宝贵财产。

对于这样的"场域",Edward.Relph(1991)说:"场所是人类秩序和自然秩序的融合体。是我们亲身体验的世界中心。它是一个固有位置和景观以及人

类团体,或是在特定状况下的经验和意志的焦点创造下产生的。"①"场域"不是抽象的物体和概念,而是活生生的世界经验现象。因而它是真实物体,连续活动的经验实体。是个人或社会共有的同一性的重要源泉。更多的是人和人感情及心理结合是人类群体存在的重要根源。

特别活动重视的是在与人交流的过程中学习,通过建立人之间的关系来培养积极生活的能力和找到活下去的根本力量。这也是班级管理和道德教育充足的表现。因此,教师需要关注集体存在的意义和每个人之间的关系,同时还要注意教师自身的关系和提供"自由和受保护的空间"的场所。让每个儿童在"场域"中,找到自己内心世界的根源,并在自己外在世界里扎根,这样儿童学生就能找到自己的宝物。这也就是"场域"中孕育着的班级管理和班级文化的源泉。

但是,要让教师为儿童学生创造"自由、受保护的空间",还需要其他教职员工的共同努力。特别活动的顺利进行离不开其他人的配合。因此,教职员工群体本身的"场域",必须发挥各自的优点和可能性,自主地、实践性地进行"自由和保护空间"的功能。开展特别活动就是不断地提供"自由保护空间"的机会。一个人要提供自己没有的东西很难。在建构与其他教职员工的关系中,教师本人就是体验一个"自由和受保护的空间"。

这样的"场域"是学校管理和学校文化的源泉,在这里工作的教职员工、儿童和家长都是"个人或社会共享的同一性的重要源泉"。在这里培养儿童学生的自治能力、自我指导能力、自我实现能力。每个儿童学生在多重的"自由和受保护"的安全保障中,丰富自己的表达世界。

日本大地震发生时,在各种年龄层人聚集的避难所里,儿童和学生自愿承担各种角色做各种各样的贡献,为复兴做出很多奉献。人为别人付出或被依赖的时候,才会感到自我存在的价值,品尝自己存在的意义。这样的体验是在平时的特别活动中得不到的,东北地区的教师在听到儿童学生在避难所

---

① Edward.Relph:《场域现象学》,高野武彦·安倍隆·石山宫子译,筑摩书房,1991 年。

和重建期间的行为感受,重新认识特别活动的教育力量。

四、培养共同的生活感觉

特别活动被称为德育实践的场所。现行的 2017 年小学道德学科课标的内容里有规定:道德行为是根据儿童学生的实际状况,"A.关于自己本身""B.关于与人交往""C.关于在集体或社会中的关系""D.关于与生命、自然、高尚事物交往的关系"。特别活动针对"关于与生命、自然、高尚事物交往的关系"中,为了推动社会的发展、为了人类贡献,培养儿童学生这样的生活方式。

跟特别活动一样,基于日本文化的背景的"日本料理"在 2013 年被联合国教科文组织列为非物质文化遗产。农林水产省针对"日本料理"的特点这样表示:"①保持多样的新鲜食物和味道。②保持健康的饮食生活和营养平衡。③表现自然美景和季节变化。④关切正月等年中的各项活动等。"

特别活动重视"日本料理"的四个特点和其基本特点同时在实践中体现。四个特点是:①尊重不同儿童和学生的特点,根据地区差异进行饮食活动。②形成培养全面发展的学校文化。③享受此时此地的生活快乐。④通过活动加深人与人之间的联系。

特别活动重视包含与自然环境进行交流的关系。池田大作(2013)指出,"日本的传统艺术,如茶道、插花和花园。麸皮绘画、折叠屏风等,除了它们本身的意义和价值外,更有的是反映这些传统艺术的空间的"场域"。[①]只有发挥这些"场所"的价值和意义,即发挥与"场所"接下缘分的价值和意义"。这也就是日本文化的特点。日本文化是在东洋文化的背景下产生的,特别活动就是在这种文化土壤背景下才重视"场所"的教育意义。

生命的整体性和人类的整体性是靠丰富的关系支撑的。包括病毒,都是

---

① ［日］池田大作:《21 世紀文明與大乘佛教——海外諸大學演講集》,正因文化事业有限公司,2013 年。

在无形生命的"场所"中生机勃勃。但是自然的客体化,可预测的自然或者说控制自然对人类来说,即使是自然科学的骄傲,但遇到威胁时细菌或地球温暖的危机时人类也无从实施。

特别活动包含自己在内的社会、自然、宇宙等多重的东西。多层生命的重重叠叠是扎根于人类生命的同一性,这些都是靠丰富的人间关系维持的。这就是"共同生命感觉"。

中村良夫(1982年)说,"人类是在周围环境的爱惜和同情心中成长的。其结果,人类感悟自己是什么样的人时,自己与环境融为一体的理论。对于现代生态的危机,人类自己只感受环境的恩惠,认为自己控制了环境。环境意识的形成是在爱自然、爱环境中形成的,在这样的共感伦理中,才能创造出我们自己的生活方式,也必须避开浪费环境。"[1]

Aldo.Leopold(1968)针对人类对全球环境的态度,提出了"土地伦理"的概念:"共同体概念的框架分为土壤、水、植物、动物,即"土地"场域的伦理。"[2]

重视"场域"的特别活动,培养的是人感恩环境的伦理态度,同时创造学校文化,最终促进儿童学生的人格培养。

---

① 　[日]中村义夫:《风景学导论》,中央公论新社,1982年。
② 　Aldo.Leopold. *A Sand County Almanac and Sketches Here and There*, Oxford University Press, 1968.

中日小学音乐教师培养的课程比较

董芳胜

日本·创价大学

摘要：在教师专业不断被社会关注的今日社会中,教师的专业性本质也被提上了日程。这个看似老化常态的问题得从国际化和信息化的社会发展来看。作为学科的音乐教师应该具备什么样的素质能力才能体现新时代意义的专业本质呢? 本文着眼于音乐教师培养的基本理念、教师资格取得的方法、培育机构课程的关联性这三个视点,从中国与日本两国音乐教师培育机构实践课程的比较中探讨音乐教师专业素质能力的本质。

得出的结果如下:在音乐教师培养的基本理念上,我国采用的是学科专业人才理念,而日本则是秉持全面教育专业人才的理念。两国音乐教师资格取得方法都是用资格认证来衡量音乐教师是否胜任,但是在资格认证的条件与工作起点的上,我国采用的是一证多用制度,相反日本采用的是阶段性证书制度。另外在培育机构课程的设置上,我国关注音乐教师专业知识技能的掌握度,因此这一方面的课程和实践活动多一些。相反日本则从教育教学的角度关注音乐教师的教学技能掌握度,因此教育学、心理学等教育教学方面的课程设置以及实践更多一些。但是无论从什么角度来看,中日两国的音乐教师都是以培养学生的高尚情操作为目标的。

关键词：音乐教师;资格能力;教师资格证;课程设置;教师教育

在世界范围内，高等教育的国际化正以新的形式在更多层面上不时展现，质量保证和效益提高越来越成为关注的重点。教师教育作为高等教育中的一环日益被社会关注，现今已成为世界各国高等教育中必不缺少的一项工作，是高等教育最前沿的研究领域。可是对其专业性本质的研究早已不是现在所关注的问题而是老化常态的问题，从国际化和信息化社会的发展来看，教师专业的本质内涵经历了前所未有的探讨。此外，由一千多万教师支撑的世界最庞大的我国基础教育在均衡发展的同时，重点转向提高教育质量，逐步确立教师教育的优先发展地位。全面加强教师队伍建设成为我国"十三五"教育发展规划的重点目标。①

音乐教育作为基础教育中的一门学科，其意义是不言而喻的。而担任这门学科的音乐教师却存在"传授型教学方法"或"单一型教学评价"或"学生的课堂纪律问题"或"不带学习用具的现象"等问题。因而从学科角度来看，作为学科的音乐教师应该具备什么样的素质能力才能体现新时代意义的专业本质呢？

为此本文着眼于音乐教师培养的基本理念、教师资格取得的方法、培育机构课程的关联性这三个视点，从中国与日本两国音乐教师培育机构实践课程的比较中探讨音乐教师专业素质能力的本质。日本音乐教师培养的制度和研究从明治维新以来就开始了，特别是第二次世界大战后，一直受到欧美音乐教育的影响。可是，有关我国和日本的音乐教师培养的先行研究几乎还是一片空白。

---

① 据 2020 年教育部统计全国初中阶段教育教职员工 4504745 人，小学初等教育教职员工 5979329 人。国发〔2017〕4 号的"十三五"规划（2016—2020）中指出"八、着力加强教师队伍建设"应从"加强师德师风建设""提升教师能力素质""吸引一流人才从教""优化教师资源配置""完善教师管理制度" 等五个方面来提高教师教育质量。 http://www.gov.cn/zhengce/content/2017-01/19/content_5161341.htm（2021.12.12 阅览）。

一、教师素质能力

素质能力是由知识、技能等水面以上的应知、应会部分,和水面以下的价值观、自我定位、驱动力、人格特质等情感智力部分构成的。包括通用能力、可转移能力、独特能力三类能力。具体如下:信息收集能力、主动性、沟通能力、感召能力、人际交往能力、工作推动能力、团队合作能力、组织能力、坚韧性、诚信正直、自信心、责任心、分析能力、思维能力、学习能力、创新能力、纪律性、原则性、影响力、亲和力、执行力、应变能力、自控能力、计划管理能力、敬业精神、全局观念、判断能力、逻辑分析能力、解决问题能力、决策能力等。①

基于此,教师的素质能力就是指在从事教师这个职业中应具备的知识、技能和教师的职业价值观、胜任能力以及人格品质。针对此含义,我国和日本教师的教育既各有特点又有相同的地方。

(一)中国教师的素质能力的内涵

我国教师应具备的基本素质能力从良好的师德、承担的责任、必备的知识、能力修养等四个方面来说明。

1.良好的师德

师德是教师工作的精髓,"师爱为魂,学高为师,身正为范"是其内涵。具体来说是高尚的师德必须对学生充满爱。热爱学生就是热爱教育事业。从本质上说这种爱是一种只讲付出不求回报、无私的、没有血缘关系的爱,是一种严慈相济的爱。这种爱是极其神圣纯真的。这种圣洁的爱是教师教书育人的感情基础,学生一旦体会到这种真实感情,就会"亲其师、敬其师",从而

---

① 〔美〕David McClellan.*The Drinking Man:Alcohol and Human Motivation.*Davis,W.N.,Kalin,R.,and Wanner,E.1972.

"信其道",从而达到真正教育的目的。良好的师德还必须对某一学科具有丰富知识、精通业务、严谨治学、创新教学。教师在教学过程中,具备坚实的基础知识,精深的专业知识和较高的学术水平,能使学生产生一种信赖感,进而转化为一种很强的力量,去激励、鞭策学生。另外,高尚的师德就是教师自己必须严格以"以德为本,身正为范"要求自己。在平时的工作中,要提高自己的思想修养,严格要求自己,自觉遵守学校的规章制度和有关规定,以身作则,洁身自好,以德服人、以身立教、为学生树立起开模的形象。教师的言行对学生的思想、行为和品质具有潜移默化的影响,教师的一言一行,学生均喜欢模仿,这将给学生成长带来一生的影响。因此,教师一定要时时刻刻为学生做出好的榜样,凡要求学生要做到的,自己要先做到,坚持严于律己。

2.教师承担的责任

教师必须承担的责任是岗位责任。爱岗敬业首先要热爱教育事业,要对教育事业尽心尽力。我们选择了教育事业,就要对自己的选择无怨无悔,不计名利,积极进取,努力创新。尽心尽责地完成每一项教学任务,不求最好,但求更好。只有这样学生才能受到老师的影响而努力学习,不断进取。作为新时期的教师,我们必须知道爱生是立业之本,读书是立身之本,每一位教师都要爱读书、读好书,我们的学习是为了更好地肩负起我们的责任,学习的目的是更好的生活。我们只有从内心爱上这份职业,才不会叫苦叫累。

3.教师具备的知识

教师应该具备的知识有:本体知识、文化知识、实践知识、条件知识。本体知识是教师胜任岗位的基本保证。刻苦钻研业务,精通教学业务是教师之所以能够成为教师的关键。提高教育教学质量,教师就必须自觉坚持学习,并在教学实践中提高。同时教师具有丰富的文化知识不仅能扩展学生的精神世界,而且能激发他们的求知欲。学生的全面发展在一定程度上取决于教师文化知识的广泛性和深刻性。实践知识是教师教学经验的积累。条件知识是指教师应具备的教育学与心理学知识等。

4.教师具备的能力修养

教师要具备的能力有:基本能力、教学能力。基本能力有:全面、深入地了解学生的能力,人际沟通能力,教育诊断与指导能力,获取新信息的能力等。全面深入了解学生就是要了解学生的优缺点、特点,熟悉学生各自特有的成长环境,理解学生心里的愿望、想法等内在的志向等,全面地了解学生。教师的人际沟通能力是指要学会与孩子及家长沟通,与同事沟通等。教育诊断与指导是指运用教育诊断和心理诊断的技术与方法对学生的发展状况及存在的问题进行分析、评价,并找出解决问题方案的过程。另外,教师的教学能力有:教学组织能力、课堂控制能力、教书育人能力、自我学习能力等。教学组织能力就是做好课前准备工作。课堂控制能力就是教学实施过程中注重过程的进度快慢、内容的扩大缩小等。教书育人就是即传授知识技能又培养学生的良好思想品德。教师的自我学习能力就是指教师不仅要不断提高自己的专业知识和扎实的教学能力,还要涉猎其他领域的重要知识,不断提升教师魅力成为不断学习的追随者。

(二)日本教师的素质能力的内涵

有关日本的初等中等教育教师的素质能力可以从日本文部科学省2021年公布的信息材料①中找到答案。它继承二战后日本政府一贯坚持的对教师资质能力的有关精神,同时又提出了今后社会发展所期待的教师形象的模式。

二战后的日本对教师资质能力的有关规定可以从以下三个方面来看。第一,教师职业的责任感、探究能力、是否能在教师职业生涯中自主地不断学习。即要求教师有使命感、责任感、热爱教育事业。第二,拥有高度的专业知识和技能。所谓高度的专业知识和技能又从三个方面来说明。首先,具备

---

① https://www.mext.go.jp/content/20210312-mxt_kyoikujinzai01-000013426-3.pdf(2021年9月30日阅览)。以下有关日本的教师资质能力的内容除了特别说明的注解以外均出于此文献。中文翻译由笔者承担。

本学科的专业知识和教学技能。其中包含适应国际化、信息化、特别援助等其他新课题的知识、技能。其次，拓展学生学习实践的指导能力。其中包含教学生掌握基础性的知识、技能，培养学生的思考能力、判断能力、表现能力，组织知识、技能活用的学习活动以及组织学生进行课题探究、合作的指导能力。最后，有进行学科指导、学生辅导、班级管理的实践能力。第三，拥有综合丰富性的人格。包含丰富的人格、社会性、交际能力、与同事或团队的对应能力、组织多种与地区社会进行合作活动的能力。

今后发展的教师形象也有以下三个表现。第一，教师要正确对待技术发展和新需求带给学校教育的变化。要在自己的教师职业生涯中不断探究、自律且继续学习新知识的技能。要发挥教师的引导作用让每个学生发挥自己的最大可能性，成为学生自主学习的同伴。第二，包括培养录用持证上岗制度在内的方法策略，确保教育界内外的多种人才的素质能力，提高他们的教师资质能力，打造高质量的教师团队。建立教师、职工各领域或各组织运营部门的专业人才队伍。发挥各教师在教师队伍中的组织、合作能力。在校领导组织的前提下，积极参加与家庭、地区社会进行的各种合作活动，共同实现教学目标的各种教育活动。第三，积极参加学校工作的各种改革，发扬教师职业魅力、创造新时代学习环境。加强对教师是有创造魅力职业的认识。积极引导周边人对教师职业的选择，提高教师自身的信心和骄傲。

另外，日本政府还规定了教师形象在 Society5.0 时代里面今后的发展。指出教师要适应 AI 或机器人数据库 IoT 等技术发展，要有运用信息技术的能力，提高对数据质量的认识。

总之，日本政府对教师的资质能力，特别是初等中等教育的教师来说有一个永恒的指标。比如教师的责任感、使命感，热爱幼儿、儿童、学生，有高度专业的学科知识，广泛且丰富的修养等，这些是任何时代教师都必须拥有的资质能力，同时还要求教师必须有能用这些资质能力去实践指导。而在今后的时代发展中，教师还必须能站在全球视野的角度行动，能在变化的时代里面用社会成人的资质能力生活，正确理解有关地球、国家、人类的知识，等等。

二、音乐教师的资质能力

作为学校教育中的音乐老师,他们又应当具备怎样的资质能力呢? 毋庸置疑,他们应当在具备上述教师的资质能力的同时,又有音乐教学实践的指导能力。下面我们看看中日两国对音乐教师的专业学科知识技能及实践指导教学能力的要求。

(一)中国的音乐教师的资质能力

从音乐的属性来看,音乐教师应具备的资质能力应该有:专业技能和业务能力。专业技能主要包括熟练识谱的能力、熟练演奏乐器的技能、富有表现力的歌唱技能和一定的创作技能。音乐教师应具备的业务能力主要包括较强的音乐教学能力、较强的艺术表达与组织能力、较强的科研能力和论文写作能力。[①]下面再看看这些能力的具体内涵。

熟练识谱能力要求扎实的乐理知识,能够熟练地识读乐谱。要不断提高识读乐谱水平和乐谱识读教学水平。

熟练演奏乐器的技能是音乐教师最重要的基本功之一。尤其是钢琴,对于音乐教师来说, 应该能够根据歌曲的曲式风格旋律特点和情绪表达要求正确地进行编配伴奏。注重提高即兴伴奏的能力。除此之外,音乐教师应该能够根据自身教学需要,了解并掌握其他基本乐器的演奏方法,以适应音乐教学的要求。

富有表现力的歌唱技能是指能够在音乐教学过程中激发学生学习音乐

---

① https://wenku.baidu.com/view/34792f663069a45177232f60ddccda38376be122.html (2021 年 10 月 5 日阅览)。特别是国家提出素质教育后,有关中小学音乐教师应具备的素质能力的先行研究还有以下学者。王学文:《中小学音乐教师应具备良好的素质和能力》,《新课程?小学》,2013 年第 12 期;李娜:《新课标背景下中小学音乐教师应具备的素质和能力》,《戏剧之家》,2017 年第 11 期;陈永平:《未来的中小学音乐教师应具备怎样的素质与能力》,《读写算(教育教学研究)》,2011 年,第 43 期;杨彬修:《论音乐教师应具备的品质与能力》,《艺术教育》,2007 年第 5 期。

的兴趣。以充满激情的示范演唱来引导和鼓励学生理解歌曲所要表达的情感。歌唱技能也是音乐教师最重要的基本功之一,是一个优秀的音乐教师应该具备的基本条件。

一定的创作技能是指音乐教师在音乐教学过程中应该能够进行即兴创造,运用现有的音乐材料进行适当的加工和变化,以培养学生对音乐的兴趣和创造力。

较强的音乐教学能力包括音乐教学的实施能力、音乐教学的设计能力以及音乐教学的评价能力。在音乐教学的实施方面,音乐教师应该能够合理地组织教学框架和教学内容,调控和分配课堂教学内容所需的时间。在音乐教学的设计能力方面,音乐教师应该能够在充分了解和分析学生音乐水平的基础上,根据课程要求和教学目标合理安排计划,处理好教与学的问题。在音乐教学的评价能力方面,音乐教师需要不断地总结教学经验并做好评价工作,建立起教学—总结—评价—分析—反思—再教学的良性循环,在评价中不断提高音乐教学的水平和能力。

较强的艺术表达与组织能力是指教师在传授音乐知识的课堂上对学生进行乐理知识的基础训练时,通过调整音乐课堂的节奏,改变课堂教学语言的表达方式,创造具有轻松、趣味性特点的音乐课堂教学氛围来减少课堂的沉闷,提高学生学习音乐的兴趣,使学生以良好的学习状态进行学习。

较强的科研能力和论文写作能力是指音乐教师应该能够在自身的教学实践工作中及时发现存在的问题并进行总结与反思,不断地改善自身的工作,并上升到理论高度,进而通过理论指导实践,完成在音乐教学能力方面的突破。同时,在现代多媒体技术应用的时代教学中,音乐教师不但应该学会制作多媒体课件,还应该掌握 MIDI 作曲技术、多媒体音乐软件光盘的使用,音频处理、编辑和音乐教学软件的制作等。音乐教师写的具有一定学术性和理论性的文章既是对教育教学工作的总结与记录,更是个人的分析、思考与升华,使之上升到理论高度并通过论文的形式表达出来。

总之,一名合格的音乐教师应该具备先进的教育理念,改变传统的教学观念和教育角色,充分塑造在新时期教学条件下新的音乐教师的形象。未来学校进行音乐教育的发展方向必须要把音乐教育的对象变成资深教育的主体。现代化的音乐教育主题不但要突破传统的以音乐教师为中心和"讲台式"教学的格局,而且要不断地突出以学生为主体的教学特点,将进行音乐学习的学生看作是具有充分能动性和充满活力的教学主体,打破传统的"知识权威性"的观念,彻底转变音乐教学基本观念。音乐教师应该站在学生的立场上,思考如何进行教与学。音乐教师只有不断提高自身素养和业务能力,才能够使音乐课堂更加生动有趣,从而能够提高学生学习音乐的兴趣和效率,实现教学目标。

(二)日本的音乐教师的资质能力

日本有关初等教育和中等教育的音乐教师的资质能力可以在上面的叙述中思考,即教育专家的资质、音乐专家的资质、教育实践承担者的资质及人类社会中的社会人的资质等四个方面来看音乐教师的资质能力。对于教育专家的资质和社会人的资质前面已作叙述,这些教师的资质能力的总概述就如前面所述,我们再看看详细的是指哪些能力。

针对教师的资质能力,文部科学省在 2010 年通过第一线的校长进行调查[1],调查显示有以下 12 个方面的能力:①教师工作的使命感和自豪;②对儿童学生的爱和责任感;③对儿童学生的理解力;④对儿童学生的指导能力;⑤对班级的管理运用和指导能力;⑥班级建设能力;⑦学习指导和课堂组织教学能力;⑧教材解释的能力;⑨丰富的人格和社会性;⑩社会常识和修养;⑪人际关系和交流能力;⑫与教师同事和全体协作的能力。这些具体能力可以说是任何一个教师都应该具备的资质能力,也是二战后日本政府对教师一贯提出的最基本的资质能力。而从音乐专家和教育实践这两方面来看,从日本政府有关各学科教师资格证以及各省市直辖市的教师任聘考试制度来看,包

---

[1]　『教育新聞附録』第 2979 号、2010 年 9 月 23 日(Thu)3 面。

括音乐教师在内,教师的资质能力既有相同的部分又有不相同的部分。①相同的部分是根据教师资格证规定的基础部分,如"学科及教学科目"中的"领域及保育或学科内容指导法""教育基础理解内容""道德、综合实践学习等指导法及儿童学生指导、教育咨询等内容""教育实践内容""培育机关独自设立的内容"等六个方面规定的必需的事项及最低的学分。在这个相同的基础上再根据幼儿园教师、小学教师、中学教师、高中教师等各学段规定不相同的最低学分。另外,从小学到高中各个学科的学习来看,这些教师资格证的取得中也有相同和不相同的部分。相同的部分是:"领域及保育或学科内容指导法"中的"学科专业"和"各学科指导法(包含信息化机器及教材的活用)"两项内容。"教育基础理解内容"中的"教育理念或教育的历史及思想""教师职业的意义和教师职业的作用及内容(包含学校组织运营的对应方法)""教育的社会性、制度性及运营(包括学校与地区协作、学校安全运营对策等)""儿童学生的身心发展和学习过程""需要特别帮助儿童学生的理解及对应方法""教育课程意义和课程编制方法(包括课程管理、规划等)"六项内容。"道德、综合实践学习等指导法及儿童学生指导、教育咨询等内容"中的"道德理念及指导法""综合实践学习指导法""特别活动指导法""教育方法和教育技术(包括信息化机器及教材运用)""儿童学生指导理论及方法""教育咨询理论和方法(包括临床心理基础知识等)""学生就业指导和职业教育理论及方法"七项内容。"教育实践内容"中的"教育实习"和"教职实践演习"两项内容。这些相同项目中的最低学分因小学、中学、高中各学段而不同。另外,相同的部分还有在幼儿园、小学、初中、高中各学段的教师资格证中均有由低到高的第二种、第一种、学科专业等三种教师资格证(高中没有第二种)。同时这些资格证的最低学分又有所不同。

以上这些就是音乐教师在教育专家、学科专家教育实践承担者、社会人

---

① 日本教师资格证是昭和 24 年(1949 年)法律第 147 号の『教育職員免許法』(教育职员许可证法)。时代的需要部分随时改变。至今最后的一次修改是令和三年(2021 年)5 月 7 日文部科学省令第 25 号。

的资质等四个方面和其他教师相同的部分。下面将从音乐学科的专业属性的角度阐述音乐专家的资质和教育实践承担者的资质。

从学校教育中的音乐教育学科来看,既有教育活动的实践,又有音乐专业活动的实践。因此音乐教师资质的音乐专家资质和教育实践承担着的资质在音乐教育教学的活动中是关联在一起的。根据有关学者的论述①,它们的关联性可以从四个方面来看:第一,教师对音乐的姿势和态度。这和人最基本的资质是相关的,比如生活中的美学感受能力、对美追求的意识、音乐感受能力、音乐教学的姿态、态度,等等。第二,音乐能力。音乐教师音乐能力的标准很难设定,但是音乐教学的活动中如唱歌、器乐演奏等活动,音乐教师的音乐能力就包括:范唱范奏的歌唱技能、范奏伴奏的演奏技能、创作技能的读谱记谱等能力。第三,指导儿童学生的对应能力。每个儿童学生都有各自不同的生活环境、各自的思维认识方法以及不同的能力,音乐教师在把握好各自儿童学生的不同情况的基础上,对照课堂目标,根据每个儿童学生的情况因材施教进行指导。还应根据不同年龄儿童学生的发展特点对应不同的儿童学生。第四,运用教育内容、教材等的能力。教育内容和教材的运用也要根据儿童学生不同年龄的发展特点因材施教,不仅要对教育内容和教材进行深入研究和探讨,抓住重点和难点,还得根据教学活动的过程进行合理的安排和组织。另外,这四个方面的资质能力都是通过一节节课堂的组织

---

①　进入 21 世纪后, 日本有关中小学及幼儿园的音乐教师素质能力的先行研究有以下学者的报告材料参考。

森村祐子(2015)「小学校教員に求められる音楽の資質に関する一考察—音楽的資質における『資質』の定義について」『東京家政大学研究紀要 1 人文社会科学』第 55 巻,p.59–65; 篠原秀夫(1992)「音楽科教師の力量形成に関する一考察—意思決定を中心に」『北海道教育大学紀要 第一部C,教育科学編』第 43 巻 1 号,p.333–344;伊藤誠(2008)「音楽科教師に求められる実践的指導力—教員養成の充実と改善に向けて」『音楽教育実践ジャーナル』第 5 巻第 2 号,日本音楽教育学会 p.51–56;小塩さとみ(2021)「音楽科の『資質?能力』を考える—音楽学の立場から」『宮城教育大学教職大学院紀要』第 2 期,p.11–20;秋元みさ子(2009)「これからの音楽教師に求められる資質?能力とは何か」『学校音楽教育研究:日本学校音楽教育研究紀要』ラウンドテーブルⅥ報告,p.264;日吉武(2010)「音楽科の教師力についての一考察」『鹿児島大学教育学部教育実践研究紀要』第 20 巻,p.51–58;山下薫子?他 4 名(2019)「音楽を教える人材とは?—これからの音楽科教員に求められること」『日本音楽教育学会研究大会資料』シンポジウム,p.67–74.

教学中体现出来的,所以音乐教师还要有课堂组织教学能力。比如如何根据各自儿童学生的实际状况,在一堂课的教学活动中,让每个儿童学生都能发挥各自的优点和个性。此外音乐教师还应该有瞬时瞬刻的理解,学会抓住并运用住儿童学生的特征。同时应具备长期的、有规划的能力。从这个角度来看,有学者把音乐教师在专业和教育实践教学两方面的资质能力理解成以下十六种能力:①包括音乐生活在内的生活指导能力;②交际和自我表现能力;③丰富的教学修养;④评价观;⑤课堂设计能力;⑥教案和指导规划能力;⑦音乐学科指导知识和技能;⑧教材研究能力;⑨通过音乐学习的班级建设能力;⑩课堂分析或课堂研究能力;⑪特别课堂组织(教师合作课堂、学习程度组织课堂、少人数课堂);⑫全体和个别相融合能力;⑬儿童学生参加型或课题解决问题型学习指导能力;⑭与地区或家庭协作能力;⑮电脑运用教学能力;⑯其他。

除了以上四个音乐教师的资质能力以外,还有学者认为必须从音乐课标的具体教学活动来看音乐教师的资质能力。他们认为音乐课标中明确规定了培养学生的音乐性眼观、思维方法和理解音乐产生的有关思想、文化背景的知识等教学目标,所以作为音乐教师也必须有音乐性的思维能力和眼光,同时音乐性的思维能力和眼光应该是因音乐的种类不同所表现出来的具体内涵也不一样。因此它里面包含了和音乐互动的丰富资质能力、日常生活或社会活动中的音乐感知能力、理解音乐文化的多样性和区域性特点以及音乐表演的创意和技能。

三、中日两国音乐教师资格的获取方法

前面讲到中日两国音乐教师素质能力的理论内涵,下面我们再从音乐教师资格证获取方法的不同来看看中日两国对音乐教师素质能力的内化过程。

(一)中国音乐教师资格的获取方法

中国在教师资格证获取方面对任何教师来说，教师资格证的获取都是基于《中华人民共和国教师法》的前提来实施的。下面,稍微引用此法的一些具体的条文来看看音乐教师资格证是如何获取的。

第十条　国家实行教师资格制度

中国公民凡遵宪法和法律,热爱教育事业,具有良好的思想品德,具备本法规定的学历或者经国家教师资格考试合格,有教育教学能力,经认定合格的,可以取得教师资格。

第十一条　取得教师资格应当具备的相应学历"里面有以下条文规定：

(一)取得幼儿园教师资格,应当具备幼儿师范学校毕业及其以上学历。

(二)取得小学教师资格,应当具备中等师范学校毕业及其以上学历。

(三)取得初级中学教师、初级职业学校文化、专业课教师资格,应当具备高等师范专科学校或者其他大学专科毕业及其以上学历。

(四)取得高级中学教师资格和中等专业学校、技工学校、职业高中文化课、专业课教师资格,应当具备高等师范院校本科或者其他大学本科毕业及其以上学历。取得中等专业学校、技工学校和职业高中学生实习指导教师资格应当具备的学历,由国务院教育行政部门规定。

(五)取得高等学校教师资格,应当具备研究生或者得大学本科毕业学历。

(六)取得成人教育教师资格,应当按照成人教育的层次、类别,分别具备高等、中等学校毕业及其以上学历。

不具备本法规定的教师资格学历的公民,申请获取教师资格,必须通过国家教师资格考试。国家教师资格考试制度由国务院规定。

第十三条　中小学生教师资格由县级以上地方人民政府教育行政部门认定。中等专业学校、技工学校的教师资格由县级以上地方人民政府教育行政部门组织有关主管部门认定。普通高等学校的教师资格由国务院或者省、自治区、直辖市教育行政部门或者由其委托的学校认定。

具备本法规定的学历或者经国家教师资格考试合格的公民，要求有关部门认定其教师资格的，有关部门应当按照本法规定的条件予以认定。取得教师资格的人员首次任教时，应当有试用期。

第十五条　各级师范学校毕业生，应当按照国家有关规定从事教育教学工作。国家鼓励非师范高等学校毕业生到中小学或者职业学校任教。

第十六条　国家实行教师职务制度，具体办法由国务院规定。

第十七条　学校和其他教育机构应当逐步实行教师聘任制。教师的聘任应当遵循双方地位平等的原则，由学校和教师签订聘任合同，明确规定双方的权利、义务和责任。实施教师聘任制的步骤、办法由国务院教育行政部门规定。

从以上法规条文可以看出，包括音乐教师在内的教师资格是和学历相对应的。教师资格的发放由县级以上地方人民政府教育行政部门承担。师范院校毕业生毕业时，在规定的学分修满后，自然获取教师资格。在教育第一线，教师实行教师职务制度。最后，教师在受聘下才能走向教育第一线。因此，小学的音乐教师除了具备中等师范学校毕业及其以上学历外，还应该有胜任音乐教学活动和指导的能力。这种能力是在受聘中体现出来的，即接受受聘考试合格者。而这些能力是在师范院校等受教机构中履修规定的学分中掌握的。对于没有经过师范院校学习的人来说，在接受教师资格证考试中也要通过《音乐专业知识与教学》《音乐教学法》《音乐课程标准》等有关音乐教育的知识和技能。

(二)日市音乐教师资格证的获取方法

日本的教师资格证在前面已经提到了,也是在基于《教育職員免許法》(教育职员许可证法)的前提下,按照规定的学分修满后才可以申请教师许可证,而后接受各都道府县(省市自治区)教育委员会的教师任聘考试,合格者才可以走向教育第一线。从这里我们可以看出,日本教师的资格许可证也是跟基础资格(即学历)有关。幼儿园、小学、初中、高中的各个种类的教师许可证所规定的基础资格是不同的,比如第二种教师资格是在大学毕业获得准学士学位的资格上,再修满规定的学分才能获取。第一种教师资格是在本科毕业获得学士学位的资格上,再按照必须修满的学分才能获取。而专业教师许可证就必须在获得硕士的学位资格上,再按照必须修满规定的学分才能获取。因此从这一点来看,这和我国的教师资格有关的学历要求是相同的。

另外,从日本教师资格许可证的其他方面的规定中我们还知道,日本教师资格许可证的获得还必须有"学科专业及学科指导法""教育基础理解""道德、综合实践学习等指导法及儿童学生指导、教育咨询等""教育实践""各大学独自科目"等五项内容。而音乐学科作为学校教育中的一门学科,在日本任何一类教师资格许可证的获得里面都有一定的性质定位。也就是说,音乐教育的基本理论与常识对于日本的任何一个老师来说都是必须掌握的,这一点和我国的教师资格证的获得是不相同的。但是尽管日本政府有这样的规定,可是在具体的每个培养教师的学院或大学中的有关学科课程的设置中又有一定的选择幅度。因为有了这个幅度,获得教师资格许可证的教师本身对音乐教育的基本理论和常识的掌握度有深也有浅,即日本政府没有对教师应该掌握多深度的音乐教学能力和资质有过多的规定。

由上可知,从教师资格证获得的有关条文规定中可以看出,对于教师来说,在具备一定的学历基础上,还应再加上一定的有关教师职业专家基础的知识和技能以及修养,这是中日两国共同的认识。但是有关音乐教育教学知识技能方面,中日两国又有所不同,中国注重的是音乐专业的教育教学,无论是在小学、初中，还是高中都是以音乐教育教学的专职为主。而日本的教师资格许可证的获得中，只有在初中或高中的音乐教育教学中才有和中国的教师资格证获得相同的获取方法。

四、中日两国音乐教师教育课程的设置及其内容

（一）中国音乐教师教育课程的设置及其内容

我国对音乐教师的课程设置从 2006 年教育部公布的《全国普通高等学校音乐学（教师教育）本科专业必修课程教学指导纲要》文件开始有了一个全国共同的标准。在进入 21 世纪不久，它的颁布为我国定下了 21 世纪音乐教育专业课程改革与创新的方向。本科专业必修课程的设置意味着音乐教师在基础学历的本科学历中应掌握最基本的专业知识和技能。下面就让我们看看这些必修课程的目标和内涵。

必修课程有："乐理与视唱练耳""多声部音乐分析与写作""声乐""钢琴""中国乐器""外国乐器""中国音乐史与名作赏析""西方音乐史与名作赏析""中国民族音乐""外国民族音乐""合唱与指挥""学校音乐教育导论与教材教法"等 12 门课程。从这些课程名称来看，既有理论基础的课程又有实际技能基础的课程。既有了解熟知我国民族特色的基本课程内容又有外国理解外国音乐史发展的基础知识，同时也有像声乐、钢琴等唱歌和器乐活动最基础又必不缺少的课程内容。国家对于这些必修课程的规定，都从"课程性质与目标""课程内容与教学""课程实施与评价"的三个方面作了统一规定。具体的内容从下面几门课看看。

比如理论课的"乐理与视唱练耳"中的目标是这样规定的：①学习掌握音乐基本理论知识。能熟练地识读五线谱及简谱。②通过听觉训练，获得运用听觉判断、记忆、分析、听写歌曲及器乐曲片段中基本音乐要素（如音值、音强、音高、音色、调式、调性、和声、织体等）的能力。③通过视唱，准确理解和表达各类音乐术语、表情记号、乐句、分句等。④具有运用首调唱名法或固

定唱名法进行单声部音乐作品的视谱即唱能力,并从音乐理论上认识、理解首调唱名法与固定唱名法的内在关系。⑤了解多声音乐相关知识,培养多声音乐的感知力。⑥理解音乐风格形成的因素,培养多元音乐文化认同感。⑦了解与本课程教学内容相关的音乐历史与文化知识。本课程内容选编的基本原则是这样规定的:①根据课程性质和目标,教学内容的选编应把握思想性、艺术性、系统性、实用性相结合的基本原则。②注重音乐基础理论知识与视唱练耳基本技能训练的有机渗透。以音乐听觉发展为先导,体现音乐感受先于理论概念的原则。③根据内心音乐听觉形成与发展的规律,教学内容采用螺旋式上升的呈现方式,使音乐基础理论的基本概念和原理不断在高一层次上重复,以加深学生对音乐基本理论的理解。④重视本课程教学内容与其他相关教学科目的联系和渗透。⑤课程内容选编应注重广泛性与经典性相结合。选择中外古今音乐实例作为教材,开拓学生的音乐视野。同时,根据各地的音乐文化资源,结合中小学音乐课程教学实际,选取当地有代表性的民族民间音乐实例作为教学素材。本课程的课程教学规定如下:①音乐基础理论知识的教学应建立在充分感知和体验音乐作品的基础上,培养学生正确的审美观和鉴赏力,注重以音乐感知力培养为先导的音乐鉴赏力、音乐表现力的全面协调发展,注重理论、听觉与表达的结合,处理好音乐基础理论教学中全面性与侧重性的关系,突出重点,举一反三。②视唱练耳教学应尊重学生的唱名思维习惯。教学中可采用首调唱名体系为主兼学固定唱名法,或以固定唱名体系为主兼学首调唱名法,避免由于唱名体系思维的混乱给学生音乐能力发展带来负面影响。③理论联系实际。根据音乐综合基础课的学科特点,采取理论知识与技能训练相互渗透、同步教学的方式,将学科知识的逻辑顺序与学生的音乐学习心理相结合,提升学科知识与学科技能的相关性与互补性,促使音乐认知过程产生创造性跳越,优化音乐综合基础课的教学。④坚持在音乐体验基础上的“精讲多练”。对具有元素性特点的音乐基本原理、音乐基本结构及特性予以言简意赅的提示,着重于通过听、唱、弹、写、律动等多种方式,结合经典音乐作品进行感知体验,使学生从音乐实践中掌握、理解音乐表现要素的意义、功能,以及音乐表现的一般规律。⑤以教师和学生为教学的双主体,创造民主和谐的教学氛围,在课程实施过程中充分发挥教师和学生的主动性、积极性、创造性、互动性。⑥本课程采用课堂分组授课形式。以学生的音乐学习接受能力、入学时的程度、唱名思维习惯等为分组依据。每个授课组以15人左右、不超过20人为宜。

再比如基础技能"声乐"的课程目标如下:①掌握声乐基础理论、基本知识,提高声乐艺术审美力与修养。②掌握正确的歌唱方法,具有一定的演唱能力。③正确理解歌唱与语言的关系,能运用普通话和必要的其他语言进行歌唱。④正确理解声乐作品的内容与风格,学会分析与处理歌曲,具备演唱不同风格特点歌曲的能力。⑤与钢琴教学相结合,具备自弹自唱的能力。⑥能辨析发声的正误,具备独立教唱歌曲和辅导课外声乐活动的能力。掌握声乐教学的基本方法。了解青少年发声特点,具备变声期发声练习和嗓音保健的有关知识。"声乐"课程的课程内容选编的基本原则规定如下:①理论性与实践性相结合,注意在选择相当数量声乐作品的同时,重视声乐基础理论、基本知识的内容比例,使学生既掌握歌唱方法和基本技能技巧,又掌握基础理论,了解相关文化,扩大视野、提高修养。②贯彻"古为今用、洋为中用"、"推陈出新"的方针,吸纳中外声乐文化的优秀成果,选择思想性强,艺术性高,具有训练价值的经典性中外声乐作品为教材。正确处理继承与发展、传统与创新的关系,关注国内外声乐发展前沿动向,引进声乐学科新成果,注意选用优秀声乐新作品,不断充实教材内容。③重视选择富有民族特色、地区特色的教学内容与乡土教材。④面向基础教育,联系中小学教育教学实际,精选在音乐教学和社会音乐活动中应用价值较高的声乐作品为教学曲目。"声乐"的课程教学规定如下:①以本课程纲要为依据,任课教师应根据学生实际情况,分别为不同学生制定具体的教学实施方案。包括:目的要求,周进度和阶段进度,应完成的练声曲、歌曲的数量和具体曲目,技能技巧训练,教学实践等。②课程教学内容的实施,实行理论与实践相结合,将声乐理论修养,声乐技能训练,声乐审美鉴赏,声乐演唱实践等四个方面有机组合。

各校根据实际情况,选择不同教学方式,分别采用个别课、小组课、集体课等多种授课形式。③正确处理声乐理论知识修养与技能技巧训练的关系,声乐技术与艺术表现的关系,声乐艺术与相关文化的关系,不同声乐流派及唱法、教学方法、教学形式间的关系,为学生创造博采众长、全面发展的条件。④坚持循序渐进的教学原则,因材施教,处理好共性与个性的关系,发展学生的个性。⑤调动学生学习主动性,培养探求新知识的能力,关注学生全面发展。⑥体现教师教育特点,坚持课堂教学与教学实践、艺术实践相结合,注重学生教学能力、实践能力、评价能力的全面提高。⑦教学进度及内容的安排,由各院校根据办学实际自主制定。每学期精唱中外曲目 4—6 首,见习曲目 5—7 首,参加教学演唱会 2—3 次(含教学观摩及考试)。

从上面课程的详细内容来看,无论是课程目标还是课程教学的理论课和技能课都要求履修学生充分发挥自己的音乐感官去体验并从感官体验中去理解理论意义和技能的具体表现,即强调理论与实践相结合的学习理解。从各课程内容来看,可以说都比较细化,对音乐专业的深度都做了比较详细的规定。从这些规定来看,它反映了我国对专职的音乐教师所必备的专业知识能力的要求很高。但是从整个培养音乐教师的学历和资格获取的过程来看,除了这些音乐专业课程外,还有其他有关教育教学的课程。这些课程的设置依据就留给各音乐专业大学的音乐学院或师范院校下的音乐学院、学系等本科教育课程来规划了,也就是说除了国家规定的音乐专业课程外,其他有关音乐教师资质能力的课程就让各个培养音乐教师的机构自己去思考和具体实施了。因此音乐教师教育课程就产生了如"音乐专业课程与教育类课程不相融合""理论学科偏重"或"技能学科偏重",甚至出现"音乐教师资质能力评价体系不健全"的全国音乐教师培养机构的共同课题。①

(二)日本音乐教师教育课程的设置及其内容

日本在音乐教师培养方面,除了前面阐述的以《教育職員免許法》(教育
職員许可证法)为基准外,对于音乐教师的教育课程设置也有相关的音乐专
业课程设置的标准。当然,由于日本小学教师现在采取的是包班制制度,所
以这些音乐专业课程设置的标准在小学教师培养课程和初中高中教师培养
设置里面就有所不同。在小学教师一种资格取得的培养课程设置中,有关音
乐学科的课程只作为所有学科中的一门,要求在"学科专业及学科指导法"
的项目中把语文、社会、数学、科学、生活、音乐、美术、家庭、体育,以及外国
语等学科中必须修满 30 学分。至于设置的音乐课程是理论课还是技能课或
是音乐教学法课就没有详细的规定。在中学或高中教师一种资格取得的培
养课程设置里面,有关音乐学科的课程也是作为学校教育中的一门学科,在
"有关学科专业"和"有关学科教学法"就有了相对的详细说明。日本的中学
学科有:语文、社会、数学、科学、音乐、美术、保健体育、保健、技术、家庭、职
业、就职指导、英语、宗教等学科。日本的高中学科有:语文、地理历史、公民、
数学、科学、音乐、美术、工艺、书法、保健体育、保健、护理、家庭、信息、农业、
工业、商业、水产业、福祉、商船业、职业指导、英语、宗教等学科。中学教师必
须修满的"学科专业及学科指导法"的 28 学分,高中教师必须修满"学科专
业及学科指导法"24 学分。在中学和高中的教师资格获取中的音乐学科还具
体地规定了有:"视唱练耳""声乐(包括合唱和日本传统的歌唱方法)""器乐
(包括合奏、伴奏的日本传统乐器)""指挥法""音乐理论""作曲法(包括编曲

---

① 对于音乐教师培养机构课程的先行研究有以下学者。他们强调当前我国高等师范院校的音
乐课程设置里面除了以上课题外,还有音乐教师心理的辅助不健全、普通文化知识修养的辅助课程
也不健全。

何丽丽:《基于教师专业发展的音乐教师教育课程设置研究——以吉林省三所高等师范院校为
例》,东北师范大学 2010 年硕士论文;张惠萍、李桂兰:《高校音乐教师教育课程研究》,西安音乐学院
2017 年硕士论文。

法）"音乐史（包括日本传统音乐或各民族音乐）"。这就说明了在日本教师的音乐资质能力方面，小学教师没有中学和高中教师要求那么高。其中最大的原因是在第一线教师担任具体的教育教学工作中的内容的不同所致，即日本小学教师承担的是全科教学的教育内容，而中学高中教师承担的是学科的专门教育教学工作。另外，正因为在小学的"学科专业及学科指导法"项目中，30学分课程设置没有详细的规定，并且全方位下放权力给各个小学教师培养机构，因此就出现了小学教师因毕业学校的不同，他们的音乐教育教学的资质能力也不尽相同。

　　除了前面所说有关音乐专业的课程设置状况外，日本对于各级各类教师资格获取时，在"教育基础理解""道德、综合实践学习等指导法及儿童学生指导、教育咨询等""教育实践""各大学独自科目"等其他项中的课程设置也做了明确规定。这些规定中无论是小学还是中学的教师资格获取时都规定在同一个标准，"教育基础理解"和"道德、综合实践学习等指导法及儿童学生指导、教育咨询等"必须修满10学分（高中教师是10和8学分）。从这里也可以看出日本对教师职业的资质能力有一个共同的思路，就是除了本专业的资质能力外，作为教师必须具备的资质能力。这些能力就表现在：在"教育基础理解"方面，"教育理念或教育的历史及思想""教师职业的意义和教师职业的作用及内容（包含学校组织运营的对应方法）""教育的社会性、制度性及运营（包括学校与地区协作、学校安全运营对策等）""儿童学生的身心发展和学习过程""需要特别帮助儿童学生的理解及对应方法""教育课程意义和课程编制方法（包括课程管理、规划等）"，在"道德、综合实践学习等指导法及儿童学生指导、教育咨询等"方面，"道德理念及指导法""综合实践学习指导法""特别活动指导法""教育方法和教育技术（包括信息化机器及教材运用）""儿童学生指导理论及方法""教育咨询理论和方法（包括临床心理基础知识等）""学生就业指导和职业教育理论及方法"等共十三方面的课程。

五、中日两国音乐教师素质能力之比较

针对以上各方面的内容我们从音乐教师培养的基本理念和教师资格取得的方法及培育机构课程的关联性的三个视点进行比较总结。

从音乐教师培养的基本理念来看，我国是从学科专业型的角度出发，而日本则是从教师教育专业型出发。学科专业型强调教师对学科专业的指导能力，有了这样的学科指导能力，教师无论是面对小学的学生还是高中的学生都能胜任。所以我国针对教师资格制度的措施实行了一证多用和终身制的教师资格制度。在教师培养过程中，我国规定了音乐学科指导必须得有最基本的培养专业知识能力的课程科目。因此各培养音乐教师的学院或大学等机构在课程设置方面必须把这些课程定位在必修课程里面。相反，教师教育专业型教师强调的是作为教师最基本的资格能力，在此基础上再根据各学科特征要求对学科教学指导的资格能力。因此日本在各阶段教师资格证的取得中都把作为教师最基本的资格能力有关的学科课程定位在第一条件下，比如心理学、教育学、教师教学、儿童理解等这些学科定位在必修学科的位置上。在此基础上再根据各学段的学生特点和各学科特征设定小学、中学、高中各学段及各学科教师资格证的获取，即阶段性的教师资格证取得和更新制度的政策。也因此日本在各教师培养机构的课程设置上，把课程名称和内容下放给各教师培养机构。由此可见，我国对音乐教师培养从专业性强化的角度来设置课程，而日本对音乐教师培养是从教师整体与专业型结合的角度来设置课程。

尽管中日两国对音乐教师培养课程方面有着不同的思路，但是音乐教师对音乐教学能力的实践取向却是相同的，都是着眼于理论与实践相结合的角度去思考。因此从教师任职选取的角度来看中日两国都存在阶段职前资格能力的把握与职后资格能力检验提高脱节的问题。也就是说音乐教师资格能力在培养过程和第一线教学实践过程如何具体化没有一定的标准。

我国只是在最近几年里才针对幼儿园、小学、中学教师的素质能力有了一个补充的明文规定,设置了共同的标准能力尺度。而日本在各都道府县教师任职考试中用一定的尺标去衡量,这也就决定日本在对音乐教师资质能力衡量方面,由各都道府县教育委员会来定位,没有作全国的统一标准。

因而笔者认为,要培养一位真正拥有教学指导能力的音乐教师,既必须要有像日本重视作为一般教师的资格能力,又必须要有我国强调的较强的音乐教学指导的资格能力,进而音乐教师培养课程都必须定位在必修课程的位置上。其次要像两国至今注重的理论与实践相结合的思路一样,把包括音乐教师在内的教师职业培养课程的视野放在职前与职后综合去思考,这样才能解决现今教育第一线出现的脱钩现象。

总之,通过中日两国基础教育中音乐教师培养课程的比较,我们可以吸取彼此的优点去克服彼此的不足之处。

我眼中的体育教师：当代体育教师形象的质性研究

——基于角色理论的分析

蔡　娟

北京体育大学教育学院

刘祎莹

首都师范大学初等教育学院

丰华文

北京体育大学新闻与传播学院

摘要：体育教师当前面临着来自媒体框架下的污名化及学校教育话语中的边缘化问题，与此同时他们也在教育强国、体育强国的战略背景下被寄予更多的期望，正是如此我们要揭开媒体报道的面纱，全面呈现生动、活泼、多元的体育教师形象。本文通过质性研究搜集216位来自全国各地体育特长生的教育自传并选取16位体育特长生进行深入访谈，在分析体育教师的角色观念和角色行为的基础上，进一步概括和总结出体育教师的角色形象。研究发现，在挖掘体育人才、训练、师生关系、考虑学生的未来等方面优秀的体育教师扮演了慧眼识珠的"伯乐"、科学训练师、良师益友和人生规划师；而拙劣的体育教师通常呈现出以貌取人的"庸才"、"三从一大"的曲解者、水火不容的"管教者"、利己主义者的形象。进而，未来我们才能够更好地形塑体育教师的角色形象，全力支撑教育强国和体育强国的建设。

关键词：体育教师形象；体育教育专业学生；质性研究；角色理论

一、"扁平化"的体育教师形象

近年来,诸如"你数学是体育教师教的吧?"等话语广为流行,背后隐含的是体育教师四肢发达头脑简单、没文化的社会认知,折射出媒体对体育教师的"污名"与偏见,这样也进一步建构和传播了体育教师的负面媒介现象。[①]不仅如此,公众话语中充斥着对体育教师"辱骂、体罚、殴打学生"有违师德师风的描述,甚至还有对体育教师"暴徒、禽兽、魔鬼"妖魔化的控诉。由此可见,体育教师在社会各界人士眼中或多或少存在一定的误解和偏见。在此情形下,体育教师的形象不免过于扁平化。一方面,这一外界破坏性的评论损伤了体育教师的道德形象、负面性形塑破坏了体育教师的专业身份以及结构性偏见恶化了体育教师的社会认同等[②];另一方面,这也和体育教师自身的专业素养不高、对体育教学工作不重视等自身原因相关,[③]并且强制性施压误导了体育教师的自我认同。[④]

然而,正如《体育强国建设纲要》所强调的"将促进青少年提高身体素养和养成健康生活方式作为学校体育教育的重要内容,把学生体质健康水平纳入政府、教育行政部门、学校的考核体系,全面实施青少年体育活动促进计划"[⑤]。青少年的成长关乎国家繁荣富强和民族复兴,青少年的发展是教育强国和体育强国建设的重要基础,体育教师在其中扮演了至关重要的角色。由此,一直以来,在高考指挥棒下被"边缘化"的体育教育在体育强国战略、"双减"政策背景下日益受到社会各界的重视。为了进一步充分发挥体育教师的作用,我们也应该重新反思体育教师形象是否真如媒体及社会各界所

---

① 高宏全:《框架理论视角下的体育教师媒介形象建构》,《广州体育学院学报》,2016 年第 4 期。

② 徐剑:《体育教师被污名化:现实困境与身份认同》,《河北体育学院学报》,2021 年第 2 期。

③ 陈阳:《新时代背景下体育教师新形象研究》,《运动》,2018 年第 18 期。

④ 徐剑:《体育教师被污名化:现实困境与身份认同》,《河北体育学院学报》,2021 年第 2 期。

⑤ 中华人民共和国中央人民政府:《国务院办公厅关于印发体育强国建设纲要的通知》,2019 年 8 月 10 日,http://www.gov.cn/zhengce/content/2019-09/02/content_5426485.htm。

认知的那样,揭开媒体报道的面纱和渲染,体育教师到底展现出一种什么样的形象? 特别是在与体育老师朝夕相处的体育生眼中,体育老师扮演着何种角色? 只有在充分了解、描绘和展现当前体育教师的饱满、生动的形象后,未来我们才能够更好地形塑体育教师的角色形象,进而全力支撑教育强国和体育强国的建设。

二、研究对象及过程

本研究通过质性研究,搜集 216 位来自全国各地体育特长生的教育自传并选取 16 位体育特长生进行深入访谈,从他们自身经历及他们与体育教师的交往中,找到学生们使用的"本土概念",探讨体育教师角色形象背后的逻辑和结构,[①]挖掘学生心中的体育教师形象纹理。更深入地分析体育教师在满足社会期待与个人实现之中的角色拉扯和冲突。

本研究选择体育特长生作为研究对象。原因在于:

第一,从时间维度来看,体育教师不仅在每天的日常训练中陪体育特长生度过了早上、下午和晚上训练等日常生活时间,还陪着体育特长生度过了"冬练三九,夏练三伏"的加练。体育特长生和体育教师朝夕相处,经年累月之后,在他们眼中形成了比较稳定、全面的体育教师形象。

第二,从空间维度来看,体育教师不仅要带体育生进行不同类型的训练,还要带着体育特长生奔赴全国各地参加不同层次和水平的比赛,因此师生之间的相处不仅发生在学校的场域中, 可能还在全国各地甚至其他国家的赛场上、火车上等其他场域中留下了师生互动的珍贵剪影。这便使得体育特长生接触到的体育教师更加立体和多元,也更加真切、生动和饱满。

体育特长生反馈的体育教师形象更加真实, 这便使得对于某些问题的探讨能够更加生动地展现出体育教师的"全貌",进而对公共话语中的体育

---

① 刘良华:《教育叙事研究:是什么与怎么做》,《教育研究》,2007 年第 7 期。

教师形象有所补充。

表1　访谈对象具体信息

序号	性别	籍贯	学校	专项	访谈时长(分钟)	编号
1	女	北京	北京体育大学	田径	50	2021BJ001
2	男	北京	北京体育大学	足球	60	2021BJ002
3	女	福建	山东师范大学	田径	70	2021FJ001
4	男	贵州	北京体育大学	篮球	60	2021GZ001
5	男	河南	北京师范大学	篮球	50	2021HN001
6	男	吉林	北京体育大学	散打	60	2021JL001
7	男	江苏	北京师范大学	排球	90	2021JS001
8	男	内蒙古	北京体育大学	轮滑	30	2021NMG001
9	男	山东	北京体育大学	足球	40	2021SD002
10	男	山东	北京体育大学	空手道	50	2021SD003
11	女	山东	山东师范大学	体操	50	2021SD004
12	女	山东	山东师范大学	田径	50	2021SD001
13	男	四川	北京师范大学	网球	40	2021SC001
14	男	浙江	北京体育大学	游泳	60	2021ZJ001
15	男	浙江	浙江师范大学	篮球	40	2021ZJ002
16	男	辽宁	北京体育大学	田径	50	2021LN001

体育特长生通过其教育自传,一方面,深入描述了他们在受教育经历中所遇到的体育教师形象。另一方面,也进一步展望自身成为何种形象的体育教师的愿景。正是通过对体育生的教育自传分析和进一步地深入访谈,研究逐渐揭开笼罩在"污名化"下扁平化的体育教师形象背后的真实图像。当然,体育教师所展现出来的形象存在着一定的矛盾和冲突。无论是从发掘体育人才、训练、师生关系、考虑学生的未来等多个向度都展现出了不同的样态。我们从同一维度的不同类型体育教师出发,探讨其中蕴含的角色观念和展现的角色行为,以深入刻画体育教师生动丰满的角色形象。

三、当代体育教师的形象类型图式

(一)慧眼识珠的"伯乐"vs 以貌取人的"庸才"

对于体育特长生而言,体育教师既可能是慧眼识珠的"伯乐",也可能是以貌取人的"庸才"。这两类截然相反的体育教师形象是基于对体育教师展现出来的角色行为及进一步分析其背后隐含的角色观念之后概括和总结出来的,主要是讨论在挖掘体育人才的环节体育教师展现出来的形象特质。

表2　体育教师形象特质

角色形象	角色观念	角色行为
伯乐	见微知著	把有体育天赋的学生都引入体育的道路
	长期观察	多看几次尽可能把有天赋的学生都引入体育的道路
庸才	以点概面	根据自己所擅长的项目来选材
	一锤定音	根据学生一次的表现就下定论"这不是练体育的料"

优秀的体育教师之于体育生,就如伯乐之于千里马,被这些学生视为感恩一生的"贵人",比喻成大海航行中遇到的"海豚"。通过对学生自传和访谈内容的分析发现,体育教师在扮演慧眼识珠的"伯乐"时往往具有两种角色观念。

第一种是见微知著。相较于普通学生而言,体育生更容易展示出身体的天赋,有的是学生主动展露出的天赋,更多的是学生在无意识状态下展露出的。

> 在高二的一节体育课上,我遇见了我感谢一生的教练,这也是我人生的重要转折点。在体育课上,教练看我底子不错,就问我要不要去练体育。听了教练的话,我参加了体育测试,综合得分挺高。(2020TJ004)

在此过程中,体育教师扮演了"伯乐""领路人"的角色。而这样的"挖掘"

过程通常发生在"体育课""运动会""体测"等情境中。一方面说明体育教师总是能够从一些细枝末节中发现学生的特长和天赋；另一方面也说明体育教师也充分采用了广泛取材的方式，将所有可能具有体育天赋的学生都"收入囊中"。这种说不清道不明的"底子不错"可能是体育教师对学生身体素质、爆发力、协调性等方面综合考察后得出的判断。

第二种是长期观察，即体育老师基于多次反复观察的基础上慎重作出的决定"这孩子非常不错""这个孩子是练体育的料"。

我的高中体育教师从初一的时候就开始在比赛中关注我，刚好在初升高的时候，高中体育教师所在学校恰好需要我这样的运动员，所以我非常幸运地升入这所重点高中。（2021SD001）

通常这样的观察发生在类似于公开比赛等场域，学生充分地将自己的身体素质和运动表现毫无保留地展示出来。体育教师根据不同项目的特点及对学生身体条件的要求对学生进行挖掘和选拔，同时也会根据综合考虑学生在每次比赛中的成绩。

无论是见微知著还是长期观察，一方面都需要体育教师有一双"火眼金睛"，从众多学生中挑选出"体育苗子"；另一方面体育教师也会根据自己负责的项目特点及对学生身体条件的要求对学生进行挖掘和选拔。当然在挖掘过程中，体育教师也面临着很多阻力，纵然一个学生有很高的体育天赋，如果他有较好的学业成绩，体育教师就会面临来自班主任、学科教师以及家长的阻挠。毕竟，在世人眼中，体育特长生要花费更多的时间和精力在训练上，接受文化教育的时间就会"打折扣"，如果没有顺利通过体育升学，没有走上金字塔的"塔尖"，就会成为千千万万塔基中的一员，将来再难有好的出路，这也是当前制约竞技体育后备人才培养的重要因素。

与之相对的则是"庸才"般的体育教师，此类老师并不能充分挖掘学生的天赋，在此类体育教师之中主要有两种角色观念，即以点带面和一锤定音。前者意味着体育教师通常会以一个方面来判定学生是否具备体育运动方面的天赋或特长,一旦学生不具备,体育教师就会对其全盘否定,将其认定为"不是练体育的料",直接对学生说"以后别练体育了"(2021GZ001),这不仅会对学生的自信心带来毁灭性的打击,甚至会影响学生在未来参与体育运动的热情。后者与前者是紧密相连的,一旦体育教师发现学生不具备特定的体育天赋时,便会立刻作出决定不会再给学生第二次机会。

　　然而从不同的项群来看,快速力量性、耐力性、速度性、表现完美性、表现准确性、格斗对抗性、隔网对抗性等不同项群的项目对学生的身体素质和要求有所差异,不能"一刀切",不仅对学生未来的发展产生极大影响,也大大缩小了国家体育人才的选拔范围。从发展性的观点来看,虽然体育天赋的展露能够吸引体育教师的目光,但体育老师也不能忽略体育技能的发展性,有的学生随着训练的增加,运动机能也会逐步提高,例如一个学生说道:

　　　　虽然最开始我的田径成绩很差,我每天坚持六点半就到操场训练,第一次体测我和别的队友差不多,第二次我就比他们好很多,第三次他们跟我差了一大截,最后我成了我们学校最好的体育苗子。(2021GZ001)

　　由此可见,最开始尚未在体育老师眼中脱颖而出的学生后期也可能经过训练成为"体育的苗子"。据相关研究显示,1984年洛杉矶奥运会以来,我国奥运冠军夺冠年龄范围主要集中在15~30岁,其中18~20岁、21~23岁、24~26岁3个年龄为高集中区,21~26岁占到了84.3%,在此之中快速力量性、耐力性和隔网对抗性项群奥运冠军成才周期集中在21~26岁,表现难美性项群奥运冠军夺冠年龄相对较小,主要集中在15~23岁。由此可以推断出,跳水、体操等对技术要求比较高的项目运动员成才周期相对较短,表现准确性、隔网对抗性和格斗对抗性项群的运动员成才周期相对较长。[①]正是由于不同

──────────

① 杨国庆、彭国强、刘红建、胡海旭、毕晓婷、刘叶郁:《中国奥运冠军成长规律与时代启示》,《体育科学》,2021年第5期。

项目的成才周期不同,对学生的身体发展条件也有不同要求,通过特定的训练计划和周期,他们的运动表现也会有所差异。另一方面,从学生的个人发展来看,有的学生显露体育天赋较早,有的显露较晚,因此也不能"一刀切",断然将尚未展示出体育天赋和特长的学生"拒之门外"。

(二)"科学训练师"VS"三从一大"曲解者

众所周知,要想在体育运动上有所成就,除了天赋外,还需要科学系统的训练。对于体育特长生而言,训练是掌握运动技能、提升竞技水平和成绩的重要环节,而其中体育教师扮演着极其重要的角色,既有"科学训练师",也有"三从一大"的曲解者。

表3　"科学训练师"和"三从一大"曲解者的行为区分

角色形象	角色观念	角色行为
科学训练师	因材施教	根据不同学生的特点和水平调整训练内容和性格特点有所侧重
	因时而变	不同的阶段应该调整训练方式和策略
"三从一大"曲解者	"三从一大"	让学生拼命练、使劲练、往死了练
	一成不变	数十年如一日地坚持曲解了的"三从一大"

通过对学生的自传和访谈记录进行分析后,我们发现,以"科学训练师"形象出现的体育教师一般秉持着因材施教和因时而变两种角色观念。他们会根据学生自身的条件、水平、运动基础制定训练计划。有一个学生在访谈中谈道:

虽然自己的身高比较高,但是我的身体素质跟不上,老师就让我们每次训练前绕着田径场跑10圈,接着再做静蹲3分钟,如果中途停了一次就重来。那个时候老师让全队所有人陪着我一起做,不仅锻炼了我的意志还磨炼了全体的团队意识。(2021JS001)

因材施教是教育中最常提及的一个原则和方法,但是当面对较大班额时很难真正实现,同样在体育教师针对所有学生的训练计划也并不能做到完完全全地个人定制,而是结合每个学生的特点在柔韧性、协调性、速度、力量和肌肉群等不同内容的训练上有所侧重。除此之外,对于学生的心理辅导和压力缓解也会根据学生的性格作出一定的调整。因时而变是指根据不同阶段的训练成效以及备赛情况适时调整训练计划,比如为了帮助学生备战体育测试,体育教师专门制订训练方案和计划,基于前期的基础,最大程度地提高学生的成绩。

> 本来之前一直都是练篮球的,在学校篮球队,但是为了准备体育高考的选拔,体育老师专门找了体育组长来带我训练。这个老师在指导四项(100m、800m、铅球、立定跳远)时简明扼要、指出关键点,我的提升特别快。(2021ZJ001)

因时而变尤其考验体育教师的审时度势,是否能够准确判断学生的身体状况、比赛状态和训练状况等是体育教师能够根据特定阶段的重点任务调整训练计划的前提和基础。此外,体育教师还需时刻关注各省份、各大学体育招生考试政策的变化,这样才能为学生备考提供有针对性的指导。

与此对应的是"三从一大"的曲解者,这样的体育老师通常具有"三从一大"和一成不变的角色观念。"三从一大"训练原则是我国优秀运动队对多年训练实践进行摸索和总结的结果,甚至有学者将其定义为我国竞技体育的制胜法宝,[1]将其视为指导我国奥运冠军成才的重要"法宝",奥运冠军的成才得益于具有中国特色的"三从一大"训练原则,即坚持从难、从严、从实战出发训练参赛、大运动量。[2]这便要求体育教师充分理解"三从一大"背后所指代的

---

① 杨雪红、刘曼:《重议"三从一大"训练思想的现实意义与践行价值——由 2014 世界杯引发的思考》,《体育科学研究》,2014 年第 6 期。

② 杨国庆、彭国强、刘红建、胡海旭、毕晓婷、刘叶郁:《中国奥运冠军成长规律与时代启示》,《体育科学》,2021 年第 5 期。

科学性和辩证关系,然而事实上很多体育老师大多从经验出发,只会让学生拼命练、使劲练、往死了练。

> 体育老师还是采用老一套的方式,就是"三从一大",那段时间特别怕受伤,每次练完之后脚踝就会疼,髋关节也会痛,我后来想应该是错误的动作加上大运动量导致的。(2021JL001)

如果一味地追求大运动量、高强度,这样容易导致学生对运动的厌倦、疲劳甚至是受伤,从而减少运动员的寿命。一成不变与"三从一大"既有相似又有不同。也就是说,在体育教师眼中形成了坚定贯彻"三从一大"这样的观念,然而从某种意义上来说是曲解了"三从一大"科学原则,因此相当于是"在错误的道路上越走越远",比如有个学生在访谈时讲道:

> 我自己的体育成绩特别差,老师让我干吗我就干吗,什么训练方法都没有,我苦练了一年后自己的成绩没有任何进步。(2021NMG001)

换言之,过度地强调大运动量的训练,忽视了正确的方法和技术,难以真正实现成绩的提升,甚至还会挫伤学生的积极性。如若不能科学合理地运用"三从一大",大运动量训练常给运动员带来疲劳损伤。①并且,青少年在生长发育过程中由于生长软骨和生长软组织的独特脆弱性,使青少年运动员比成年运动员更容易受到重复性的压力损伤。在学生成长发展的关键阶段,体育教师更应该尽量避免处于青春期的学生进行大负荷的运动训练,以免造成骨相关损伤。②

---

① 刘健、李勇:《大运动量训练后骨运动疲劳的初步研究》,《南京体育学院学报》(自然科学版),2012年第1期。

② 焦延慈:《青少年运动员损伤风险因素及预防策略分析》,《青少年体育》,2021年第5期。

（三）真诚相待的良师益友 vs 水火不容的"管教者"

师生关系不仅作为校园生活中最基本的人际关系，直接影响着师生未来的发展和学校的教学质量[1]，还对于师生的身心健康有着非常重要的影响。随着现代社会工具理性主义兴起，一般意义上的师生关系在工具理性的控制下呈现出知识化、对象化和工具化的倾向。这便使得师生关系在教学活动中，逐渐缩化为简单的传授关系，师生之间的关系仅停留在表面的、冰冷的知识传授中。教师和学生在控制与被控制的场域中互相"较劲"，师生间缺乏深层次的情感交流、灵魂对话。[2]在体育教师和学生的交往中，主要有两类角色，分别是良师益友和管教者，这是具有冲突性和对立面的两种角色形象。

表4　良师益友与"管孝者"的区分

角色形象	角色观念	角色行为
良师益友	严慈相济	对待学生既有严厉的一面，又有温柔慈祥的一面
	面面俱到	不管是体育，还是学习，但凡和学生相关的都要管一管
"管教者"	恶语相向	不管不顾，想骂就骂
	棍棒相加	不听话，想打就打

通过对自传和访谈记录的分析，发现作为良师益友的体育教师通常具有严慈相济、面面俱到的角色观念。前者主要描述的是在师生交往过程中体育教师既有严厉的一面，也有慈祥和蔼的一面。

如果他们发现我偷懒，就会招呼我一顿"打"和罚跑。（2018TJ003）

我从小很皮，算是那种"三天不打上房揭瓦"的那种，所以在训练中，我也经常和我的队友嘻嘻哈哈，那时我们的教练非常严厉，所以我们几

---

① 陈亮、党晶：《中小学师生交往关系的失真与重塑》，《课程·教材·教法》，2018 年第 6 期。

② 于宗助、朱成科：《中小学师生关系的危机与化解》，《教学与管理》，2016 年第 34 期。

个人也经常被他惩罚。（2018TJ001）

当然在此过程中，体育教师也会根据不同学生的表现有针对性地对待，当面对调皮捣蛋、好动的、性格大大咧咧的男孩子，体育教师更可能会采取简单粗暴的严厉措施让学生尽快进入训练状态；当面对比较内向、乖巧的孩子，体育教师的态度和对待的方式也会有所调整。在此情景中，体育教师的严厉对待都是以损害学生心理健康为前提的。

> 后来伤病开始侵袭我们，最严重的时候，膝盖、脚踝、肩膀、腰，没有一个地方是不疼的，在这样的日子里，我的教练成为我们唯一的港口，唯一的依靠，他站在风口浪尖为我们遮风挡雨，一次次安慰和鼓励抚平了我们受伤的心灵。（2018TJ002）

前者是指当面对非常顽皮的学生，体育教师会比较严厉，以保证教学秩序，也是为了让学生能够静下心来专心学习和训练。同时，当学生遇到困难的时候，体育教师又成了学生的港湾和依靠。我们可以发现体育生在描述体育教师带来的温暖时的文字非常细腻，一方面也是对"头脑简单，四肢发达"体育人形象的补充；另一方面，当体育生在回忆与体育教师交往的点点滴滴时内心也变得温柔了。

后者则涉及体育教师与学生交往，无论是在自传还是访谈中学生都表示体育教师关心和照顾涉及学生的生活、学习、体育运动等。一方面，体育教师带体育生训练，涉及日常训练、集中训练、拉练等多种形式的训练，大到带出去参加不同层次和水平的比赛，小到生活饮食都在体育教师的关注范围。

> 我们大多都住校，老师会自己掏钱买牛肉、营养品来给我们补身体；如果中午训练晚了，食堂关了，老师会给我们买午餐；以及我们外出进行野外越野训练，拉体能，往返费用都是老师出，学校也不给报销。

（2021SD002）

另一方面,体育生想要升学主要有三种途径分别是体育统招①、体育单招②和体育特招(高水平运动队招生)③,这三类升学方式都对体育生的文化课成绩都有一定的要求。此外,在最新出台的《关于进一步完善和规范高校高水平运动队考试招生工作的指导意见》中指出,2024 年起,招收高水平运动队的世界一流大学建设高校,对考生的高考成绩要求须达到生源省份本科录取最低控制分数线,其他高校须达到最低控制分数线的 80%。④这足见对体育生的文化成绩提出了更高的要求,体育老师对学生的关注也体现在此,不仅要求学生的体育成绩名列前茅,文化成绩也要不断提升。

> 他们比学科老师都关心我的学习,每次考试后他们都要过问我的成绩和排名。(2018TJ003)
> 他会一边管我们的体育成绩,一边管我们的文化成绩,高二的时候如果没有达到特定的文化成绩,他就不让我们参加训练,直到文化成绩达标之后才重新加入。(2021SC001)。

对于学生学习成绩的关注不仅是和学生的未来发展及升学密切相关,还能够拉近体育教师和学生家长之间的关系,甚至可以结成"亲密盟友"共同促进学生发展。

---

① 体育统招:由教育部主管,通过统一高考的文化成绩+各省市考试院组织的体育考试成绩进行综合计算,无运动员等级要求。

② 体育单招:由科教司主管,通过各省市组织的当地考试文化课成绩(不参加统一高考)+科教司组织全国统考和分区统考的体育成绩综合计算,需要国家二级运动员及以上。

③ 体育特招:由教育部主管,通过统一高考的文化课成绩(不低于本省第二批录取控制分数线65%)+由国家体育总局或高校组织的体育考试成绩综合计算,需要国家二级运动员及以上。

④ 中华人民共和国教育部:《教育部 国家体育总局 关于进一步完善和规范高校高水平运动队考试招生工作的指导意见 2021 年 9 月 24 日,http://www.moe.gov.cn/srcsite/A15/moe_776/s3108/202109/t20210923_566097.html.

与之相对的则是"管教者",师生之间水火不容。在此角色形象之下,也有两种角色信念,分别是恶语相向和棍棒相加。这二者主要的区别在于对待方式不同,前者是言语,比如辱骂学生、恶语攻击学生等。

我们可以发现,言语和肢体冲突给学生的身体和心理均带来了极大的影响,甚至会让学生丧失对学校体育以及学校教育的信心,直至会走上辍学的道路。前文中扮演着良师益友的体育老师在某些时候也会对学生动手,而在此处的教师打学生和前文中的动机、行为以及产生的结果均截然相反。无论是恶语相向式地辱骂学生,还是棍棒相加地殴打学生,都是师生关系的异化,学生不断被物化,学生主体地位缺失,师生间不存在交往关系,而是简单的"上下级"关系。①

(四)"人生规划师" VS"利己主义者"

如果前三类体育教师分别是在学生进入体育这条路、训练学生以及师生相处等方面不同的体育教师扮演了特征鲜明的角色形象。那么在此处,则是体育教师如何看待学生的未来和人生。不同的角色观念形成了两类截然不同的角色形象,分别是"人生规划师"和利己主义者。

表5　人生规划师和利己主义者的区分

角色形象	角色观念	角色行为
人生规划师	关注升学	练体育是学生升学的重要途径
	尊重学生	充分尊重学生的意愿和选择
利己主义者	关注比赛成绩	什么都没有比赛成绩重要
	以我为主	学生都是我带出来的,不得为我所用

当体育教师扮演"人生规划师"的角色形象时,主要展现的是关注升学和尊重学生的角色观念。作为"人生规划师"的体育教师好比学生人生路上的引路人和指引者,上述两种角色观念是相辅相成的、协调统一的。首先,体育

---

① 陈亮、党晶:《中小学师生交往关系的失真与重塑》,《课程·教材·教法》,2018 年第 6 期。

教师关心学生未来的升学,希望学生未来有一个更好的发展。有的体育老师不仅指导学生将体育作为升学的路径,还有很多体育老师让学生了解到体育的最高学府,告诉他们体育升学可以通向何方。

> 初三时,体育老师发现我在体育方面还不错,单独找我聊,让我走体育生的路子去考比较好的高中, 然后在那个高中好好学习争取考个好大学。(2018TJ006)

> 高二暑期集训结束的那个测试完的晚上,我被体育老师约谈,就此我了解到了北京体育大学, 这所体育最高学府, 成了我的最终目标。(2018TJ002)

很多学生都表示将借助体育统招、体育单招以及体育特招作为体育升学的途径,借此进入好大学就读。其次,体育教师充分尊重学生的意愿,一切以学生为重。针对特定体育升学的方式,有的省份可以让学生选择考试的项目和内容,因此体育教师就会和学生商量所报项目类型。还有的学生之前是学校篮球队的, 体育老师为了帮助其准备体育四项考试特地给他找了擅长训练四项的教练。从一定程度上来说,对于体育特长生的未来有相对清晰的设想、描绘和规划,不仅能够在学生"上手"练习体育时就种下大学这颗梦想的种子,还能够细致地为孩子们的未来考虑,打消学生及其父母的疑虑甚至争取更多的支持。有一位同学在回顾这段往事时谈道:

> 虽然老师建议我报200米,之前也练这个专项,但是我知道自己的状态,虽然也明白老师的考虑,200米可能更稳妥,但不能拿到满分,所以最后综合考虑之后我选择了排球专项。(2021SD001)

从一定程度上来说,尊重学生的意见也是民主型师生关系的一种体现,体育教师不仅充分尊重学生专项选择的意愿, 更是尊重学生未来选择就读大学的意愿,即使从教师的角度来说这并不是学生最好的选择,但也全力支持和鼓励学生。

当体育教师为利己主义者时,其中蕴含的是关注比赛成绩和以我为主的角色观念,二者同样也是一致的,正是由于体育教师以我为主,才会过度关注学生的比赛成绩,而非学生本身。在此之下,学生的主体性便悄然地丧失,沦为了教师攫取个人利益的工具和附属品。前者是表象,正是由于会根据学生的体育成绩、考上重点大学的人数以及所带队伍在各种比赛中取得的成绩来奖励和评价体育教师的,体育教师才会过多地关注个人的利益。

> 一些体育老师"只顾眼前利益,不顾学生的长期发展,特别是带篮球队的教师,他决定了哪些人可以上场比赛,所有的一切都是为了能够在比赛中拿到好的名次。"(2021ZJ001)

在这样的角色观念下,往往会采取严格的大量训练,甚至可能伴随着的"体罚",学生非常容易受伤。正如前文所述,不得要领、没有遵循科学规律的大规模训练会极大地损伤学生正处于发展期的身体,还会对学生心理造成极大的伤害。

> 当时我们在全国都是最严的,一天两练,6点到操场,一旦迟到,老师就不让训练,当时的训练强度和压力都非常大,两个小时都不让我们喝水,动不动就是"惩罚"。(2021HN001)

除了伴随着"往死了练、拼命练和使劲练"外,还可能会伴随着师生之间的言语及肢体冲突,这样的体育教师根本不管学生的死活,学生的内心甚至已经发生了一定程度的扭曲,如果体育老师不惩罚自己,便表明老师不管自己,被老师打骂反倒让学生觉得很"安心"。不仅如此,由于高中的一些体育教师与本地的大学有着较好的输送关系,所以在考虑学生的未来时,有的老师会要求学生留在本省的大学就读,达成高中体育教师和大学的合作。在这个过程中,对于可以有更好选择的学生来说失去的可能不仅是一次上更好大学的机会,还可能是更美好的未来和人生。这样看来,从某种程度上来说,学生被异化为"商品",部分体育教师被异化为"生产者"。①

四、体育教师角色形象的再讨论

"角色"是由美国社会学家乔治·米德(Geerge Mead)从戏剧中借用来分析社会情境中的个人行为方式。随着"角色"在社会生活和研究领域的广泛使用,诸多学者提出了"角色理论"的研究框架。其中兰德尔·舒勤(Randall Schuler)等认为角色理论是一个将组织属性和个人相关联的概念框架,用来探索组织内个人的态度和观念。②玛丽·康威(Marry Conway)认为角色理论是一系列概念和假设的集合,用来预测个人在给定角色下的行动表现,或者预测给定行为会在何种情境下发生。③而米塞尔·亨丁(Micelle Hindin)则认为角色理论是用来解释占有特定社会地位的个人如何被期望或者他人承担某些特定行为的。④我们可以发现对于角色理论的探讨往往都不能离开组织、期望、情境等概念和内容。在本研究中,体育教师角色形象的构建与角色期望、角色规范、角色执行者自身的个人因素和所处组织环境密切相关,在此基础上,角色执行者具备特定的角色观念以及展示对应的角色行为。综合研判之下,优秀的体育教师和拙劣的体育教师分别表现出不同的角色形象。

---

① 陈亮、党晶:《中小学师生交往关系的失真与重塑》,《课程·教材·教法》,2018 年第 6 期。

② SCHULER R S, ALDAG R J, BRIEF A P.Role Conflict and Ambiguity:A Scale Analysis.*Organizational Behavior and Human Performance*,1977(1):111–128.

③ CONWAY M E.*Theoretical Approaches to the Study of Roles*/ In HARDY M E & CONWAY M E (Eds.)Role Theory:Perspectives for Health Professionals.California:Appletion and Lange,1988:63–72.

④ Hindin M L.*Role Theory*/ In RITZER G (Eds).The Blackwell Encyclopedia of Sociology.Oxford,YK:Blackwell Publishing,2007:3959–3962.

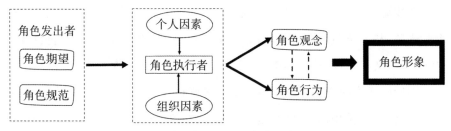

图1　体育教师角色形象的形成路径

"角色期望"是角色的首要因素,在组织情境下,角色可以被认为是对某一特定地位占有者的一系列期望,具体表现为规范、信仰和偏好等。①角色期望大多是从社会公众的视角出发,比如体育教师应该具备整洁得体的衣着、健康优美的动作等外部特征;还应该有一颗热爱学生的心,有丰富的知识、充沛的精力和热情以及多变的教学方法等内部特征。恰如当前在教育强国、体育强国等重大国家发展战略之下,体育教师扮演着越来越重要的角色,尤其是在 2021 年 7 月 24 日中共中央办公厅和国务院办公厅联合发布《关于进一步减轻义务教育阶段学生作业负担和校外培训负担的意见》②后,体育教师成为学校课后服务的主要承担者,体育成为炙手可热的重要科目。那么,在此背景之下,体育教师相应地又该具备何种知识、素质以及能力才能够满足社会对其的角色期望呢?

而角色规范则是国家及地方政府颁发的关于特定行动主体的规范与标准,对于体育教师而言,北京市教委于 2018 年出台了《北京市中小学体育教师专业标准(试行)》和《北京市中小学体育与健康教学质量基本标准(试行)》,其中强调《专业标准》是中小学开展体育教育教学行为的基本规范,是引领中小学体育教师发展的基本准则,具体包括专业理念与师德、专业知识

---

① VAN SELL M,BRIEF A P,SCHULER R S.Role Conflict and Role Ambiguity:Integration of the Literature and Directions for Future Research.*Human Relations*,1981(1):43–71.

② 中华人民共和国教育部:《中共中央办公厅 国务院办公厅印发〈关于进一步减轻义务教育阶段学生作业负担和校外培训负担的意见〉》,2021 年 7 月 24 日,http://www.moe.gov.cn/jyb_xxgk/moe_1777/moe_1778/202107/t20210724_546576.html.

与运动技能、专业能力与运用等方面。①这是最为直接的与体育教师相关的标准和规范，从上位概念来说，体育教师还应该遵循《中华人民共和国教育法》《中华人民共和国教师法》等相关法律法规中对于教师的规范和要求。

即使在面临同样的角色期望和角色规范时，"角色执行者"也会由于个人层面和组织层面的因素，可能会表现出不同的角色行为及形成不同的角色观念。其中个人层面的因素包括性格、个人成长经历、受教育经历、专业发展等；组织层面的因素包括组织氛围、激励政策、发展阶段等。此外，角色观念和角色行为二者之间也会相互影响。在本研究中，体育教师们作为"角色执行者"也会由于个人层面和组织层面的因素形成不同的角色观念。例如，在挖掘体育人才这个环节，慧眼识珠的伯乐见微知著、长期观察，以貌取人的"庸才"以点概面和一锤定音。在此基础和前提下，体育教师通常也会表现出不同的角色行为。

在分析体育教师的角色观念和角色行为的基础上，进一步概括和总结出体育教师的角色形象。研究发现，优秀的体育教师分别在学生进入体育这条路、训练学生、师生相处、为学生未来的打算等方面分别扮演了慧眼识珠的"伯乐"、科学训练师、良师益友以及人生规划师；拙劣的体育教师通常是以貌取人的"庸才"、"三从一大"的曲解者、水火不容的"管教者"、利己主义者。

---

① 北京市人民政府：《北京市教育委员会关于印发〈北京市中小学体育教师专业标准（试行）〉和〈北京市中小学体育与健康教学质量基本标准（试行）〉》的通知，2018年1月8日，http://www.bei-jing.gov.cn/zhengce/gfxwj/201905/t20190522_60837.html。

公费师范生乡土情怀培养的路径研究

孙逸达　王路遥　柳海荣

河北民族师范学院教师教育学院

摘要:随着河北省乡村教师定向培养计划的出台,乡村定向师范生将成为乡村教师队伍的后备力量。小学教育公费师范生的培养过程中将贯彻UGS协同育人的教育观念,重视职前与职后培养。由于乡镇地区生活经济条件的相对不足,要想留住人才,在人才培养中加入乡土情怀作为教育情怀的重要组成部分,显得尤为重要。调查访谈结果显示,乡镇地区一线教育工作者认为乡土情怀在人才培养中很有必要,应多增加学生在校期间去乡村学校的实践机会,丰富实践内容,并在实践中承担一定的组织宣讲工作。

一、引言

为了落实教育部"乡村教师支持计划",河北省出台了《河北省乡村教师支持计划(2015—2020年)实施办法》,每年定向培养乡村教师,即公费师范生。"乡村教师支持计划"政策的出台是国家进行教育扶贫、乡村振兴的重要举措,在之前的"乡村教师支持计划"实施过程中,全国各地都存在人与物的多重困难。在近年来政府、学校等多方的共同努力之下,部分情况有所好转,但还是存在招生时宣传不到位,毕业后走上工作岗位经济待遇不高、个人发展阻碍多等问题。①这些现实问题在公费师范生的培养中直接或间接地发挥着消极作用。在解决这一系列外部困难的同时，许多研究者提出，对于公费师范生自身素质这一主观因素也应给予足够的关注。教师队伍建设的核心与关键仍是教师素质，新时代背景下，对于师范生的价值导向也应从提倡甘于奉献转变到强调热爱乡村、充满活力，增加对乡村教师职业认同、乡土依存的关注。②针对这一发展趋势，如何有效提高公费师范生的乡土情怀才是问题的关键。

二、研究对象与研究工具

（一）研究对象

本研究主要采用结构式访谈对承德市隆化县隆化镇、布谷沟镇、郭家屯镇、张吉营镇、蓝旗镇 5 个学区乡镇小学的管理层教师进行了访谈。每个学区抽选两人，共回收调查结果 10 份。

（二）研究工具

根据研究目的，自制了"公费师范生乡土情怀培养路径访谈提纲"其中包含乡土情怀的教育内容、乡土情怀培养形式、乡土情怀如何与本科教育结合、其他意见和建议四大类问题。访谈时在征求同意前提下录音，后整理为访谈报告。

---

① 付卫东、范先佐:《〈乡村教师支持计划〉实施的成效,问题及对策——基于中西部 6 省 12 县(区)120 余所农村中小学的调查》,2021 年第 1 期。
② 李兴洲、潘嘉欣:《党的十八大以来乡村教师队伍建设政策实施研究》,《教师发展研究》,2021 年第 3 期。

三、调查结果与问题分析

(一)调查结果

经过对录音记录的收集整理，公费师范生乡土情怀培养路径的访谈结果与分析如下：

1.培养小学教育专业公费师范生的乡土情怀是否有必要

在培养小学公费师范生想乡土情怀的必要性问题上，10位被访谈的教师均表示非常有必要。所有人几乎有着共识，如果一个乡村教师没有乡土情怀，很难扎根乡村，无法适应乡村工作环境，很可能会流失。

2.乡土情怀教育内容

在培养乡土情怀教育内容上应该包含内容上，访谈内容整理如下：

表1　您认为乡土情怀教育应包含哪些内容回答情况

序号	回答	要素概括
1	乡土教育是一种凝聚民族精神的教育方式。是对本乡本土的教育。讲的是人们能够亲身感受到身边的自然、人文、历史	乡土情感 乡土地理 乡土当代文化 乡土历史
2	首先应该有扎根农村的想法，要有热爱农村的思想教育	乡土情感
3	人对乡土的感觉具有归属感、熟悉感、亲切感、舒适感、价值感、责任感 乡土的时间：乡土感大多植根于幼年、少年、长期居住时的人生阶段，因此乡土显成长空间、生活空间 乡土的空间感：1、弹性空间：乡土空间感因年龄、生活经验、情境而异	乡土情感 乡土地理 乡土当代文化 乡土历史
4	国家有关乡村振兴的发展战略规划，乡土历史，乡土人文等	国家政策 乡土历史 乡土当代文化

序号	回答	要素概括
5	本地文化,英雄人物,风土人情,风俗习惯,历史故事,山川水流	乡土情感 乡土地理 乡土当代文化 乡土历史
6	自然方面:地形、地质、气候、水文、动植物、土壤 人文方面:建设、交通、经济、风俗习惯、歌谣等	乡土情感 乡土地理 乡土当代文化 乡土历史
7	首先应该有扎根农村的想法,要有热爱农村的思想教育	乡土情感
8	对家乡的热爱,对风土人情,民俗文化,重要景观的理解和认识	乡土情感 乡土地理 乡土当代文化
9	乡土情怀教育应该包括家乡风俗、人文、地理、风景、教育等内容,让孩子通过乡土情怀教育对家乡产生认同感,从而热爱自己所从事的教育事业	乡土情感 乡土地理 乡土当代文化 乡土历史
10	了解乡村的风土人情、自然景物、历史地理和社会人物等 了解乡村合理的文化习俗与艺术;了解乡村的礼治秩序、差序格局、无为政治等传统文化在现代的表现与变迁	乡土地理 乡土当代文化 乡土历史

在访谈结果中对于乡土情怀教育内容的观点,认为包含乡土情感方面有8人,包含乡土地理方面有7人,包含当代乡土文化的有8人,包含乡土历史的有7人,另有1人认为要包含国家政策。

3.乡土情怀教育形式

在学生乡土情怀培养形式问题中回答情况如下表。

表2　应通过什么形式培养学生乡土情怀回答情况

序号	回答	要素概括
1	通过课堂讲授、课外参观、实践的方式	理论教学 亲身实践
2	理论结合实践	理论教学 亲身实践
3	研发课程(学校)——课程学习和实践——课程研发+(学生)文化学习、社会实践、文化传承。	理论教学 亲身实践
4	学习与实践相结合,深入农村,深入实践,不要夸夸其谈,坐而论道。学学陶行知,实践出真知	理论教学 亲身实践
5	文化调查,社会实践	理论教学 亲身实践
6	进行实地调查、参与社会实践。	亲身实践
7	理论结合实践	理论教学 亲身实践
8	对家乡文化的学习,在乡村学校锻炼	理论教学 亲身实践
9	通过校园课堂讲解、社会实践感受、家乡民俗展演等形式进行	理论教学 亲身实践
10	应通过参加主题教育活动、相关讲座,增加实习和支教活动的形式培养学生的乡土情怀	理论教学 亲身实践

在乡土情怀教育形式上9人持理论教学与亲身实践结合的观点,1人认为乡土情怀应通过亲身实践的方式进行。理论学习的具体形式有课堂讲授、开发专门课、学术讲座等;实践形式具体有课外参观、实地调查、在乡村学校见习锻炼、支教等。

4.如何融入本科教育

在提问本问题之前,采访者提供本校人才培养方案作为背景资料,随后询问乡土情怀教育如何与本科教育阶段中的实习、实践内容相结合的问题,被访谈教师回答如下表。

表3 在校期间的实践方式与实践内容怎样与乡土情怀教育相结合回答情况

序号	回答	要素概括
1	学生在校期间可以通过相应学科例如小学的教法、美术、音乐或者校本课程对学生进行	乡土情怀教育结合本科课程
2	可以到乡土参与实地的教育,了解乡土教育的特点,设计自己的发展规划等	实地见习
3	学生首先在学校要做的是知识学习与积淀,学习乡土情怀教育的相关内容,例如上边谈到的各项内容,学习积淀之后是实践运用,例如让学生自己或团队做课程的研发,因为全科生是面向小学的教师培养,对于课程研发工作就要有所接触,研发的课程可以让学生在学校实习期间进行实践开展。当然对于课程研发学生也要有前期的培训学习	结合本科课程实地见习
4	首先,学校必须高度重视学生的乡土情怀教育。它是学生未来真正扎根乡村教育的思想基础;第二,学校必须深入乡村调研,根据乡村实际情况,确定有针对性的实践活动方案,活动要整体设计,统筹安排。活动以调研式、体验式等为主。第三,必须有足够的制度保障活动真正的实施。让活动目标落到实处。建立健全制度	实地见习实践活动
5	让学生走向社会,让乡土情怀走进学校。学生去社会调研	实地见习实践活动
6	可以到乡土参与实地的教育,了解乡土教育的特点,设计自己的发展规划等实地教育	实地见习职业规划
7	有计划的确定每学期以"乡土情怀"教育为主题的实践活动,在学生充分准备的前提下进行	实践活动
8	加强对学生乡土情怀的教育及师德的培养	未明确
9	学生在校期间的实践方式与实践内容可以尝试与介绍自己家乡的形式结合,如家乡风景、家乡特产、家乡民俗、家乡邻里等,开展诸如演讲、叙事、展演、故事会等形式,让实践与家乡结合、让教育与情怀结合	实践活动
10	学生在校期间应增加实习时间,使理论学习和实践经验均衡协调。尤其寒暑假期间,组织支教活动,有机会走进乡村,体会乡村教育和乡村儿童,帮助师范生更好地理解乡土社会,感受乡村教育最真实的一面。同时,通过带队教师的指导以及一线教师的点拨,提高其教学水平	实践活动

在 10 位访谈教师中,统计出来的乡土情怀教育与学生在校课程结合方式有:结合本科课程(2 人)、实地见习(5 人)、组织实践活动(5 人)、进行职业规划(1 人)等方式,其中最多被提及的方法是实地见习和组织实践活动,实地见习的目的是能够使学生快速了解当地的风土人情,组织各类实践活动的目的是增加学生在参与乡土情怀教育过程中的趣味性。另有老师提出,政府和学校应在制度上保证实践的开展与质量。

5.本土教师的教育角色

本次调研询问了被访谈教师可以以何种形式参与到公费师范生乡土情怀教育中,结果如下:

表4　以什么形式参与到师范生乡土情怀的教育与培养中回答情况

序号	回答	要素概括
1	课堂知识传授,带领学生实地考察、参观相应的团队组织	讲授 组织
2	这里导师的作用应该起主导作用。	组织
3	首先作为培养参与人自身要有对乡土情怀教育内容的了解与认知,对于课程研发工作也需要有丰富的经验和能力, 能够参与其中进行指导和评价,评价手段要科学合理	讲授 评价 指导
4	学校作为教育公费师范生的培养参与人,要关心支持教育公费师范生的培养工作。我们生活工作在基层,对师资需求情况有最深切的认识,因此,作为基层学校,可以为教育公费师范生的培养提供需求信息和人才培养方向的信息,还可以为教育公费师范生的培养提供实训基地	讲授 组织
5	帮助学生开拓社会实践途径,参与到乡土情怀的社会活动中,把乡土情怀载体引入到学生的培养计划当中	组织
6	把乡土情怀教育引入到培养计划之中	组织
7	这里导师的作用应该起主导作用	组织
8	搜集家乡文化,使自己融入家乡文化之中	讲授
9	利用与师范生见习、实习的接触机会,尽可能的宣讲家乡情怀教育,鼓励孩子回家乡任教,激发孩子学习归来、报答家乡的内在动力	讲授
10	①介绍当地乡村文化、学校基本情况;②引领师范生深层了解学校的各项规章制度与工作内容,主动转换角色;③派出优秀、经验丰富教师为师范生传授工作经验与教学方法,共同进步共同提高	讲授 组织

在访谈中,老师们表示自己可以在乡土情怀教育中负责讲授宣传本土文化(6人),另外还可以积极地组织学生进行各类教育实践活动(7人)。有一位老师表示还可以进行一定的教育评估工作。

6.对课程体系的建议

在课程体系方面,一半受访教师表示课程安排合理,另有一些教师表示,应尽量将学校教育与一线紧密结合,在课堂上呈现现实教育的真实情况。对于现有课程尽可能多融入优秀的民族、民间文化及优秀的民族先进事迹。

(二)问题分析

1.公费师范生乡土情怀教育环节不容忽视

所有被采访者均表示乡土情怀非常重要,没有乡土情怀的乡村教师在客观条件相对艰苦的落后地区无法长期工作。有学者发现,乡村教师经济收入并不是影响乡村教师留任的主要因素,职业认同、文化认同同样对乡村教师流动性有重要影响。[1]在国家已经对乡村教育有政策倾斜的前提下,乡村教师经济收入相对于县级已经有明显提升,这一定程度上消除了基层教育者的顾虑。但在国内城市化进程中,大量农村人口进入城市,"城市文化"与"乡村文化"的二元对立状态的竞争中,"城市文化"一直居于强势。导致年轻农村学生对自己的乡土文化产生不自信,背离乡土向往城市是大多数学生的真实想法。[2]从中学毕业到进入社会工作中间的正好处于高等教育学习阶段,所以在城市化的大学生活中如何树立"乡村文化"自信,增强公费师范生的乡土情怀显得尤为重要。

2.公费师范生在乡土情怀培养上存在优势

公费师范生为河北"乡村教师支持计划"定向培养的乡村教师,享受在校学习期间免除学费、免缴住宿费并补助生活费等优惠政策,毕业后定向服务

---

① 欧阳修俊:《中国乡村教师研究回顾与新时代发展取向》,《教师教育学报》,2021年第1期。

② 宋维毅、胡恒钊:《农村中学生乡土情怀培育:价值.现实困境和路径选择》,《中共济南市委党校学报》,2021年第11期。

6年。①此制度直接解决了学生未来选择乡村教师这一职业的大部分顾虑,同时也吸引了大量应届生报名,录取的公费师范生学籍大部分来自县乡地区,由于学生生于乡村,所以对于乡土情怀的培养有着先天优势。在校学习期间,学校在培养制度上每学期都设有教育见习与实习的机会,可以经常深入基层,不会让城市生活中的大学生与乡村文化完全脱节。毕业定向服务6年这项协议解决了在市场规律下,乡村教师流动性过高,没有充分时间培养乡土情怀的问题。

3.乡土情怀教育内容挖掘仍需深入

在对基层乡村教育工作者的访谈中,有关乡土情怀教育的内容可以总结概括为乡土情感、乡土历史、乡土地理与乡土文化。其中乡土情感是较为特殊的因素,乡土情感指的是对乡土熟悉的事物的相思眷恋之情。中国文化自古就有恋怀故土的情感,这种情感与乡土历史、乡土地理与乡土文化掌握的多少无关。这种情感的获得是因为乡土中的事物与本人成长经历有着密切的关系,个人对于这些事物的记忆伴随的正向情感便是乡土情感。其余三个方面为乡土历史、乡土地理与乡土文化,指的是要在时间空间维度上对乡土环境的全面认知。在这三个方面在实践中密不可分,历史、地理、人文相互影响、促进与发展。乡土情怀教育内容从调查上看十分丰富,但依照何种标准与理念对内容进行选择成为新的问题,另外,乡土情怀教育如何培养激发出可以克服困难、扎根乡村的乡土情怀,并不是通过简单的知识传授可以做到的,还需要更深入的挖掘。

4.乡土情怀培养途径丰富但资源不足

乡土情怀教育实行以实践为主,理论为辅的培养模式。被访谈者普遍认为只有实践才是最好的培养乡土情怀的方式。有受访者表示,学生在校期间应增加实习时间,使理论学习和实践经验均衡协调。尤其寒暑假期间,组织

①　《2019年河北民族师范学院小学教育公费师范生招生简章见》,2019年6月6日,https://www.hbun.edu.cn/info/1040/6676.html.

支教活动,走进乡村,体会乡村教育和乡村儿童,帮助师范生更好地理解乡土社会,感受乡村教育最真实的一面。同时,通过带队教师的指导及一线教师的点拨,提高其教学水平。还有的受访者表示,学生在校期间的实践方式与实践内容可以尝试与介绍自己家乡的形式结合,如家乡风景、家乡特产、家乡民俗、家乡邻里等,开展诸如演讲、叙事、展演、故事会等形式,让实践与家乡结合、让教育与情怀结合。增强实践无疑是培养乡土情怀的有效手段,但相关活动则需要相应的人力物力的投入。在本科教育现有培养模式下,要完成有些实践活动和内容仍有困难。

四、公费师范生乡土情怀教育路径的选择

(一)树立乡土文化自信,明确正确教育理念

在当下城市化社会背景下,留在乡村仿佛就是逆发展潮流的选择,对此在校园这种亚文化群体中要进行另一角度的宣传。用"乡村也有独特的风景与精彩"来对冲"大城市的繁华"。要积极及时宣传国家地方落实乡村振兴战略的优惠政策与成果,摘掉乡村落后、环境差、个人发展受限的标签。让投身乡村教育成为大学生就业时有竞争力的选择。

此外应重点培养学生的远大理想,并非在大城市才能实现个人价值,在乡村工作正是契合了国家发展战略。如要实现乡村基层发展会越来越好的目标与乡村教育进一步完善密不可分,个人事业与国家命运高度贴合的情景下才能实现自我价值。

(二)加强社会合作,完善乡土情怀教育内容

若单靠高校一方完成公费师范生乡土情怀教育,会有许多障碍无法克服。例如实践活动中实践内容的选择,实践地点的提供,乡土人文地理历史知识的收集等。为了更好地进行乡土情怀教育,要与乡镇政府、学校、各类民间组织等社会多方保持紧密合作才能保障乡土情怀教育的开展与实施。

乡土地理与乡土历史应紧密贴合当地历史沿革,在理论上可以聘请地方政府官员讲解地方县志。以当地物质文化与非物质文化作为突破口进行精细化的讲解。例如,承德市隆化县是著名战斗英雄董存瑞英勇献身的地方,少数民族占60%,是省级三个民族县之一,县内还有茅荆坝国家森林公园,张三营农业生态科技观光园等自然、人文景点,在乡土情怀教育中有多种多样的历史地理风光可以选择。在众多教育内容中结合学生审美与兴趣开展乡土情怀教育。此外,我校在本科教育中开设了非物质文化满族剪纸的课程,在乡土情怀教育中收到了很好的效果。

(三)丰富实践活动,亲身感受风土人情

在本科教育中,高校本身也提供多种多样的社会实践的机会,如学生的寒暑假实践活动,志愿者活动,团日活动,校内社团活动等,在乡土情怀教育中结合现有活动体系是最经济可行的办法。在重视校级组织活动的同时,也要充分发挥学生个人的主观能动性,可以在课程中或课余时间鼓励学生自发地进行社会调研,从身边熟悉的人和事开始,自下而上地补充完善个人对家庭、故乡及地区乡村的认识,增强乡土情怀。

在高校每个学期的教育见习活动中,也可增加乡土情怀见习内容,与当地的乡村教师结组完成见习任务。一年两次的教育见习,在时间上具有长跨度性,充分合理科学地规划教育内容,学生可以由浅入深地增强乡土情怀。

(四)以人为本,关注学生个性

在进行乡土情怀教育时,还要考虑到学生个性问题。培养乡土情怀的根本目的是激发公费师范生乐于奉献,吃苦耐劳的亲社会行为,有研究显示具有乡土情怀的基层工作者更少出现职业倦怠。[①]所谓"将欲取之,必先予之",

---

① 李小山、童曦:《论乡土情怀与农村小学校长职业倦怠的关系》,《继续教育研究》,2018年第8期。

除了在物质条件上满足公费师范生，还要关注公费师范生本人的心理与生理健康。当代大学生自入学后在适应环境、人际交往、情绪管理、就业压力等较容易引发心理健康问题，①也有调查显示 9.23% 的当代大学生曾有重大心理创伤。②在心理健康不佳状态下，不利于亲社会行为的出现，乡村教师面对的教育现状一大特点是，由于乡村学生家长在家庭教育中的缺位，乡村学生会集中突出表现出一些复杂的教育问题。③这些问题说明了乡村教师工作环境要更为复杂。心理健康水平不佳的毕业生必将无法胜任工作。所以在校期间尊重学生个性，关注其心理健康，为乡土情怀教育提供保障。

（五）善于反思，完善乡土情怀教育评价制度

在公费师范生乡土情怀教育中，不可虎头蛇尾，在实施乡土情怀教育中经常忽视对教育结果的反思与评价。这样很多措施在学生落实中很可能会草草了事、应付检查，无法对乡土情怀教育产生认同。在本科教育中可以适当把乡土情怀教育纳入评价体系中，并由一线乡村教师进行评价。校方针对学生阶段表现对学生个人进行督促，或对教育模式进行改良。

五、结语

党的二十大召开以来，各级政府都一直在加强乡村建设，乡村落后的面貌必将有所改观。乡村教育的稳步提升，将为美丽乡村提供人文保障。乡村教育正处于改革攻坚阶段，客观条件以肉眼可见的速度提升，突出的教育问题成为难点开始显现，在此情形之下正需要一批具有乡土情怀，具有先进教育理念的乡村教师去改变这一现状。去完成当下社会主义建设的关键一步。

---

① 穆骥飞：《当代大学生心理健康现状及应对措施》，《宿州教育学院学报》，2018 年第 6 期。
② 邓忠、陈蒂丝、陈越：《高职院校大学生心理健康现状分析与心理健康教育对策研究——以 H 学院为例》，《湖北函授大学学报》，2019 年第 12 期。
③ 王丹：《社会工作视角的农村留守儿童家庭教育问题探索》，《现代交际》，2021 年第 5 期。

后疫情时代远程教育的实践与挑战

——澳大利亚小学教学支持框架分析

顾函卿

澳大利亚墨尔本蒙纳士大学教育学院

摘要:新冠肺炎疫情的大流行使全球面临着前所未有的挑战。疫情在影响国家经济发展和人民生活的同时,也令教育系统面临着前所未有的挑战。世界上各个国家的教育部门都在寻求积极应对疫情期间学校教育变化的方式。疫情导致学校停课,远程教育方式应运而生。然而,小学学段与其他学段的教学目标有所不同,这使得澳大利亚小学远程教育面临着课程时间、课堂互动、教学实践等多方面的挑战。研究以在线安全教育最佳实践框架(BPF)为政策分析文本,探讨小学远程教育中教师的技能要求、教学策略和学生的学习体验,揭示阻碍目前实现有效教育实践的因素。同时,研究还将讨论不同教育背景下有效远程教育的条件。最后,研究将从多方面为后疫情时代发展小学数字化教育提出建设性建议。

关键词:远程教育;小学课程;教师教育学

一、研究概况

新冠肺炎疫情大流行导致世界各地的教育系统面临着"学校关闭"的独特情况。截至 2020 年 3 月底,来自全球 165 个国家的 15 亿多的学生(占世界学生人口的 87%)面临着学习中断的困境。①由于学校关闭,许多教师和学生不得不选择快速适应教育工具和学习方法的变化,即从传统的面对面教学转向远程教育。②

在澳大利亚,每个州和地区都经历了不同程度和时间长度的学校关闭。2020 年 5 月初,维多利亚州只有 3%的学龄儿童能够在校学习。③在这种情况下,寻找替代传统面对面课堂教学的教育方法成为学校教育迫在眉睫的重任。④事实上,澳大利亚从基础年级到十年级(F-10)的教育模式大致可以分为三种类型,即传统课堂教学、州际远程学习服务和独立家庭教育。⑤因此,远程教育在澳大利亚教育模式中并不是一个新兴的概念。当新冠肺炎疫情挑战整个澳大利亚教育体系时,"学校主导的远程教育"作为应对疫情时期的第四种教育模式被引入其中。⑥

2020 年,澳大利亚课程、评估和报告局(ACARA)为学校远程教育制定了"在线安全"(Online Safety)指南,以确保学生拥有健康安全的远程教育环境。在线学习安全根据澳大利亚课程(Australia Curriculum)要求的学段学习标准、学习领域和一般能力分为五个维度,即"价值观、权利和责任""福祉""尊重关系"和"数字媒体素养"和"信息和设备的认知和安全使用"。⑦然而该

---

① UNESCO.School closures caused by Coronavirus (COVID-19).Education:From disruption to recovery(2020a).https:en.unesco.org/covid19/educationresponse.Accessed 14 August 2020.

② Thomson,S.What PISA tells us about our preparedness for remote learning.Teacher(2020-04-20),https://www.teachermagazine.com.au/columnists/suethomson/what-pisa-tells-us-about-our-preparedness-for-remote-learning.

③ Annie,W.*Primary and secondary school closures in Victoria due to COVID-19*,Melbourne,Australia:Parliament of Victoria,2021.

④ Flack,C.B.,Walker,L.,Bickerstaff,A.,Earle,H.,& Margetts,C.*Educator perspectives on the impact of COVID-19 on teaching and learning in Australia and New Zealand*,elbourne,Australia:Pivot Professional Learning,2020.

⑤ Australian Curriculum,Assessment and Reporting Authority.*The Shape of the Australian Curriculum Version 2.0*,ACARA,2010.

⑥ Heffernan,A.,Magyar,B.,Bright,D.,& Longmuir,F.*The Impact of COVID-19 on Perceptions of Australian Schooling:Research Brief*,Australian:Monash University,2021.

⑦ Australian Curriculum,Assessment and Reporting Authority.Curriculum connections:Online safety (2020),https://www.australiancurriculum.edu.au/resources/curriculum-connections/portfolios/online-safety/.

指南仅在教育理念上给予了教师们理论支持,却并未对实际教学措施作出详细规划。为了支持澳大利亚各地的教育系统并提高课程质量,"在线安全教育最佳实践框架"(The Best Practice Framework for Online Safety Education)为澳大利亚全国的远程教育提供了具体指导。

(一)澳大利亚学校远程教育的现状和挑战

在 2020 年,澳大利亚联邦政府对澳大利亚中小学的学生、家长和学校在疫情期间的教育体验进行了调查。教育实践报告介绍了学校教育的经验、挑战和机遇,主要分为四个主题:教学质量、教育公平、技术支持和家庭支持。[1]

(二)教学质量

教师发现,远程教育增加了他们的工作量,尤其是课堂互动。[2]与传统课程相比,远程学习课堂中学生互动和反馈的数量和质量更难管理。教师们提出,因为远程学习课堂更类似于一个线上的社会环境,而这种"虚拟社会环境"造成了他们的管理困境。[3]与此同时,教师也报告了远程教育对提高教学质量的积极方面,包括激发创造性的教学方法和营造积极的学院伙伴关系。[4]因此,教师在设计远程教育课程时需要兼顾技能和知识教学,他们也需要教

---

[1] Cowden, G., Mitchell. P., & Taylor-Guy, P. *Remote learning. Rapid Literature Review*, Camberwell, Australia: Association of Independent Schools NSW & Australian Council for Educational Research, 2020; Ziebell, N. & Robertson, L. Reflections on teaching and learning during COVID-19 in Queensland independent schools (2021), Independent Schools Queensland, Brisbane, QLD, Australia. https://www.isq.qld.edu.au/media/ wx1drmwu/reflections-on-tandl-duringcovid-19.pdf.

[2] Ziebell, N., Acquaro, D., Pearn, C., & Seah W.T. The Australian education survey: Examining the impact of COVID-19 report summary(2020), Melbourne: Melbourne Graduate School of Education. https://education.unimelb.edu.au/__data/assets/pdf_file/0008/3413996/Australian-EducationSurvey.pdf.

[3] Ziebell, N., Acquaro, D., Pearn, C., & Seah W.T. The Australian education survey: Examining the impact of COVID-19 report summary(2020), Melbourne: Melbourne Graduate School of Education. https://education.unimelb.edu.au/__data/assets/pdf_file/0008/3413996/Australian-EducationSurvey.pdf.

[4] Ziebell, N., Acquaro, D., Pearn, C., & Seah W.T. The Australian education survey: Examining the impact of COVID-19 report summary (2020), Melbourne: Melbourne Graduate School of Education. https://education.unimelb.edu.au/__data/assets/pdf_file/0008/3413996/Australian-EducationSurvey.pdf.

育系统的支持来帮助他们进行有效的教学实践。[①]

(三)教育公平

根据澳大利亚政府的一项调查,不同背景的学生在疫情时期的教育经历大不相同。来自社会经济地位低的家庭的学生、以英语为第二语言的学生和有特殊教育需求的学生的学习成绩低于远程教育中的其他学生。[②]同时,克林顿(Clinton,J.)报告了土著居民和托雷斯海峡岛民儿童的学习困难。[③]因此,教师需要随时关注学生的需求,关注边缘化学生所面临的挑战,并努力支持他们回归到正常学习中。[④]

(四)技术支持

调查数据显示,可靠的互联网和数字设备可以帮助教师提高教育教学效率,创造有效的学习环境。[⑤]同时,教育目标和学习需求是学校使用远程教育技术优先考虑的事项。[⑥]教师应了解并开发基于适合其课堂教学的通用教育

---

① Cowden,G.,Mitchell.P.,& Taylor-Guy,P.*Remote learning.Rapid Literature Review*,Camberwell,Australia:Association of Independent Schools NSW & Australian Council for Educational Research,2020.

② Australian Government Department of Education,Skills and Employment(DESE).Education in remote and complex environments – Impact of the COVID-19 pandemic on home learning and teaching (2020),https://www.aph.gov.au/Parliamentary_Business/Committees/House/Employment_Education_and_Training/ RemoteEducation/Submissions.

③ Clinton,J.Supporting vulnerable children in the face of a pandemic:A paper prepared for the Australian Government Department of Education,Skills and Employment.Melbourne:Centre for Program Evaluation,Melbourne Graduate School of Education,The University of Melbourne(2020),https://www.dese.gov.au/covid-19/resources/professorjanet-clinton-centre-program-evaluation-melbourne-graduateschool-education.

④ Ziebell,N.& Robertson,L.Reflections on teaching and learning during COVID-19 in Queensland independent schools(2021),Independent Schools Queensland,Brisbane,QLD,Australia.https://www.isq.qld.edu.au/media/ wx1drmwu/reflections-on-tandl-duringcovid-19.pdf.

⑤ Ziebell,N.& Robertson,L.Reflections on teaching and learning during COVID-19 in Queensland independent schools(2021),Independent Schools Queensland,Brisbane,QLD,Australia.https://www.isq.qld.edu.au/media/ wx1drmwu/reflections-on-tandl-duringcovid-19.pdf.

⑥ Cowden,G.,Mitchell.P.,& Taylor-Guy,P.*Remote learning.Rapid Literature Review*,Camberwell,Australia:Association of Independent Schools NSW & Australian Council for Educational Research,2020.

技术的技术资源。因此,儿童的年龄和获得学习资源的方式是教师使用有针对性的远程学习技术的标准。如何根据儿童的年龄选择合适的远程教育平台和资源是教师组织有效远程课堂的基础。

(五)家庭支持

家庭资源和父母(或育儿师)的支持在远程学习中发挥着重要作用。[1]威尔士(Wills)和埃克斯利(Exley)报告了昆士兰独立学校(ISQ)建立的学校家长网络(C-H-A-N-G-E),调查显示远程学习有效促进了家校合作。[2]学生的远程学习需要在家里完成,学校需要为学生家庭提供一系列学习材料和实用线上学习指南。学校需要鼓励学生家庭成员对学校的远程线上教学给予积极支持,营造安全、和谐的专业家校合作关系。

二、研究方法

(一)理论框架

本研究使用马尔科姆-鲍德里奇国家质量奖(MBNQA)教育标准来分析澳大利亚的"在线安全教育最佳实践框架"(BPF)。马尔科姆-鲍德里奇国家质量奖(MBNQA)教育标准是从马尔科姆-鲍德里奇国家质量奖(MBNQA)模型延伸而来的,该模型用于提高公司的竞争力和生产率。[3]1999 年,马尔科姆-鲍德里奇国家质量奖(MBNQA)模式中的要素被美国教育部门进行了改

---

① Cowden,G.,Mitchell.P.,& Taylor-Guy,P.*Remote learning.Rapid Literature Review*,Camberwell,Australia:Association of Independent Schools NSW & Australian Council for Educational Research,2020.

② Willis,L-D.,& Exley,B.Engaging parents in their child's learning and wellbeing:Change,continuity and COVID-19 (2020),https://www.isq.qld.edu.au/ media/5ojng045/engaging_parents_issues_paper.pdf.

③ Sheila.,N.K.*Malcolm Baldrige National Quality Award Program*,In Organizational Improvement and Accountability(1st ed).RAND Corporation,2004,11-34.

造,以适应教育部门的质量测试标准。[1]"客户和市场"转变为"学生和市场",
"焦点"转变为"学生、利益相关者和市场焦点","人力资源焦点"转变为"教
师和员工焦点","业务成果"转变为"组织绩效成果"。

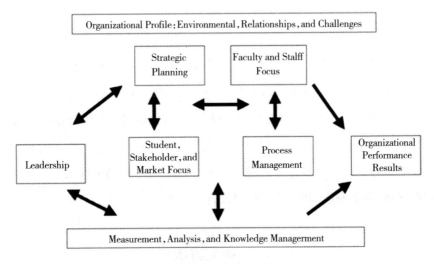

图1　波多里奇卓越绩效教育标准框架

(二)研究材料

这项研究的二级文献材料来源于评论或分析研究的期刊文章、教科书、
政策文件、政治评论和报纸社论/观点文章。

三、调查的结果

(一)"在线安全教育的最佳实践框架"

"在线安全教育最佳实践框架"(BPF)将现有政策和澳大利亚课程联系

---

① Sun, H.A systems research on quality management under the MBNQA framework, *Human Resource Management International Digest*, 20, (3), 1195–1211.

起来,以指导资源建设的实施。①该框架旨在协调项目提供者、学校领导和教育工作者设计、实施和审查澳大利亚的远程安全教育项目。该框架以政策和教育资源为基础,包括与第二阶段审查和修订后的具体实施计划相关的五个要素。框架元素如下图所示。

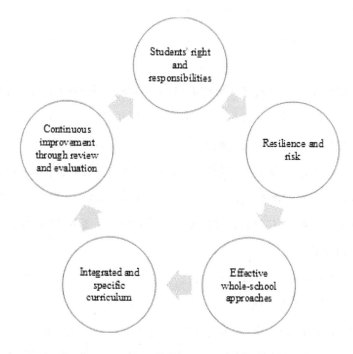

图2　在线安全教育最佳实践框架的要素

注:"在线安全教育最佳实践框架的要素",澳大利亚政府,2021 年。

(二)领导力:在线安全学习

教育领导和管理是一个应用领域,其中教育领导者的理念和行动取决于社会环境。②在学校实施远程教育意味着学校领导必须考虑网络安全,包括各

---

①　Australia Government.Best Practice Framework for Online Safety Education:Implementation guide (2021),https://www.esafety.gov.au/sites/default/files/2021-07/BPF%20-%20Implementation%20guide.pdf.

②　Bush,T.Editorial.Educational Management. *Administration & Leadership* ,2007,35,(1),5-8.

类网络环境的风险因素。①在线安全教育最佳实践框架(BPF)的第二个要素是"复原力和风险",这有助于学校领导带领教师建立一个安全可靠的远程学习社区。专家和利益攸关方为 BPF 的教育实施提供了建议。有人建议使用"风险"一词应当更加谨慎和明确,并非所有风险都会导致伤害,"风险"和"保护"可以共存。②因此,专家和利益相关者认为"积极引导"是"风险"环境中的一个关键策略。"保护"和"风险"这两个词意味着"韧性",适用于学校领导的行动。

根据在线安全教育最佳实践框架(BPF)的分析,儿童因使用和接触数字技术而面临不同的风险。教育工作者应意识到儿童在参与在线学习时可能遇到的潜在危害范围,主要包括长期使用电子产品对身体健康的不良影响、侵犯隐私和接触虚假新闻。③因此,在线安全教育应该致力于规避所有可能影响学生及其家庭的潜在风险因素。在线安全教育最佳实践框架(BPF)为教育领导者提供了四个方面的行动指南,包括从基础年级到 12 年级(F–12)的教学指导和教学资源。

第一,数字网络环境和在线教育技术的优势有利于学生和学校的教育创新和发展。例如,它们为学生提供了学习安全上网的知识、了解网络知识和锻炼数字技能的机会。第二,教育工作者需要了解不同类型的技术,以及平台使用模式的不同可能造成的不同潜在危害风险。例如,教育者需要对孩子强调在使用设备后注销账户的重要性。第三,教育者需要充分考虑学生的多样性。例如,为了满足不同文化、家庭背景和学习能力的儿童的不同需求,教师的教学需要包括使用与文化相关的例子和包容性语言。第四,教育工作者

---

① Heffernan, A., Magyar, B., Bright, D., & Longmuir, F. *The Impact of COVID-19 on Perceptions of Australian Schooling: Research Brief.* Australian: Monash University, 2021.

② Australia Government. Best Practice Framework for Online Safety Education (Stage 2): Expert Review and Stakeholder Consultation Report(2021), https://www.esafety.gov.au/sites/default/files/2021-07/BPF%20for%20Online%20Safety%20Edu%20Stage%202%20Report.pdf.

③ McCracken, H. Best Practices in Supporting Persistence of Distant Education Students through Integrated Web-Based Systems. *Journal of College Student Retention: Research*, Theory & Practice, 2008, 10, (1), 65-91.

需要增加远程教育学习机会,以提高学生的参与度。例如,学校提供各种各样的数字材料,收集学生的学习背景,设计多样化的学习活动。在线安全教育最佳实践框架(BPF)还开发了供学校使用的多样学习资源。小学(六年级)可用的在线学习软件资源包括"游戏开启"(Game on)、"在线做出选择"(Making choice online)和"失落的夏天"(Lost summer)等。

(三)战略规划与学生、利益相关者和市场焦点的联系

战略规划的发展及其有效性与学生、利益相关者和市场焦点密切相关并相互作用。[1]学生、家长和社区之间的专业伙伴关系在澳大利亚小学远程教育中至关重要。[2]安全教育最佳实践框架(BPF)特别强调学生作为远程学习者的权利和责任观的重要性。专家和利益攸关方都提出了儿童权利和责任之间的联系。利益相关者倾向于支持这些权利和责任是相辅相成的。框架附带的支持材料强调学生(儿童)对人际关系中责任的理解。同时,框架在增进学生福祉的基础上,为整个学校提出了有效的教育战略。

为了提高学校远程教育的有效性,学校需要采取家校合作的策略,即调动学生和学校社区每一个成员,包括教师、辅助人员、家长和照顾者,他们可以辅助学生的学习并建立起一个强大的联系网络。[3]在线安全教育指导应适合儿童的年龄和发展规律,教育策略的结构应注重每节课之间的连续性,教

---

① Badri,M.,Abdulla,S.,Hassan,A.,Khaled,G.,Elizabeth,E.,Younis,H.& Abdulla,M.The Baldrige Education Criteria for Performance Excellence Framework.*The International Journal of Quality & Reliability Management*,2006,23,(9),1118-1157.

② Flack,C.B.,Walker,L.,Bickerstaff,A.,Earle,H.,& Margetts,C.*Educator perspectives on the impact of COVID-19 on teaching and learning in Australia and New Zealand.*Melbourne,Australia:Pivot Professional Learning,2020.

③ Ziebell,N.& Robertson,L.Reflections on teaching and learning during COVID-19 in Queensland independent schools.(2021),Independent Schools Queensland,Brisbane,QLD,Australia.https://www.isq. qld.edu.au/media/;Willis,L-D.,& Exley,B.Engaging parents in their child's learning and wellbeing: Change,continuity and COVID-19 (2020),https://www.isq.qld.edu.au/ media/5ojng045/engaging_parents_issues_paper.pdf.

育者应具有明确的教学目标。①

　　根据框架(BPF)指导方针,教育工作者应设计能够调动学生学习兴趣的教学内容,选择与学生(儿童)年龄相关的主题。例如,教师可以设计包括游戏和(或)角色扮演活动的活动,以提高学生的学习兴趣、动机和参与度。同时,基于远程教育的性质,教师需要谨慎避免非互动活动,如单向、一次性的内容。同时,教师也需要意识到教学中可能会对学生造成情绪困扰的敏感问题。此外,学校教育工作者可以尝试与其他教育资源建立联系。例如,教师可以向家长和教育工作者提供一份远程课程介绍册,其中包括课程主题和要进行的课堂讨论。专家和服务提供商(网络安全提供商)的支持和服务也至关重要,这是学校教育资源的重要组成部分。

(四)教职员工关注流程管理

　　学校教育工作者的教育理念影响着学校远程教育的发展方向,学校教育策略实施过程中不同的教学反馈引导着学校教育工作者关注点的转移方向。②在开发框架(BPF)时,专家和利益攸关方确定了教育活动的四个相关发展领域,包括数字公民、社会和情感学习、风险和寻求帮助。澳大利亚课程、评估和报告局(ACARA)将"数字公民"定义为"接受并遵守网络行为规范,能够有效地使用数字技术,不滥用它对其他人造成不利影响"③。框架(BPF)简要地将此解释为"一个拥有数字技能和知识的人,能够有效地利用数字技术参与社会,与他人交流,创造和消费数字内容。""数字公民"成为澳大利亚远程教育的新元素。可以看出,社会和情感学习作为关键教育元素之一也再次被强调。

---

　　① Australian Curriculum, Assessment and Reporting Authority. Curriculum connections: Online safety (2020), https://www.australiancurriculum.edu.au/resources/curriculum-connections/portfolios/online-safety/.

　　② Sun, H. A systems research on quality management under the MBNQA framework. *Human Resource Management International Digest*, 20, (3), 1195-1211.

　　③ Australian Curriculum, Assessment and Reporting Authority. Curriculum connections: Online safety (2020), https://www.australiancurriculum.edu.au/resources/curriculum-connections/portfolios/online-safety/.

　　针对新的教学目标，澳大利亚课程、评估和报告局（ACARA）和框架（BPF）为澳大利亚课程学习领域的具体教育行动提供了指导。在基础年级到十二年级（F-12）课程计划中，教育者需要关注学生的数字（或媒体）素养和公民批判性思维的发展。学校的教学需要包括帮助学生在线上教育平台进行有效的交流互动，例如回复帖子和处理负面评论。此外，教师可以启发学生批判性地思考不同媒体发布的内容的可靠性和真实性。在线教学的交流风格也很重要。比如，老师需要基于相互尊重的原则，教学生如何进行在线交流，如何避免对他人语言上的潜在伤害。教师可以开发各种在线平台，专注于学生之间的有效沟通，丰富他们远程学习体验的多样性。小学（六年级）的在线学习软件资源包括"赛博马特挑战赛"（Cybermaert Challenge）和"对话启蒙者"（Conversation starters）。

（五）组织绩效结果

　　在学校教育中，各利益攸关方的观点有助于学校教育通过持续审查和评估加强或转变教育战略。[1]专家和利益攸关方建议，远程教育的审查和评估方法必须是包容的、可获得的和公平的。[2]在学校网络安全教育背景下，他们认为审查和评估的含义需要进一步澄清，教育实践和教育工具的实例是审查和评估的重要组成部分。学校需要收集学生远程学习的评估数据，教育工作者需要关注学生对活动的反馈，以提升教学内容的相关性。与此同时，教育者需要加强自身的线上安全（eSafety）的研究和专业学习，以确保能够跟上远程教育不断发展和革新的步伐。

---

　　[1]　Thomson，S.What PISA tells us about our preparedness for remote learning.Teacher（2020-04-20），https:// www.teachermagazine.com.au/columnists/suethomson/what-pisa-tells-us-about-our-preparedness-for-remote-learning.

　　[2]　Australia Government.Best Practice Framework for Online Safety Education：Implementation guide（2021），https://www.esafety.gov.au/sites/default/files/2021-07/BPF%20-%20Implementation%20guide.pdf.

四、混合学习在后疫情时代的适用性

在后疫情时代，已有的研究讨论了混合学习作为一种教学选择的适用性。①混合学习被描述为一种混合不同技术的学习方法。例如，在疫情期间，一些国家的学校选择将传统的面对面学习与在线学习相结合。②目前对教育形式的限制导致教育工作者重新审视将面对面和在线学习相结合的混合课程的好处。③来自澳大利亚的证据也表明，"混合学习对许多学生来说可能和课堂学习一样有效"④。例如，在昆士兰州，一个名为"eKids 框架"的混合学习框架在过去十年里为农村和偏远地区的学生提供了有效的教学支持。实践和报告表明，混合学习相比课堂或在线教学能够呈现更好的教育效果。⑤在新南威尔士州，混合学习方法也有一个长期的实践先例，它为新冠大流行后的教育方法变革提供了前瞻性建议。⑥因此，混合学习是一种教育技术应用，也是一种支持差异化学习的方法。这种学习模式促进了教学中的反思性实践，可以提高学生的学习成绩。然而混合学习模式仍然存在争议，特别是在

---

① McCracken,H.Best Practices in Supporting Persistence of Distant Education Students through Integrated Web-Based Systems.*Journal of College Student Retention:Research*,Theory & Practice,2008,10,(1),65-91.

② Dziuban,C.,Graham,C.R.,Moskal,P.D.,Norberg,A.,& Sicilia,N. (2018).Blended learning:the new normal and emerging technologies.*International Journal of Educational Technology in Higher Education*,15,(1),1-16.

③ Brown,N.,Te Riele,K.,Shelley,B.& Woodroffe,J.Learning at home during COVID-19:Effects on vulnerable young Australians.Independent Rapid Response Report.*Hobart:University of Tasmania,Peter Underwood Centre for Educational Attainment*,April 2020,1-76.

④ Brown,N.,Te Riele,K.,Shelley,B.& Woodroffe,J.Learning at home during COVID-19:Effects on vulnerable young Australians.Independent Rapid Response Report.*Hobart:University of Tasmania,Peter Underwood Centre for Educational Attainment*,April 2020,1-76.

⑤ Finkel,A.Differential learning outcomes for online versus in-class education ［A］.Rapid Research Information Forum Brief prepared for the Australian Government Department of Education,Skills and Employment.*Canberra:Australian Academy of Science*,2020.

⑥ Country Education Partnership.eKids Framework,（2014）.https://cep.org.au/wpcontent/uploads/2020/04/eKids-Framework-2014.docx.

小学教育中。①

拉希德(Rasheed)等人系统地回顾了实施混合学习在线部分的挑战,包括在混合式教学专业素养上的发展和对学生数字技术的持续培养。②一个关键的挑战是防止在线教学过程中的"学生孤立",教师应该帮助学生进行自我调节学习。技术挑战也被认为是混合学习实施的障碍。疫情时代的教育变革反映了对教师职业发展的需求,教育部门应制定相关的教育政策和机制,以保护教师的健康、福祉,并发展其领导力。③教师应该学习如何适应不断变化的世界,提高教师的数字教育能力是他们专业发展的一部分,这一点至关重要。④因此,教育系统应为教师提供适当的支持和专业学习机会,帮助教师开发有效的新时代数字技术教学法。

五、结论

新冠肺炎疫情迫使世界接受挑战并做出回应,教育系统也面临同样的变革性挑战。本文描述和分析了澳大利亚在疫情期间的远程教育政策,重点是小学教育(F-6 年级)。基于对澳大利亚远程教育的背景和挑战,马尔科姆-鲍德里奇国家质量奖教育标准被用于分析"在线安全教育的最佳实践框架"(BPF)。对二级文献材料的分析表明,框架从各利益攸关方的角度为澳大利亚远程教育的课程和评估提供了切实可行的建议。同时,为应对后疫情时代

---

① Dabrowski, A., Nietschke, Y., Taylor-Guy, P., & Chase, A.M.*Mitigating the Impacts of COVID-19 : Lessons from Australia in Remote Education.*Camberwell, Australia : Australian Council for Educational Research.2020.

② Rasheed, R.A., Kamsin, A., & Abdullah, N.A.Challenges in the online component of blended learning : A systematic review.*Computers & Education*, 2020, 144, 103701.

③ Alves, R., Lopes, T., & Precioso, J.Teachers' well-being in times of Covid-19 pandemic : factors that explain professional well-being.*IJERI : International Journal of Educational Research and Innovation*, 2020, (15), 203-217.

④ Redecker, C.European Framework for the Digital Competence of Educators : DigCompEdu.*Joint Research Centre(Seville site)*, 2017.

的变化,本文还提出了混合教育的可行性和教师培训的重要性。在远程学习阶段之后,学生和老师可能还需要面对一个调整阶段,教育可能会找到新的平衡。

小学英语师范生培养的个案研究

孟海蓉　赵笑梅

首都师范大学初等教育学院

摘要：教师专业性的不断提升对小学英语师范生的培养提出了更高的要求。本文首先介绍首都师范大学初等教育学院小学教育专业英语方向的本科培养方案，然后基于大量文献构建了小学英语教师知识框架，并以此为标准衡量小教英语方向课程设置的科学性和合理性。分析发现小教英语方向课程设置比较均衡，基本覆盖教师知识框架；个别内容有所缺失，教育学与学科知识需要进一步融合。

关键词：小学英语；师范生；本科培养方案；教师知识；课程设置

一、研究背景和意义

伴随着我国教师职业资格制度的推行，教师专业化发展提上议程。1997年，教育部提出将小学教育专业纳入普通高等教育的范畴，标志着本科学历小学教师培养的开始。目前的小学教育专业，定性在教育，定向在小学，定格在本科。然而本科层次小学教师的职前教育仍然处于探索阶段，理论与实践各方面有待发展和完善。[①]小学教师职业与大学、中学教师相比较，在许多方

---

① 王智秋：《培养本科学历小学教师的研究与实践》，《首都师范大学学报》，2000年第4期。

面都具有鲜明的专业特殊性。①小学教师的培养既不同于师范院校各个学科院系的教师教育,也不同于教科院的教师教育培养体系。

尤其是小学英语教师的培养,随着小学英语课程在全国范围内普遍开设,引起了专家学者的广泛关注。学校对小学英语教师的需求数量逐年增加,然而师资质量问题仍然堪忧。为此,研究者呼吁加强小学英语师资规划与培养,推动小学英语教师专业化发展(王斌华②,2007;王蔷③,2008;吴欣④,2011)。在我国小学英语师资培养的现有专业框架中,小学教育类和英语类二者并存。英语类本科培养方案发展相对成熟,而在小学教育专业中单独设立英语方向的高校学院,全国并不多见。

首都师范大学初等教育学院小学教育专业英语方向(以下简称首师大初教院小教英语)的发展历程,见证了国内小学英语教师教育领域的成长。因此,对其小教专业英语方向的培养方案进行个案研究对培养当代优秀小学英语教师具有重要意义。本文旨在发现小教英语方向课程设置中存在的问题,以对方案的进一步修订提出优化的建议,推动小学英语教师的职前培养。

二、首师大初教院小教英语本科培养方案

首师大初教院始建于1999年,英语方向自2001年开始招收本科生,培养方案二十多年来不断进行修订完善。培养方案的核心是培养目标,课程设置是培养目标实现的主要途径。

---

① 朱小曼:《认识小学儿童,认识小学教育》,《中国教育学刊》,2003年第8期。
② 王斌华:《小学英语课程发展报告(上)》,《中小学英语教学与研究》,2007年第6期。
③ 王蔷:《用改革的方式解决英语课程改革面临的困难》,《中国教育报》,2008年第9期。
④ 吴欣:《我国小学英语课程与教学改革发展的回顾与反思》,《课程·教材·教法》,2011年第4期。

（一）培养目标

初教院小学教育专业整体本科培养目标为："立足首都基础教育改革与未来教育发展的需要，传承百年师范精神，培养师德优秀、热爱小学教育事业，能以儿童为本、全面育人，素养综合、能够终身发展，具有国际视野和未来教育家潜质的创新型小学教育人才。"可以看出小学教育专业在培养目标的制定上，立足首都基础教育，注重师德，立足儿童，综合培养，定位长远。小教英语方向学生的培养目标也指向培养能以儿童为本、熟悉小学英语课程标准和教学理论、能根据儿童外语学习的特征和规律分析教材、制定教学方法和评价策略、具有国际视野的创新型卓越小学英语教育人才。

（二）课程设置及学分配比

课程设置是师范生职前培养的关键，初教院本科培养方案目前形成了"综合培养、发展专长、注重研究、全程实践"的儿童取向小学教师培养模式。英语方向目前总学分159，主要由四个大的模块构成，学分配比情况如下图。

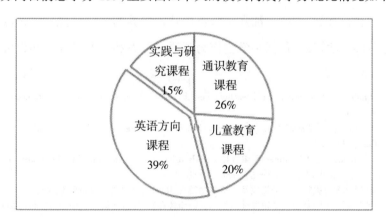

图1　小学教育英语方向课程学分配比

其中通识教育课程由全校统一设置，本文主要分析学院开设的儿童教育课程和英语方向课程。

三、基于小学英语教师知识框架,审视初教院 小教英语方向课程设置

判断课程设置的科学性和合理性,需要一个系统的框架。这个框架要能涵盖小学英语教师在入职前应该具备的全部知识与素养。目前文献中找不到相对系统的框架可以参考。本文对教师知识的构成进行了大量文献检索(Schulman[①],1987;Grossman[②],1989;Cochran[③],1993;林崇德[④]等,1996;邹为诚[⑤],2005;马云鹏[⑥]等,2008;韩刚[⑦],2011;冀雨辰[⑧],2014 等),发现其中一个核心概念是"学科教学知识"。学科教学知识打破了学科知识和教学知识长期相互割裂的状态,将学术性与师范性有机地融合,对教师教育课程的设置,尤其是小学教师教育课程的改革,有重要启示。邹为诚[⑨](2009)指出,使英语教师成为"专业人员"的知识特点就在于学科教学知识,即教师通过有效教学帮助学生建构语言知识、发展语言能力的知识。而学科教学知识包含的一个核心内容是教学对象,即学习者的知识。对于小学英语教师而言,即是小学生的知识。因此,加强小学英语师资培养的关键是优化本科课程设置,将学科教学知识,包括小学生作为英语学习者和学习过程的知识融入课

①　Shulman,L.S.Knowledge and teaching:Foundations of the new reform.*Harvard Educational Review*,1987(57-1).

②　Grossman,P.L.*The Making of a Teacher:Teacher Knowledge and Teacher Education*.New York:Teachers College Press.1990.

③　Cochran,K.,J.A.DeRuiter & R.A.King.Pedagogical Content Knowing:An integrative model for teacher preparation.*Journal of Teacher Education*,1993(44-4).

④　林崇德等:《教师素质的构成及其培养途径》,《中国教育学刊》,1996 年第 6 期。

⑤　邹为诚:《中国基础教育阶段外语教师的职前教育研究》,《外语教学理论与实践》,2005 年第 1 期。

⑥　马云鹏等:《小学教育本科专业培养模式探究》,《高等教育研究》,2008 年第 4 期。

⑦　韩刚:《英语教师学科教学知识的建构》,《上海外语教育出版社》,2011 年。

⑧　冀雨辰:《基于〈义务教育英语课程标准〉建构英语教师学科教学知识》,《英语教师》,2014 年第 11 期。

⑨　邹为诚:《中国基础教育阶段外语教师的职前教育研究》,《外语教学理论与实践》,2009 年第 1 期。

程体系中,使其更加完善。

(一)小学英语教师知识框架的建构

本文基于文献,在教师知识分类的基础上,结合《教师教育课程标准(试行)》(教育部,2011)①、《小学教师专业标准(试行)》(教育部,2012)②以及《小学教育专业认证标准》(教育部,2017)③和中小学教师资格证考试标准,将英语教师所需要具备的知识与小学教育相关的知识相融合,尝试构建了小学英语教师知识框架,分为三个一级维度和十三个二级维度,并在三级维度中具体描述,内容见下表。

表1　小学英语教师知识框架

一级维度	二级维度	三级维度
教育教学知识	(1)一般教育理论知识	教育学知识,初等教育学理论与发展,教育心理学知识,德育知识,教学管理,教学方法与策略,对教育教学的判断与决策能力,综合育人能力,课程与教材的知识等
	(2)教学技能知识	书写能力,表达能力,现代教育技术应用能力,艺术鉴赏,审美能力,课堂组织与管理能力,教学设计与实施技能,教学测试与评价技能,教学资源开发技能等
	(3)教育情境知识	教育体制、教育政策、多元文化和国际方面的知识,学校设置与机构、班级和课堂等实际教育情境知识,班级或小组的运转、学区的管理、社区与文化的特征等,有关教育的目的目标、价值、哲学历史渊源的知识等
	(4)儿童发展的知识	儿童需要与表达,儿童身体与健康,儿童社会性与道德,儿童认知与学习,儿童权利与保障等
	(5)教师专业发展知识	教师职业理念,职业道德,职业规范,个人教学理念,自主学习,反思研究,实践创新,交流合作,国际视野等
英语学科本体知识	(6)语言知识	语音知识,词汇知识,语法知识,语篇知识(文体、修辞)
	(7)语言技能	听、说、读、写、译等技能性知识

---

① 中华人民共和国教育部:《教师教育课程标准(试行)》,2011 年。
② 《小学教师专业标准(试行)》,2012 年。
③ 《小学教育专业认证标准》,2017 年。

续表

一级维度	二级维度	三级维度
	(8)文学、文化及其他跨学科知识	英美文学,文化意识(文化知识、文化理解、跨文化交际意识和能力),语言学,应用语言学,社会语言学,语用学,跨学科知识,学科整合知识等
小学英语学科教学知识	(9)小学英语学科内容的知识	小学英语语音、词汇、语篇、语用、分级阅读知识体系,英语儿童文学作品知识,跨学科知识,英语学科核心素养,小学生学业质量标准
	(10)小学英语教学法的知识	小学英语语音、词汇、语法、语篇、语用、听说读写看的教学方法及途径,不同学段小学生的英语教学方法和策略(任务型教学法、全身反应法、歌曲歌谣等)、单元整体教学、教—学—评—体等相关知识
	(11)小学英语课程和教材的知识	《义务教育英语课程标准》的解读,包括英语课程的总目标、性质,课程基本理念及课程设计思路,小学英语学科发展的历史、现状和趋势,以及课程改革、英语学科核心素养、英语学习活动观、单元主题教学等热点问题;小学英语教材的理念、体系及内容,文本分析,教材中育人知识的解读,教学资源的开发利用
	(12)小学生作为英语学习者和英语学习过程的知识	小学生英语学习的规律、特点、动机、态度、影响因素、个体差异,小学生已有的英语知识基础,小学生英语学习策略,对小学生英语学习问题与困难的预测和判断
	(13)小学英语教学情境知识	小学英语课堂氛围的创设,多媒体设备的有效利用,教室、走廊及校园文化的建设,对学生英语学习环境(学校周边环境、家庭环境、课外辅导班的情况等)的了解和有效利用,英语教学的社会教育环境

本文以此为框架,将首师大初教院小教英语方向课程设置中的儿童教育课程与教育教学知识模块进行对应,英语学科方向课程与英语学科本体知识以及小学英语学科教学知识相对应,同时结合各门课程的教学大纲,分别进行分析。

(二)儿童教育课程与小学教师知识框架的对应

下表将小学教育专业课程设置中的儿童教育课程与表1的"教育教学

知识"相对应,并进行汇总。

表2　儿童教育课程与小学英语教师知识的对应

一级维度	二级维度	相关课程设置
教育教学知识	(1)一般教育理论知识	初等教育学、教育心理学、中国传统教育哲学、教育社会学、教育人类学、社会心理学、初等教育发展、生命教育、社会教育概论
	(2)教学技能知识	教师书法、教师语言、小学跨学科教育、现代教育技术应用、小学综合实践活动课程与教学、朗诵艺术、信息化教学资源设计与制作、信息化教学设计、教育戏剧与小学教育、语言与交流、绘画基础、课程设计与评价、教育评价
	(3)教育情境知识	小学班级管理、教育哲学、中国传统教育哲学、教育社会学、家庭教育、社会心理学、学校组织与管理、教育政策分析、未来教育理论与实践、仪式教育、美学概论、音乐与文化
	(4)儿童发展的知识	儿童生理与卫生学基础、儿童权利与保障、儿童需要与表达、小学生品德发展与道德教育、儿童发展、小学生心理辅导、个别差异与教育、儿童美感陶养、儿童哲学
	(5)教师专业发展知识	小学教师专业发展、教师职业道德、小学教育研究方法、质的研究、量的研究、数据分析基础、国际教师教育前沿、情感沟通与调节、数学基础

　　表2显示,学院在儿童教育课程的设置上具有以下特点:首先,课程设置涉及教育教学知识的各个层面,课程种类比较丰富和均衡。其次,从开设的具体课程来看,学校不仅关注学生教育理论知识、教学技能以及教学情境知识的学习,而且注重对儿童发展相关知识的学习,体现了儿童取向的思想,突显了小学教育的特性。再次,重视教师专业发展,体现"能够终身发展,具有卓越小学教师和未来教育家潜质的小学教育人才"的培养目标。仔细审视三级维度中的具体内容,我们发现教育情境知识中的个别内容,如"学区的管理、社区与文化的特征"等可能需要补充在某些课程中,加以完善。

(三)英语方向课程与小学英语教师知识框架的对应

下表将小教英语学科方向课程与表1中"英语学科本体知识"和"小学英语学科教学知识"维度相对应,进行分析。

表3　英语方向课程与小学英语教师知识的对应

一级维度	二级维度	相关课程设置
英语学科本体知识	(6)语言知识	基础英语、高级英语、英语语音、英语语法、语言学及应用语言学
	(7)语言技能	英语诵读、英语口语、英语听说、视听说、英语听力、英语写作、翻译、小学英语教师口语、英语泛读、英语教育文献阅读与写作
	(8)文学、文化及其他跨学科知识	英语泛读、英语儿童文学选读、语言学及应用语言学、英美文学、英语国家概况、兼教课程
小学英语学科教学知识	(9)小学英语学科内容的知识	英语语法、英语语音、英语儿童文学选读、小学英语课程标准和教材分析
	(10)小学英语教学法的知识与技能	小学英语教师口语、英语歌曲与表演、小学英语有效教学、小学英语教学案例研究、小学英语教学设计与实施、小学英语游戏、英语测试、小学英语教学专题研究
	(11)小学英语课程和教材的知识	小学英语课程标准和教材分析、英语测试、小学英语教学专题研究
	(12)小学生作为英语学习者和英语学习过程的知识	语言学及应用语言学、小学英语教学设计与实施、小学英语教学专题研究
	(13)小学英语教学情境知识	小学英语教学案例研究、小学英语教学设计与实施、小学英语教学专题研究

从表3分析发现,学科方向课程在设置上存在以下特点:第一,英语学科本体知识中各知识维度所涉及的课程门数都比较均衡,而且三级维度中的各类知识也均被涉及。第二,学科教学知识中小学英语课程和教材的知识、小学生作为英语学习者和学习过程的知识两个维度所包含的课程类别较少,而小学英语教学法的知识与技能维度所涉及的课程门数较多,说明学院比较注重学科知识与教学知识间的融合及学生实际教学能力的培养。第

三,通过审核相关课程的教学大纲,我们发现三级维度中的个别知识内容需要补充,如,分级阅读知识体系和跨学科知识;小学英语学科发展的历史、现状和趋势;小学生已有的英语知识基础和对小学生英语学习问题与困难的预测和判断;教室走廊及校园文化的建设、对学生英语学习环境的了解和有效利用、英语教学的社会教育环境等。当然,有些知识学生是可以在教育实践中补充的,有些可能需要在教师入职后逐渐建立,如,对所在学校、社区以及所面对的学生群体和家长建立起来的情境知识。

综上所述,基于小学英语教师知识的框架,初教院小教英语方向现有课程已基本覆盖小学英语教师知识的各个维度,每个维度至少三门课程支撑,课程种类丰富,内容全面,教育、学科、教学,理论、技能、实践等方面比较均衡。同时也存在一些问题:首先,部分知识内容有待补充,包括个别教育情境知识、小学英语学科内容的部分知识、小学生作为英语学习者和英语学习过程的个别维度等。其次,教育学知识与学科内容知识仍需进一步融合。儿童教育模块中儿童发展的知识维度所涉及的课程比较丰富,但与之密切相关的小学生作为英语学习者和英语学习过程的知识维度的课程却不足,将两者进行融合的课程也相对缺乏,因此需要对一些存在内部关联的课程继续进行整合。

四、结语

本文基于小学英语教师知识框架对首师大初教院小学教育英语方向的课程设置进行了系统的分析,得出以下结论:课程设置整体比较均衡,知识框架中的内容基本覆盖,需要继续增加儿童外语学习心理学方面的课程,顺应学院儿童取向的课程理念。此外,个别维度缺失的知识点可以融入已有的课程中,继续加强教育学与学科知识的融合,提高学生知识整合的意识和能力。随着基础教育改革的不断变化和国家关于培养卓越小学教师的现实需求,小学教育专业英语方向的培养方案会继续优化,不断完善,为首都源源不断地输送优质的小学英语师资力量。

21 世纪语文素养——概念重构与专业准备

崔嵘

首都师范大学初等教育学院

摘要:21 世纪以来,美国提出了"重铸21世纪语文素养"的口号。语文素养的概念已经从传统的"听、说、读、写"转变为"听、说、读、写、视、展"。世界各国的语文课程标准也都随之发生了变化,与此同时,对语文教师的专业素养也提出了新的挑战。2018 年,国际素养协会(ILA)发布了《语文专业培养标准(2017 版)》,为从事语文教育的各类专业人员制定了七项标准。该标准为我们思考引领教师专业发展,促进学生语文素养的形成,重新审视教师教育课程设置带来了积极的启示。

关键词:语文素养;课程标准;ILA 专业准备标准

"重铸(recast)21 世纪语文素养"是美国教育界近年来提出的一个口号,强调构建素养导向的课程与教学体系, 以适应未来社会对人才的需求。为此,不同的专业组织针对不同职业发展阶段的教师提出了不同的标准,如全美专业教学标准委员会 (National Board for Professional Teaching Standards, 简称 NBPTS)于 2016 年颁布了《优秀语文(阅读-语言艺术)教师专业标准》,针对五项核心主张提出了优秀教师应符合的十三条标准。国际素养协会 (International literacy Association,简称 ILA),于 2018 年颁布了《语文专业培养标准(2017)》(Standards for the Preparation of Literacy Professionals(2017))

（以下简称 2017 培养标准），针对准教师（Teacher candidate）应具备的能力及语文教育参与者为此应做的准备提出了七项标准，成为语文教师认证、教师教育课程培养项目和教师专业发展的指南。本文将重点探讨 2017 培养标准，以期为完善我国语文教师专业标准建设、促进语文教师专业发展带来启示。

一、"重铸 21 世纪语文素养"概念解读

（一）理解"Literacy"：识字还是读写？

"Literacy"一词在大部分语境下翻译成扫盲、识字、读写能力等。立足 21 世纪的语文教育，"Literacy"则具有更加丰富的内涵。2016 年，国际素养协会（ILA）将 literacy 定义为：在任何学科和任何情境中，使用视觉、听觉和数字材料去识别、理解、诠释、创造、计算和沟通的能力。[①]在其 2018 年颁布的 2017 培养标准中，将 literacy 明确界定为读、写、说、听、观看和视觉表达。可见在当今时代，"Literacy"既不指"扫盲"和"识字"，也不指"单纯的读写能力"，而应将其升级解读为"语文素养"，突出构建核心素养的关键要素。

（二）何为"重铸"：语文素养的过去与现在

2015 年，全球最重要的阅读教育的推手之一——IRA（International Reading Association 国际阅读协会），更名为 ILA（International literacy Association 国际素养协会），名称的变化也意味其主张从着重培养阅读力升级为素养导向。他们认为，伴随着数字时代的来临，学习者处在一个复杂的、全球互联的、围绕社交媒体的使用和互动的数字世界中，面临的问题往往是多模态的，语言学习也需要多模态感知。因此，视觉语言应作为读写教学的重要组成部分，具有与书面语言和口头语言同等重要的地位。尽管很多人仍

---

① International Literacy Association.Standards for the Preparation of Literacy Professionals 2017.

把 literacy 译作读写能力,但世界范围的共识是,它是一个宽泛的、整体性的概念,囊括了听、说、读、写、视、展诸多要素,也包括驱动力、理解力,而不仅仅是读写。当然,在语文学习中,阅读和写作仍处于优先级地位,是基础中的基础。正如 ILA 所说,读写素养不仅将人们彼此联系在一起,更赋予其力量去实现他们从未想过可能实现的事情。因此,语文素养的"重铸"并不只是简单的要素增加,而是一种颠覆、一种超越。

二、如何"重铸 21 世纪语文素养"

(一)以培养核心素养为根本的课程标准

21 世纪以来,基于对人才培养目标的认识,世界各国都在重新省思语文素养的内涵和外延,也包括语文教育的内容和形式应如何适应社会的发展。与此同时,各个国家的语文课程标准也在随之发生变化。

新西兰国家课程标准(2014)从以下三个方面阐释了母语课程的功能。第一,建构语言学习经验,形成语言能力。第二,通过语言学习,将语言视为学习和认识外部世界的渠道,以此丰盈自己的内心和精神世界。第三,学习语言知识,如语法、文本类型及其目的、文本结构等内容。课标强调为了成为一位成功的社会参与者,所有学习者都需要学习口头、书面和视觉三类媒介,要在语言学习中与人交流知识与观点、进行批判性的思考,评价听到和看到的内容及其价值,成为精熟的听众、观众、读者、作者、发言者和展示者。①

澳大利亚课程(V9)强调"语文素养是为获取、理解、分析和评价信息,建构意义、表达思想和情感,提出想法和观点,与他人互动并参与活动所需的知识和技能。学生通过听、读和视理解语篇;通过说、写和展示创造语篇。语篇包括口头、印刷、视觉、数字、多模态,而在接受和表达的过程中,会涉及四

---

① Ministry of Education.The New Zealand Curriculum:English,https://nzcurriculum.tki.org.nz/The-New-Zealand-Curriculum/English/What-is-English-about.

种知识的学习与运用：文本知识、语法知识、词汇知识和视觉知识。[①]

芬兰、美国等国家的课程标准也强调，对于学生的语文学习，应该重视在真实的互动场景下的交流能力、文本解释与文本输出能力、理解语言、文学、文化、社会的能力，学习和运用文字、视觉和听觉等多种模态语言的能力。

综观各国的课程标准，不难看出，语文素养的内涵均呈不断丰富的趋势："语言"这个概念已不再是指特定一个学科范畴的词汇，而是指向所有学习领域中的学科语言。语文学习不仅是其他学科的基础，更是整个课程成功的基础。从载体上看，随着人类生活与交际模式的变化，交际媒介的多样化与数字化使得语文重要的载体——"文本"这一概念变得更加复杂。传统意义上我们习惯将"text"译为"印刷文本"，而从语文素养的角度来看，则指的是多模态的语篇。从能力角度来看，由语言、图像、声音等构成的复杂的交际模式取代了传统的、单一的交际模式。因此，"听说读写"四项语文能力已不能满足时代的要求，加强多模态语言教学已成为各国语文教学的共识，"听、说、读、写、视、展"六大要素构成了语文素养的核心。在学习环境方面，强调语言的学习与其他学科和社会生活链接。学习母语语言的过程就是获得情感的体验、价值观体认的过程；是与世界和他人互动的过程，以及了解社会，最终成为能够参与社会的社会公民的过程，而不仅仅是文本理解。

（二）支撑核心素养落地的教师专业标准

伴随着"语文素养"这一概念的重构，以及对学生在学业成就上的高期待，对语文教师的专业素养也提出了更高的要求，各相关方应着手进行相应的准备。相对于优秀教师标准而言，2017 培养标准更关注准教师群体（Teacher candidate）应该做什么及应该怎么做。

[①]　Australian Curriculum Assessment and Reporting Authority.Australian Curriculum，https://v9.australiancurriculum.edu.au/teacher-resources/understand-this-learning-area/english#accordion-1d9563351d-item-71fa3d6560.2023-05.

1.ILA《语文专业培养标准(2017)》

2017 培养标准将教师按照所教学段分为学前/初级(3~6 岁),小学/中级(7~11 岁),初高中三个阶段,针对五类语文教育从业人员,提出了七项专业标准。

表1　七项培养标准的具体指标及内容

指标	内容描述
基础知识	准教师应展示出对语文理论、历史和循证基础的了解、对语文教学相关的认识,以及语文专业人员在学校中的作用
课程与教学	准教师能运用基础知识来评价和实施语文课程,以满足所有学习者的需求,并为所有学习者设计、实施和评估基于证据的语文教学
评估和评价	准教师能了解、选择和使用有效、可靠、公平和适当的评估工具来筛选、诊断和衡量学生的语文成绩;并以此制定指导和评估干预措施;参与专业学习体验;向利益相关者解释评估结果并提出适当的策略
多样性和公平	准教师能展示对相关研究、相关理论、教学法、多样性和公平的基本概念的理解;对多元身份认同的理解;创建具有包容性和积极的课堂和学校;在学校、地区和社区层面倡导教育公平
学习者和语文学习环境	准教师应能满足所有学习者的发展需求,并与学校工作人员合作使用各种印刷材料和数字材料来吸引和激励所有学习者;以适当、安全和有效的方式整合数字技术;营造一种积极的氛围,创设丰富的语文学习环境
专业学习和领导力	准教师应认识到参与和促进持续专业学习对职业生涯领导角色和责任的重要性
实习/临床经验(仅适用于特定的专业人士)	将理论和最佳实践应用于多个监督实习/临床经验

2.小学语文教师专业标准

2017 标准以语文学科的专业知识与技能为基础,以学习者为中心,以持续的多元评估为关键,以教师的专业学习与反思为发展,按照基础知识——课程与教学——评估——学习者——学习社群的逻辑排布了七项指标,针对教授 7~11 岁儿童的小学一线教师进行了清晰的能力刻画。

第一,以语文学科的专业知识为基础。标准将专业知识置于语文教学的基础地位,强调准教师要理解语文学科的知识体系,特别是基础的语言学知识,如印刷概念、音位意识、自然拼读、词汇认知、阅读流利度等(1.1),具有细分领域(如阅读、写作、听力和口语等)的结构化的、具体而全面的知识库(1.2和1.3);理解语文与其他领域相互关联的本质,以及小学语文对于跨学科教学所起的奠基作用(1.4);要能跟进语文学科发展的最新动态;特别强调教师要把视觉素养看作语文能力的重要组成部分,要利用各种印刷和多媒体资源培养学生的视觉素养。

第二,以学习者为中心。教师要有小学学习者语言习得的相关知识;关注语文教学中的多元性、公平性和差异性;了解每一个学生(包括英语学习者、特殊儿童和天赋儿童)知道什么、关注什么、能做什么和想要做什么;还要将多样性作为教学计划、教学实施和学习材料选择的关键(4.2)。要能创设语文学习和实践的课堂环境和社会环境,使用多种分组形式进行独立和协作学习(5.4),以提高学生的语文素养。标准强调高质量的语文教育要依靠特定类型的语文评估来驱动。教师要了解评估的理论和概念(3.1),选择合适的评价方式收集证据;能利用观察技能,根据学生作业的结果来确定学生的语文能力和需求(3.2);能以符合伦理的方式使用数据、解释数据,阐释学生的进步,并与家长和同事等其他相关人员沟通(3.4)。

第三,以语文课程和教学的专业实践为关键。教师要能计划、修改、实施和评估基于证据的、综合的教学方法和材料,以发展学习者的口语、书面、视觉阅读和表达过程(2.2和2.4),除此以外,教师还应具有批判性地审视小学语文课程的能力,能提供连贯的、统整的、激发学习动机的语文课程(2.1)。

第四,以教师的专业学习与反思为发展。准教师要树立终身学习者的意识,通过学习和反思的循环过程来提高专业知识和实践能力,实现专业成长,提升课程领导力(6.1和6.2)。提升的具体路径是积极参与教师专业学习社群,成为专业组织成员,开展教学科研的交流与合作(6.3);与学生、家庭、社区建立积极的合作关系以帮助学生达成目标,体现专业责任和专业价值。

综上所述,2017培养标准从专业认知、专业理解、专业实践和专业责任几个方面强调了准语文教师在语文教育这一专业环境中知道什么和能够做什么。从教师专业标准走向学科教师的专业标准[①]，标志着学科专业发展成熟度、教师专业发展精细度、学科教师评价完善度以及学科素养水平丰富度的全面提升。

三、ILA 专业准备标准对我国教师教育的启示

尽管不同国家、不同文化、不同的语言文字存在差异，教学理念和教学模式有所不同，但儿童母语学习过程和语文教学模式仍存在不少共性。作为教师教育工作者，应思考如何结合当前的研究和自己的专业经验，构建高质量的教师教育课程体系，以适应新课标、新课程和新时代的发展需求。

（一）以专业化、精细化的标准体系，引领语文专业发展及队伍建设

2017 语文专业准备标准专业特色突出，针对特定的学科、特定的学段、特定的从业人群，提出了特定的要求。文本框架清晰，多维构建，定位准确，呈现出多元化、精细化、体系化的特点。第一，专业角色多元细化，该标准不仅关注了一线教师应达到的标准，还对所有语文教育的所有参与者，如校长、教师教育工作者、语文教育专家、教练等语文组织和指导者，以及语文教育伙伴（家长、科技公司、专业团体）等，在共性的基础上，针对不同专业角色的贡献点提出相应的要求。第二，语文教育是需要相关的系列知识支撑的。2017 培养标准清晰地构建了支撑语文教育的知识体系框架，涵盖语言学、阅读学、写作学的概念、原理、历史沿革等方面的知识，有关学习者的知识、语言习得的知识、教学法的知识、评价的知识等。这些必备的知识与涵养是构成合格的、可持续发展的教师素养的重要组成部分。这些基础性知识作为共同核心知识不仅针对一线教师，也对所有语文教育从业者有所要求。长期以

---

① 王雁、冯雅静：《美国特殊教育教师专业标准的演进、特征与启示——基于 CEC 专业标准的分析》，《教育学报》，2021 年第 4 期。

来,我国语文教育的研究聚焦于课程和教材教法方面较多,对语文教师的素养构成与专业发展重视不够。李宇明教授指出,"我国现在的语文教师队伍,基本上都缺乏现代语言学的熏陶,也缺乏对当下语言生活的理性认识,知识和能力都需要提升"①。因此建构语文教育所需要的知识体系理应成为学科专业标准的重要内容。第三,强调专业发展的延续性对终身学习者的重要性。准备标准对教师的专业发展提供了更具操作性的指导,如要求教师加入专业组织,通过积极加入专业的学习社区,开展终身学习促进自身专业成长。同时教师要以研究者的姿态评判、反思和改进自己和学校的课程与教学。

我国颁布《小学教师专业标准(试行)》已有十余年,业已成为小学教师培养、准入、培训、考核等工作的重要依据。但该标准仍然是整体性的标准,随着课程改革的深化,特别是新课程、新课标的颁布,学科核心素养的提出,建立与之配套的,凸显不同学科特色和学科教师素养要求的学科教师标准已成为时代的呼唤,以学科专业标准有效促进学科向更成熟、更精细的纵深发展已成为必需。如何将专业标准与国家教师资格认证制度、教师专业标准相关照,建立体现学科特征的课程体系,实现学科与教育的深度融合,而不是学科和教育的简单相加,形成具有中国特色的教师专业发展标准是我们值得思考的一个问题。②

(二)以专业理解、专业视角促进学生语文素养的形成

2017 培养标准突出了两个价值取向:一是突出教师专业实践的科学化取向;二是突出尊重多元的人本化取向。首先,标准坚持循证实践,强调教师要能根据大班教学、小组教学和个体辅导等不同情况设计基于证据的教学方案;教师培养和培训项目应教授"循证教学的相关知识和适合于语文教育实践的研究方法,指导教师积极参与到循证实践中",使教学更具科学性、客观

---

① 郑国民、李宇明:《义务教育语文课程标准(2022 年版)解读》,高等教育出版社,2022 年。
② 兰婷、赵磊磊:《美国优秀科学教师专业标准:内容、特征及启示》,《教育导刊》,2017 年第12 期。

性,成为真正的专业。而目前我国的语文教育中循证研究和教学的意识相对薄弱,期待相关研究人员能积极探索中文母语学习的语言习得发展与评估体系,并将其应用于一线教学,为语文教育提供基础性研究成果。其次,尊重学生差异,尊重学习规律,开展差异化教学。差异化教学不等于分层教学,旨在促进教育公平。因此,教师要创设以学习者为中心的学习环境,关注学生在语文学习中的准备情况(readiness),能根据学生的兴趣爱好、学习表现、认知发展特点制定教学计划,能对语文学习挣扎者和具有特殊需求的学生,开展有针对性的指导,促进每一位学生的发展。因材施教不仅是我国优秀的教育传统,更具有时代性。近年来,教育部多次提出中小学要注重差异化教学,特别是针对学习有困难的学生,要加强困难帮扶。这对一线教师提出了较高的挑战,教师面对日益复杂的学情,常常感到束手无策。

当前, 如何开展差异化教学和融合教育已成为很多国家大学教师教育项目的必修课,美国不仅有从事特殊教育的教师专业标准,也在 2017 培养标准中对语文专家(Literacy specialist)提出了特殊的专业要求。这些专家不仅要为普通的语文教师提供教学资源及教学方法的指导,还需提供关于读写困难儿童的专业知识,能支持普通教师开展融合教育,对读写困难的儿童实施早期干预。这些要求对我国进一步细化职前和职后的语文教育提供了借鉴。

(三)以专业示范、专业研究构建教师教育课程体系

2017 培养标准为所有语文教育工作者提供了共同的愿景和话语体系,从而成为高质量语文教学的指导性文件。它既是语文教师资格认证的基础,也是大学教师教育类课程方案设置的基础, 还是职后教师和专业人员提升教学素质的指南。为了促进高质量的语文教师的培养,标准还关注了对支持语文教师这一群体发展的相关因素, 其中对教师教育工作者的 7 项要求也给我们带来启发。

标准强调教师教育要提供有基础研究支撑的预备教育, 要有独特的研

究体系和教学体系。教师教育工作者要有专业示范性和职业判断力,要知道如何将研究成果用于语文教学一线。首先,在研究方面,教师教育工作者要能提供前沿研究,使准教师了解从儿童出生到成人的语言发展历程。在课程方面,要能对标该标准设计教师教育类的课程和项目,不断迭代发展已有的课程以适应社会的变化,也要具备评估自己及学校相关课程质量和有效性的职业判断力。在教学方面,高校教师要在自己的课堂教学中进行全面的教学示范:示范如何营造安全的语言学习环境;示范如何激励所有学生都参与对话、练习、实践、反思的学习过程中;在作业设计时要能让准教师有机会开展合作;要能示范不管是传统的课堂还是在线学习都能开展有效实践。在学习环境方面,高校教师要具备与一线的语文教师建立伙伴关系的能力,为学生提供真实的也有研究支持的实践场域,并将教学实践作为研究之源。在评估方面,要教学有关评估的理论,能计划和实践评估,能基于数据进行教学决策,这也是在为学生提供示范。在专业成长方面,教师教育者要为所有教师的职业生涯发展提供机会,要让自己的理论或实践研究成果用于语文教育一线,促进语文专业领域的发展,从而体现自己的专业价值和专业责任。因此,随着对"语文素养"概念的慎思与认识,我国语文教育类课程也应该发生迭代性变化。在此过程中,我们也应注意课程设计的逻辑性、课程框架的时代性、课程实施的有效性和课程评价的表现性,为培养高质量的小学语文教师做好充足的专业准备。

综上所述,为进一步推进语文课程改革,提高语文教师专业素质必须作为一项基础性工程来抓。语文教育工作者应根据我国当下的教育背景,语文教育的现状与未来发展,在参考国际标准的基础上,建立一个高品质的、有中国特色的,反映语文教育特点的学科培养标准,促进语文教学的高质量发展。

"小学教育场域"的敝视：
一种社会学视角下的实践探析

刘祎莹

首都师范大学初等教育学院

摘要："场域"一词近年来被广泛运用于教育研究领域,成为分析教育要素及要素间相互关系的有力抓手。但随着"场域"概念的引入,在小学教育研究与实践中逐渐出现了两种误区:一方面是一线教师将"场域"概念等同于"场所""领域"等词,导致教育空间出现了"伪场域"和"类场域"现象。另一方面是基础教育研究者易于局限在场域理论的批判性色彩,关注教育场域中的权力和冲突关系而忽视了小学阶段的特殊性、发展性和生成性等特点。"场域"概念及其理论源于社会学,进而被应用在教育学研究中。因此,回归社会学视角,进一步理清"场域"的本质和特性,分析小学教育场域自身的独特性,才能结合小学教育的特点展开具有阶段性和针对性的理论与实践研究。

关键词：教育场域;小学特性;教育社会学视角;课堂;关系网络

社会学中"场域"概念作为分析教育要素和诸要素关系的理论线索,为教育研究者提供了认识论和方法论的新维度。但近年来,教育学领域对于场域理论的应用出现了两种情况:一是理论概念日常化,即理论脱离了本身的理论价值和理论特性,在泛化过程中失去其研究性;二是理论应用的单一化,即在套用西方理论概念时,未考虑本土的情境特征和社会文化而单纯复制西方思维导向和批判性的结论。在教育学范围内,"场域"也被广泛使用,如教育场域、课堂场域、活动场域。正因如此,在教育研究及一线教学实践中,教育工作者将"场域"与"领域""场所""场地"等概念混淆或相互替换,逐渐忽略了"场域"本身的理论价值和实践意义。对于小学教育而言,其所处学段具有怎样的场域特性? 从场域视角来看,它又和其他教育场域有何不同?要回答以上问题,先要理清"场域"在社会学中的内涵和特征,精确地阐明这一理论概念的来龙去脉,才能有助于更好地挖掘这一社会学概念的小学教育场域中的内涵与实践价值。

一、社会学的"场域"理论阐释

在社会学研究中,对于社会结构的定义不尽相同。涂尔干认为,对社会分类需要根据社会表现出的融合程度以最简单的社会或单环节社会为基础来进行。[①]涂尔干用"环节""类型"等词定义社会结构中的分类体系,这些概念可以作为"场域"的前身。美国社会心理学家库尔特·勒温(Kurt Lewin)结合物理学中"场"的概念及数学中的拓扑学提出场动力理论,提出"场"不仅包括个体行为发生的物理空间场域即环境场(E),同时也包括个体在特定时空影响下的心理空间场域即心理场(P),以及两种空间场域相互间的依存共生关系。[②]以上"场"和"类场域"的概念通过社会学视角阐释社会结构和个体关系,也为"场域"概念的出现奠定了基础。

布尔迪厄(Pierre Bourdieu)在《反思社会学引论》中具体阐明了"场域"(field)的详细概念。他将"场域"概念区别于勒温的场动力理论,更倾向以系统的方式在实践研究中发挥作用。布尔迪厄提出,首先"场域"概念需要从关系角度思考。"场域是在各种位置之间存在的客观关系的一个网络(network)或一个构型(configuration),它呈现着分配结构中实际或潜在的处境,以及它

---

①　涂尔干:《社会学方法的准则》,商务印书馆,1995 年,第 96~101 页。

②　Lewin, k.A *Dynamic Theory of Personality*, New York: Mcgraw-Hill Book Company, 1935:223.

们与其他位置之间的客观关系（支配关系、屈从关系、结构上的对应关系等）。"①因此,在布尔迪厄看来,高度分化的社会是由大量具有相对自主性的社会小世界构成的, 这些社会小世界就是具有自身逻辑和必然性的客观关系空间,如艺术场域、宗教场域、经济场域都遵循着各自特有的逻辑。但布尔迪厄的场域理论相较于涂尔干的"结构化社会"更为明确地指出"场域"具有范围和边界性。布尔迪厄提出:"确定何为场域这一问题,与何种资本在其中发挥作用有关,场域的界限便是场域效果停止作用的地方。"②因此,场域的界限只能通过经验研究才能确定。这一点将"场域"与"场、领域、场所、区域"等词区别开来。但值得注意的是,场域的边界具有动态性,这也正是场域机制得以运行和转变的原动力。因此它具有无休止的变革性。 场域的动态性使它区别于失去争夺关系、辩证关系的社会机构。③

可见,"场域"区别于静态的"场所""区域""领域"等概念,最大特点在于其自身的动态性、关系性和冲突性。以此看来,场域理论不只是阐释个人行为倾向的原因,而且需要将人的行为关系、社会结构与场域本身的特性进行综合分析。场域拥有着不同的规则和资本,也形成了不同阶层的文化和语言符码。"场域"本身就像一个巨大的文化生产场和规则制造场,它在吸收携带资本和了解规则的人群, 同时也建构着场域内的群体的特征和场域的界限范畴。

二、"场域"理论进入小学教育研究

21 世纪初,随着布尔迪厄的著作引入我国,"场域"一词在我国教育研究中逐渐出现,关于教育场域的研究也接踵而来。在社会的巨型场域之网中,"场域"与"教育"结合而成的"教育场域"（Educational Field）便是一个具有特

---

① 布尔迪厄,华康德:《反思社会学导引》,商务印书馆,2015 年,第 35~128 页。
② 布尔迪厄,华康德:《反思社会学导引》,商务印书馆,2015 年,第 35~128 页。
③ 布尔迪厄,华康德:《反思社会学导引》,商务印书馆,2015 年,第 35~128 页。

定规则而又充满冲突和动态关系的空间,它也是以文化资本为媒介,以教育内部各要素关系为主的交互空间。①正因如此,以文化资本为载体的知识传递与再生产过程,将"教育场域"与"经济场域","政治场域"等区别开来。小学教育作为基础教育的初始阶段,与其他学段相比有其自身的特征:小学教育是学龄最长的学校教育阶段,其教育对象指向正在发展中的儿童。②在《爱弥儿》中,卢梭也着重提到这一时段要考虑儿童身上的放纵与自由、痛苦与快乐、欲望与能力等诸多矛盾特征。③因此,"小学教育场域"(Elementary Educational Field)既具有教育场域的一般特征,又由于小学阶段的特殊性而构成独特的小学场域的特性、文化和规则。从小学教育场域中的多重关系中也能看到它的独特性。

(一)生成与矛盾:小学教育场域中的组织与权力关系

小学教育场域既是教育进行传递的主要场所,又存在权力和交互关系的运行。小学的学校组织包含:教育管理者与教师之间的组织关系、教师和小学生之间的交互作用、学生和学生之间的网络建构、家校之间的协同育人机制。因此,从场域的关系性来看,宏观层面的小学教育场域既是一个充满关系性、交互性和冲突性的教育整体结构,也具有连接家庭、学校和社会场域的桥梁作用。

一方面,小学教育场域的组织与权力关系是一种生成性的关系。在小学教育的共同体环境中,既有以隐形权力实现控制与反控制的制衡,同时又存在学校组织成员相互作用形成的学校建构力和共治力。④相较于其他学段而言,小学教育场域与家庭场域之间,更需要细致关注不同主体,尤其是儿童和

---

① 刘生全:《论教育场域》,《北京大学教育评论》,2006 年第 1 期。
② 谢维和、李敏:《小学教育原理》,高等教育出版社.2021 年,第 6~96 页。
③ [法]卢梭:《爱弥儿》,孟繁之译,商务印书馆,1982 年,第 77~99 页。
④ 刘胜男:《控制、反控制与共治:教育场域中的权力生态——A 中学组织内部权力运作的个案分析》,《教育理论与实践》,2014 年第 10 期。

家长的切身利益、各主体之间的关系以及教师本身的惯习和文化特性。[①]正因如此,小学的学校组织也呈现出随着儿童发展成长而产生的动态关系。如,针对小学低学段的学生,学校更应该注重儿童在学校中的适应性和整体性,但到了高年级学段,关注点应更倾向于学生的知识提高及个性发展。与之对应,家校协同育人过程的重点和存在的矛盾处理点也具有动态可变性。

　　另一方面,小学教育场域的组织与权力又是矛盾性的关系。美国批判教育学家托马斯·波普科维茨(Thomas Popkewitz)深入小学进行研究,提醒在学校的理性与标准背后需要警惕一种"生产性权力"(productive power)。换言之,尽管学校强调教师和管理者需要保持社会层面的理性、规则和标准,但可能正在以"双重姿态"(Double gestures)隐性作用于对学生不同的期望中,从而间接导致了学校内的冲突性。[②]这种批判教育学的视角恰恰指出,在小学教育场域的动态关系中依然存在共生与共治之间隐性权力和显性权力的平衡。当然,不可否认,批判教育学家在关注学校文化中的权力关系的冲突性过程中,有可能忽视了小学的学校文化中的生长性和建构性。

(二)张力与规训:小学教育场域中的课堂与教学关系

　　在小学教育场域中,课堂教学以知识传播为依托,完善教师和学生共同成长的共同体结构,教学关系具有知识功能、社会功能和伦理功能。[③]因此,小学教育场域中的课堂教学是一个兼具着传递知识和文化资本、建构情感关系和发展儿童德性的动态过程。

　　就师生关系的张力而言,小学的课堂教学强调小学生发展的适应性、阶段性及其同化学习的特性。[④]因此,在小学课堂中,教师既需要尊重学生的主体性,又需要帮助儿童建构和形成良好的道德行为习惯。小学的课堂教学也

---

①　杨颖东:《场域:解读学校变革的一种社会学视角》,《教育学术月刊》,2013 年第 2 期。

②　Thomas Popkewitz. *Struggling for Soul－the Politics of Schooling and the Construction of the Teacher*. New York:Teacher College Press,1998:3-34.

③　谢维和、李敏:《小学教育原理》,高等教育出版社,2021 年,第 6~96 页。

④　谢维和、李敏:《小学教育原理》,高等教育出版社,2021 年,第 6~96 页。

自然成为教师与学生的教学关系和规范行为共存的空间。裴娣娜教授指出"权力"与"知识"构成了课堂生活共同体的基本维度,真实反映着课堂人际互动中自主与依附的双重关系及课堂控制与学生自主间的基本张力关系。[①]因此,小学课堂教学中的边界和关系性如果把握不好,可能由于课堂形式、教学内容、教学方法等原因,呈现出强弱架构的差异性,从而出现"闹哄哄"的课堂或"死气沉沉"的课堂两种极端。但同时也能看到,在学生进行课堂学习的过程中,教师的话语可能会对学生的自我定义和自我反省制造一种潜移默化的规训。[②]甚至这种规训是师生都没有意识到的。由于课堂教学中的规则由教师和学生共同制定和维护,潜移默化地影响着课堂场域的交互性、完成性和制度性,因此也是课堂教学和学习得以运行的关键。

(三)交融与冲突:小学教育场域中的课程与学科关系

小学教育场域的运行不能缺少以课程为载体的教学内容。课程和学科是小学教育场域关系中的核心要素,它贯穿教育场域始终,以传递知识、文化和实践经验为形式展开。课程是知识的载体,知识是课程的核心内容,知识是课程场域内最主要的媒介资本。同样,课程知识也是权力关系和意识形态的表现。[③]

首先,需要在小学教育场域中关注到课程与学科的衔接交融关系。小学课程实际上和中学课程有其区别和联系。谢维和教授将小学课程比作"顶灯",而将中学课程比作"探照灯"。这两者的区别在于,小学课程所传递的知识旨在给予小学生提供一种关于世界初步轮廓性的整体把握,而中学更需要学生拿着"探照灯"分门别类地以学科课程的方式进行学习。[④]因此,就关系性而言,小学课程中不同学科知识之间的界限更需要被打破,学校知识与

---

① 裴娣娜:《知识·权力·主体——〈控制与自主:课堂场域中的权力逻辑〉评析》,《教育研究》,2010 年第 11 期。
② 李松林:《课堂场域中的权力运作》,《教育理论与实践》,2007 年第 1 期。
③ 刘宗南:《论课程场域》,《教育研究与实验》,2013 年第 5 期。
④ 谢维和、李敏:《小学教育原理》,高等教育出版社,2021 年,第 6~96 页。

社会实践知识之间的界限也更容易趋于交融。①

其次,课程本身作为一种知识的表征方式,也存在着自身的矛盾性。批判教育学家迈克尔·阿普尔(Machel Apple)看到在学校课程中的教科书、课程计划、课程标准中,生产性权力也通过"潜在课程"在教育系统中运行并发挥作用,包括发生在学生的日常生活、教师的期望、奖励与惩罚的规范中以及评价标准中。②从这一点也能够看到在小学课程的编排、规划、整合中依然可能存在潜在的冲突性。尽管关于课程知识中"潜在权力"的批判之声仍然存在,但在课程改革的过程中,小学生的自主性权力在逐渐增加。在小学的课程中出现的以实践性知识、研究性问题为主的校本课程,正在以学生兴趣为导向,在融合性课程中鼓励儿童更加自主地找到兴趣点并培养学习力。

三、小学教育场域的未来研究与发展

布尔迪厄对"场域"中关系与权力的提出源于法国和英国社会阶层分化严重的境况,其中涉及的资本、游戏、习性、特权、符号暴力等无不反映着对资本主义社会性质的批判。③因此,包括布尔迪厄在内的诸多社会学家,对教育场域的态度和立场以批判为主。然而在运用"场域"理论进行现代小学教育研究时,我们既需要看到"场域"在社会学视角下的冲突性和矛盾性,同时需要跳脱时代的局限性,结合当代中国社会情境的本土化和小学教育场域本身的独特性来思考小学教育的研究趋向与发展。

首先,注重小学教育场域的生成性关系。就小学教育场域本身而言,从它与社会的关系可以看出,小学教育是以入门性、科学性、发展性为特点的教育阶段,④但同时教育行动本身又可能存在千丝万缕的关系和交互

① 谢维和:《论辩证的课程观——译〈未来的课程〉有感》,《课程·教材·教法》,2003 年第 8 期。

② Apple,M.W.(1981).Reproduction,contestation,and curriculum:An essay in self-criticism.*Interchange*,1981,12(2-3):27-47.

③ 谢维和、李敏:《小学教育原理》,高等教育出版社,2021 年第 6~96 页。

④ 刘远杰:《场域概念的教育学建构》,《教育学报》,2018 年第 6 期。

机制。①在小学教育场域中，构成教育的要素关系包括：教师与学生之间的关系、学生与学生之间的关系、学生与教材之间的关系、学生与教学环境之间、家校社的关系等。小学教育场域的研究需要直面这些关系，正是这些关系构成了小学教育内在的意义之网。

其次，建构小学教育场域的发展性关系。尽管小学教育场域存在着自身的逻辑和规则，但在社会现代化过程中，小学教育研究场域的界限变得更加动态和弹性化。这一点在现代教育发展中已然有所体现：脑神经科学、大数据、人工智能研究正在进一步与小学教育场域进行交叉融合，这使得未来小学教育场域呈现出多元发展的可能性。

最后，体现小学教育场域的本土性关系。小学教育场域中存在着诸多关乎儿童发展、童年形成、家庭教育、阶层差异等的本土议题，也需要关注到儿童知识文化获取、关系交互与建构、生命和道德的成长、生成认知与价值的综合性过程。因此，运用场域理论需要结合我国的社会性质和社会情境来思考小学教育场域的特性和研究方向。我国教育改革过程正在面临着诸多问题：基础教育阶段的教育公平、农民工子女教育问题、流动儿童群体、家校社协同育人、乡村小学教育发展、童年及成长影响问题等，这些在特定时期和特定场域中呈现出的小学教育与社会发展的关联问题是需要亟待研究和解决的。因此，在目前特定的社会时期和社会情境下，小学教育场域中的很多本土性研究需要用发展的眼光看到其理论价值。

---

① 吴康宁：《教育究竟是什么——教育与社会的关系再审思》，《教育研究》，2016 年第 5 期。

"双减"背景下基于教育优质均衡的双师课堂模式研究

朱永海

首都师范大学初等教育学院

摘要:"双减"是当前我国基础教育改革最新的政策,而教育优质均衡发展也是当前基础教育领域的重要目标。双师课堂作为教育数字化转型中的一种为达成教育优质均衡发展和提升偏远地区课堂教学质量的重要抓手,日益成为研究热点。通过对双师课堂政策背景进行探讨,并进一步通过文献研究,明确了学习机会理论和合作教学研究是双师课堂的理论基础;再进一步对双师课堂进行清晰界定,并明确了研究目标;最后指出了在教育优质均衡大的政策要求和"双减"背景下双师课堂的三种模式:A-A、A-B、A-C,可以分别实现"双减"及提升教学质量的目标,响应教育优质均衡背景下的国家政策。

关键词:双减;教育优质均衡;双师课堂;教学模式;教学质量

一、"双师课堂"政策背景

2021年,《中华人民共和国国民经济和社会发展第十四个五年规划和2035年远景目标纲要》指出要"建设高质量教育体系""推动义务教育优质均衡发展""提高乡村教师素质能力""发挥在线教育优势"等。同年,教育部办公厅印发《关于开展县域义务教育优质均衡创建工作的通知》。2020年,教育部下发的《关于加强"三个课堂"应用的指导意见》(教科技〔2020〕3号)指出："三个课堂"作为利用信息技术促进义务教育优质均衡发展的整体解决方案,面向的对象不同,解决的问题不同,在实际应用中具有不同的侧重点。"专递课堂"面向的是学生,解决的是学生学习的问题,即利用信息化手段解决农村薄弱学校或教学点因缺师少教而导致的开不齐、开不足、开不好国家规定课程的问题。"名师课堂"面向的是教师,解决的是教师教学的问题,即利用信息化手段构建网络研修共同体,围绕真实的教学搞教研,开展网络研修,发展教师信息化教学能力,提升教学水平。"名校网络课堂"面向的是学校,解决的是学校发展的问题,其中既包括优质学校也包括普通学校和薄弱学校,利用信息技术手段构建"互联网+名校网络课堂",转变发展方式,实现办学能力的可持续提升。2021年,教育部等六部门发布《关于推进教育新型基础设施建设构建高质量教育支撑体系的指导意见》,强调要推动建设"三个课堂",开发基于大数据的智能诊断等应用。为"三个课堂"提供个性化和智能化教学服务,推进城乡教育优质、均衡发展,成为我国教育数字化转型进程中的重要内容。

2021年,北京市教委《关于推进"互联网+基础教育"的工作方案》指出:一是,优化空中课堂,空中课堂是通过完善疫情防控期间的"空中课堂"机制,遴选骨干教师录制优质课程,配套线上学习资源,电视大屏加网络小屏,自主点播加教师指导,保障紧急状况线下停课后的教学需要,保障因病、事假不能到校学生的学习需要,保障特殊教育需送教上门的学生需要,同时为广大教师提供学习研究的范例。二是,打造双师课堂,双师课堂是在空中课堂基础上深化,将传统单师授课模式变革为名师团队支持下的新型教学场景。双师课堂分两个阶段推进:其一,录制覆盖小初高各学科知识点的优质微课,推送给全市各学校各学科教师。其二,以有基础的区或校为单位采用同步直播的方式实施,远程名师和班级辅导老师"1+1"分工协作,线上主讲,线下答疑。最终提取全市名师教学经验智慧形成"线上名师"标准服务,从备课、教学等环节提供模块化产品,全流程支持"线下教师"教育教学活动,使线下教师眼界极大开阔,能力、素养极大提升,教学实效极大增强。三是,探索融合课堂。融合课堂着力消除传统教育教学的时空阻碍,身处任何位置的学生和教师都可紧密组成共同体,高效组织教育教学,学生可以自主选择不同班级、学校甚至区域。不同区域教师讲课答疑,也可与不同位置的学生"面对面"研讨交流,共同参加各类教育活动。采用多种技术实现备课、教学、答疑、作业、评测、评价、反馈等教育线上全场景,穿透实体教室、学校边界,将实体教室升级为智能教室,教室间的物理阻隔在教育教学中消失,不同学校班级的学生可以同上一节课,跨校跨区构建融合课堂。

2021 年,中共中央办公厅、国务院办公厅印发《关于进一步减轻义务教育阶段学生作业负担和校外培训负担的意见》(中办发〔2021〕40 号),政策强调:一是,提高课堂教学质量;二是,提高作业设计质量;三是,开展课后延时服务统筹设计;四是,利用优秀师资(包括但不限于双师课堂或混合教学等)促进优质资源共享,促进教育公平。"双减"教学质量有效提升的综合解决方案之一是借助统整城区校优质教师资源,结合薄弱地区学校的教师(城区教师+农村教师)或骨干教师与青年教师统整等。目前在协同数字化转型战略背景下,我国教育优质均衡发展,已有大量学校开展双师课堂实践且已初见成效,但缺乏系统的理论知识指导。

二、"双师课堂"理论基础

在教育优质均衡发展的背景下,双师课堂日益受到关注,从国内外来看,学习机会理论是教育优质均衡发展背景下双师课堂最为直接相关的理论,而合作教学研究与实践则是双师课堂教学最为直接相关的研究。

(一)学习机会理论

学习机会的概念起源于 1960 年的《科尔曼报告》——"影响学生成就最重要的因素是学生的社会经济背景,最不重要的是设备和课程的差异"。科尔曼在 1963 年曾提出一个学校学习模型①(见图 1),表明任何人只要花费足够的时间,都能掌握既定的任务。在这个模型中,学习机会被定义为"分配给特定任务的时间"。Bloom 掌握学习模型(1968)逐渐将理论模型转为可操作的实践。Wiley 和 Harnischfeger(1973)②通过把学生的投入变量导致的学业成就可视化,使学习机会开始逐步从一个理论走向可操作可测量的方向。自新教师评估研究(Beginning Teacher Evaluation Study,BTES,1990)提出了测量的标准之一——学习时间,国际上也开始有了大型的测评项目。20 世纪 60 年代,国际教育成就评估协会 (International Association for the Evaluation Achievement,简称 IEA)在第一次国际数学研究(the First International Mathematics Survey,简称 FIMS)中引入了"学习机会"的概念,FIMS 测评中将学习机会视为教师知觉到的学生熟悉测试中所涉及的知识内容的机会,第二次国际数学研究(The Second International Mathematics Study,简称 SIMS)测评中将学习机会视为实施当年及之前所教内容的覆盖率。PISA 测试把学习机会视为"学生对特定知识内容的熟悉度与接触度"。学习机会概念模型(Elliott,2014)存在三大分支:以时间为核心、以内容为核心以及以质量为核心。辛涛等人③归纳出学习机会与教育教学相关联主要涉及以下三个方面:一是宏观层面,关注课程和教材对特定学习内容的覆盖情况;二是中观层面,关注教师教学能力和教学过程;三是微观层面,关注学生真实的学习过程和课堂经历。另外,穆尔理论模型——即时效应④和共生理论⑤也是双师课堂教学的主要相关理论。

---

① Caroll J B.A model of school learning.*Teachers College record*,1963,64(8):723–733.

② Alexander K L,McDill E L.Selection and Allocation Within Schools:Some Causes and Consequences of Curriculum Placement.*American Sociological Review*,1976,41(6):963–980.

③ 辛涛、姜宇、王旭冉:《从教育机会到学习机会:教育公平的微观视域》,《教育科学文摘》,2018 年第 2 期。

④ 钟伊娜、钟志勇:《交互影响距离理论下的"双师课堂"互动效果及对策分析——基于迪庆 D 中学的个案研究》,《学术探索》,2020 年第 12 期。

⑤ Pratt S.Achieving symbiosis:Working through challenges found in co-teaching to achieve effective co-teaching relationships.*Teaching and Teacher Education*,2014,41:1–12.

（二）合作教学研究

国内外合作教学研究为双师课堂教学提供了重要的实践与研究经验。合作教学（Co-teaching）是 20 世纪 60 年代由"美国中学之父"——William M. Alexander 提出的（解华等，2013）①，又称团队教学、协同教学或共同教学。②一开始的合作教学出现在特殊教育领域，指专业教师和特殊教育教师同时在同一教室对含有特殊儿童的班级进行教学。但现在它的含义变得广泛了，不再局限于含有特殊教育教师的教学活动，如 Goetz（2000）③将其定义为一般由两个或两个以上的教师组成教学小组，共同负责整个教学活动的教学模式，即合作教师"共同计划、实施和评估同一学习团体的学习"。

合作教学是一种关系实践，在这种实践中，两个或两个以上的教师一起计划、教学和评估学生（Friend 等，2010）④。合作和对个人实践的反思是教师工作场所学习的关键要素（Bakkenes 等，2010；⑤Hoekstra 等，2009⑥）。合作教学的元老级人物 Friend 和其同事在 20 世纪 50 年代末就提出合作教学有助于克服教师短缺，满足学生群体日益多样化的需求。20 世纪 60 年代，Friend 等人提出合作教学促进了英国以学生为中心的环境的创建，在随后的几十年中，在许多学科和许多国家的多个层面上实施了合作教学（Friend 等人，1993 年）。合作教学教师合作模式有多种分类方式，最早提出分类的是 Cook 和

---

① 解华、王磊、段梅青：《国内中外教师合作教学（CCFT）模式研究综述》，《吉林省教育学院学报》，2013 年第 9 期。

② 徐剑英、张雪红、胡吉祥：《ESP 转型下大学英语教师与专业教师的合作教学研究——以《新闻英语》为例》，《外语教学理论与实践》，2017 年第 1 期。

③ Goetz K.Perspectives on Team Teaching［EB/OL］.http:// people.ucalgary.ca/~egallery / goetz.html，2000-08-01.

④ Friend M,Cook L,Hurley C D,Shamberger C.Co-Teaching:An Illustration of the Complexity of Collaboration in Special Education.*Journal of Educational and Psychological Consultation*,2010,20（1）:9-27.

⑤ Bakkenes I,Vermunt J D,Wubbels T.Teacher learning in the context of educational innovation:Learning activities and learning outcomes of experienced teachers.*Learning and Instruction*,2010,20（6）.

⑥ Marsick V J,Hoekstra A,Korthagen F,et al.Experienced teachers' informal workplace learning and perceptions of workplace conditions.*Journal of Workplace Learning*,2009,21（4）:276-298.

Friend(1995)①,他们划分了六种指导模式:主察教学/One Teach One Observe,主辅教学/One Teach One Support,主援教学/Alternative Teaching,同步教学/Parallel Teaching, 协同教学/Team Teaching 和站点教学/Station Teaching。其他学者也有不同的分类模式。《支持合作教学手册》中将合作教学分成了合作教学准备、合作教学执行和合作教学管理结果三个阶段,Villa 等人(2004)②将合作教学分成了协作文化、共同教学计划、共同教学实施以及反思和倡导四个维度。合作教学阶段研究比较丰富,目前所有的分类按照学者们不同的标准可以有不同的分类方式,没有确切的标准,但是仍然可以归纳为课前设计、课中合作、课后评价和课后反思四个阶段。

三、"双减"背景下"双师课堂"界定与目标

(一)"双减"背景下"双师课堂"界定

从上述文件来看,"双师课堂"是相对独立发展的"专递课堂"和"名师课堂"发展到一定阶段后,出现融合发展的结果,集中展现了利用信息技术促进教育优质均衡发展的中国智慧(郑旭东,2021)。双师课堂(dual-teacher classroom,DTC)作为推进"三个课堂"落地应用的新型教学形态,是一种由远程授课名师和本地伴学教师协同完成教学活动的教学方式。③再结合郭炯等(2020)和郑旭东等(2022)研究,本研究将双师课堂(dual-teacher classroom,DTC)、双师协同、同步课堂、双师教学视为同义,界定为:为促进教育优质均衡发展,以网络技术环境和远程互动教学系统为支撑,由优质学校和薄弱学校教师协同配合,以同步互动方式实现对本地和异地学生同步上课的一种

　①　Villa R A,Thousand J S,Nevin A I,et al.Successful inclusion practices in middle and secondary schools.*American Secondary Education Journal*,2005,33(3):33-50.

　②　Villa R A,Thousand J S,Nevin A I,et al.Successful inclusion practices in middle and secondary schools.*American Secondary Education Journal*,2005,33(3):33-50.

　③　蒋艳双、崔璨、逯行、祁彬斌、包昊罡:《双师课堂中的多模态学习情感分析:关键问题,逻辑理路与实施路线》,《现代教育技术》,2022 年第 4 期。

协同教学模式,从而帮扶薄弱校促进教师专业发展,推动课堂革命,改善教育教学质量。双师课堂研究指的是双师课堂两端教师教学的研究,如图3.8所示,包括主讲、辅助、班级内部辅导及课堂前后延续等教学,通过视频会议系统或"互联网+"平台,开展合作教学而形成的双师课堂。

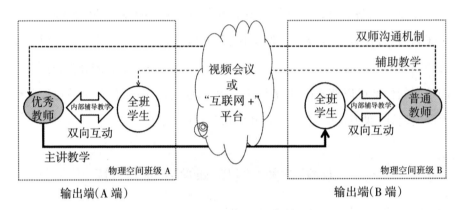

图1 双师课堂结构及教学行为

(二)"双减"背景下"双师课堂"目标

双师课堂的目标从微观目标和宏观目标等两个层面来看,最终都指向提升教学质量,从现阶段来看,达成"双减"要求,也符合国家教育优质均衡政策,具体分析如下。

1.微观目标

一是,双师课堂最终目标是促进学生成长,尤其是农村或教育薄弱地区学生的成长,当然,也可能是由青年教师授课的班级学生。这里尤其需要注意一点,双师课堂要能够达成输入端与输出端教学质量的共同提升,包括在效率、效果和效益上均能够实现有效提升。双师课堂过程目标为促进教师专业发展,这是双师课堂提升教学质量的重要抓手。因为双师课堂主要是探讨双师之间的合作教学达到优秀教师、骨干教师带领薄弱学校或青年教师共同成长,从而构建教师共同体,促进教师的专业发展。

2.宏观目标

从宏观上看,一是,双师课堂最终目标,是达成国家政策,促进教育优质均衡,这是教育高质量发展与体现中国社会公平的基本要义。借助双师课堂中双方教师、教研人员、专家团队、管理团队和技术团队等的综合发力,促进形成教师研修共同体,达成教育优质均衡。二是,双师课堂过程目标是提升教学质量,这也是"双减"所重点关注的,也是双师课堂微观目标所要达成的结果,更是实现双师课堂宏观目标的过程中不可逾越的阶段,也是教育高质量发展的应有之义。

四、"双减"背景下"双师课堂"教学模式

为了实现不同宏观目标,"双师课堂"有不同的合作教学模式,包括三种形态:A-C型双师、A-B型双师和A-A型双师[1],如表1所示。

表1　双师课堂教学模式

教学模式	输出端教师(Y)	输入端教师(X)	X代号
教师来源	城区校 A	城区校 学科老师	A
		薄弱校 学科老师	B
		偏远校 (非)学科老师	C

1.A-C型双师课堂模式

A-C型双师是为了满足教育基本均衡的质量需求,因为教师教学能力差异较大,甚至C端教师是非专业类教师,因此,"输入端"教师只能做"辅助"。

2.A-B型双师课堂模式

A-B型双师促进教育均衡发展:教师能力差异较大,"输入端"教师是跟岗学习,促进跟修,不断提升;A-B协同,A主导;B协助,分担A教师部分工

① 朱永海:《"双减"背景下"双师课堂"模式》,房山国家信息化实验区工作会议,2021年。

作,把 A 教师的设计落到纸面或做课件等。

3.A-A 型双师课堂模式

A-A 型双师促进教育质量整体提升(同时):A-A 协同,转化为 A-B 协同模式,双方可互换承担教师 B 角色;A-A 协同,双方优势互补,基本平分。教师能力几乎没有差异,"输入端"教师是协同合作,促进协同研修,强化虚拟教研;双师协同备课,课堂任务分工,各自管理各自班级的作业,利用在线教育优势,基于在线教育原理,形成教师团队,扩大优质教育规模,提升教育质量。

深度学习下的小学数学教学策略探究

刘子钰

首都师范大学初等教育学院

摘要:深度学习作为一种新型的学习理念,为今天的课堂变革和教学设计提供了新思路。深度学习的发生需要一种真实的教学情境,深度学习更加注重学生的学习过程,学习过程中学生围绕教师提出的有挑战性的问题而展开,通过问题使学生能够产生新旧知识间的联系,把握整体性的学习内容。深度学习的意义在于发展学生的高阶思维,促进学生解决问题的能力,培养学生的创新精神。本文将剖析深度学习的内涵及特征,分析深度学习视角下平行四边形面积的教学流程。最后,给出深度学习的教学策略。

关键词:深度学习;小学数学;教学策略

信息技术的迅速发展和知识经济的到来对今天要培养什么样的人带来了挑战。社会所需要的人不单单是有知识储备的人,还需要具备学习能力、创新精神、解决问题以及终身学习的人。教育在培养人的方面起着至关重要的作用,社会需求也对教育目标的制定产生影响,对教学提出了更高的要求。在这个信息化智能化的时代,新兴技术、新理念逐渐引入教育领域,一方面促进了先进教育理论的形成,另一方面又引领了教学实践。"深度学习"最早出现在人工智能领域,是指通过模拟人脑的抽象过程,实现计算机对数据信息的运算和优化,属于深层认知的算法思维。教育学中的深度学习指向对知识的理解程度,不仅是实践教学中浅层学习和机械学习的相反概念,而且还具有丰富的内涵。2012 年,张浩、吴秀娟等人从学习科学和学习心理学角度探索了深度学习的理论依据,对深度学习的发生机制和教学策略具有重要意义。[①]2017 年,郭元祥提出深度学习注重让学生理解知识的本质,沉浸于真实的学习情境,发展学生的批判性思维,注重实现知识的内在价值。[②]马云鹏指出:"小学数学深度学习是以数学学科核心内容为载体,整体理解学习内容的本质,提炼深度探究主题,通过真实的问题情境引发学生的认知冲突,在真实的学习情境中,围绕有挑战性的问题进行探索,使学生体验成功,以发展学生的综合素质。"[③]以上学者从认知科学、知识本质、小学数学教学多个角度对深度学习进行了研究,对深度学习的理论认识和实践探讨有指导意义。本文将分析深度学习的内涵及特征,通过有挑战性的问题使学生产生新旧知识的联系,经历完整的学习过程,以发展学生的高阶思维。

一、小学数学深度学习的内涵及特征

(一)深度学习的内涵

深度学习源于人工智能领域的研究,深度学习是机器学习的一种,而机器学习是实现人工智能的必经路径。深度学习通过组合低层特征形成更加抽象的高层表示属性类别或特征来解决问题。研究深度学习的动机在于建立模拟人脑进行分析学习的神经网络,它依靠模仿人脑的机制来解释数据,例如图像,声音和文本等。[④]

来自人工智能和学习科学领域的新型研究成果受到了教育界的关注。计算机可以通过组合算法模拟人脑解决问题,那人又是怎样学习知识的呢?

---

① 张浩、吴秀娟:《深度学习的内涵及认知理论基础探析》,《中国电化教育》,2012 年第 10 期。
② 郭元祥:《深度学习:本质与理念》,《新教师》,2017 年第 7 期。
③ 马云鹏:《深度学习的理解与实践模式——以小学数学学科为例》,《课程·教材·教法》,2017 年第 4 期。
④ 何玲、黎加厚:《促进学生深度学习》,《现代教学》,2005 年第 5 期。

对于知识的理解是否有浅层和深层之分？人的知识学习的过程是一个怎样的抽象过程？20世纪50年代中期，美国学者 Ference Marton 和 Roger Saljo 基于学生阅读的实验，于1976年首次提出了关于学习层次的一个概念。通过实验发现，学生对知识理解的程度会影响学生的学习效果，教育学中的深度学习是一种基于理解的有意义的学习。2005年，我国学者黎加厚提出："深度学习建立在理解学习基础上，学习者能够批判性地学习新思想和事实，并将它们融入原有的认知结构中，能够在众多思想间进行联系，并能将已有的知识迁移到新的情境中，做出解决问题的学习。"①

近年来深度学习理论广泛应用于中小学各个学科，以小学数学为例，数学核心知识作为深度学习载体，将与核心知识相关的知识点加以整合，围绕有挑战性的问题深度探究，产生新旧知识间的联系，使学生经历有意义的学习过程。对于平面图形面积计算的理解，学生首先要知道什么是面积，面积内容的本质包括有限可加性和运动不变性，以及学习面积过程中转化的数学思想，建立用运动的眼光看问题的角度。

(二)小学数学深度学习的特征

深度学习涉及对知识的批判理解。深度学习强调对知识本质的理解，在此基础上学生批判性地接受新知识，是超越重复和记忆的学习，从而加深对复杂知识的理解。例如，学生在掌握正方形面积方法之后，是否能判断只有知道边长才能求解正方形的面积这一问题。显然这个问题的答案是不正确的，根据正方形的性质可以发现，若不知道边长，已知正方形对角线的长度也可计算正方形的面积。

深度学习注重对内容的整体把握。学习内容有新旧、难易之分，但知识的掌握是整体性的，深度学习提倡通过问题引领的方式，使学生能够建立旧

---

① 韩瑞娟、王双：《小学生数学学习常见误区及解决对策研究——以〈平行四边形面积〉为例》，《兵团教育学院学报》，2018年第2期。

知识与新知识之间的联系,打破孤立、零散的学习方式,建立具有层次的逻辑体系。以"平面图形"为例(人教版),从"认识图形""长度单位""面积"到"多边形的面积",学习内容经历了由浅入深,由简到繁的变化。第一阶段,学生能够建立对图形的初步认识,掌握图形的基本特征。第二阶段,能够通过单位建立对事物大小的认识。第三阶段,了解什么是面积,借助方格纸来认识面积大小。在此基础上,学习平面图形的面积计算。学习面积计算公式不能仅仅是将公式记住,而是要建立在认知图形的性质基础上,通过观察推理进而推导出面积计算公式。

深度学习强调对过程的建构反思。信息时代背景下,知识变得多而杂,如果只是碎片化地学习知识,只能做到知道而不是学会。建构反思建立在对内容的整体把握上,能够在新旧知识相互作用时产生同化和顺应,建立新的认知结构,并不断进行反思,形成对知识的自我理解。在学习平行四边形面积计算时,学生可能会受到旧知识的影响,错把长方形面积计算公式用在平行四边形面积计算上,利用邻边×邻边的方法计算平行四边形面积。此时,教师要引导学生理解错误产生的原因,平行四边形面积大小是由底和高决定的,与邻边大小无关。

深度学习着意迁移应用培养高阶思维。深度学习者能够把握知识的本质,在新的情境中能够运用之前的旧知识解决新问题,做到举一反三,触类旁通。如果学生面对新问题束手无策,无法唤起学生的已有经验,那么学生之前的学习就是简单机械的学习。如图1所示,图①沿虚线从下到上对折得到图②,图②沿虚线从左到右对折得到图③,图③沿虚线从左到右对折得到图④,图④沿"粗线"减掉得到图⑤。学生能否在学习轴对称之后,利用对称轴画出图⑤展开后的平面图形。对折问题的本质是关于折痕对称,这与小学数学中的轴对称产生共鸣,解决此类问题需要唤起学生对已有经验的认识。

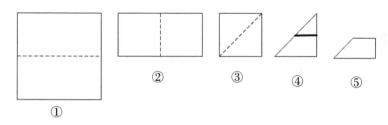

图1　尝试学习案例

二、深度学习视角下平行四边形面积的教学流程

(一)学习内容分析

平行四边形面积是人教版小学数学五年级上册的学习内容。主要内容是掌握平行四边形面积公式推导过程,能够运用平行四边形面积公式解决问题,发展学生转化的数学思想。平行四边形的面积教学建立在学生已经学过平行四边形的性质和长方形的面积计算基础上,学生对面积已经具有一定的理解。但是对于复杂图形的面积计算方法还不能掌握,平行四边形面积是多面形面积计算学习的第一课时,掌握平行四边形面积公式中的转化数学思想,有利于学生学习三角形、梯形等更为复杂的平面图形的面积计算。

(二)教学目标分析

1.通过学生自主探索,小组合作交流,动手实践推导出平行四边形面积计算公式,理解和掌握平行四边形面积计算公式。

2.让学生经历平行四边形面积推导过程,感受其中转化的数学思想,发展学生的空间观念。

3.培养学生分析、综合、概括和解决实际问题的能力,感受数学与生活的联系,培养学生数学应用意识,体会数学的魅力。

(三)学生学习平行四边形面积常见误区

1.学生学习平行四边形面积计算是在掌握长方形面积计算基础上进行

的,很容易受到长方形面积计算公式的影响,用边长乘边长来计算平行四边形面积。

2.在平行四边形拉伸变化过程中,周长和面积的变化问题。

3.周长相等的平行四边形面积是否相等? 面积相等的平行四边形周长是否相等?

上述三种误区在学生学习平行四边形面积计算时极其常见,想要打破学生固有的思维认知,教师在教学过程中要设计问题提出的方式,用设疑的方式激发学生的学习兴趣。在平行四边形面积计算这节课中,知识层面最核心的是要让学生理解平行四边形面积大小只与底和高有关,与其他要素无关;思想方法层面要让学生掌握转化的数学思想,为学习复杂图形面积计算奠定基础。

(四)教学过程设计

1.创设学习情境,提出问题

两只铅笔长均为 6cm,一支铅笔垂直向上滚了 5cm,另一支铅笔沿着斜向上的方向滚了 5cm,问这两支铅笔扫过的路径是什么图形? 所扫过的面积又为多大?

教学设计意图:通过一个实际问题情境,引出本节课所要探究的问题,发展学生用动态眼光看问题的视角,营造积极的学习氛围。

2.发现问题,引发认知冲突

假设两支铅笔运动轨迹如下图所示,猜一猜图 2 中的长方形和平行四边形分别有多大? 你是如何知道的呢? 要想知道平行四边形的面积需要测量哪些要素呢?

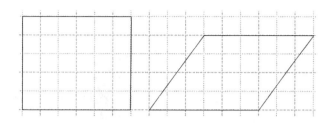

图2　两支铅笔运动轨迹

　　基于上述问题学生往往会出现两种结果。一类学生根据已有经验——长方形是特殊的平行四边形,会利用长方形的面积计算公式长×宽来计算平行四边形的面积,图中平行四边形边长分别为 5 和 6,相乘求得 30。另一类通过数方格或者将平行四边形转化成长方形,利用底×高求得面积为 24。面对不同答案的生成,教师应当及时追问,学生之间互相交流分享自己的想法,将课堂的主人交给学生。该阶段的儿童处于具体运算阶段,形象思维大于抽象思维,对于抽象数学公式的理解还需要借助直观的图形。学生在学习平行四边形面积计算时,往往会借助已有经验,根据长方形面积计算公式计算平行四边形的面积,如果将平行四边形面积计算公式直接教给学生,违背了学科育人的教育思想,不利于学生数学思维的培养。

　　3.合作交流,主动探索原理

　　根据已有的经验,回顾之前面积计算的一般方法——数格子,学生通过数的方式得知平行四边形的面积,这种方式需要借助方格纸,具有一定的局限性。将问题一般化,如果没有方格纸,应当怎样求解平行四边形的面积呢?经过小组交流,如图 3 所示,学生认为利用邻边相乘的方法求出的结果是不对的,因为经过拼接的长方形的宽比平行四边形的边要小,经历拉伸之后的平行四边形的面积要比长方形的小。

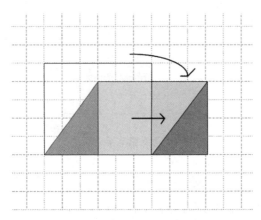

图3 如何算平行四边形的面积

在学习平行四边形面积计算时,要让学生充分感知转化的思想,经历观察、猜想、验证的过程。经历探究的过程后,学生打破了已有的思维定式,要想计算长方形的面积,知道邻边的长度是不充分的,需要知道平行四边形的底和高。学习初期,学生出现的两种不同的生成,充分发挥差异性回答的作用,让学生自己动手探索其中的原理,既开阔了学生的思维,也激发了学生的学习兴趣。

4.问题解答,发展数学思维

在经历合作学习、主动探究的学习过程后,学生已经能够掌握平行四边形的面积计算方法,但学生的逆向思维还需要加强。根据皮亚杰认知发展理论,9~10岁的儿童处于具体运算阶段,思维具有一定的守恒性,守恒是指个体能认识到物体固有的属性不随其外在形态的变化而发生改变的特征。学生如果不能深刻理解平行四边形面积大小是由底和高决定的,往往会认为平行四边形形状改变,面积也改变,因此在学生掌握平行四边形面积计算方法之后,还应当向学生提出一个探究性问题,等底等高的平行四边形的面积是否相等,面积相等的平行四边形的形状是否相同。

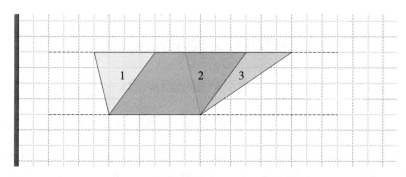

图4　等底等高平行四边形面积计算

学生通过对比图 4 所示的三个平行四边形大小得知,等底等高的平行四边形面积相同,但形状不一定相同,平行四边形面积大小是由底和高确定的。

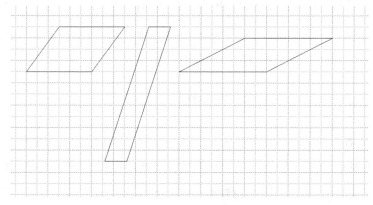

图5　平行四边形面积计算

学生自己动手画出面积为 12cm² 的平行四边形后发现,画出的形状可以不同,因此面积相同的平行四边形,底和高也不一定相同。将这个值得探究的问题设置在课程的最后,一方面巩固了本节课的核心知识——平行四边形面积的计算方法,另一方面促进了学生逆向思维的发展,充分发挥了学生的想象力,增强了学生的空间观念。

三、促进"深度学习"发生的教学策略

(一)学习任务具有挑战性,激发学生的学习兴趣

著名特级教师于漪曾说过:"课堂的第一锤要敲在学生的心灵上,激发他们思维的火花,或像磁石一样把学生牢牢地吸住。"处于小学阶段的儿童具有较强的好奇心,具有挑战性的任务能够激发他们的学习兴趣,教师通过生活情境、数学史等课堂导入方法,创设具有挑战性的任务,使学生全身心投入学习活动中。

在平行四边形的面积教学中,教师通过让学生猜的方式引发学生的认知冲突,在之前学过的长方形面积计算的基础上,像平行四边形这种非直角图形的面积我们该如何计算呢? 挑战性任务的设置一方面要能够激发学生的学习兴趣,另一方面也要符合儿童的认知发展规律,建立在学生已有的知识基础上,向学生提出具有挑战性的任务。

(二)体验感悟,让学生经历学习过程

《义务教育数学课程标准(2011 年版)》指出:"学生应当有足够的时间和空间经历观察、实验、猜测、计算、推理、验证等活动过程。"体验感悟,让学生在亲身经历知识的形成、发展过程中,理解数学知识、掌握数学方法、端正学习态度,是小学生进行深度学习的有效策略。在平行四边形的面积教学中,学生在小组活动中通过自己将手中的平行四边形裁剪、拼接成以前学过的图形,将平行四边形的面积转化成已有的图形面积,从而得出平行四边形的面积计算公式,学生实际动手操作的过程也是深度学习发生的过程、经历、感受和体验知识形成的过程。特别是抽象的知识,学生只有通过动手操作、体验感受,才能深刻理解并自主内化。

(三)激励性评价,让学生持续参与学习活动

富有挑战性的任务能够促使学生参与深度学习,动手操作、体验感悟能让学生经历知识的形成过程,而及时进行有效的激励性评价,可以促使学生持续参与学习活动,在活动中收获喜悦,体验成功。不同学生对同一问题的解读是不一样的,当学生在课堂上提出自己的想法时,教师应适当给予鼓励,给予学生激励性评价,有利于学生在课堂上进行思维碰撞。

深度学习作为一种教学理论和设计模式,在整体的教学内容中分析、设计,是一种有助于学生深度思考的教学活动。教师要把握深度学习的切入点,关注学生的学习过程以及富有深度的思考,才能让学生切实把握学习内涵,使有意义的学习活动真实发生,真正实现深度学习。

(四)提高专业素养,适应深度学习研究的需要

深度学习强调以任务和问题解决为基础组织教学内容,以学生为主体开展教学活动,以多样化的解决问题的策略展示学习成果。这些特征要求教师要具备一定的组织知识单元和跨学科问题解决的能力,在教学过程中发挥引领作用,不断提高自己的专业素养,适应深度学习的需要。学习是构建深度学习教学智慧的重要途径,因此,教师要在不断学习中提升教学所必备的知识、技能、能力等素养。

职前小学科学教师 STEM 素养评价指标体系构建研究

王晓宇　林长春

重庆师范大学初等教育学院

摘要:STEM 教育对于培养学生的 21 世纪技能及综合素养具有极大的意义和价值,科学教师作为教授 STEM 相关课程的主要实施者,其自身的综合素质及专业水平都至关重要,其中 STEM 素养是小学科学教师专业素养的重要组成部分。本文基于大量理论研究并结合专家意见,提出了由 4 个一级指标、12 个二级指标、31 个三级指标以及指标内容组成的职前小学科学教师 STEM 素养评价指标体系,在此基础上,运用层次分析法确立了每个指标的权重系数,以期对职前小学科学教师 STEM 素养的评价工作、职前小学科学教师的培养工作提供参考。

关键词:职前小学科学教师;STEM 素养;评价指标体系

一、引言

近年来,STEM 教育被世界各个国家所关注,并逐渐成为培养未来世界科技创新人才的中坚力量,还有个别国家把培养 STEM 素养人才作为主要教育任务,发展 STEM 教育已经成为各国教育的重要内容和目标。2017 年,我国教育部颁布了《义务教育小学科学课程标准》①,倡导 STEM 跨学科学习方式,建议小学科学教师在教学实践中开展 STEM 教育。小学科学课程与 STEM 教育的有效融合,不仅有助于 STEM 教育的发展,还对小学科学课程的教学改革具有一定的推进作用,小学科学课程和 STEM 教育的融合将会成为一个发展趋势。

而 STEM 教育的顺利开展离不开优质的教师,教师的综合素质是 STEM 课堂教学的重要保障。我国实施 STEM 教育的主体是一线的科学教师,因此,在小学科学课程与 STEM 教育融合的背景下,小学科学教师不仅应当具备科学素养,还应当具备 STEM 素养。2017 年发布的《中国 STEM 教育白皮书》明确指出,STEM 教育的主要问题是教师的培养,如何培养适应新时代发展的科学教师是当前的研究重点。但我国对于 STEM 的研究还比较浅,尚没有完善的教师培养体系。

鉴于此,本文立足"教师"的角度,旨在通过建立职前小学科学教师 STEM 素养评价体系,以期对职前小学科学教师 STEM 素养评价的相关研究及职前小学科学教师的培养工作提供一定的参考。

二、职前小学科学教师 STEM 素养评价指标体系构建

对于 STEM 素养的概念和构成,主要有两种不同的角度:第一种是学科还原论的角度,第二种是跨学科整合的角度,其中,学科还原论角度把 STEM 素养分解成 STEM 各个学科的素养,包括科学素养、技术素养、工程素养以及数学素养;跨学科整合角度则是从 STEM 学科特征出发,认为 STEM 素养是一种整合性的素养。本文认为 STEM 素养是一个整合性的概念,是一个人在真实情境下所表现出的 STEM 认知、STEM 相关学科基础、STEM 实践技能、STEM 态度与抱负的集合。

---

① 中华人民共和国教育部:《义务教育小学科学课程标准》,北京师范大学出版社,2017 年。

通过整理研究文献,梳理本研究的研究目的,本研究初步设计了职前小学科学教师 STEM 素养评价指标体系,如表所示,由 4 个一级指标、11 个二级指标、30 个三级指标构成,如表 1 所示。

表1　职前小学科学教师STEM素养评价指标体系初步建立

一级指标	二级指标	三级指标
STEM认知	STEM职业认知	一般性职业认知
	STEM学科认知	STEM 学科特征
		STEM 学科意义
STEM学科基础	科学原理及应用	识别并理解科学原理
		运用科学原理解释科学现象
	技术和工程理解与运用	理解技术和人类的相互作用
		正确使用技术
		工程设计与技术
		维护和检修
	数学知识及应用	运用数学知识解释现象
		数学基本能力
	跨学科理解与运用	识别 STEM 问题
		STEM 整合与应用
STEM实践技能	问题解决技能	工程设计技能
		科学探究技能
		系统思考与决策技能
		创造性解决问题技能
	合作交流技能	合作技能
		交流与沟通技能
	信息、技术操作技能	操作性和技术性技能
		信息通信技能

续表

一级指标	二级指标	三级指标
STEM 态度与责任	STEM 态度与品质	好奇心
		诚信与客观
		负责
		伦理决策
		乐观开放的思想
		自我监控与反省
	STEM 职业态度与责任	STEM 职业兴趣
		STEM 职业自我效能感
		关注 STEM 相关社会议题

（一）评价指标体系的修正与完善

在设计好初步的职前小学科学教师 STEM 素养评价指标体系后，对专家进行意见的咨询，以提高研究的专业性。本研究主要按照以下标准选择专家：一是国内对科学教育与 STEM 教育相关问题有着清晰认识的专家；二是研究"STEM 素养"相关领域的专家；三是有多年实践经验的一线教师，包括教研员、课标修订组成员等。

专家需要对构建的一、二、三级指标及对应的指标内容给出相应的意见，专家需要填写"重要性""判断依据""熟悉程度"以及"其他意见"等项目。其中"重要性"是指专家认为该项指标对于评价 STEM 素养的重要程度，并采用李克特（Likert）五级量表进行判断，分为非常重要、重要、一般、不重要、非常不重要，并分别以 5、4、3、2、1 来进行赋值，专家对某指标给出分值越高，则表示该专家对这一指标的认可度越高；"判断依据"是指专家对该指标的理解是基于什么判断的，包括实践经验、理论依据、同行了解、直觉；"熟悉程度"是指专家对该指标的熟悉度，目的是对专家意见的可靠性进行评判。每个指标下方的意见栏内可填写专家的修改意见，例如，该项指标是否可以删除、有哪些指标可以增加、指标内容描述是否科学合理等。在收集好专家的反馈意见后,对其进行定量与定性分析。

1.专家咨询意见反馈结果定量分析

(1)专家积极系数

专家积极系数可以反映专家对本次评价的关心和积极程度,计算公式为:K=m/M。式中:M指的是本次发放的咨询问卷总数,m指的是填答本次咨询问卷的专家人数,也就是说,专家积极系数是通过咨询问卷的回收率表示的。本次调查共发放12份问卷,填答咨询问卷的专家共10人,因此本次调查的专家积极系数K=83.3%。说明绝大多数专家比较关心本次研究,参与的积极性也比较高。

(2)专家权威程度

专家权威程度可以影响咨询结果的科学性和专业性,专家对指标做出判断的依据Ca和专家对指标的熟悉程度Cb共同影响这专家权威程度,专家权威程度的计算公式为:CR=(Ca+Cb)/2。CR的值越大,说明此次咨询的专家权威程度就越高。通过统计各位专家的填表数据,结果显示:2位专家的权威程度系数CR值大于0.9;6位专家的权威程度系数CR值介于0.7-0.8;2位专家的权威程度系数CR值介于0.4-0.6;10位专家权威程度系数均值为0.715。一般认为,专家权威程度系数CR≥0.7即可接受,表明专家对指标的判断和取舍主要建立在理论与自身实践的基础上,专家的可靠性较高。可以看出,本研究所选取的专家团队符合德尔菲法的研究要求,表明选取的专家在STEM素养研究领域具有一定的权威。

表2 项目量化表

重要性	量化值	判断依据	量化值	熟悉程度	量化值
非常重要	5.0	实践经验	0.8	非常熟悉	1.0
比较重要	4.0	理论分析	0.6	比较熟悉	0.8
一般重要	3.0	同行了解	0.4	一般熟悉	0.4
比较不重要	2.0	直觉	0.2	不太熟悉	0.2
完全不重要	1.0			不熟悉	0.0

（3）满分频率

满分频率 F 是指对指标 i 的重要性程度给出满分的专家人数 mi 和对指标 i 做出评价的专家人数 Mi 之比，计算公式为：F=mi/Mi。F 越大，说明对指标 i 做出满分评价的专家越多，从一定程度上可以说明该指标的相对重要性就越大。经统计，所有指标中满分频率超过 40% 的达到 100%，表示所有指标的重要性较高。

（4）指标重要性程度检验

算数平均数是指一组数据中所有数值的平均值，简称平均数或者均值。指标的重要性程度平均值，可以表示各位专家对于该指标重要程度的总体认同情况。指标的重要性算术平均数越大，那么该指标的相对重要性就越高，专家对该项指标的总体认同程度也越高。经过统计，结果显示 4 项一级指标 "STEM 认知""STEM 学科基础""STEM 实践技能""STEM 态度与责任" 的重要性平均值都大于 4.0，重要性程度达到高级程度，也就是说重要性是高级程度的一级指标占 100%，统计结果显示出专家对评价指标体系的一级指标非常认同，因此一级指标暂时全部保留。经统计，11 个二级指标的重要性均值也都大于 4.0，重要程度都达到高级程度，即重要性是高级程度的二级指标占 100%。统计结果显示出专家对评价指标体系的二级指标非常认同，因此二级指标暂时全部保留；经统计，30 个三级指标的重要性均值都大于 4.0，重要程度都达到高级程度，即重要性为高级程度的三级指标占 100%，统计结果显示出专家对评价指标体系的三级指标都非常认同，因此三级指标暂时全部保留。

（5）变异系数

变异系数又叫作"离散系数"，可以反映出专家意见的协调程度，用 Vi 表示。Vi 可以表示评价波动的大小程度，可以反映专家对指标 i 的重要性在认识上的差异程度。Vi 值越小，说明专家们的协调程度就越高。计算公式为：Vi=σi/Ci，式中：σi 是评价指标 i 得分的标准差，Ci 是指标 i 重要性算术平均数。经统计，一、二、三级指标变异系数全部介于 0.00–0.25，说明专家意见协调程度好。

（6）专家一致性检验

专家一致性可以反映专家意见的集中程度。本研究依照指标的"标准差"和"非常重要与重要之和百分比"进行专家一致性检验。专家一致性划分见表3。专家意见"非常一致"需要同时满足指标的P值大于等于85%，且标准差小于0.8，专家意见"基本一致"需要满足P值介于75%至85%之间，或者标准差介于0.8至1之间。如果以上都不满足，说明专家意见不够集中。

表3 专家一致性划分表

一致性	达到该等级所具备条件
非常一致	P≧85%，且σ≦0.8
基本一致	85%≧P≧75%，或1≧σ>0.8
不一致	P>75%，或σ>1.2

注：σ表示标准差，P是非常重要与重要的指标百分比之和。

依照"专家一致性划分表"，四个一级指标专家意见"非常一致"；11项二级指标的专家意见为"非常一致"；B24、D14、D15三项三级指标的专家意见为"基本一致"。无"不一致"指标。

2.专家咨询意见反馈结果定性分析

定性分析以修改意见作为参考，有些指标虽然在重要程度上已经得到专家的认可，但其中描述文字可能存在不完善、不严谨的地方，此时可以依照专家的其他修改意见进行完善和修改。通过整理，专家意见主要集中在以下方面。

通过整理专家意见，对一级指标的修改不多，说明大部分专家对于一级指标的设定比较认同。有一位专家认为STEM不是一门学科，因此将"STEM学科基础"改为"STEM相关学科基础"；这位专家还建议将"STEM态度与责任"改为"STEM态度与抱负"。

二级指标的修改意见主要有以下方面："STEM学科认知"表述不准确，

应该改为"STEM 项目认知"。有 3 位专家认为应该将"B2.技术和工程理解与实践"拆分成两个指标,因为技术和工程是两个概念,因此,新增两个二级指标,分别是"技术理解与应用"与"工程理解与应用"。将"B4.跨学科理解与实践"改为"跨学科概念理解与应用"。将"C3.信息技术操作技能"改为"信息技术及设备操作技能"。将"D2.STEM 职业态度与责任"改为"STEM 态度与抱负"。三级指标的修改意见主要是具体表述的变化,这里不一一列举。

3.评价指标体系确立

经修改,评价指标体系确定如表4。

表4 职前小学科学教师STEM素养评价指标体系

一级指标	二级指标	三级指标	指标内容
A.STEM 认知	A1.STEM职业认知	A11.了解和STEM相关的职业	能够认识并了解 21 世纪与 STEM 相关的职业,例如工程师、程序员等
		A12.认识STEM相关职业的社会价值	能够充分认识 STEM 相关职业对于社会科技发展的重要价值
	A2.STEM项目认知	A21.理解STEM的跨学科性	能够充分了解 STEM 的跨学科性
		A22.认识STEM项目的意义	知道 STEM 项目对于塑造客观世界及知识文化世界的重要性
B.STEM 相关学科基础	B1.科学原理及应用	B11.知道并理解科学原理	能够理解物质科学、生命科学、地球与宇宙科学、技术与工程等领域的概念、规律、定理和理论
		B12.运用科学原理解释科学现象	能运用对科学的认识和理解解释观察到的现象
		B13.能够运用科学原理制作产品	能在实践中熟练运用科学原理制作产品
	B2.技术理解与应用	B21.理解技术和人类的相互作用	理解技术是如何创造的,知道技术与人类的相互作用
		B22.正确使用技术	能够判断解决特定问题所需的技术,以实现目标
	B3.工程认识与理解	B31.正确认识工程的意义与价值	知道工程可以将物质和能源通过各种结构、过程改造成更先进的、对人类有帮助的东西
		B32.正确理解工程设计	熟悉工程设计的基本流程,知道工程设计是科学技术转化为生产力的纽带

一级指标	二级指标	三级指标	指标内容
	B4.数学知识及应用	B41.运用数学知识解释现象	能够使用数学概念和知识描述、解释和预测现象
		B42.运用数学的基本能力	能熟练运用数学推理、建模、解读分析等能力
	B5.跨学科概念理解与应用	B51.知道并理解跨学科大概念	知道并理解跨学科大概念
		B52.能够灵活运用跨学科概念	能够识别真实情境下的跨学科问题,并能熟练将跨学科概念运用于实际问题中
C.STEM实践技能	C1.问题解决技能	C12.科学探究能力	熟悉科学探究的基本方法,具备一定的科学探究过程技能
		C13.综合决策能力	能综合考虑问题的根源以及不同解决方案所带来的后果,利用多个学科解决问题,并基于STEM的知识储备以及个人经验做判断、做决策
		C14.创造性解决问题技能	能够针对问题产生多样化创意、产生创造性创意、评价和改进创意
	C2.合作交流技能	C21.合作技能	在团队合作过程中,能够考虑到团队成员的视角、知识、能力和意愿;愿意做出必要的妥协来达成共同的目标;为协作的工作分担责任,重视每一个团队成员做出的贡献
		C22.交流与沟通技能	能够使用口头的、书面的和非言语的交流技能有效的阐明思想和观点
	C3.信息技术及设备操作技能	C31.操作性和技术性技能	熟悉科学仪器设备的使用规则,能够规范地动手操作
		C32.信息通信技能	能熟练使用系列ICT和媒体发现、评价、分析不同来源的信息
D.STEM态度与抱负	D1.STEM态度与品质	D11.好奇心	对STEM相关事件保持好奇与探究的欲望,愿意探索STEM的新领域
		D12.诚信与客观	尊重客观规律,在实验、研究、报告等过程中能够做到实事求是

续表

一级指标	二级指标	三级指标	指标内容
		D13.责任心	能对自己、他人和环境的安全负责,并对行为所产生的结果负责
		D14.伦理决策	能够关注技术产品、过程对他人和环境的影响,在做决定时能够评估风险并权衡利弊
		D15.乐观开放	能够接受别人的意见,不抱有偏见;面对失败,能够勇往直前,积极解决问题
		D16.自我监控与反省	不断从多方位(正反)进行自我反馈与评价
	D2.STEM职业态度与抱负	D21.STEM职业兴趣	对STEM职业充满兴趣
		D22.STEM职业自我效能感	具有顺利完成STEM相关任务或活动的信念
		D23.关注STEM相关社会议题	有关注STEM相关领域动态的习惯

(二)职前小学科学教师 STEM 素养评价指标体系的权重分配

本文采用层次分析法对指标权重进行了计算和确定,专家通过两两比较的方法判断指标的相对重要程度。本次调查问卷是根据德尔菲专家咨询后所形成的最终评价指标体系所设计的,为了能够更加科学准确地得到各个指标的重要程度,本次的专家和上次咨询的专家相同,因为经过第一次调查,老师们对指标体系已经有了一定的认知,在一定程度上可以提升第二次咨询的针对性,保证前后咨询的一致性。本次调查问卷共发放 10 份,回收问卷 6 份,有效问卷 6 份,有效率高达 60%。

1.总体指标权重系数的确定

以专家 1 对一级指标的问卷数据信息为例,一级指标的判断矩阵如表 5。

表5　某专家对一级指标的重要性判断

一级指标	A.STEM认知	B.STEM相关学科基础	C.STAM实践技能	D.STEM态度与抱负
A.STEM认知	1	1/7	1/9	1/7
B.STEM相关学科基础	7	1	1/2	1
C.STAM实践技能	9	2	1	2
D.STEM态度与抱负	7	1	1/2	1

由此可得，λmax=4.09，RI=0.89，CI=0.03，CR=0.034<0.1，一致性检验通过。归一化后最大特征向量（即权重值）分别为：W_A=0.04，W_B=0.25，W_C=0.45，W_D=0.25。通过重复以上步骤，得到每一位专家对于一级指标评估的权重及其一致性检验值，针对部分一致性检验值没有通过的专家数据，将数据进行校正，最后结果如表6所示。

表6　一级指标的权重及其一致性检验值

专家编号	W_A	W_B	W_C	W_D	λ max	CI	CR
1	0.04	0.25	0.45	0.25	4.09	0.03	0.03
2	0.56	0.27	0.11	0.05	4.2	0.07	0.08
3	0.11	0.51	0.34	0.04	4.3	0.10	0.10
4	0.25	0.25	0.25	0.25	4.00	0.00	0.00
5	0.21	0.12	0.63	0.05	4.1	0.03	0.03
6	0.04	0.38	0.38	0.21	4.1	0.03	0.03

从表中可以得知，每一位专家的 CR 值都小于0.1，一致性检验通过，对所有专家的同一指标的权重系数求平均，得到最终的一级指标权重：W_B=0.202，W_B=0.297，W_C=0.36，W_D=0.141。

用同样的方法对所有指标进行计算，最终的指标权重如表 7 所示。

表7 职前小学科学教师STEM素养评价指标权重系数

一级指标	权重	二级指标	权重	三级指标	权重	排序
A.STEM认知	0.202	A1.STEM职业认知	0.089	A11.了解和STEM相关的职业	0.046	7
				A12.认识STEM相关职业的社会价值	0.043	10
		A2.STEM项目认知	0.113	A21.理解STEM的跨学科性	0.054	5
				A22.认识STEM项目的意义	0.058	3
B.STEM相关学科基础	0.297	B1.科学原理及应用	0.088	B11.知道并理解科学原理	0.014	26
				B12.运用科学原理解释科学现象	0.039	11
				B13.能够运用科学原理制作产品	0.035	13
		B2.技术理解与应用	0.043	B21.理解技术和人类的相互作用	0.016	24
				B22.正确使用技术	0.027	17
		B3.工程认识与理解	0.068	B31.正确认识工程的意义与价值	0.032	15
				B32.正确理解工程设计	0.036	12
		B4.数学知识及应用	0.028	B41.运用数学知识解释现象	0.0136	28
				B42.运用数学的基本能力	0.0143	25
		B5.跨学科概念理解与应用	0.071	B51.知道并理解跨学科大概念	0.026	18
				B52.能够灵活运用跨学科概念	0.045	8
C.STEM实践技能	0.36	C1.问题解决技能	0.202	C11.科学探究能力	0.061	2
				C12.综合决策能力	0.056	4
				C13.创造性解决问题技能	0.085	1
		C2.合作交流技能	0.092	C21.合作技能	0.045	8
				C22.交流与沟通技能	0.047	6
		C3.信息技术及设备操作技能	0.064	C31.操作性和技术性技能	0.030	16
				C32.信息通信技能	0.034	14

续表

一级指标	权重	二级指标	权重	三级指标	权重	排序
D.STEM态度与抱负	0.141	D1.STEM态度与品质	0.093	D11.好奇心	0.012	29
				D12.诚信与客观	0.019	21
				D13.责任心	0.017	22
				D14.伦理决策	0.009	31
				D15.乐观开放	0.014	26
				D16.自我监控与反省	0.022	19
		D2.STEM职业态度与抱负	0.048	D21.STEM职业兴趣	0.022	19
				D22.STEM职业自我效能感	0.017	22
				D23.关注STEM相关社会议题	0.010	30

2.对我国职前小学科学教师培养的启示

指标权重系数可以在一定程度上反映出在评价职前小学科学教师STEM素养时,哪些指标相对比较重要,因此,从指标权重的结果可以总结出一些关于培养职前小学科学教师STEM素养的启发。

(1)注重STEM实践技能的培养

从权重系数排序可以看出,STEM实践技能的权重系数远高于其他指标,指标系数最大的是问题解决技能,所包含的3个三级指标中科学探究能力、综合决策能力、创造性解决问题技能尤为重要。学习知识的最终目的是将知识运用于实践,而STEM教育与传统教育的区别就在于STEM教育更加注重实践,因此在培养职前小学科学教师STEM素养时,建议着重加强对职前科学教师实践能力的培养。

(2)加强职前小学科学教师对STEM的认知

对STEM有全面深入的认知有助于帮助职前科学教师在学习的过程更加有目标和内在动力。让职前科学教师了解并认识到STEM职业对于社会的意义可以帮助他们增加对教师行业的认同感,认识到自己所做的工作对于培养学生的综合素质有很大的意义;其次让职前科学教师充分理解 STEM 项目的跨学科性和意义有利于提升他们的专业性,更加全面准确地认识 STEM 项目和 STEM 教育。因此建议高校在设置专业课程时,能够考虑到 STEM 认知对于职前科学教师的重要性,在基础的专业课或实践课中,不断加强职前科学教师对于 STEM 的认知。

(3)加强科学、工程原理和知识的学习

通过比较权重系数,发现 STEM 相关学科基础中科学原理及应用权重最高,其次是工程认识与理解。STEM 相关学科基础是进行 STEM 实践的保障,尤其是科学原理的学习,在 STEM 项目中,会涉及很多的科学原理,例如物理知识、化学知识、生物知识等,可见科学原理的涉及面很广,因此在基础知识的学习中,要着重加强职前科学教师对科学原理的学习,只有具备扎实的科学基础,才能使得 STEM 实践顺利进行。要加强对工程设计等和工程相关的知识学习,首先需要让职前科学教师正确认识工程是什么及工程对于 STEM 项目实践的重要意义和价值,其次需要让他们充分了解工程设计的具体程序,鼓励职前科学教师要和真正的工程师一样思考问题、解决问题,让他们亲自参与工程设计的整个流程,切身体会工程设计的价值以及工程对于社会的意义。

三、职前小学科学教师 STEM 素养评价指标体系的操作建议

(一)评价主体多元化

对于一个完整的评价研究来说,评价内容和评价方式等问题固然重要,但是评价主体的选择也不能忽视。由于 STEM 教育的特殊性,本文认为在开展评价工作时,评价主体应当多元化,包括高校专业课教师、课外实践的辅导教师、职前小学科学教师自身以及同伴等。

首先,评价工作需要有高校的专业课老师参与,他们清楚职前科学教师

在校所学的专业知识,对于专业知识的了解程度高,具有一定的权威性,因此在评价二级指标"STEM 相关学科基础"时具有一定的话语权。

其次,还应当邀请高校以外的专业人士或机构来参与评价。由于 STEM 教育的特殊性,职前科学教师会接触到校外的很多专业人士,例如在实习或者见习阶段会接触一线的科学教师、教研员等,在社会实践阶段还会和相关的企业、科研机构有交流,因此评价主体可以涉及中小学一线教师、科研机构及企业等。除此之外,来自同学的评价也很重要,他们每天接触的时间很长,比其他评价主体看到的信息更加全面、真实、准确。多元化的教育评估人员共同组成评价小组,不仅能够提高评价职前科学教师 STEM 素养的全面性,还可以通过收集多角度的反馈信息获取更有效、更准确的决策信息。

最后,还要有职前科学教师自己参与评价。因为他们最清楚自己的内在情感变化,其他人的评价或多或少带有一定的主观性,让职前科学教师参与评价工作可以保证评价结果的准确性,同时还可以提升他们学习的积极性,这样评价的意义和价值都可以得到实现。

(二)评价方式多样化

由于 STEM 素养评价指标涉及多个维度,每个维度有不同的特点,因此,单一的评价方式难以评价职前小学科学教师真实的情况。因此,在实践过程中应当探索综合的评价方法。评价方式多元化发展不仅是对方法理论进行实践探讨,也是了解职前科学教师 STEM 素养水平、改善师范生培养模式的重要途径。不同的评估方式所关注的重点都有所不同,采用多种方式评价可以从多个视角、多个维度评价 STEM 素养。

1.质性评价和量化评价相结合

质性评价和量化评价是从不同的方面、用不同的方法对事物进行评价,在评价职前小学科学教师 STEM 素养上,它们各自都无法评价所有的指标,必须相互补充,进行有机的结合,缺少任何一方面都不足以全面地评价实际情况。

因此,在使用本研究所建立的评价指标体系时,除了需要根据被评价对象的表现对每个指标进行打分外,还需要根据被评价对象的表现进行质性评价。因为有些指标的内涵十分丰富,而且不易用传统的打分方式评估,且指标体系中的指标内容只提到了该指标的要点,即在评价时不应当局限于该指标体系,需要通过评价主体的经验和理论积累对被评价对象做一个全方位的评价。因此,为全面、深入地评价职前小学科学教师的 STEM 素养水平,建议将质性评价和量化评价相结合。

2.形成性评价和总结性评价相结合

评价的最大目的是通过评价职前小学科学教师的 STEM 素养水平,根据评价结果发现问题,改进问题,促进他们的专业成长与发展,也就是常说的"以评促学"。因此,应当有效利用好评价指标体系,让其发挥最大的价值。

形成性评价主要是在学习过程中对评价对象进行的评价,然后根据评价对象的表现发现当前存在的问题,灵活地调整学习计划,形成性评价典型的评价工具就是"档案袋评价"或者"表现式的评价"。而总结性评价是在学习结束之后对评价对象进行的评价。将二者有效结合,让他们发挥自身最大的价值,在评价过程中让 1+1>2 的现象发生,不仅可以精准评价不同阶段的职前小学科学教师 STEM 素养水平的变化,还可以用于分析职前小学科学教师 STEM 素养发展所存在的问题与挑战。因此,要有效利用好形成性评价的价值,对形成性评价的结果进行深度分析,提高对形成性评价的重视程度,绝不能将形成性评价当作无用功。建议相关机构或部门在开展评价工作时改变单一的总结性评价,向形成性与总结性评价相结合转变。这种评价方式的另一个优点在于督促职前科学教师进行自我反思与进步,更加全方位地认识自己。

（三）注重评价的情境化

本文所建立的职前小学科学教师 STEM 素养评价指标体系,是知识、技能、态度等的综合体,而 STEM 强调解决真实情景中的复杂问题,也就是说,评价职前科学教师的 STEM 素养其实就是在评价其在真实情境下所表现出来的特征,这些表现是非常复杂的,因此,对于 STEM 素养的评价实际上是对复杂表现的评价。对这些表现的评价和传统的纸笔测试有很大的区别,行为具有很大的偶然性,为了更加准、全面地评价这些指标,有必要设立多个真实情境,使用多个评价事件,收集不同角度的证据对职前科学教师进行多次评价,这在很大程度上会减小误差,实现评价的准确性。

四、结语

本文建立的职前小学科学教师 STEM 素养评价指标包括 4 个一级指标、12 个二级指标、31 个三级指标以及具体的指标内容,其中 4 个一级指标分别是 STEM 认知、STEM 相关学科基础、STEM 实践技能、STEM 态度与抱负。STEM 认知强调对 STEM 职业和 STEM 项目的认知;STEM 相关学科基础强调科学、技术、工程以及跨学科领域的知识原理与运用;STEM 实践技能强调在 STEM 实践的过程中所需要的技能或能力;STEM 态度与抱负强调与 STEM 相关的态度品质和职业态度。一级 STEM 实践技能与 STEM 相关学科基础的权重系数较大,相对重要性较大,其中 STEM 实践技能中的问题解决技能权重最大,STEM 相关学科基础中科学原理及运用权重较大,在评价职前小学科学教师 STEM 素养时,应更关注问题解决技能及对科学原理的运用。因此,我国在培养职前小学科学教师时应注重对 STEM 实践技能的培养,加强职前小学科学教师对 STEM 的认知,加强对科学、工程原理和知识的学习。

小学一年级入学适应教育路径及对策的个案研究

韩洋

大连大学小学教育专业硕士研究生

摘要:2021 年春季,国家针对我国幼小衔接教育长期存在的问题,提出了一系列的针对性举措。与以往不同的是,在政策的引导下,无论是教育研究者或是一线教师都把研究的视角从幼儿园转移到了小学,从入学准备教育转移到小学入学适应教育上。基于此,本文从小学一年级入学适应的实际情况出发,对 Y 小学的入学适应教育展开系统的研究。我们采用访谈、观察和问卷调查相结合的方法,分析该校一年级新生入学适应情况及入学适应教育现状,发现问题,分析原因,在此基础上阐释了入学适应教育实施路径,并从促进新生入学适应、强化双向衔接的角度提出了四点实施对策。

关键词:适应;入学适应;入学适应教育

自实施素质教育以来,国家越来越重视对幼小衔接教育的推广实施。教育部于 2021 年初开始组织实施入学适应教育,以解决幼小衔接不当儿童不能很好适应小学生活的问题,并在 2021 年秋季采取试点先行,2022 年秋季在全国推行实施。本研究就是在这一宏观背景下展开的具象研究。

一、研究背景

(一)贯彻落实国家衔接教育和入学适应教育的时代需要

2021 年初,教育部印发了《关于大力推进幼儿园与小学科学衔接的指导意见》(以下简称《指导意见》),其中基于"双向衔接"的原则理念提出开展小学入学适应教育,并明确将小学一年级上学期列为小学入学适应期,科学开展入学适应教育。与此同时,又跟进发布《小学入学适应教育指导要点》,拟将于 2021 年 9 月开学季开始试行入学适应教育,2022 年 9 月开学季在全国推行实施。

(二)优化小学一年级入学适应教育的现实需要

近几年来,学者们对儿童入学适应的相关课题进行了研究,研究结果表明,学生入学适应问题在中小学是普遍存在的,其中小学存在的问题更多也更为严重,学生进入小学后容易情绪低落,不适应集体生活等。[1]针对这些问题,学生的入学适应情况和学校入学适应教育的对策是本次研究的一个重点内容,学生既有的适应现状将会对入学适应教育对策的提出产生影响。作为一线教师,如何依托国家的教育政策,利用学生已有的经验素质,做好入学适应教育是一项艰难而又伟大的工程。

(三)提升学校和小学教师入学适应教育能力的客观需要

入学适应教育的工作在如今教育大环境的背景下发生着新的变化,也遇到了新的问题。一方面学校要在社会发展巨变的潮流中谋求自身的稳定发展,另一方面学校内部的整体规划和教师的专业发展也都面临着巨大的挑战,尤其是在稳定的教学环境中,教师们周而复始地开展教学工作,很多

---

[1] 张敏:《嘉绒藏区小学生入学适应问题研究》,西南大学 2014 年硕士学位论文。

教师已具备自己的教学风格。儿童进入小学后,相较于幼儿园的教育方式、学习环境、班级规模都发生了变化,这时,小学教师则以以往的教学风格注重强化式的训练,要求儿童尽快融入小学生活,过于关注学生学业成绩方面的适应,这就会影响了儿童身心的健康发展。那么,学校作为教育管理的直接领导者如何面对这样的问题,如何促进学生平稳而顺利地适应小学生活,改变以往的控制和被控制的单一教学方式,对学生进行正面的鼓励,进行教育对策和管理方式的创新则显得尤为重要。

二、Y 小学一年级学生入学适应面临的主要问题

入学适应教育作为小学教育的重要组成部分,前人已经做了相关研究,在过去的几十年里, 学者们总结了在学生入学适应方面和学校入学适应教育方面存在的问题和不足,并提出了相应对策,但是虽然教育政策在改变,可小学生的入学适应及学校的入学适应教育又出现了新的问题。

(一)部分学生新环境适应不良

良好的环境适应表现为学生能快速熟悉新环境的建筑设施,在新环境中适应新的师生同伴关系和社会活动,交往顺利、生活愉快。而根据我们的调查发现,Y 小学一年级的绝大多数学生能够快速融入新的班集体中,能够在开学半个月到一个月时间内熟悉校园环境和班级环境,并在两周之内交到三个及以上的朋友,但仍有少部分学生由于环境的变化,周围人员的变化产生了焦虑、心神不宁和紧张等情绪。甚至面对新老师、新朋友没有安全感,感到害怕,出现哭闹等现象。

(二)行为习惯还未养成

与幼儿园阶段不同,小学阶段的校园生活有着明确的纪律规则规章制度,初入学的小学一年级新生大部分表现良好,但仍有部分学生存在问题。

一是部分学生上课不遵守纪律,随意插话。个别学生课下在走廊追赶打闹,大声喧哗等。以上这些现象在被调查的四个班级都普遍存在,且在开学初的一周内出现频率较高,而后随着时间推移,逐渐减少直至消失。

(三)自我生活能力较弱

从问卷调查和课堂观察中我们发现,大部分学生在入学前并没有形成基本的自我生活能力,自己整理物品的意识较差,常常出现丢铅笔橡皮等问题;部分同学对于一些简单的劳动不会或者很少能够自己完成,缺乏基本的动手能力,也缺乏基本的打扫卫生的意识;部分同学个人卫生较差,书本桌面不干净,还有一部分学生衣着穿戴不整齐,不会扣扣子、拉拉链、系围巾,等等。

(四)人际交往水平较低

为了了解一年级学生入学后在社会适应方面的具体情况,我们对一年级新生进行了调查,研究发现,一部分学生能够很好地处理与同学和老师之间的关系,并能在同学需要帮助时提供帮助,遇到问题会及时向教师请教并寻求帮助。但不难发现,还有一部分学生还不能够处理好自己与他人的关系,对教师缺乏信任,对班集体缺乏安全感,经常因为一些小问题与同学争吵,有时会因为游戏活动产生冲突并向老师告状。

(五)学生注意力难以集中

通过教师访谈和课堂观察等方式,我们发现,在开学初的一个月内,对于40分钟的一堂课,一年级新生不能够很好地适应,在课上学生很难一整堂课都集中注意力,表现好的能够维持15—20分钟,差一点的注意力仅仅能够维持10分钟左右,四个班级均没有注意力维持在20分钟以上的学生,同时教师在上课过程中要随时采取各种手段,如手势和声调的变化召回学生注意力。

三、现存问题的原因分析

(一)幼儿园与小学存在环境差异

从生活环境上看,幼儿园学校和教室环境的布置是以多彩的装饰为主的,而小学校园的环境和教室的布置则更加规整严肃,这就导致刚刚进入小学的部分学生出现了不适应的状况。从学习环境上看,幼儿园以游戏活动为主的学习环境变成了以知识学习为主、以作业为导向的学习环境,学校的教学方式和学生的学习特征都发生了转变,学生出现情绪依赖断层,情绪低落现象,这一阶段他们在心理上还没觉得自己是个小学生。①

从交往环境来看,儿童已跳出原有的人际交往圈来到了新的交往环境,周围的教师和同学都是新面孔,他们需要重新付出情感接受新教师和新朋友,但由于儿童的年龄特点限制,一时间,他们很难适应这种变化。

(二)学校和家庭忽视学生的习惯培养

一是家庭方面,部分家长表示工作繁忙,在孩子的成长过程中,他们的教育、管教和陪伴是缺失的,这就导致很多孩子性格内向且倔强,不愿与人沟通,也表现出很多不好的习惯。个别家长的性格品行也会影响孩子的习惯养成。还有一些家长过于注重孩子的学习成绩而忽视了学习习惯的培养,连基本的坐姿和握笔姿势都没达到要求。

二是幼儿园方面,在调查研究中发现,个别学生所在幼儿园仅限于帮助家长"看孩子",并没有达到教育孩子的标准,这导致孩子在幼儿期就没有养成良好的行为习惯和生活习惯,在进入小学这一正规的学校教育环境中,一些不良的习惯则暴露无遗。

三是小学方面,儿童在幼儿园已养成的习惯不再适用于小学这种紧张

---

① 田蓉:《基于儿童心理特征的小学校园色彩设计研究》,华中科技大学 2019 年学位论文。

的学习环境,在学生向小学的过渡上,小学教育欠缺了一些习惯的培养,如,坐站行的要求过于模糊,学生并没有明确三者的标准是什么。个别教师把注意力集中于学生的学习成绩而忽视了孩子的习惯养成,一定程度上没有站在受教育者的角度看待问题。

(三)家长的教育习惯与对孩子的溺爱包办

一是很多家长溺爱孩子,不知道如何给孩子最适合的教育和关照,许多孩子也习惯了生活中的大小事情有父母插手,于是,就出现了孩子在进入小学后连整理书包和桌面这种基本能力和意识都没有。调查中四个班级有 13 名学生不会使用筷子,在家吃饭的方式都是家长喂。所以,一旦离开家的"温床",孩子们的不良习惯则全部显现。

二是家长们自身的生活习惯存在问题,卫生意识不强,家庭卫生较差,孩子在家长的影响下也没有养成正确的卫生习惯。对此,我们与学生以谈话的方式了解其家庭情况,发现勤快利落的家长所教育出的孩子行为习惯就很好,邋里邋遢的家长的孩子也会出现不在意卫生或者不会打扫卫生的情况。

(四)学生的性格特点与家庭的社交观念

一是学生自身的性别性格差异会影响学生的入学适应。在访谈中了解到,一些性格外向活泼的学生能够在短时间内交到朋友并与教师建立信任的师生关系,很少哭闹。而一些性格内向的学生对家长的依赖较大,面对环境的改变一时之间很难快速适应,并偶尔出现哭闹的现象,至于同伴交往方面,这些学生比较慢热,较短时间内不能够交到朋友。

二是家长们的社交习惯和对社交的重视程度也会影响学生的人际交往。一方面家长的社交能力较强,孩子在家长的影响下交际能力也较高,反之亦然。另一方面,一部分家长会把人际交往作为生活的一部分,并提供各种机会锻炼孩子的交际能力,但还有一部分家长全身心地辅导孩子的学习,自身就不重视社交,自然就忽视了对孩子这方面的教育。

(五)儿童的自身特点与学校的教学特点

儿童的生理特点影响他们的注意力分配和集中。儿童在 6 岁时,大脑对外部世界的刺激比较敏感,7~8 岁时,对直观形象的事物容易接受,但抽象概括水平较差。而初入学的学生年龄集中于 6~8 岁之间,生理上发展得还不够成熟,注意力集中于 15—20 分钟左右,[①]超过这个时间就会形成大脑疲劳,从心理上看,一年级学生注意力的分配性和广度还没有发展完善,他们做不到同时注意几件事,也特别容易受到周围事情的影响而分散注意力,这是学生自身发展的特点。[②]

四、Y 小学入学适应教育实施路径

(一)集中的专项教育

专项教育是指以入学适应为主题的专项教育教学实践模式,集中专项教育是指立足专项教育实施体系,在入学适应教育开展过程中采取专门措施和手段着重于以专项教育形式改善学生的适应情况。在此我们将入学适应的专项教育分为两大类,具体如下。

1.开学仪式教育

开学仪式教育是指在开学当日学校在环境布置、活动策划、人员分布等方面立足教育人、引导人、发展人的理念组织开学仪式,目的在于烘托学校温馨氛围,降低孩子恐惧感,帮助学生在短时间内了解学校,为更好地适应学生生活做准备。

2.在校生活教育

在校生活教育涵盖面很广,基本范围涉及整个一年级上学期,针对学生

---

① 孟萍:《幼小衔接背景下小学一年级学生学习适应性的调查研究》,天津师范大学 2013 年学位论文。

② 计为亮:《让我们的英语课堂充满活力》,《学知报》,2011 年第 9 期。

的在校生活展开的专项教育集中于身心教育、生活教育、社会性教育和学习教育。目的是在身心上引导学生降低对学校的陌生感,爱上校园;生活上引导学生能够自觉更正自己的错误行为;社会上强化学生规则意识;学习上为学生创设优良的学习环境,提供优质的学习内容,营造积极的学习氛围,引导学生养成正确的学习习惯。

(二)分散的教学融合

将入学适应教育渗透在小学一年级上学期教育的方方面面,在日常生活学习中规范学生行为,养成良好习惯,形成优良品德,学好扎实技能。

1.教学中习惯培养教育

教师在课堂教学中随时可能遇到学生学习状况不佳和学习习惯不良的现象,如学生趴桌子睡觉、溜号、同桌打闹嬉笑等。针对此类现象,教师应利用教学机智,采取必要手段组织学生行为,并在日后的班会课和家长会上对这类现象做出评述。

2.生活中规则强化教育

"知规、懂规、守规"是小学新生进入学校后面临的第一个难题,幼儿园时期的保姆式教育服务和家长的溺爱教育方式使很多学生在入学前并没有形成好的规则意识,不懂得什么是规则,自然很难会主动遵守规则,这就要求班主任在日常生活中注意强化学生的规则意识,如在大课间站队中明确告知学生排队的要求,在每周班会课上对班级一周的值日卫生情况进行总结反馈,每天都向学生强调学校和班级纪律等。

(三)常规的学校管理

学校管理行为是校领导和教师对每一个学生的行为进行规范化指导和科学性管理的活动。旨在通过必要手段干预学生的行为表现,防范不良行为出现,这就要求学校领导和班主任教师在常规的学校班级管理中加强督导与教育。

1.校领导宏观指导

学校形成以校长为领导,以德育主任和教学主任为责任人,以班主任教师为直接负责人,以任课教师为辅助管理者的入学适应教育督导小组,在管理过程中,校领导应从宏观上管理各级督导小组,及时回收反馈信息,做好统计教研工作,为新的管理方案的出台和实施做准备。

2.班主任教师微观调控

学生在校生活中接触时间最久的是班主任教师,对学生了解最深的也是班主任教师,对此,在常规的学校管理工作中,班主任教师要发挥中坚力量,及时发现问题、及时制止、加强管理、形成日志、总结经验。

五、Y 小学入学适应教育实施对策

(一)营造温馨学校氛围并鼓励学生接触外界

首先,营造温馨的班级氛围。教师要充分利用课堂资源,在规整庄严的外部特征基础上,营造温馨舒适的课堂氛围,帮助学生尽快适应小学生活。与幼儿园阶段相比,小学教师多为严厉苛刻的。对此,作为教师的我们应该改变这一形象,把和蔼可亲的一面展现在学生面前,帮助学生建立安全感和对老师的信任感,保障学生在身心上顺利适应小学生活。

其次,鼓励学生接触外部世界。孩子对于学校环境很难适应很大程度上是因为这个年龄段的孩子很少有独立接触外界环境的机会,事实上一年级的孩子有很强的求知欲和好奇心,他们非常向往对外部世界的探索和发现,作为家长,要注意孩子发展的关键期,鼓励孩子多接触外界。

(二)家校合作教育共助学生适应小学生活

首先,有意识地进行注意力训练。一是家长方面要激发孩子学习的积极性,变"学习"为"游戏",多组织活动,亲子互动,培养孩子的专注力。二是学校方面,教师要高效高质备课,使教学内容和方式具有吸引力。①

其次,家校携手关爱学生。一是家长利用在家时间对孩子进行心理疏导,帮助孩子一步步地进行角色转换。二是身为家长应该以身作则,做一个讲卫生、懂礼貌、爱劳动、勤劳节俭的人,为孩子树立好榜样。三是家长也要拒绝对孩子的溺爱包办,身为家长,要鼓励孩子自己的事情自己做,别人的事情帮着做,以此来锻炼孩子的独立生存能力。

最后,开设家长培训班,绝大多数家长能够很好的辅导孩子的功课学习,但家长们更多侧重的是知识的学习和积累,在学习习惯养成上家长则是"新手"。对此,学校一方可以与家长方面加强合作,开设家长培训班,成立家长委员会,设置委员会轮流组长,负责整理班级学生学习习惯养成记录等事宜。

(三)学校采取有效措施应对学生入学适应问题

首先,开展评比活动促进习惯养成。班主任教师可以正向利用学生们的好胜心开展有趣的评比活动,以计分奖励的方式帮助学生们养成卫生意识;还可以带领学生阅读卫生类的绘本读物,观看相关的视频动画,让他们认识到讲卫生的重要性。

其次,树立有效班规认真予以执行。班主任教师在积极引导的基础上树立明确的班级规章制度,把明确的标准和要求告知学生,按照学生的遵守程度有奖有罚。

再次,教师应该提升自身的教学水平,更新教育观念,优化教学方式和方法,尽可能在学生注意力集中的15—20分钟内讲授新知识内容,课堂管理上以表扬激励为主,批评惩罚为辅,帮助学生更好地适应小学学习生活。

最后,设置合理的入学适应课程,既然学生的课堂接受情况不良是一种普遍现象,如果把它当作个别现象去处理就会导致教学进度跟不上,那学校方面就应该从宏观上把握,整体设置入学适应课程,安排固定学时,着重纠正

---

① 王雪梅:《一年级小学生适应期存在的问题对策研究》,《文教资料》,2017年第9期。

学生错误的学习习惯和行为习惯。

(四)创造多元情境以加强同伴之间的交往

首先,创造交流空间加强学生间沟通。班级成立之初,学生容易对班级感到陌生,学生与学生之间也不太熟悉,为了消除陌生感,建立集体荣誉感,学校方面可以开展丰富多样的校园活动和校园竞赛,鼓励学生多多参与,相互配合。教师应为学生交往创造情境,充分利用课堂上小组合作的机会,学生之间相互争鸣,彼此之间阐述不同意见,进而促进交往能力的提高。

其次,增加外出机会培养孩子的社会性。一方面鼓励学生参加校园活动,鼓励一些不善于交际表达的孩子勇于战胜自己。另一方面多组织社会实践活动,一是可以加强学生之间的联系,二是可以在志愿活动中确立学生的服务意识。最后无论是哪种活动,都要带领学生做好总结,一年级的孩子书本总结很难实现,可以采取班会形式,让学生以"小小汇报员"的身份总结自己的户外活动经历。

自我的发现

——初中生自我认识课程的实践探究

陈婷

韩山师范学院教育科学学院

摘要：为贯彻生命教育发展战略，促进初中生认识自我、发展自我，以广东省某市两所不同背景的公立中学的 80 名初中生为研究对象，采用游戏教学、启发式、分组讨论等教学方法，设计并开展为期一个月的生命教育自我认识课程。在课程学习前邀请所有学生填写问卷，并在课程结束后随机抽取 8 名学生进行深度访谈。通过对学生的观察、学生的反馈及课程前后态度观念的对比发现：生命教育自我认识课程对初中生在物质我、社会我、精神我三方面都能够产生积极正面的影响，有助于促进学生的全面发展。

关键词：生命教育；自我认识；初中生；实践探究

生命教育起源于 20 世纪初的西方国家，其中以美国、英国等发达国家最为突出。2010 年，《国家中长期教育改革和发展规划纲要（2010—2020 年）》提出"要重视安全教育、生命教育、国防教育、可持续发展教育"。①生命教育正式成为我国教育的战略决策之一。党的十八大召开以来，习近平指出："坚持把教育摆在优先发展战略地位，以强烈的政治责任感办好人民满意的教

---

① 《国家中长期教育改革和发展规划纲要（2010—2020 年）》，北京：人民出版社，2010 年，第 8 页。

育。"①著名教育家叶澜教授曾提出："让课堂焕发出生命的活力。"因此，设计并开展有趣的、深受欢迎的、学生满意的、具有高成效的生命教育课程，促进学生全面发展和人格完善显得非常重要。

一、生命教育与自我认识

（一）生命教育及自我认识的定义

我国台湾生命教育专家孙效智认为：生命教育是用来解决生命的根基问题，即："人为何而活？如何生活？如何活出应有的生命？"②黄德祥认为生命教育包含四方面：①人与自己：帮助学生主动去认识自我，进而尊重并热爱自己；②人与社会：培养社会能力，提升与他人和谐相处的能力；③人与环境：认识生存环境，了解人与环境共同体的关系；④人与宇宙：协助学生探索生命的意义，提升对生命的尊重与关怀。③

关于"人与自己"即"自我"，是指一个人对自身存在的体验，包括一个人通过经验、反省和他人的反馈，逐步加深对自身的了解。美国心理学家James认为自我的概念是个体对物质我、社会我和精神我的认识，即"自我认识"：①物质我：个体对身体及其特定部分的知觉，包括身体、性格、能力等；②社会我：个体对人际关系的认知；③精神我：个体对内部主观的认知，包括心理倾向、目标、梦想追求等。④因此，研究者锁住生命教育"自我认识"，从物质我、社会我、精神我三个方面，帮助初中生更深入地探究自我、认识自我。

（二）生命教育及自我认识课程的重要性

自我认识是随着生命周期的推展而持续进行的，青少年阶段被认为是

---

① 《深入学习贯彻习近平总书记关于教育工作的重要论述 努力办好人民满意的教育》，《福建日报》，2020年9月17日。

② 孙效智：《生命教育的内涵与实施》，《哲学杂志》，2001年第35期。

③ 黄德祥：《小学生命教育的内涵与实施》，《寰宇》，2000年第6期。

④ James W.*The principles of psychology*.New York:Dover,1890:80-82.

认识自我的关键时期。[①]中学生处在身心发展的重要时期,在这个阶段,他们已形成反省思维的能力并开始探索内心世界。在自我探索及评价的过程中,当发现自身不足时,主体我和客体我之间的矛盾将会被激化,容易出现暂时性的自我怀疑。[②]根据马斯洛需求层次理论,人们在这个年龄阶段渴望得到爱与关注,对友谊、爱情及隶属关系有着较强烈的需求。[③]他们在意自己的名声、成就与地位,希望得到更多认可。

由于当前的学校无法持续地提供私人定制的指引来帮助每一位独特的青少年个体进行发展,但如果能够采用一种方式协助每位青少年个体提升他们对自我的认识,使得他们能更加清楚地了解"我是谁""我在做什么""为达到目标我能怎么做"等,令他们对自己的发展有更加清晰的目标定位,那这时候他们的发展也将由被动变成主动,其发展速度及成效较之前受外力推动将大为提高,学习过程也将充满欢乐。在初中阶段,采用生命教育课程,能够有效地帮助初中生更好地理解和收获爱、关心以及认可,以便更加充分地满足学生们在该阶段的需求,帮助他们更顺利地进入马斯洛需求层次理论的第四层:培养并提升自信心,促进学生们形成积极勇敢向上的品格。

埃克哈特·托利在《当下的力量》中提道:"毛毛虫眼中的世界末日,我们称之为蝴蝶。"[④]由此可见,换一种心态和角度去看待事物的重要性。本研究设计的生命教育自我认识课程,在于引导学生转换角度看待问题。在物质我方面,有针对性地协助学生进行自我了解、自我悦纳;在社会我方面,协助学生理解他人,调节人际关系,理清爱与被爱;在精神我方面,引导学生接纳过去,令学生拥有更加清晰的目标定位从而展望未来。同时,生命教育自我认识课程也能够有效地激发学生的好奇心与学习热情,促进他们自信积极地发展并突破自我。由此可见,为初中生开展这类生命教育自我认识课程是重要且有

---

① 薛亚萍:《当代青少年自我意识发展的特点和指导策略》,《教育探索》,2011 年第 8 期。

② Harter S.*Developmental perspectives on the self-system*.New York:Wiley,1983:275-386.

③ Maslow A E.*Motivation and personality*.New York:Harper,1954:83-127.

④ [德]埃克哈特·托利:《当下的力量》,曹植译,北京:中信出版社,2009 年第 18 页。

必要的。

二、研究设计

(一)研究方法

1.文献研究法

浏览及分析相关书籍、文献资料、视频影片,为研究的开展奠定基础。

2.质性研究法

通过课程前的问卷、课程中与学生们面对面接触、每节课后的沟通交流及课程结束后的深入访谈,真实且及时地了解记录学生们的心路过程,同时将学生在课程学习前后的态度观念做对比, 以观察生命教育自我认识课程对学生的影响。在访谈过程中,研究者先告知并取得受访者的同意后进行录音,访谈结束后随即将访谈内容撰写成逐字稿,以获取最真实的信息资料。

(二)研究对象

本研究于广东省某市两所不同背景的公立中学进行,分别在初一的 8 个班中,在班主任的协助下,每班邀请 5 名相对内向、成绩中低等的学生参与课程,两校合计 80 名学生。该课程进行 1 个月,平均每周开展 1 次,每次 1 小时,共计 4 节课。

在课程学习开始之前,研究者邀请所有学生填写问卷以收集课程学习前学生的观念态度。在课程学习结束后 1 个月,研究者按照男女比例,随机抽取 8 名学生(3 男 5 女)进行深度访谈。在访谈过程中,研究者分别拿出课程学习前学生所填写的问卷帮助他们回顾之前的态度观点, 帮助学生对个人在课程学习前后的态度观念做对比。研究者以"A-H"对学生进行命名,以男女生英文单词首字母"b"代表男生,"g"代表女生,如"学生 A-g""学生 C-b"。

（三）教学方法

第一，欣赏陶冶法：通过相应的影片，让学生感悟有关主题知识。

第二，启发式教学法：运用各种教学手段，通过启发诱导的办法传授知识。

第三，分组讨论法：以小组讨论方式，让学生相互探讨及分享。

第四，游戏教学法：以游戏的形式，使学生在轻松的氛围中学习知识技能。

三、课例实践与分析发现

（一）《你远比自己想象的美丽》（物质我）

1.目标

第一，进一步认识自己的外貌、性格、特长等。

第二，发现自身的闪光点，接纳最真实的自己。

2.工具材料

一个精选视频片段。

3.体验活动

第一，以 1234 报数分组，介绍小组积分规则。

第二，介绍本节目标内容，观看视频《你远比自己想象的美丽》。

第三，小组进行讨论并分享，问题：主人公认为自己有什么缺点？看完视频你有什么感悟？

第四，结合分享及视频，教师引导：视频中的女生认为脸上有皱纹，但是一旁观察她的男生说："她拥有一双很明亮的、很迷人的眼睛。"不同人对美有着不一样的追求和看法，不要因为缺点而自卑，尝试发现自己的闪光点，欣赏自己的美和独特性。

4.心得分享

第一,学生 A-g:"以前我总嫌弃我小小的眼睛,鼻子不高。上完那节课,我回家后真的去对着镜子认真观察自己。我发现,其实我的五官蛮标致的,轮廓也还行。同学也说我的字很好看,这就是我独特的优点吧。"

第二,学生 C-b:"在上初中之后,我发现我身高长得很慢,比其他人矮很多,总有些自卑。但在课程学习之后,我努力寻找自己的优点,我发现:虽然我的个子比较矮小,但是我在打篮球的时候身子很灵活,这也是好处呀!"

第三,学生 D-g:"以前觉得刘海乱了很难看,所以跑步的时候我一直躲在人群中。但是,现在我对自己的外貌更自信了。我很勇敢地冲到最前面,跑得很快很快,不会太在意别人的眼光,这种感觉很好。"

第四,学生 F-g:"你看,因为我有龅牙,所以以前我基本不敢笑,觉得笑起来很难看。但是后来我觉得:虽然我龅牙,但看起来蛮可爱的,因为很像一只松鼠。然后松鼠又是那么可爱,所以我也更愿意留心去观察自己,找到自己的闪光点。"

5.分析发现

网络媒体、时尚宣传、同伴压力等的影响,容易引起青少年对自身体形体貌的关注及对形体改变的追求。大部分学生会渴望拥有像明星那样的外表和身高,但实际经常无法满足他们的期待,由此容易令青少年产生自卑、失落等情绪。如同在课程学习前问卷及回访时有些学生们提到的,以前认为自己长得不好看、不够高,甚至因为龅牙感到自卑。

在课程中,研究者观察到有的学生会偷偷地拿出小镜子,重新观察自己的面孔并若有所思。在小组讨论分享时,学生们显得非常积极活跃,表达欲望很强烈。在回访中,研究者也发现大部分学生能够做到活学活用,他们能够重新观察自己,懂得利用在课程中所学习的通过自己观察、与他人沟通等方式去重新认识自己,接纳自己的外貌和身材,尝试发现自身的闪光点。在交谈过程中,他们都能够挺直腰板,与研究者进行眼神交流,脸上时而洋溢着笑容、自信和希望。

(二)《生命无贵贱》(社会我)

1.目标

第一,了解生命无贵贱之分和生命的独特价值。

第二,尝试理解他人行为,改善人际关系。

2.工具材料

一个精选视频片段。

3.体验活动

第一,学生自由发言,说出最平庸的生物并说明原因。

第二,抽签,每个小组为一种生物代言(如 A 组抽到杂草,他们将会介绍杂草的价值和重要性)。

第三,观看视频《环卫工人的对白》。

第四,小组讨论问题:结合代言与视频,你感受到了什么?

第五,结合分享内容,教师从学生们一开始认为杂草是平庸的、不起眼的,到学生们找到杂草的价值和重要性并为他们代言,引导学生们对社会上不同人士、家人、同学的行为角色等重新进行思考,帮助学生认识到不同生命的价值,学会尊重并悦纳他人。每个人都是社会的一分子,尊重每一份平凡人的工作。

4.心得分享

第一,学生 A-g:"以前我总觉得妈妈的工作太低微,我总是不好意思跟别人提起,但现在她在我心中的形象越来越高大,她是不可替代的。有时候她会突然对我破口大骂,我觉得应当理解她偶尔的暴躁情绪,因为她确实很辛苦,为了我们这个家。"

第二学生 D-g:"以前我觉得中下层职业人士的处境是他们不努力所应得的,但那节课真的让我挺震撼,感觉之前我看人的态度真的太过于尖酸刻薄。大家都在为社会的发展贡献自己或大或小的力量,不应该去分什么价值的大和小。"

第三,学生 F-g:"我们班里有个成绩很差的同学,以前我很反感他的捣蛋行为,但现在觉得他总能给我们带来欢笑、调节紧张气氛,而且他蛮强壮,会帮忙搬桌椅、提水、挂窗帘,为班级做贡献。我不会再用成绩去评价和定位他人了。"

第四,学生 G-b:"每个人都是很不容易的,你看马云,从小人物发展到今天这么大的事业,他背后的努力是很多人无法想象的。"

5.分析发现

霍尔认为青少年是风雨与困顿的时期,他们在此阶段会遭遇情绪剧烈起伏、亲人冲突、同伴认定等难题。[①]良好和谐的同伴关系可提升学生团体的归属感、寻求社会认同、降低对父母的依赖,进而观察学习适当的社会、性别角色,从而发展健全的人格。

研究者发现,在课程学习之后,学生能尝试去发现他人的独特价值,对他人有了更多的理解和包容,甚至有位学生反思自己以往过于尖酸刻薄的看人态度。在班级中,有的学生找到自己在班级的价值,看到平时班级里"捣蛋鬼"的价值,尝试去接纳他人、理解同学的行为。对比课程学习前学生的态度,在回访的交流过程中,研究者能够清楚地感受到,这些学生在同伴关系方面,有了一定的改善。

在家庭关系中,大部分学生表示更能够理解父母的想法和偶尔情绪上的波动,他们也更愿意主动承担家务活。由此,研究者认为,该节课程也能起到调节亲子关系的作用。令研究者出乎意料的是:有几位学生在调整对"低阶层"职业人员的看法的基础上,还能想到"高阶层"职业人员背后的不容易,并表示应当尊重每一个人,这是研究者未曾料想的成果。

---

① 霍尔:《无声的语言》,台北:巨流,1976 年,第 3 页。

(三)《偶像和我》(精神我)

1.目标

第一,探索个人内心深处的追求和期许。

第二,自我定位,放飞梦想。

2.工具材料

每人一张《偶像和我》表格。

3.体验活动

第一,放几段流行歌曲让大家抢答是谁唱的;

第二,填写《偶像和我》表格:①自己的偶像有什么特点;②自己和偶像有什么相同点;③如果自己是偶像,会有哪些吸引人的特点;

第三,结合分享内容,教师引导:对偶像的崇拜(追星行为)反映了内心的期许,回顾问题三,发现自己的特别之处和内心追求,进一步思考发展的方向。

4.心得分享

第一,生 B-g:"我很多同学是追星狂,她们很喜欢 TF Boys,然后她们还经常因为不同的观点吵吵闹闹,我之前挺反感这些行为,就觉得她们很烦。但现在渐渐明白,她们疯狂追星,很可能是对榜样的一种追求,我对此事的负面看法也少了些。"

第二,学生 D-g:"我超喜欢奥黛莉·赫本,她真是我的女神!我觉得在喜欢之余,我更多的应该是学习她那种关爱儿童、乐于助人的精神,脚踏实地做一些贡献,比如捐钱、捐书,去帮助更多有需要的人。这堂课,让我更明白偶像对我的意义。"

第三,学生 H-g:"我发现我们确实是在学习偶像身上的某些特质,就像我一直都很崇拜偶像朱一龙,然后我特别期待自己能像他那样,有出色的演技。我认为我们可以把这些追求转化成动力,让自己变得更好。"

5.分析发现

在课程学习前的问卷及课程中,学生在介绍偶像的时候带着非常崇拜的语气,将偶像神化了般。大部分学生存在强烈的追星行为,而且很享受这个过程且沉迷其中,有些学生会在深夜甚至通宵浏览明星的资料,这对他们的学习、身体健康都会造成很大的负面影响。

该课程引导学生重新思考对偶像这一形象的认识,将这种追求转化为发展的动力,指引学生追星要保持一定的度,不能影响其正常的学习生活。在回访中,研究者感受到学生们能逐渐明白追星有很大的原因是偶像身上的特质吸引了他们。他们也逐渐明白,在追星的问题上,应当保持一定的尺度。大部分学生表示会努力调整姿态,将更多的精力放在自身发展上,提升自己的能力,向偶像看齐。有的学生甚至表示要努力超越偶像。

(四)《生命曲线图》(精神我)

1.目标

第一,学会接纳过去,了解困境带来的机遇。

第二,形成积极向上的人生态度,展望未来。

2.工具材料

每人一张《生命曲线图》表格。

3.体验活动

第一,学生绘制生命曲线图:①写下 0~6 岁、6~12 岁的 2—4 件开心和难过的事;②写下梦想;③以年龄发展为横坐标、纵坐标为开心的事(上方)和难过的事(下方);④在建立的坐标中,将时间事件用圆点标出并用曲线连接,形成高低起伏的曲线图;⑤仔细回顾观察个人的曲线图,写下感想。

第二,邀请4~6 名学生进行分享。

第三,根据学生的分享,教师引导学生明白生活中的酸甜苦辣、成功失败,都是成长的足迹。生命的每一笔都该由自己来描绘,向着梦想,努力开创更加美好的明天。

4.心得分享

第一,学生 D-g:"以前我觉得生活中的悲伤大于快乐,我每次遇到不开心的事,就想着别人帮我去解决。但是我觉得其实应该学会去战胜困难,这样我才能掌握经验,以后才会少走弯路。比如以前考砸了,我会抱怨老师不会教,但现在我会试着去改变学习方法和态度。"

第二,学生 E-b:"我会觉得困境就是生活中的一部分,困境和顺境是相辅相成的。困境是对自己的一种磨炼,'生于忧患,死于安乐',所以,我觉得我们更应当端正心态,学习如何在挫折中成长。"

第三,学生 H-g:"以前面对困难我会自暴自弃,甚至有几次我'离家出走',就是跑出门躲起来几个小时。但这节课让我明白困难是生命中的必经点,人生总有坎坷才能更有意义。"

5.分析发现

在精神分析学派中,Erickson 认为 12~18 岁的青少年处于"自我认同与认同危机"时期,他认为青少年必须通过积极的探求、亲身的体验来获得自我认同感,防止角色混乱和消极性。①在课程中,邀请学生们对过去、现在及将来进行描写,绘画出自己独特的生命曲线图。研究者观察到学生们都非常认真地回忆并绘制着自己的生命曲线图,绘画完成后,他们都凝视着自己的生命曲线图若有所思。在回访中,研究者接收到很多积极的回应,学生们表示以前总逃避困难,现在能将困难当作成长的垫脚石。有学生说,"失败乃成功之母""命运掌握在手中,每一笔都应由自己来涂写"。甚至有一位以前面对困难会"离家出走"几个小时的同学,也表示对困境有了更进一步的认识,敢于更好地去接纳。研究者看到,他们的自信满满,显得格外有斗志,并且愿意努力探索新的自己。这让研究者看到了生命教育课程发展的希望。

---

① Erikson E H.*Childhood and society*.New York:Norton,1963:389-390.

四、总结与建议

(一)课程总结

根据在生命教育课程中对学生的观察、深度访谈时学生的反馈及与课程学习前学生的观念态度做对比,研究者发现,该课程对初中生的物质我、社会我及精神我三方面在总体上都能产生积极的影响。在物质我方面,学生们从一开始因自己太矮、太黑、龅牙而感到自卑,到后来能够利用在课堂中所学习的知识和方法去接纳自己的外貌和身材,尝试寻找并发现自己的闪光点。在社会我方面,学生们表示能更进一步认识到社会上不同人士的价值,更能够理解父母的情绪和想法,更好地理解同学的行为,人际关系得到一定程度的改善。在精神我方面,大部分学生从对偶像的一味痴迷,到逐渐明白追星很可能是对某种特质的追求,明白可以靠自己努力去收获这种特质,突破自我。大多数学生也表示,现在他们学会换角度和心态去看待困难,学会把困境当作成长的足迹。其中一位学生自信地说:“我再也不害怕困难了。”并会心一笑。

研究者发现,在初中年级举办生命教育自我认识课程,在课程结束后,学生们基本能将课程中所学的知识技能运用到实际生活中,令他们更好地认识自己、接纳自己、发展自己。由此可见,这样的课程是能够达到较好的教学效果的,从课堂气氛、平时与学生的接触及课后学生的反馈中,能够感受到生命教育自我认识课程在学生当中是很受欢迎的。因此,研究者认为应当扩大范围推行此类生命教育课程在国内进行发展,帮助更多的学生认识自我,悦纳自我和他人以促进全面发展,促进学生们更好地把握时光与机会,打好基础以获得更加美好的未来。

（二）发现与建议

1.教学方法

回顾为学生们上课的情景：每次踏进教室，学生们都会围过来，面带笑容地打招呼问好，迫不及待地打探该节课的内容。在课程中，研究者观察到学生们基本都能参与到讨论中，课堂气氛高涨。每次离校前，频频回头都能看到学生们在走廊探出头、挥着手依依不舍地说再见。在课程结束后，学生们纷纷追问何时能够再参与这么有意思的课程。生命教育课程有如此的魅力，研究者认为很大程度取决于以下的教学设计：

第一，游戏教学法：传统的讲授式课堂令学生感到枯燥厌烦，喜欢游戏是孩子的天性，该生命教育自我认识课程穿插师生互动环节，能够更好地集中学生的注意力，使学生在轻松的氛围中不知不觉就学习到相应的知识技能。

第二，启发式教学：《中华人民共和国义务教育法》第三十五条指出"国家鼓励学校和教师采用启发式教育等教育教学方法"[①]，在课程中，研究者搜集合适的视频片段，采用启发诱导的方式让学生主动进行思考和讨论，学生们自己的智慧成果能让他们更好地牢记和运用。

第三，分组讨论法：分组讨论法不仅能确保每位学生都参与到课程中，而且还能在小组积分竞争氛围的推动下，让学生保持精神高度集中，也能在课堂中找到更多的存在感。

2.融入德育

《中华人民共和国义务教育法》第三十六条规定："学校应当把德育放在首位，寓德育于教育教学之中。"党的十八大强调将立德树人作为教育的根本任务，习近平指出："共青团要让更多的青少年敢于有梦、勇于追梦、勤于圆梦。"这也是"立德树人"的起点。

由于当前中小学的共青团与德育处结为一体，《国家中长期教育改革和

---

① 《中华人民共和国义务教育法》，北京：中国法制出版社，2015年，第12页。

发展规划纲要(2010—2020)》提出"创新德育形式,丰富德育内容,不断提高德育工作的吸引力和感染力"。因此,研究者认为中小学可以在德育工作中融入生命教育课程,结合有趣的教学方法,形成受学生欢迎的德育课程。这样一来,德育课程能让学生们"不请自来",德育教师们也能从中获得更高的工作满意度和个人价值。

3.生命教育导师

习近平指出:"'四有好老师'应当有仁爱之心,做学生锤炼品格的引路人。"每个人都渴望得到爱,中小学生更是如此。因此,生命教育导师应保持着仁爱之心,向学生传播爱的能量,以提升师生关系。同时,生命教育导师们应当搜集并学习更多的教育教学方式,在生命教育课程中融入更多新颖的、更具互动性的教学方法,以此增加课堂的趣味性和活跃程度,这样方能更好地吸引学生的注意力,提高学生的课堂参与度,以达到更高的教学成效。同时,学校应当定期组织教师进行持续进修,提升自身的教学能力,获得更高的个人认同感。

4.生命教育传播者

在回访中,研究者惊喜地发现有的学生竟已变成生命教育传播者,他们会主动采用这些知识去帮助朋友。学生 B-g 说:"我的网友总觉得自己长得丑,我跟她分享了视频《你远比自己想象中美丽》,我说其实她的某些外貌特征蛮精致的,要多角度看待自己。后来,她意外收获很多朋友对她的正面评价:可爱、开朗、乐于助人等。当时她好开心,我觉得她比以前更自信了。"

因此,研究者认为学校在开展生命教育课程的同时,可以组建"生命教育传播者"称号小组,号召更多的学生加入。在生活中,他们会时刻记住自己的身份,有意识地去帮助自己、他人解决问题,传播生命教育正能量,由此也能促进生命教育在学校、社会的快速发展。